Xpert.press

Die Reihe **Xpert.press** vermittelt Professionals
in den Bereichen Softwareentwicklung,
Internettechnologie und IT-Management aktuell
und kompetent relevantes Fachwissen über
Technologien und Produkte zur Entwicklung
und Anwendung moderner Informationstechnologien.

Hans W. Wieczorrek · Peter Mertens

Management von IT-Projekten

Von der Planung zur Realisierung

3., überarbeitete und erweiterte Auflage

🐎 Springer

Hans W. Wieczorrek
Raupertstr. 1 C
30539 Hannover
h.-w.wieczorrek@t-online.de

Peter Mertens
Hermannstraße 1 A
31547 Rehburg-Loccum
mertens1a@aol.com

ISBN 978-3-540-85290-2   e-ISBN 978-3-540-85291-9

DOI 10.1007/978-3-540-85291-9

ISSN 1439-5428

Bibliografische Information der Deutschen Nationalbibliothek
Die Deutsche Nationalbibliothek verzeichnet diese Publikation in der Deutschen Nationalbibliografie; detaillierte bibliografische Daten sind im Internet über http://dnb.d-nb.de abrufbar.

© 2005, 2007, 2008 Springer-Verlag Berlin Heidelberg

Dieses Werk ist urheberrechtlich geschützt. Die dadurch begründeten Rechte, insbesondere die der Übersetzung, des Nachdrucks, des Vortrags, der Entnahme von Abbildungen und Tabellen, der Funksendung, der Mikroverfilmung oder der Vervielfältigung auf anderen Wegen und der Speicherung in Datenverarbeitungsanlagen, bleiben, auch bei nur auszugsweiser Verwertung, vorbehalten. Eine Vervielfältigung dieses Werkes oder von Teilen dieses Werkes ist auch im Einzelfall nur in den Grenzen der gesetzlichen Bestimmungen des Urheberrechtsgesetzes der Bundesrepublik Deutschland vom 9. September 1965 in der jeweils geltenden Fassung zulässig. Sie ist grundsätzlich vergütungspflichtig. Zuwiderhandlungen unterliegen den Strafbestimmungen des Urheberrechtsgesetzes.

Die Wiedergabe von Gebrauchsnamen, Handelsnamen, Warenbezeichnungen usw. in diesem Werk berechtigt auch ohne besondere Kennzeichnung nicht zu der Annahme, dass solche Namen im Sinne der Warenzeichen- und Markenschutz-Gesetzgebung als frei zu betrachten waren und daher von jedermann benutzt werden dürften.

Einbandgestaltung: KünkelLopka, Heidelberg

Printed on acid-free paper

9 8 7 6 5 4 3 2 1

springer.com

Vorwort zur dritten Auflage

Uns ist es eine große Freude, dass unser Buch eine so starke Resonanz am Markt findet. Zur Vorbereitung der 3. Auflage haben wir sowohl eine redaktionelle Durchsicht als auch eine inhaltliche Überarbeitung und Erweiterung vorgenommen.

Das Kap. 13 Projektpolitik wurde erheblich erweitert. Kriterien für eine Projektpolitik und die Entwicklung einer Projektpolitik werden zusätzlich beleuchtet. Weiterhin wird die Ausgestaltung einer ganzheitlichen Projektpolitik detaillierter dargestellt. In das Kap. 9 Wirtschaftlichkeit von IT-Projekten wurde zur Abrundung der Thematik ein einfaches finanzmathematisches Modell, das sogenannte Dean-Modell, neu aufgenommen. Der Umfang des Buches hat sich dadurch erweitert.

Hannover,
Rehburg-Loccum,
im September 2008

Hans Wilhelm Wieczorrek
Peter Mertens

Vorwort zur zweiten Auflage

Seit dem Erscheinen der ersten Auflage sind erst rund zwei Jahre vergangen. Das Buch wurde erfreulich gut angenommen. Wir sahen uns zu einer Überarbeitung und Erweiterung des Buches verpflichtet, um dem unseres Erachtens noch gewachsenen Stellenwert des Projektmanagements in Unternehmen Rechnung zu tragen.

Umfassend überarbeitet wurde u.a. das Unterkapitel Erfolgsfaktoren des Projektmanagements. Es werden zehn Faktoren diskutiert, deren Einhaltung eindeutig positiv mit einem Projekterfolg korrelieren.

Erweitert wurde das Buch um einen Ansatz für ein ganzheitliches Modell für die Projektpolitik. Hierbei stellt die Komponente der Projektportfolio-Strategie einen entscheidenden Aspekt dar. Unterschieden wird zwischen einer aktiven und einer reaktiven Projektportfolio-Strategie.

Das Kapitel über die CPM-Netzplantechnik wurde um einen achtstufigen Regelkatalog ergänzt, der die CPM-Konstruktionsregeln in kurzer und knapper Form zusammenstellt. Hierbei werden richtige und falsche Darstellungsformen grafisch gegenüber gestellt.

Hannover,   Hans Wilhelm Wieczorrek
Rehburg-Loccum,   Peter Mertens
im Januar 2007

Vorwort zur ersten Auflage

Die Evidenz des Einsatzes von Projektmanagement-Techniken ergibt sich vor allem daraus, dass Projektarbeit weit mehr ist als eine etwas anders organisierte Form von Linientätigkeiten. In Projekten ticken die Uhren anders als bei Routinetätigkeiten. Die Arbeitssituation ist gänzlich anders und die daraus resultierenden Anforderungen, z.B. an die Leistungsfähigkeit der Mitarbeiter, sind weitaus höher. In Projekten muss unbedingt erfolgsorientiert gearbeitet werden.

Spezielle Ausbildungswege zum Projektmitarbeiter bzw. Projektleiter gibt es nicht. An diese Gruppe ist dieses Buch speziell adressiert. Sowohl erfahrene als auch künftige Projektleiter und Projektmitarbeiter sollen angesprochen werden.

Viele künftige Projektverantwortliche trifft die Projektverantwortung völlig unvorbereitet. Aber auch Mitarbeiter mit langjähriger Führungserfahrung können auf dieses Buch unterstützend zurückgreifen.

Beide Autoren haben langjährige praktische Erfahrungen bzgl. der Projektierung und Entwicklung komplexer Anwendungssysteme in verschiedenen Bereichen der Wirtschaft, überwiegend im Finanzdienstleistungsbereich. Diese Erfahrungen erstrecken sich auf alle Stufen der Projektarbeit, einschließlich der Projektleitung. Insofern fließt in dieses Buch ein großer Anteil an praktischer Projektvertrautheit aus professioneller Sicht ein. Diese fundierten Praxiserfahrungen erlauben es den Autoren, jeweils Handlungsempfehlungen hinsichtlich des Einsatzes von Verfahren und Methoden des Projektmanagements zu formulieren. In diesem Buch werden die gängigen Projektmanagement-Techniken besprochen und es wird dargelegt, wie diese Techniken situationsgerecht effektiv eingesetzt werden können.

Hannover,
Rehburg-Loccum,
im September 2004

Hans Wilhelm Wieczorrek
Peter Mertens

Inhaltsverzeichnis

1   Einleitung 1

2   **Grundbegriffe des Projektmanagements** 7
    2.1 Projekt 7
    2.2 IT-Projekte 9
    2.3 Projektarten 10
    2.4 Einstufung von Projekten 10
    2.5 Management 11
    2.6 Projektmanagement 12
    2.7 Entwicklung des Projektmanagements 14
    2.8 Ein Modell des Projektmanagements 15
    2.9 Erfolgsfaktoren des Projektmanagements 16
    2.10 Zusammenfassung 23

3   **Institutionelles Management von IT-Projekten** 25
    3.1 Formen der Projektorganisation 26
        3.1.1 Einfluss-Projektorganisation 26
        3.1.2 Reine Projektorganisation 28
        3.1.3 Matrix-Projektorganisation 29
        3.1.4 Wahl einer Projektorganisationsform 31
    3.2 Projektaufbauorganisation 33
        3.2.1 Auftraggeber eines IT-Projektes 35
        3.2.2 Projektleiter eines IT-Projektes 37
        3.2.3 Projektmitarbeiter eines IT-Projektes 41

Inhaltsverzeichnis

    3.2.4 IT-Lenkungsausschuss 44
    3.2.5 Projektberatung 45

3.3 Rahmenbedingungen eines Projektes 46

    3.3.1 Beauftragung von externen Kräften 46
    3.3.2 Gesetzliche Rahmenbedingungen 49

3.4 Zusammenfassung 50

4 Vorgehen in IT-Projekten 53

4.1 Initialisierung eines IT-Projektes 55

    4.1.1 Ermittlung und Analyse von Anforderungen 55
    4.1.2 Entwicklung und Auswahl von Lösungsalternativen 57
    4.1.3 Klassifikation eines Projektes 58
    4.1.4 Projektbeantragung 58

4.2 Definition eines IT-Projektes 59

    4.2.1 Prüfung und Annahme des Projektantrages 60
    4.2.2 Erstellung eines ersten Gesamtprojektplanes 61
    4.2.3 Festlegung der Projektorganisation 62
    4.2.4 Kick-off-Veranstaltung 62
    4.2.5 Projektstartsitzung 63

4.3 Einsatz von Vorgehensmodellen 64

    4.3.1 Inkrementelles Vorgehensmodell 65
    4.3.2 Konzeptionelle Vorgehensmodelle 72
    4.3.3 Evaluatives Vorgehensmodell 74
    4.3.4 Empirische Vorgehensmodelle 75
    4.3.5 Problemlösungszyklus 75

4.4 Einsatz von Prototypen in IT-Projekten 76

    4.4.1 Klassifikation von Prototypen 78
    4.4.2 Prototyping in IT-Projekten 80

4.5 Abschluss-Phase eines IT-Projektes 83

    4.5.1 Produktabnahme 83
    4.5.2 Projektabschlussbeurteilung 84
    4.5.3 Erfahrungssicherung 85
    4.5.4 Projektauflösung 86

4.6 Zusammenfassung 87

5 Planung von IT-Projekten 89

5.1 Regelkreis des funktionellen Projektmanagements 90

5.2 Ablauf und Schritte einer Projektplanung 92

    5.2.1 Abwicklungszielplanung 95
    5.2.2 Projektstrukturplanung 96
    5.2.3 Ablaufplanung 98
    5.2.4 Einsatzmittelplanung 100
    5.2.5 Projektorganisationsplanung 103
    5.2.6 Kostenplanung 104
    5.2.7 Terminplanung 107
    5.2.8 Planung des Projektbudgets 110
    5.2.9 Planung der Projektdokumentation 111

5.3 Stufen der Projektplanung 113

    5.3.1 Projektplan 114
    5.3.2 Teilprojektplan 116
    5.3.3 Phasenplan 117
    5.3.4 Berücksichtigung eines Vorgehensmodells 118
    5.3.5 Planung bei konzeptionellen Vorgehensmodellen 118
    5.3.6 Planung bei inkrementellen Vorgehensmodellen 120

5.4 Multi-Projektmanagement 124

5.5 Zusammenfassung 126

6 Projektplanungs-Techniken 129

6.1 Listentechnik 131

    6.1.1 Erarbeitung einer Vorgangsliste 132
    6.1.2 Vorwärtsterminierung 133
    6.1.3 Rückwärtsterminierung 134
    6.1.4 Ausweisung von Pufferzeiten 135
    6.1.5 Bestimmung eines kritischen Pfades 136
    6.1.6 Festlegung konkreter Termine 137

6.2 Balkendiagrammtechnik 138

6.3 Netzplantechnik 140

    6.3.1 Grundlagen der Graphentheorie 142
    6.3.2 Critical Path Method (CPM) 146
    6.3.3 Metra Potential Method (MPM) 155
    6.3.4 Program Evaluation and Review Technique (PERT) 157

6.4 Zusammenfassung 159

7 Führung von IT-Projekten 161

7.1 Führungsfunktions-Prozess 162
7.2 Führungsstile und Führungsverhalten 163
7.3 Motivation 166
7.4 Soziologische Führungsmittel 167
  7.4.1 Krisen- und Konfliktmanagement 168
  7.4.2 Mitarbeiterförderung 173
  7.4.3 Gesprächsführung 174
7.5 Projektsteuerungs- und -kontrollsysteme 175
  7.5.1 Betriebswirtschaftliche Steuerung 175
  7.5.2 Budgetierung 177
  7.5.3 Ein Beispiel der Budgetermittlung 180
7.6 Projektsteuerung 186
  7.6.1 Steuerungsmöglichkeiten 186
  7.6.2 Direkt wirksame Steuerung 187
  7.6.3 Indirekt wirksame Steuerung 188
  7.6.4 Qualitätslenkung 189
  7.6.5 Projektkoordination 190
7.7 Projektcontrolling 190
  7.7.1 Dimensionen des Projektcontrollings 191
  7.7.2 Wirkungskreislauf des Projektcontrollings 192
  7.7.3 Setzen von Zielen 194
  7.7.4 Messen der Zielerreichung 195
  7.7.5 Kontrolle der Formalziele 196
  7.7.6 Kontrolle der Sachziele 198
  7.7.7 Prüfzeitpunkte 200
  7.7.8 Aufgabenträger des Projektcontrollings 201
7.8 Zusammenfassung 202

8 Aufwandsschätzung in IT-Projekten 205

8.1 Einflussfaktoren auf die Aufwände eines IT-Projektes 207
  8.1.1 Ergebnisbezogene Einflussfaktoren 207
  8.1.2 Abwicklungsbezogene Einflussfaktoren 208

8.2 Methoden zur Aufwandsschätzung 209
    8.2.1 Vergleichsmethoden 210
    8.2.2 Algorithmische Methoden 212
    8.2.3 Kennzahlenmodelle 213

8.3 Verfahren zur Aufwandsschätzung 214

8.4 Function-Point-Verfahren 215
    8.4.1 Analyse der Funktionen der einzelnen Komponenten 216
    8.4.2 Bewertung der Funktionskategorien 217
    8.4.3 Berücksichtigung der situationsbezogenen Einflussfaktoren 218
    8.4.4 Bestimmung der Total Function Points 220
    8.4.5 Berechnung des Entwicklungsaufwandes 220
    8.4.6 Anwendungsbeispiel des Function-Point-Verfahrens 221

8.5 Zusammenfassung 222

9 Wirtschaftlichkeit von IT-Projekten 225

9.1 Kostenanalyse eines IT-Projektes 226

9.2 Nutzenanalyse eines IT-Projektes 227
    9.2.1 Problematik der Nutzenbewertung 229
    9.2.2 Nutzenkategorisierung 233
    9.2.3 Eine Übersicht über Nutzenbewertungsverfahren 233
    9.2.4 Beispielhafte Durchführung einer Nutzwertanalyse 235

9.3 Wirtschaftlichkeitsrechnung 238
    9.3.1 Die Kostenvergleichsrechnung 239
    9.3.2 Die Gewinnvergleichsrechnung 239
    9.3.3 Die Rentabilitätsvergleichsrechnung 239
    9.3.4 Die Amortisationsrechnung 240
    9.3.5 Die Kapitalwertmethode 240
    9.3.6 Die Annuitätenmethode 241
    9.3.7 Die Methode des internen Zinsfußes 241
    9.3.8 Ein simultaner finanzmathematischer Ansatz:
          Das Dean-Modell 241

9.4 Zusammenfassung 244

10 Tipps und Tricks für Leiter von IT-Projekten ... 247

10.1 Generelle Gründe für das Scheitern von IT-Projekten ... 247

10.2 Projektgesamtplan und Projektstrukturplan ... 249

10.3 Projekttermine und -aufwand ... 251

10.4 Personalpolitik ... 253

10.5 Terminüberschreitungen ... 254

10.6 Ablösung des Projektleiters ... 255

10.7 Zusammenfassung ... 255

11 Subsysteme des Projektmanagements ... 257

11.1 Dokumentation von IT-Projekten ... 257

    11.1.1 Dokumentation der Projektergebnisse
und des Projektverlaufes ... 259

    11.1.2 Projektmanagementhandbuch ... 260

11.2 Pflichtenheft ... 261

    11.2.1 Inhalt eines Pflichtenheftes ... 263

    11.2.2 Kriterienkatalog und Bewertungsrahmen
eines Pflichtenheftes ... 264

11.3 Systemeinführung ... 266

11.4 Einführungsstrategien ... 267

11.5 Releasemanagement ... 268

    11.5.1 Planung des Releases ... 270
    11.5.2 Entwurf, Aufbau und Zusammenstellung ... 270
    11.5.3 Roll-Back-Verfahren ... 270
    11.5.4 Testen und Abnahme ... 271
    11.5.5 Einführungsplanung ... 271
    11.5.6 Verteilen und Installation ... 271

11.6 Changemanagement ... 272

    11.6.1 Einreichen und Erfassen ... 273
    11.6.2 Akzeptieren (Prüfen) ... 274
    11.6.3 Klassifizieren ... 274
    11.6.4 Planen ... 275
    11.6.5 Ändern ... 275
    11.6.6 Koordinieren ... 275
    11.6.7 Erfolgskontrolle ... 276

    11.6.8 Durchführen von dringlichen Änderungen 277

  11.7 Problemmanagement 277

    11.7.1 Identifizierung und Erfassung 281
    11.7.2 Lösungssuche 282
    11.7.3 Notlösungen 282
    11.7.4 Bestimmen der Lösungsalternative 282
    11.7.5 Review (Nachlese) 283
    11.7.6 Fortschrittskontrolle 283

  11.8 Zusammenfassung 283

12 Ein Rahmen für das Projektmanagement 285

  12.1 Methodikansätze für Projektmanagement-Aufgaben 286

  12.2 Systemtheorie 287

    12.2.1 Systemtheoretische Aspekte 288
    12.2.2 Systembegriff 289
    12.2.3 Das Grundmodell eines kybernetischen Systems 290
    12.2.4 Informationssysteme 292

  12.3 Umsysteme des Projektmanagements 293

    12.3.1 Das sozio-technische System Unternehmung 296
    12.3.2 Einführung des Projektmanagements in Unternehmen 297

  12.4 Modelle 300

    12.4.1 Metamodelle, Referenzmodelle, generische Modelle 300
    12.4.2 Unternehmensmodell 303
    12.4.3 Datenmodelle 307
    12.4.4 Prozessmodelle 308

  12.5 Strategische Ausrichtung 310

    12.5.1 Unternehmensziele 310
    12.5.2 Unternehmensstrategie 311
    12.5.3 Grundsätzliches zur Planung 312
    12.5.4 Unternehmensplanung 313
    12.5.5 Bereichsplanung 314
    12.5.6 Durchführungsplanung 315
    12.5.7 Informatikstrategie 316
    12.5.8 Informationsmanagement 318
    12.5.9 Informationsinfrastruktur 320
    12.5.10 Integrationsproblematik 323

  12.6 Zusammenfassung 325

13 Projektpolitik ... 327

13.1 Kriterien für eine Projektpolitik ... 328

13.2 Ausgestaltung einer ganzheitlichen Projektpolitik ... 330

13.3 Projektmanagement-Leitbild ... 330

13.4 Projektkonzept ... 331

    13.4.1 Projektmanagementsystem ... 332
    13.4.2 Projektorganisation ... 334
    13.4.3 Projektmethodik ... 335
    13.4.4 Projektführung ... 335
    13.4.5 Projektpotential ... 335
    13.4.6 Projektart- und bereichsbezogene Entscheidungen ... 337

13.5 Projektportfolio-Konzept ... 339

    13.5.1 Projektportfolio-Ziele ... 340
    13.5.2 Projektportfolio-Potenzial ... 341
    13.5.3 Projektportfolio-Strategie ... 341
    13.5.4 Projektvorschläge ... 344

13.6 Projektpolitik im Kontext des Unternehmens ... 346

13.7 Entwicklung einer Projektpolitik ... 348

    13.7.1 Projektkonzept ... 349
    13.7.2 Projektportfolio-Konzept ... 351

13.8 Lebenszyklusanalysen ... 351

    13.8.1 Softwarelebenszyklus ... 352
    13.8.2 Produktlebenszyklus ... 355

13.9 Portfolioanalyse ... 357

13.10 Profit Impact of Market Strategies (PIMS-Konzept) ... 361

13.11 Bewertung von Applikationslandschaften ... 362

13.12 Machbarkeitsanalyse ... 365

13.13 Entwicklungsplanung ... 367

    13.13.1 Prioritätenplanung ... 367
    13.13.2 Personal- und Finanzplan ... 372
    13.13.3 Risikoanalyse ... 373

13.14 Projektpipeline ... 374

13.15 Zusammenfassung ... 375

14 Fallstudie (Erfahrungsbericht) 377

14.1 Das Unternehmen 377

14.2 Rahmenbedingungen des Projektes 378

    14.2.1 Vorstudie 378
    14.2.2 Fixierung der Endtermine 380
    14.2.3 Projektorganisation 381
    14.2.4 Multi-Projektmanagement 382
    14.2.5 Projekttermine 383
    14.2.6 Diversifizierung des Gesamtprojektes 383

14.3 Projektplanung 384

    14.3.1 Ermittlung des Aufwands für die Phase 1 384
    14.3.2 Abstimmungsplanung 385
    14.3.3 Projektgremien und -mitarbeiter 385
    14.3.4 Generelle Personaleinsatzplanung 386
    14.3.5 Risiko- und Qualitätsmanagement 387
    14.3.6 Projektcontrolling 389

14.4 Projektdurchführung 390

    14.4.1 Vorgehensweise 391
    14.4.2 Projektabschluss 392
    14.4.3 Evaluierung des Projekterfolges 393
    14.4.4 Bewertung der projektinternen Erfolgsfaktoren 394

14.5 Resümee 395

Literatur 397

Abbildungen 403

Tabellen 407

Index 409

1 Einleitung

Dieses Buch besteht aus 14 Kap., die zwar eine geschlossene Einheit bilden, aber dennoch dem interessierten Leser die Möglichkeit bieten, einzelne Passagen selektiv zu lesen. Auch um dem Leser das „Navigieren" in der doch umfangreichen Lektüre zu erleichtern, werden an dieser Stelle die einzelnen Kap. überblickartig dargestellt. Dieses Buch hat das Anliegen, ein umfassendes Verständnis für das Management von IT-Projekten zu vermitteln.

In **Kap. 2** wird die terminologische Grundlage geschaffen, um die im Verlaufe dieses Buches benutzten Begriffe zu klären und abzugrenzen, denn eine einheitliche Terminologie trägt wesentlich zum Verständnis eines Textes bei.

Dem Begriff des Projektmanagements wird genügend Raum gewidmet. Projektmanagement wird als Führungskonzept interpretiert, mit dem Ziel, Projekte erfolgreich durchzuführen. Hierbei wird die Frage beantwortet, welche Faktoren wesentlich zu einem Projekterfolg beitragen.

Interne Erfolgsfaktoren sind die projektinternen Garanten des Projekterfolges. Der externe Faktor Projekterfolg hat zwei Seiten, die technische und die ökonomische Effizienz. Eine isolierte Betrachtungsweise der beiden Ausprägungen des Projekterfolges sagt noch nichts über den Erfolg eines Projektes aus. Die internen Erfolgsfaktoren stehen in Abhängigkeiten zueinander. Diese Abhängigkeiten gilt es beim Einsatz dieser Faktoren zu beachten.

Kap. 3 beschäftigt sich mit dem institutionellen Projektmanagement. Dieser Begriff umreißt die elementaren Formen der Projektorganisation, d.h. die Gesamtheit der Organisationseinheiten und der organisatorischen Regelungen zur Gestaltung der Aufbau- und Ablauforganisation, die zur Abwicklung eines Projektes benötigt werden.

Die drei Grundformen der organisatorischen Gestaltung und deren Vor- und Nachteile bei IT-Projekten werden dargestellt. Die Integration von Projekten in ein Unternehmen wird durch eine generelle Projektaufbauorganisation gewährleistet. Die Stabilität der Organisation wird durch einen festen permanenten Teil der Organisation gewährleistet. Dieser Teil gehört zur originären Unternehmensorganisation und existiert unabhängig von laufenden Projekten. Im

Wesentlichen sind das Planungs-, Kontroll- und Steuerungsgremien. Den temporären Teil bilden die projektspezifischen Organisationen.

Ein weiterer Teil dieses Kap. widmet sich der Frage des Einbindens von externen Kräften. Im Vordergrund steht die vertragliche Gestaltung der Beauftragung. Die Vor- und Nachteile der Grundvertragsformen, Werks- oder Dienstvertrag, werden herausgearbeitet.

Der Einsatz neuer IT-Systeme bringt oft erhebliche Veränderungen der Arbeitsabläufe. Die daraus resultierenden gesetzlichen Rahmenbedingungen muss der Projektleiter beachten. Berührt werden im Wesentlichen Mitspracherechte der Arbeitnehmer.

Im Fokus des wichtigen **Kap. 4** steht die Frage des generellen Vorgehens in IT-Projekten. Ein Charakteristikum von IT-Projekten ist, dass deren Ablauf standardisiert werden kann. Hierdurch kann ein definierter Ordnungsrahmen vorgegeben werden. Dieser Rahmen sorgt dafür, dass ein Projekt geordnet gestartet, durchgeführt und abgeschlossen wird. Des Weiteren gewährt der Rahmen die Sicherheit der Vollständigkeit. Unbewusst können keine entscheidenden Teilschritte weggelassen werden. In einem Individualisierungsschritt wird der Rahmen an die projektindividuellen Bedürfnisse angepasst.

Die einheitlichen Projektphasen werden in so genannten Vorgehensmodellen abgebildet. Die Modellvielfalt der Vorgehensmodele ist groß. In diesem Kap. werden die wichtigsten Grundtypen vorgestellt. Dies sind inkrementelle, konzeptionelle, empirische und evaluative Vorgehensmodelle. Die Charakteristika und Anwendungsmöglichkeiten dieser Modelle werden herausgearbeitet. Die Formen und Einsatzmöglichkeiten des Prototyping werden untersucht.

Das Motto: „Ende gut, alles gut" gilt auch für Projekte. Ein geordnetes Projektabschlussszenario, bestehend aus Präsentation und Abnahme der Projektresultate, der Übergabe des Projektes, einer Gesamtanalyse des Projektes und einer Projektnachbereitung, beschließt ein Projekt. Die Erfahrungen des Projektes müssen für Folgeprojekte gesichert werden. Die abschließende Dokumentation erfolgt in einem Projektabschlussbericht.

In **Kap. 5** wird auf die Projektplanung eingegangen, die ein Element des funktionellen Projektmanagements ist. Die beiden weiteren Elemente sind Projektüberwachung und -kontrolle sowie Projektsteuerung und -koordination. Diese drei Elemente bilden den Regelkreis des funktionellen Projektmanagements.

In diesem Kap. wird ein einheitlicher neunstufiger Planungsprozess zu Grunde gelegt. Betont wird, dass Planung kein einmaliger zum Projektbeginn durchzuführender Akt, sondern ein projektbegleitender iterativer Prozess ist. Problematisiert wird, dass es bei umfangreichen Projekten schwierig, oft sogar unmöglich ist, sofort einen Gesamtprojektplan zu entwickeln,. Deshalb werden hier so genannte Planungsstufen entwickelt, die sich auf ein Gesamtprojekt, ein

Teilprojekt oder auch eine Projektphase beziehen. Die Anwendung eines adäquaten Vorgehensmodells, u.U. für jede Planungsstufe, wird offeriert.

Besondere Anforderungen, auch an die Planung, werden beim so genannten Multi-Projektmanagement gestellt. Diese spezielle Durchführungsform der Planung wird ansatzweise aufgezeigt.

Kap. 6 ist gewollt techniklastig, denn eine Projektplanung ist ohne die Kenntnis anzuwendender Techniken unmöglich. Es werden Techniken zur Unterstützung der Ablauf- und der Terminplanung vorgestellt. Im einzelnen werden die Listentechnik, die Balkendiagrammtechnik und die Netzplantechnik mit ihren Ausprägungen betrachtet, wobei deren Vor- und Nachteile herausgearbeitet werden.

Grundsätzlich sind zur Durchführung der Planung alle Techniken geeignet; es können identische Ergebnisse erlangt werden. Es werden jedoch Empfehlungen gegeben, welche Technik bei welchem IT-Projekt am sinnvollsten zum Einsatz kommen sollte. Hierbei finden u.a. der Umfang eines Projektes, die Anzahl der zu koordinierenden Vorgänge und deren Korrelationen und eine zur Verfügung stehende Softwarelösung Berücksichtigung.

Kap. 7 gliedert sich im Wesentlichen in drei Unterabschnitte, die Führung im Allgemeinen, die Projektsteuerung und das Projektcontrolling. Einige Elemente der Führung gehören nicht zum Kernbereich der Informatik bzw. Wirtschaftsinformatik, sondern zu dem der Soziologie, Psychologie o.ä. Dennoch stellen Kenntnisse auf diesen Gebieten Grundlagen für eine gute Projektführung dar. Aus diesem Grund werden soziologische Führungsmittel, Führungsstile und motivationstheoretische Aspekte aufgezeigt. Diese Größen bestimmen das Verhalten des Projektleiters zu seinen Mitarbeitern.

Zwischen Projektplanung und Projektdurchführung klafft eine Lücke, die durch die Projektsteuerung geschlossen wird. Die ersten beiden Komponenten wurden schon in vorherigen Kap. abgehandelt. Insofern ist es nur konsequent, dem Bindeglied Projektsteuerung eine separate Abhandlung zu widmen. Aufgezeigt werden die verschiedenen Steuerungsmöglichkeiten der direkten bzw. indirekten Steuerung. Die wichtigen Elemente Qualitätslenkung und Koordination gehören dazu.

Ein etwas breiterer Raum entfällt auf die Instrumente der Projektsteuerung. Im Fokus steht das bedeutendste Mittel zur Projektsteuerung in der Wirtschaft, die Budgetierung. Ergänzt werden die theoretischen Darstellungen durch ein praxisnahes Beispiel.

Weiterhin wird das Projektcontrolling beleuchtet. Die wichtigsten Kontrollverfahren, wie Reviews usw., werden aufgezeigt. Die zeitlichen und organisatorischen Aspekte des Controllings werden vorgestellt.

In **Kap. 8** wird der Aufwandsschätzung in IT-Projekten ein angemessener Raum zugestanden. Die Aufwandsschätzung hat das Ziel, die voraussichtlichen

Kosten eines Projektes zu ermitteln. Ergebnisbezogene und abwicklungsbezogene Einflussfaktoren in Abhängigkeit der gesetzten Ergebnis- und Abwicklungsziele bestimmen maßgeblich die Höhe der zu erwartenden Projektaufwände.

Die relevanten Methoden und darauf gründende Verfahren zur Aufwandsschätzung werden beschrieben. Vertieft wird die Thematik durch die Darstellung eines für die Praxis wichtigen Verfahrens der Aufwandsschätzung, dem Function-Point-Verfahren. Ein Beispiel konkretisiert dessen Einsatz.

Kap. 9 befasst sich mit der Wirtschaftlichkeit von IT-Projekten. Ausgangspunkt für die gedankliche Entwicklung dieses Kap. ist die Definition eines IT-Projektes als Investition. Damit wird zunächst der Zugang geschaffen zu einem allgemeinen betriebswirtschaftlichen Problem, der Ermittlung der Wirtschaftlichkeit einer Investition. Die allgemein gebräuchlichen Verfahren der Investitionsrechnung werden dargestellt. Basis jeder Wirtschaftlichkeitsrechnung sind die einzelnen Kostenarten. Die speziellen Kostenarten eines IT-Projektes werden ausführlich analysiert.

Die Gegenseite der Kosten einer Investition sind die Erträge. Die Problematik der Ertragsbewertung eines IT-Projektes ergibt sich daraus, dass nur ein geringer Teil der Erträge direkt monetär messbar ist. Der weitaus größere Teil sind schwer quantifizierbare Nutzengrößen. Die Problematik der Nutzenbewertung wird in diesem Kap. herausgearbeitet. Ein mehrdimensionales Verfahren der Nutzenbewertung, die Nutzwertanalyse, wird an einem Beispiel dargestellt.

In diesem Kap. wird das so genannte Dean-Modell, ein einfaches finanzmathematisches Modell, vorgestellt. Dessen Vorteile bestehen in einer simultanen Betrachtung der benötigten Ein- und erwarteten Auszahlungen, wobei – in Abgrenzung zu den klassischen Verfahren – unterschiedlich hohe Zinssätze unterstellt werden.

In **Kap. 10** werden auch aus der Erfahrung der Autoren Hinweise gegeben, die dem Projektleiter helfen sollen, projektgefährdende Situationen zu vermeiden. Des Weiteren werden Verhaltensweisen aufgezeigt, wie der Projektleiter sich nach Eintritt von kritischen Situationen verhalten sollte.

Kap. 11 ist mit „Subsysteme des Projektmanagements" überschrieben. Insofern handelt es sich um Aktivitäten, die nicht unbedingt direkt zum Wirkungskreis des Projektmanagements gehören. Aber sie runden die Projektarbeit erfolgreich ab. Die Notwendigkeit und die Anforderungen an eine saubere Dokumentation der Projektergebnisse und des Projektverlaufes werden begründet. Weiterhin werden die Anforderungen an ein Pflichtenheft dargestellt. Ein Pflichtenheft ist in vielen Unternehmen obligatorisch.

Der Sichtweise, dass die Einführung eines IT-Systems eine heikle Angelegenheit ist, wird durch die angemessene Darstellung der drei generischen Einführungsstrategien Rechnung getragen. Das Verfahren der technischen

Systemeinführung, das Releasemanagement sowie die unterstützenden Verfahren der Wartungsphase, das Problem- und das Changemanagement, werden dargestellt.

In **Kap. 12** werden die generellen Rahmenbedingungen für das Projektmanagement betrachtet. Das sind zum einen spezielle Methodiken zum Lösen von Projektmanagement-Aufgaben und systemtheoretische Aspekte. Da Modelle zur Gestaltung von Projektmanagement-Aufgaben unverzichtbar sind, werden Grund- und Spezialmodelle dargestellt.

Ein Bogen zur Betriebswirtschaftslehre wird geschlagen, indem dargestellt wird, wie die Integration von Projekten in Unternehmensstrukturen vollzogen werden kann. Die Projektplanung in Verbindung mit der Unternehmensplanung wird analysiert. Weitere Einflussgrößen auf das Projektmanagement, wie z.B. die Informatikstrategie usw., werden aufgezeigt.

Kap. 13 widmet sich der Projektpolitik. Im Vordergrund steht ein Ansatz für ein ganzheitliches Modell für die Projektpolitik.

An projektpolitische Entscheidungen sind gewisse Anforderungen zu stellen, die in einem Kriterienkatalog dezidiert aufgeführt werden. Allen diesen Kriterien ist das Merkmal der Allgemeingültigkeit zugeordnet, d.h. sie sind i.d.R. konstitutive Entscheidungen.

Das ganzheitliche Modell für die Projektpolitik untergliedert sich in ein Projektmanagement-Leitbild, ein Projektkonzept und ein Projektportfolio-Konzept. Ein entscheidender Part des Projektportfolio-Konzeptes stellt die Projektportfolio-Strategie dar.

Aus dem vorherigen Absatz geht hervor, dass eine erfolgreiche Projektpolitik in die Unternehmenspolitik eingebettet sein muss. D.h. es sind permanent Anpassungsprozesse durchzuführen, die die Kompatibilität der Projektpolitik mit der Unternehmenspolitik absichern.

Des Weiteren wird konkret dargestellt, wie eine realistische Projektpolitik entwickelt werden kann. Die Anforderungen an ein konsistentes Projektportfolio-Konzept werden definiert.

Weiterhin wird die Frage geklärt, wie man Informationen zur konkreten Gestaltung von Projektvorschlägen gewinnt. Aufbauend auf einem individuellen Bewertungs- und Planungsszenario wird ein Konzept entwickelt, wie Unternehmen eine Darstellungsmatrix der zu realisierenden Projekte gewinnen können. Im Vordergrund steht eine mit allen relevanten Faktoren abgestimmte Reihenfolge der zu realisierenden Projekte. Denn für ein Unternehmen ist es nicht gleichgültig, in welcher Reihenfolge die Projekte realisiert werden, da dadurch die Wettbewerbssituation des Unternehmens entscheidend verbessert werden kann.

Im abschließenden **Kap. 14** dieses Buches wird eine Fallstudie angeführt. Diese Fallstudie ist als Erfahrungsbericht der Autoren zu verstehen. Den

Verfassern war es wichtig, ein relativ aktuelles und vor allem umfangreiches Projekt aufzugreifen. In diesem Großprojekt waren die Verfasser an verantwortlicher Stelle tätig.

2 Grundbegriffe des Projektmanagements

Fast jedes Fachgebiet bedient sich einer eigenen Sprache und Terminologie. So werden auch im Bereich des Projektmanagements Begriffe benutzt, die, obwohl oft zum Alltagssprachgebrauch gehörend, unterschiedlich definiert und gebraucht werden. In diesem Kap. werden einige wichtige Grundbegriffe definiert und abgegrenzt.

2.1 Projekt

Der Begriff Projekt ist in den Alltagssprachgebrauch übergegangen. Ein Manager spricht von einem Projekt, wenn sein Unternehmen eine Investition plant, ein Pop-Sänger, wenn er eine neue Platte aufnimmt usw. Eine Anwendung dieses Begriffes in quasi allen Situationen des menschlichen Lebens suggeriert eine gewisse Klarheit, Einheitlichkeit und Sicherheit in der begrifflichen Definition. Die angeführten Beispiele zeigen aber auch schon die Spannungsweite dieses Begriffes.

Um einer Definition im Sinne dieses Buches näher zu kommen, werden noch einige Beispiele für Projekte aus verschiedenen Bereichen angeführt:

- die Entwicklung neuer Informationssysteme
- die Entwicklung neuer Produkte
- die Planung großer Events, z.B. Fußballweltmeisterschaft
- große Bauvorhaben, z.B. U-Bahn-Bau
- usw.

Aus den Beispielen lassen sich Eigenschaften ableiten, die eindeutige Merkmale eines Projektes sein könnten, davon sind einige obligatorisch und andere fakultativ:

- klare Aufgabendefinition
- abgrenzbar von den operativen Aufgaben eines Unternehmens
- eindeutiger Start- und Endtermin
- Unikat und neuartig, d.h. Innovation, die Aufgabe wurde in dieser Form noch nicht durchgeführt
- konkurrierend um Ressourcen
- oft entscheidend für die Existenz oder zumindest das Wachstum des Unternehmens
- hohes Risiko

Wesentliche Gründe für die Initiierung von Projekten liegen z.B. im Ändern des Marktumfeldes eines Unternehmens, etwa hervorgerufen durch den technischen Fortschritt. So hat beispielsweise das Internet gänzlich neue Vertriebswege und damit eine neue Vertriebsform generiert, die unter der Bezeichnung E-Commerce publiziert wird.

Neben vielen anderen Merkmalen ist den Verfassern von besonderer Bedeutung, dass Aufgaben Projektcharakter gewinnen, wenn sie sich von den iterativen Routinetätigkeiten (Regeltätigkeiten) einer Institution gravierend unterscheiden. Die Unterschiede müssen so tief sein, dass daraus Anforderungen resultieren, die nur durch besondere Nutzung der Ressourcen und separate organisatorische Gestaltung, d.h. die Integration in die bestehenden Unternehmensabläufe, gemanagt werden können.

```
                    ┌─────────────┐
                    │  Aufgaben   │
                    └──────┬──────┘
              ┌────────────┴────────────┐
              ▼                         ▼
    ┌──────────────────┐       ┌─────────────┐
    │ Regeltätigkeiten:│       │  Vorhaben   │
    │ permanent        │       └──────┬──────┘
    │ durchgeführte    │
    │ Prozesse         │
    └──────────────────┘              │
                           ┌──────────┴──────────┐
                           ▼                     ▼
                 ┌──────────────────┐  ┌────────────────────┐
                 │    Projekte:     │  │  Linienaktivität:  │
                 │ Einmaligkeit und │  │ Einmaligkeit,jedoch│
                 │ spezielle        │  │ keine spezielle    │
                 │ Organisation     │  │ Organisation       │
                 └──────────────────┘  └────────────────────┘
```

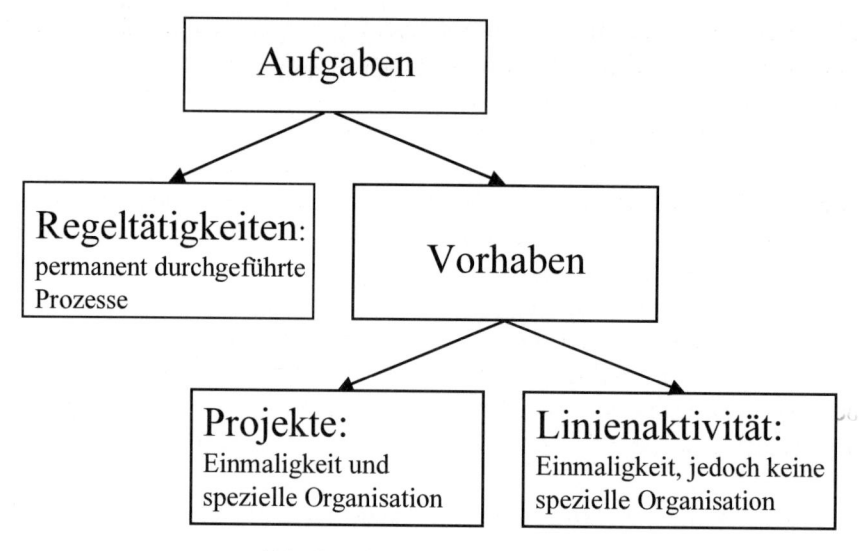

Abb. 2-1: Aufgabenabgrenzung

Zunächst zur Abgrenzung einige Begriffsdefinitionen:

- Regeltätigkeiten sind dadurch gekennzeichnet, dass sie keinen Einmaligkeitscharakter haben und auch keinen eindeutig definierten Start- und Endtermin. Sie sind permanent durchgeführte Prozesse, die im Rahmen der bestehenden Linienfunktionen abgewickelt werden können. In einem Unternehmen handelt es sich dabei im Wesentlichen um die aus originären Unternehmensfunktionen abgeleiteten operativen Geschäftsprozesse. Oft werden sie auch als Tagesgeschäft oder operatives Geschäft eines Unternehmens bezeichnet.
- Vorhaben umfassen die schon definierten Projekte sowie die Linienaktivitäten. Vorhaben mit Einmaligkeitscharakter, die innerhalb der Linie abgewickelt werden können, weil sie u.a. keiner besonderen Organisationsstruktur bedürfen, werden als Linienaktivität bezeichnet.
- Die eigens für das Projekt geschaffene Organisationsform ist ein konstitutives Element eines Projektes. Diese Organisation ist temporär, sie besteht lediglich für die Dauer eines Projektes.

Die eben definierten und abgegrenzten Begriffe werden in dieser Form in diesem Buch benutzt.

2.2 IT-Projekte

IT-Projekte beschäftigen sich mit der Entwicklung von Informations- und Kommunikationssystemen. Sie sind temporäre Organisationsformen innerhalb des sozio-technischen Systems Unternehmung und haben identische Eigenschaften wie der in Kap. 2.1 erörterte Projektbegriff.

Wie schon erwähnt umfassen Projekte viele Bereiche des täglichen Lebens. In diesem Buch werden aber vorwiegend Projekte des IT-Bereiches betrachtet, die einige bemerkenswerte spezifische Eigenschaften haben.

Ab einem gewissen Projektstatus ist die Variation der Projektressource Personal äußerst problematisch und wenig Erfolg versprechend. In den meisten Fällen ist es besser, zu versuchen, das Projekt mit dem eingesetzten Personal zu einem akzeptablen Abschluss zu bringen, als das Projekt mit neuem Personal zu beenden, da die Grenzintegrationsaufwände neuer Mitarbeiter den Grenznutzen übersteigen. Auf diese Problematik werden wir im weiteren Teil des Buches zurückkommen (s. Kap. 10).

Des Weiteren lassen sich IT-Projekte in immer wiederkehrende gleichförmige Abschnitte bzw. Phasen unterteilen, die eine standardisierte Abwicklung dieser Projekte ermöglichen. Aus diesem Grunde bietet sich der

Einsatz von einheitlichen Verfahren, z.B. Vorgehensmodellen, an und wird auch hier präferiert.

2.3 Projektarten

Eine inhaltliche Gliederung der Projekte ergibt folgende Häufigkeitsverteilung[1]: Circa die Hälfte aller Softwareprojekte entfällt auf die Individualentwicklung von IT-Anwendungssystemen. Die restlichen ca. 50 Prozent entfallen auf die Einführung von Standard-Anwendungssoftware und IT-Projekte zur Geschäftsprozessoptimierung. Diesem Aufgabenbereich kommt große praktische Bedeutung zu.

Formal lassen sich Projekte im Bereich der Informatik in folgende Kategorien aufteilen[2]:

- Entwicklungsprojekte, z.B. Strategie- oder Innovationsprojekte sowie Eigenentwicklungen
- Wartungsprojekte
- Organisationsprojekte (Evaluations- und Ausführungsprojekte, z.B. Systemeinführungen)
- Unterstützungsprojekte
- Versuchsprojekte, z.B. Prototypen für spätere komplexe Systeme

Die Reihenfolge der Aufzählung der oben aufgeführten Projektarten entspricht in etwa der Häufigkeit der Realisierung.

2.4 Einstufung von Projekten

Das Volumen von IT-Projekten wird durch drei Bestimmungsgrößen, die miteinander in Beziehung stehen, determiniert. Diese drei Größen sind:

- Projektziel (organisatorische Systemabgrenzung)
- Zeit (Termine), zeitliche Limitierung der Projektdurchführung
- Einsatzmittel (Ressourcen), wie Budget, Personal, Betriebsmittel usw.

---

[1] vgl. Grupp, Bruno: Der professionelle IT-Projektleiter, 2001, S. 21

[2] vgl. Jenny, Bruno: Projektmanagement in der Wirtschaft, 2001, S. 58

Man spricht in diesem Fall auch vom „Magischen Dreieck" des Projektmanagements, weil ein permanenter Ziel-Mittel-Konflikt besteht (s. Abb. 2-2).

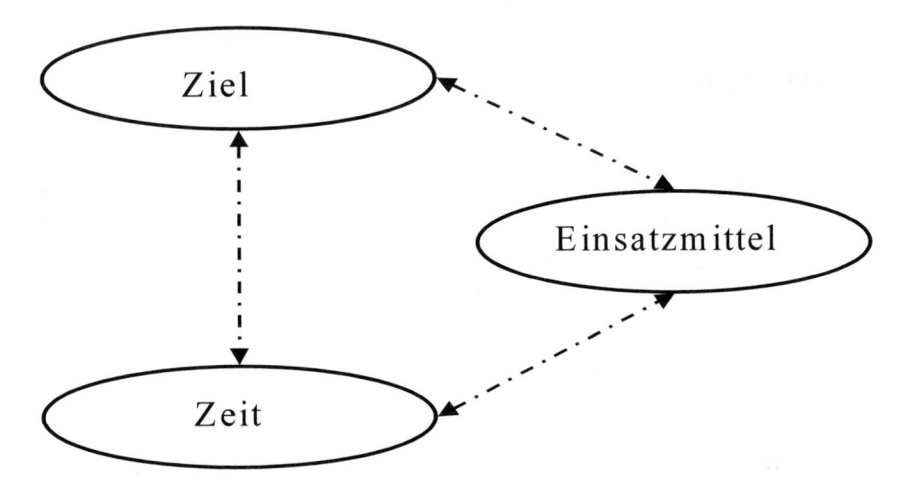

```
        Ziel
         ↕ ↖
         ↕    ↘
         ↕    Einsatzmittel
         ↕    ↗
         ↓  ↙
        Zeit
```

Abb. 2-2: Magisches Dreieck des Projektmanagements[3]

Wird eine Größe verändert, so wird dadurch mindestens eine andere beeinflusst. Der Parameter „Ziel" beeinflusst Ergebnisse und Aufgaben wie auch finanzielle und personelle Aufwände. Zeitliche Aspekte wirken auf Termine und Aufwände. Die Einsatzmittel wirken schließlich auf Ergebnisse und Aufgaben sowie umgekehrt. Es ist klar, dass die Parameter positiv korreliert sind, d.h. eine Expansion des Ursprungsparameters bewirkt eine Expansion des oder der beeinflussten Parameter.

2.5 Management

Wie der Begriff Projekt scheint auch der Begriff Management, der ja inzwischen zur Umgangssprache gehört, jedem klar zu sein und keiner Definition zu bedürfen. Ein Hinterfragen zeigt aber, dass es doch schwieriger zu sein scheint eine inhaltliche, abgrenzende Definition zu finden. In diesem Fall bietet es sich an, im Duden nachzuschlagen. Dort steht für managen: leiten, u.U. auch führen im weitesten Sinn, unternehmen, zustande bringen[4].

Management ist aufgaben- und prozessorientiert, daher pragmatisch abgrenzbar in die Phasen Planung, Organisation, Durchführung und Kontrolle.

---

[3] vgl. Keßler, Heinrich, Winkelhofer, Georg: Projektmanagement, 2002, S. 55

[4] vgl. Duden: Die deutsche Rechtschreibung, 1996, S. 474

Management soll über den Einsatz von Ressourcen zu definierten Zielen führen. Zum Begriff des Managements gehört immer der Begriff Verantwortung. Eine Aufgabe zu managen bedeutet immer, für die Aufgabenerfüllung oder auch für die -nichterfüllung verantwortlich zu sein. Insofern gehören die Begriffe Management und Verantwortung zusammen. Die Verantwortung liegt in der Regel beim Projektleiter bzw. beim Auftraggeber, z.B. der Geschäftsführung.

2.6 Projektmanagement

In diesem Abschnitt sollen die Begriffe Projekt und Management zusammengeführt werden, um eine akzeptable Definition für den Begriff Projektmanagement zu finden.

Projektmanagement	
Leitungskonzept	Organisationskonzept
Methodenszenario für Projektarbeit	optimale Eingliederung der Institutionen zur Durchführung des PM im Unternehmen

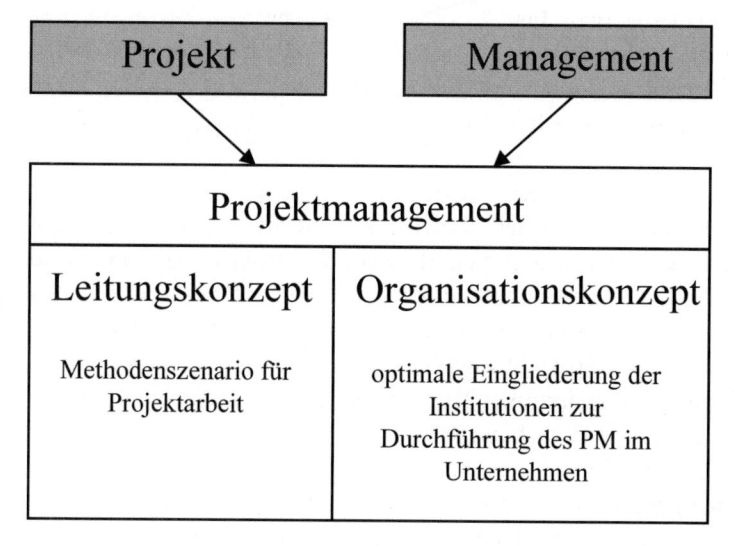

Abb. 2-3: Leitungs- und Organisationskonzept des Projektmanagements[5]

Projektmanagement ist die Gesamtheit von Führungsaufgaben, -organisation, -techniken und -mitteln für die Abwicklung von Projekten[6]. Projektmanagement ist in seiner Grundkonzeption eine allgemeine, vom Projektgegenstand unabhängige Konstruktion. Das Management von IT-Projekten ist die spezielle Führungskonzeption für die Abwicklung von IT-Projekten. Diese Unterscheidung ist notwendig, weil es bei IT-Projekten Besonderheiten gibt, die einen spezifischen Erklärungsansatz fordern. Allgemeine Erklärungen des Projektmanage-

---

[5] vgl. Litke, Hans-D.: Projektmanagement, 1995, S. 19

[6] vgl. Heinrich, Lutz J.: Management von Informatik-Projekten, 1997, S. 10

ments sind möglich. Präzisere Erklärungen und praktisch verwertbare Handlungsempfehlungen für das Management von IT-Projekten, wie sie in diesem Buch angestrebt werden, erfordern Kenntnisse über den Projektgegenstand und seine Bearbeitung.

Das Management von IT-Projekten erfordert somit Kenntnisse über die Spezifika dieser Projekte sowie Kenntnisse der Prinzipien, Verfahren, Methoden, Techniken und Werkzeuge, die zur Bearbeitung dieser Projektgegenstände notwendig sind[7].

Es sei darauf hingewiesen, dass IT-technische Spezialkenntnisse, wie z.B. die Beherrschung von Programmiersprachen, Datenbankkenntnisse usw., nicht zum Aufgabenspektrum des Projektmanagements für IT-Projekte gehören. Generelle und allgemeine Kenntnisse des Projektleiters auf diesen Gebieten sind hilfreich aber nicht essentiell für das Durchführen von Projektmanagement-Tätigkeiten. Detailkenntnisse und ihre Anwendung gehören in das Aufgabengebiet der Spezialisten.

An der Herstellung komplexer Informations- und Kommunikationssysteme ist in der Regel ein mehr oder weniger großer Personenkreis mit heterogenen Ausbildungen, Neigungen und Denkweisen beteiligt. Oft stammen die Mitarbeiter noch aus unterschiedlichen Kulturen.

Um das Ziel zu erreichen, nämlich die wirtschaftliche Herstellung qualitativ hochwertiger Informations- und Kommunikationssysteme[8], müssen komplexe Abläufe und die daraus resultierenden Tätigkeiten organisiert und koordiniert werden. Die fachlichen Anforderungen an die Produktgestaltung solcher Systeme müssen beherrscht werden.

Insbesondere die Komplexität stellt spezielle Anforderungen an die Organisation, Planung, Überwachung und Lenkung solcher Aktivitäten.

Mit dem Projektmanagement wird der Leitungsfunktion ein Gesamtkonzept zur Durchführung solcher Aufgaben zur Verfügung gestellt.
Dieses Gesamtkonzept kann in zwei Einzelkonzepte aufgeteilt werden:

- Verfahren-/Methodenkonzept:
  Um die Projektgesamtaufgabe bewältigen zu können, sind definierte Methoden bzw. Verfahren heranzuziehen.
- Organisationskonzept (intern/extern):
  Die Institutionen, die zur Abwicklung des Projektes benötigt werden, sind optimal in die Organisationsstruktur und die Abläufe des Unternehmens zu integrieren.
  Externe Organisationsmaßnahmen definieren die Maßnahmen, welche die

---

[7] vgl. Heinrich, Lutz J.: Management von Informatik-Projekten, 1997, S. 10

[8] vgl. Schach, Stephen: Software Engineering, 1993, S. 3

Stellung des Projektes im Unternehmen festlegen, wie z.B. Berichtswege, Instanzen, Informationskanäle.

Die Zusammenarbeit der Projektinstitutionen (Projektmitarbeiter) wird durch interne organisatorische Maßnahmen geregelt. Dazu gehört im Wesentlichen die Aufteilung der Projektteilaufgaben auf die einzelnen Projektmitarbeiter. Ferner wird festgelegt, welche Methoden und Verfahren aus dem Methodengesamtkonzept zur Bearbeitung der Projektaufgabe herangezogen werden. Diese werden aus dem Methodengesamtkonzept selektiert. Diese Vorgehensweise wird auch als Methoden-Tailoring bezeichnet.

2.7 Entwicklung des Projektmanagements

Als Anfänge des modernen Projektmanagements gelten das Manhattan Engineering District Project von 1941, dessen Zielsetzung die Entwicklung der ersten Nuklearbombe war, und das sehr ehrgeizige, zur nationalen Aufgabe hochstilisierte Apollo Project der NASA Anfang der sechziger Jahre[9]. Kennzeichnend für beide Aufgaben waren der Innovationscharakter der Aufgaben, der enorme Zeitdruck und der hohe Koordinationsbedarf für viele Aktivitäten, wobei die Kosten wegen des nationalen Bedürfnisses und des nationalen Prestiges keine gravierende Rolle spielten. Diese Anforderungen waren mit den bekannten Management- und Organisationsmethoden nicht zu erfüllen.

Neben den immensen Anforderungen an die Logistik waren erstmalig unter Zeitdruck Forschungs- und Entwicklungsaufgaben zu bewältigen, die in den Grenzbereich der Wissenschaft vorstießen. Dazu notwendig war Personal aus den Bereichen Forschung und Entwicklung, der Administration und dem Militärbereich, das aus den unterschiedlichsten Institutionen stammte. Die Koordination des Personaleinsatzes stellte gänzlich neue Anforderungen. Wie alle wissen, sind diese beiden Projekte „erfolgreich" abgeschlossen worden. Der Erfolg dieser Projekte strahlte auf die Wirtschaft aus.

In der Forschung und Entwicklung ist seitdem das Projektmanagement zu einem unverzichtbaren Instrument geworden. In der Wirtschaft werden fast alle Einzelvorhaben in Form von Projekten durchgeführt. Man kann sagen, dass mit dem Siegeszug der IT der Einsatz des Projektmanagements obligatorisch wurde. Die komplexen, innovatorischen Entwicklungsprojekte der IT werden und wurden alle in Projektform realisiert. Die Methoden und Verfahren des Projektmanagements wurden und werden permanent verfeinert, so ist z.B. der Einsatz von Projektmanagement-Software mittlerweile Standard.

---

[9] vgl. Litke, Hans-D.: Projektmanagement, 1995, S. 21 f.

2.8 Ein Modell des Projektmanagements

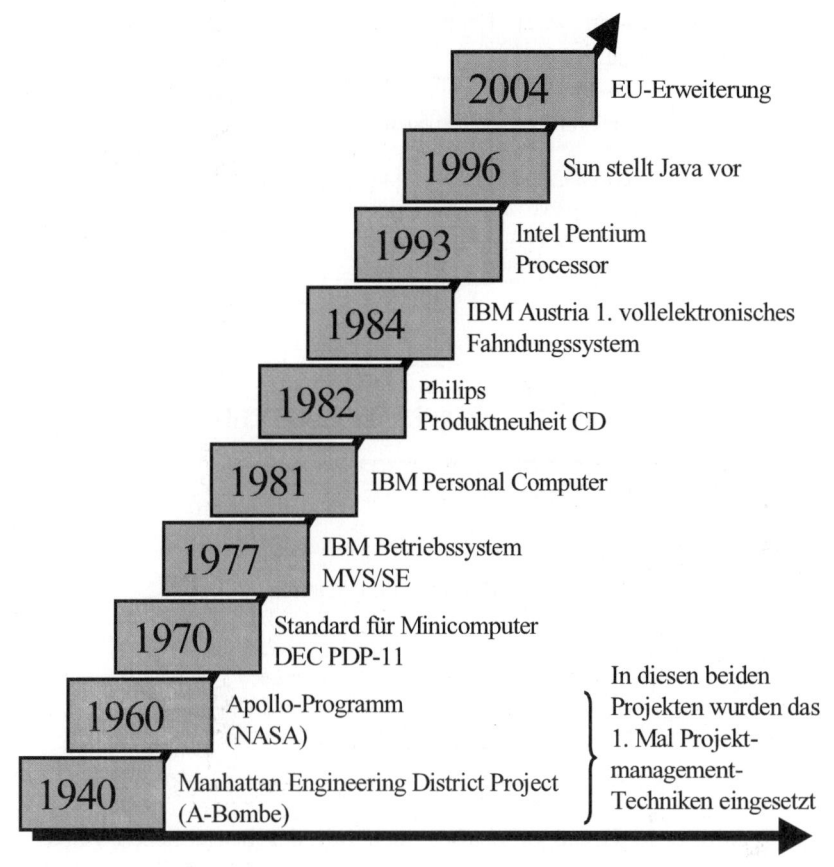

```
                                    2004  EU-Erweiterung
                              1996  Sun stellt Java vor
                         1993  Intel Pentium Processor
                    1984  IBM Austria 1. vollelektronisches Fahndungssystem
                1982  Philips Produktneuheit CD
            1981  IBM Personal Computer
        1977  IBM Betriebssystem MVS/SE
    1970  Standard für Minicomputer DEC PDP-11
 1960  Apollo-Programm (NASA)                    } In diesen beiden Projekten wurden das
1940  Manhattan Engineering District Project        1. Mal Projekt-
      (A-Bombe)                                     management-Techniken eingesetzt
```

Abb. 2-4: Entwicklung des Projektmanagements am Beispiel wichtiger Forschungs- und Entwicklungsprojekte

Wie so häufig bei erfolgreichen neuen Verfahren wurde dann übertrieben. Das Festhalten an bewährten Organisationsstrukturen, wie z.B. der Linienorganisation, wurde als überholt angesehen. So wurde sogar postuliert, ganze Unternehmen in Projekten zu führen. Diese Versuche sind alle gescheitert, da jedes Unternehmen feste Strukturen braucht, in denen die Menschen sich wiederfinden.

2.8 Ein Modell des Projektmanagements

Ein Modell des Projektmanagements zeigt die Abb. 2-5. Das Modell hat durchaus Referenzcharakter. Die Abb. stellt den Gesamtkomplex des

Projektmanagements in zwei Ebenen dar, einer ausführenden und einer konzeptionellen Ebene.

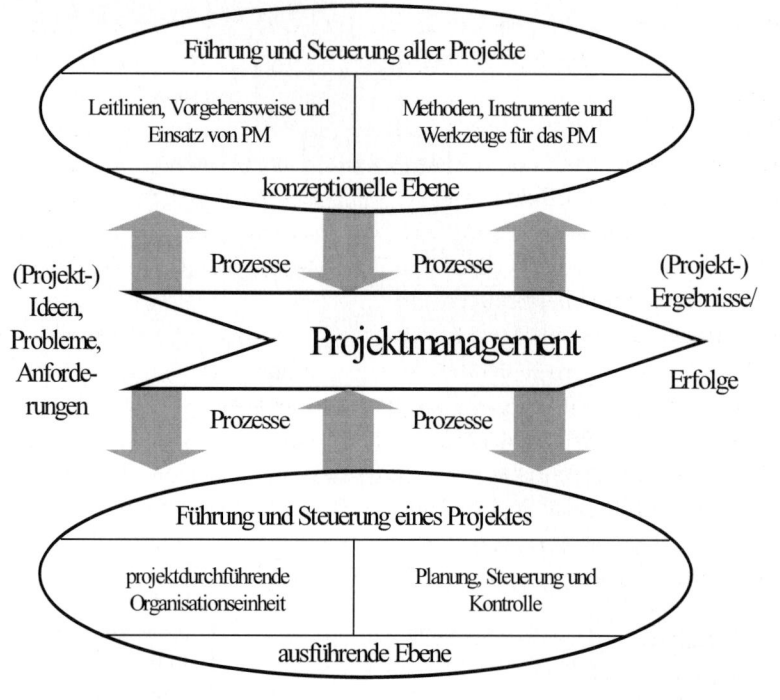

Abb. 2-5: Ein Modell des Projektmanagements[10]

Die ausführende Ebene beschäftigt sich mit der betrieblichen Praxis der Projektarbeit, während die konzeptionelle Ebene den gestalterischen Teil des Projektmanagements umfasst. Dieser Teil ist Teil der Informatikstrategie und des Informationsmanagements und definiert die Rahmenbedingungen und allgemeinen Regeln des unternehmensspezifischen Projektmanagements. Diese Richtlinien sollten verbindlich festgelegt werden. Dies kann in Form von Projektmanagementrichtlinien, -handbüchern usw. vorgegeben werden.

2.9 Erfolgsfaktoren des Projektmanagements

Die Umsetzung eines Projektes ist erfolgreich, wenn alle vom Auftraggeber gesetzten Projektziele vollständig erreicht werden. Dieses ist in der Praxis leider nicht immer das Endresultat einer Projektdurchführung. In vielen Fällen werden Projekte beendet, die nur einen Teil oder überhaupt nicht die vorgegeben

---

[10] vgl. Keßler, Heinrich, Winkelhofer, Georg: Projektmanagement, 2002, S. 11

Projektziele verwirklichen. Die Komplexität und die Einzigartigkeit aktueller und zukünftiger IT-Projekte erlauben es nicht, ein generelles Erfolgsrezept zu entwickeln. Dennoch können Erfolgsfaktoren identifiziert werden, deren Einhaltung einen entscheidenden Schritt in Richtung erfolgreicher Projekte darstellen.

Projekte stellen für Unternehmen grundsätzlich Investitionen dar. Investitionen müssen sich rentieren, d.h. nach Abschluss eines Projektes sind für das Unternehmen positive Effekte, wie z.B. Erhöhung des Umsatzes, bzw. Effekte, die auf das Umfeld abstrahlen, wie z.B. Erweiterung des Kundenkreises, zu erwarten. Es ist klar, dass der Nutzen (Ertrag) eines Projektes die eingesetzten Mittel (Investitionen) übersteigen sollte.

Wurden die erwarteten Projektresultate mit den vorgegebenen Mitteln innerhalb der festgelegten Zeit in der geforderten Qualität erreicht, so kann allgemein von einem erfolgreichen Projekt gesprochen werden. Andererseits gelten als Indizien für gescheiterte und gefährdete Projekte, wenn der geplante Kosten- und Zeitrahmen überschritten und/oder die geplanten Funktionalitäten nicht erreicht werden bzw. das Projekt vor dessen abschließenden Umsetzung abgebrochen wird. Zu beachten ist, dass ein technisch brillante Ergebnisse lieferndes Projekt durchaus ökonomisch äußerst ineffektiv sein kann.

gefährdet 53%

gescheitert 18%

erfolgreich 29%

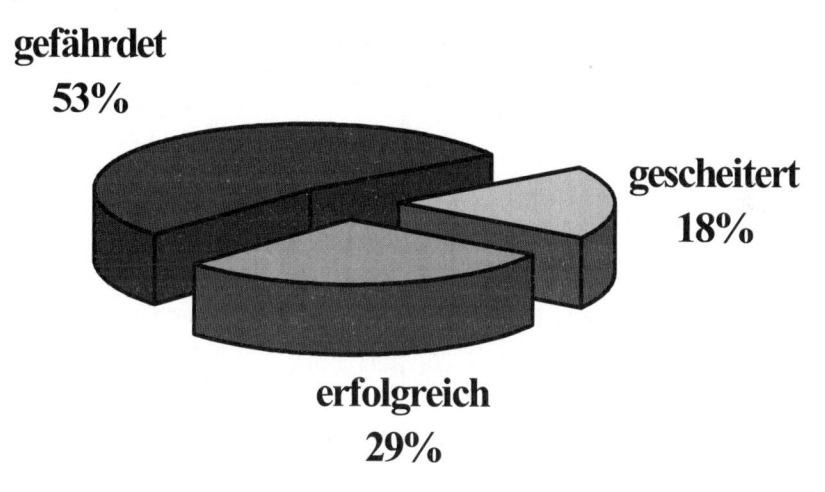

Abb. 2-6: Resultate der in den ersten drei Quartalen des Jahres 2004 beendeten IT-Projekte

Die Standish Group International, Inc. hat seit 1994 mehr als 50.000 beendete IT-Projekte bzgl. ihrer Resultate betrachtet[11]. Die aufgedeckten Ergebnisse sind trotz eines mittlerweile großen Stellenwertes von Projektmanagement-Methoden

---

[11] vgl. Standish Group International, Inc.: Chaos Chronicles v3.0. 2004

2 Grundbegriffe des Projektmanagements

in Unternehmen erschütternd. Lediglich 29 % der beendeten Projekte der ersten drei Quartale des Jahres 2004 können laut dem Forschungs-Report der Standish Group als erfolgreich angesehen werden. 18 % sind gescheitert und weitere 53 % der durchgeführten Projekte gelten als gefährdet (siehe Abb. 2-6).

Projekte werden von der Standish Group entsprechend ihrer erzielten Ergebnisse in die folgenden drei Kategorien unterschieden:

- Erfolgreich: Alle Eigenschaften und Funktionalitäten werden wie ursprünglich spezifiziert rechtzeitig umgesetzt, wobei der vorgegebene Kostenrahmen eingehalten wird.
- Gefährdet: Das Projekt wird zwar mit einem funktionsfähigen Ergebnis beendet, jedoch wird der gesetzte Zeit- oder Kostenrahmen überschritten oder es werden weniger Eigenschaften und Funktionalitäten als zunächst vereinbart erreicht.
- Gescheitert: Das Projekt wird ohne Erreichen der gesetzten Projektziele vorzeitig abgebrochen.

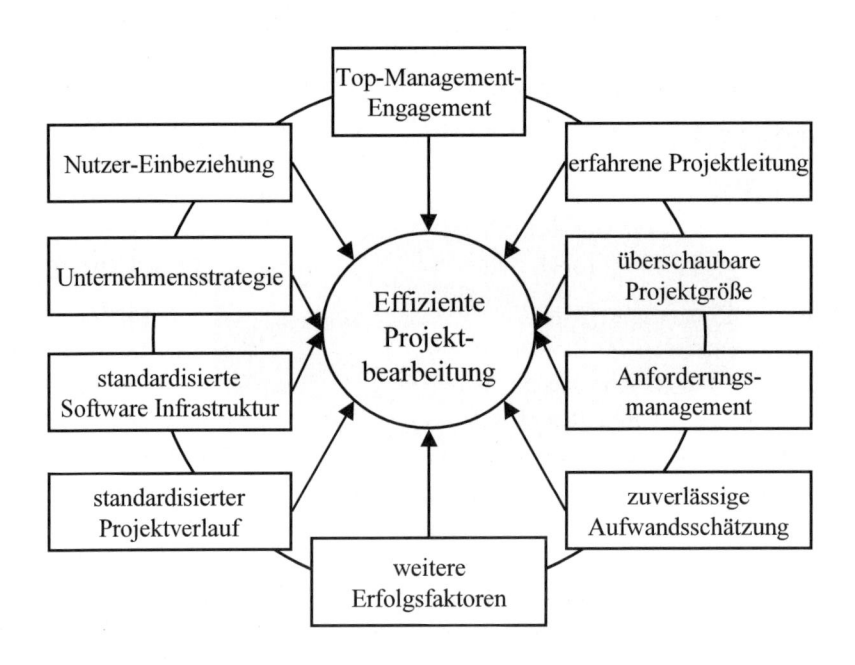

Abb. 2-7: Erfolgsfaktoren des Projektmanagements

Bei Projekten, deren Durchführung als erfolgreich bezeichnet werden können, sind Gemeinsamkeiten feststellbar. In der so genannten Chaos Studie der Standish Group werden zehn Erfolgsfaktoren identifiziert, deren Einhaltung eindeutig positiv mit einem Projekterfolg korrelieren (siehe Abb. 2-7)[12].

Als Erfolgsfaktoren eines Projektes werden die Voraussetzungen angesehen, die wesentlich zur Erreichung der vorgegebenen Ziele beitragen. Die Praxis zeigt, dass der Einsatz dieser Erfolgsfaktoren wesentlich dazu beiträgt, eine effiziente Projektbearbeitung zu gewährleisten und einen erfolgreichen Projektabschluss zu erreichen. Die einzelnen Erfolgsfaktoren stehen in Beziehungen untereinander. Daher ist es nicht einfach, jedoch erforderlich, mehrere Faktoren und deren Korrelationen parallel im Auge zu behalten. Ihr Einsatz ist so miteinander zu kombinieren, dass sie in Bezug auf die Projektziele den größten Nutzen stiften. Nachfolgend werden zu den Erfolgsfaktoren Erläuterungen gegeben:

1) Top-Management-Engagement
Die Bedeutung des Top-Managements steigt mit der Komplexität eines Projektes. Für den Erfolg eines Projektes ist es enorm wichtig, dass das Top-Management sich für das Projekt engagiert und dies auch zeigt. Diese Unterstützung hilft eventuell vorhandene Widerstände zu überwinden und wirkt motivierend auf den Projektleiter und die Projektmitarbeiter. Besonders der Projektstartphase muss das Management größte Beachtung schenken, da hier die Weichen für das gesamte Projekt gestellt werden. Die Aufmerksamkeit sollte aber während der gesamten Projektdauer, auch in kritischen Phasen, vorhanden sein. Als Managementfehler gilt, nur in kritischen Phasen Interesse zu zeigen und dann quasi als Retter des Projektes aufzutreten, da neben demotivierenden Aspekten die Hilfe so zu spät greift.

2) Nutzer-Einbeziehung
Für den Erfolg eines Projektes ist die Einbeziehung der Anwender eines zukünftigen IT-Systems entscheidend. Selbst wenn ein Projekt rechtzeitig unter Einhaltung des genehmigten Budgets ein scheinbar vereinbartes Resultat liefert, kann es in dem Fall gescheitert sein, wenn die Projektergebnisse nicht den Erwartungen der Anwender entsprechen. Um dieses zu vermeiden, ist es zwingend erforderlich, dass spätere Nutzer nicht nur während der Initialisierung und des Abschlusses eines Projektes involviert werden, sondern auch während der Umsetzung des Projektes. Gemeinsam mit den Nutzern getroffene Projektentscheidungen schließen ein späteres Infragestellen von getroffenen Lösungen aus. Eine konsequente Nutzer-Einbeziehung wird durch eine institutionelle Nutzer-Verankerung in Projektteam, Lenkungsausschuss und Review-Team sichergestellt.

---

[12] vgl. Standish Group International, Inc.: Chaos Chronicles v3.0. 2004

3) Erfahrene Projektleitung

Für den Erfolg eines Projektes stellt der Projektleiter eine entscheidende Rolle dar. Die meisten Projekte scheitern an personellen und fachlichen Defiziten des Projektleiters. Alle Vorschriften und Methoden des Projektmanagements sind hilfreich, aber bestimmte Voraussetzungen sind beim Projektleiter unabdingbar. Das sind vor allem Methoden- und Fachkenntnisse, Identifikation mit der Aufgabe und am wichtigsten Erfahrungen. Ein erfahrener Projektleiter ist sensibilisiert für die anstehenden Aufgaben und die möglichen Probleme eines Projektes. Er strahlt seine Ruhe und Übersicht auf das Projektteam aus. Eine erfolgreiche Projektdurchführung beruht zu einem großen Teil auf einem kompetenten Projektleiter.

Genügend Methoden- und Fachwissen eines Projektleiters ist obligatorisch, um dies mit guten Führungsqualitäten umsetzen zu können. Dabei kann und braucht ein Projektleiter nicht der beste Fachmann auf allen Aufgabenfeldern des Projektes zu sein. Dieses ist bei komplexen Projekten ohnehin nicht möglich. Bestrebungen eines Projektleiters, dies zu erreichen, führen lediglich zur Verzettelung. Projektarbeit ist i.d.R. mit einer hohen Einsatz- und Leistungsbereitschaft aller Beteiligten verbunden. Hierzu muss Motivation zu einer hohen Leistung über einen längeren Zeitraum hinweg vorhanden sein. Der Projektleiter ist hierbei als Motivator gefragt. Darüber hinaus muss er situativ führen und Konflikte lösen können.

4) Unternehmensstrategie

Ein häufig wenig beachteter Erfolgsfaktor stellt die Unternehmensstrategie dar. Sie gibt die strategische Ausrichtung und Vorgehensweise eines Unternehmens über einen längeren Zeitraum vor. Sie korreliert mit den Unternehmenszielen, welche die Unternehmensstrategie bestimmen. Anzustrebende Unternehmensziele sind z.B. die Übernahme der Kostenführerschaft in der Branche in einem definierten Zeitraum. Die Definition der strategischen Unternehmensziele, der Vorgehensweise und der Einsatz der Mittel, um diese Ziele zu erreichen, sind ein Teil der Unternehmensstrategie.

Die Durchführung von Projekten dient der Umsetzung einer Unternehmensstrategie. Die Ziele und die Bedeutung aller Projekte werden aus der Unternehmensstrategie hergeleitet. Zwangsläufig ist ohne eine festgelegte Unternehmensstrategie keine stringente Projektpolitik denkbar, und ein zielgerichtetes Projektportefeuille kann nicht entwickelt werden. Nicht abgestimmte Projektvorhaben mit nicht zielführenden Projektresultaten wären die Folge.

5) Überschaubare Projektgröße

Gerade die Einhaltung der zeitlichen Vorgaben und des Budgets stellt bei Projekten eines der schwierigsten Probleme dar. Sowohl der zeitliche als auch der finanzielle Rahmen eines Projektes werden bereits zu einem sehr frühen

Projektzeitpunkt, im Zuge der Projektbeauftragung, festgelegt. Problematisch ist, dass gerade bei IT-Projekten nur schwer Aussagen über die Aufwände späterer Phasen im Vorfeld getroffen werden können. Je umfangreicher das Projekt ist, desto schwieriger gestalten sich die Aufwandsschätzungen. Neben der Verwendung zuverlässigerer Verfahren zur Aufwandsschätzung stellt eine Fokussierung auf weniger umfangreiche, besser überschaubare Projektvorhaben einen Schritt in die richtige Richtung dar.

6) Standardisierte Software Infrastruktur
Für IT-Projekte ist es entscheidend, dass die Systemanforderungen auf Basis einer funktionsfähigen standardisierten Software Infrastruktur umgesetzt werden. Um zielgerichtet die anstehenden Projektaufgaben umzusetzen, ist es erforderlich, dass sich die Projektmitarbeiter voll auf die Umsetzung der Projektanforderungen konzentrieren können und keine Aufwände in die Entwicklung einer eigenständigen Infrastruktur investieren müssen.

Die Korrelationen der in einem Unternehmen durchzuführenden IT-Projekte verlangen nach einer einheitlichen Software Infrastruktur. Resultate von IT-Projekten sind keine Stand-Alone-IT-Systeme sondern vielmehr zu integrierende Lösungen. Ohne eine standardisierte Software Infrastruktur ist ein Verknüpfen mehrerer IT-Systeme nicht sinnvoll möglich.

7) Anforderungsmanagement
Der Erfolg jeden Projektes muss sich daran messen lassen, in wie weit die gesetzten Projektanforderungen erfüllt werden. Projektvorgehensmodelle gehen teilweise davon aus, dass im Rahmen der Projektinitialisierung alle Anforderungen im Vorfeld klar bestimmt und abgegrenzt werden können. Praxiserfahrungen zeigen jedoch, dass die gesetzten Anforderungen nicht so fix wie angenommen sind. Projekte können nicht rechtzeitig abgeschlossen werden, da beispielsweise eine schleichende Erweiterung des Projektumfanges stattfindet (Scope Creep) oder bereits fertige Lösungen aufgrund geänderter Anforderungen überarbeitet werden müssen (Rework).

Diesem wirkt ein konsequentes Anforderungsmanagement entgegen. Es umfasst die strukturierte Verwaltung aller Anforderungen und Änderungsanfragen über den gesamten Zyklus eines Projektes. Klar zu regeln ist, wie neue beziehungsweise abgeänderte Anforderungen für die Projektarbeit berücksichtigt werden. Hieraus resultierende variierte Aufwände müssen in die Projektplanung Einzug halten.

8) Standardisierter Projektverlauf
Innerhalb eines Unternehmens sollten IT-Projekte möglichst einem einheitlichen standardisierten Ablauf folgen, der unabhängig von den externen und internen Rahmenbedingungen des jeweiligen IT-Projektes und dem eingesetzten Vorgehensmodell zur Durchführung einzelner Projektarbeiten ist. Die Durchführung

sollte entsprechend einheitlicher und verbindlicher Vorgaben vonstatten gehen. Dies besagt allerdings nicht, dass ein Projektverlauf unbenommen einer konkreten Projektthematik immer völlig starr ist. Vielmehr ist der Projektverlauf jeweils auf die explizite Projektaufgabenstellung, insbesondere mit der Wahl eines geeigneten Vorgehensmodells, zuzuschneiden.

Ein standardisierter Verlauf zeichnet sich durch eine gewisse Projektunabhängigkeit aus. Er stellt sicher, dass ein Projekt geordnet gestartet, umgesetzt und abgeschlossen wird, ohne entscheidende Teilschritte auszulassen. Für ein konkretes Projekt ist jeweils zu entscheiden, welche Phasen, Schritte und Aktivitäten aus sachlichen Gründen auszuführen bzw. auszulassen sind. Das Anpassen auf projektspezifische Erfordernisse wird Tailoring genannt.

9) Zuverlässige Aufwandsschätzung

Aufwandsschätzungen in IT-Projekten erfolgen, um die zu erwartenden Aufwände eines IT-Projektes im Vorfeld der Durchführung bereits vorherzusagen. Die Durchführung einer Aufwandsschätzung erfolgt im Laufe eines Projektes mehrmals mit unterschiedlichen Detaillierungsgraden. Die erhaltenen Ergebnisse werden zu späteren Zeitpunkten überprüft und verfeinert. Eine erste Aufwandsschätzung erfolgt im Vorfeld der Durchführung eines Projektes, in der so genannten Initialisierungsphase. Die erhobenen Aufwände stellen die Basis für die Aufstellung eines Projektbudgets dar.

Dem Auftraggeber und dem Projektleiter muss klar sein, dass trotz aller Bemühungen aus dem Einsatz jedes Verfahrens zur Ermittlung der Projektaufwände lediglich Schätzungen resultieren. Grundsätzlich weist jedes Schätzergebnis eine gewisse Ungenauigkeit auf. Der Grad der Genauigkeit ist vom Zeitpunkt der Schätztätigkeit abhängig. Zu Beginn eines Projektes durchgeführte Aufwandsschätzungen weisen im Vergleich zu späteren Schätzungen eine große Ungenauigkeit auf. Je später der Schätztermin, desto genauere Ergebnisse können erarbeitet werden.

10) Weitere Erfolgsfaktoren

Neben den oben besprochenen Erfolgsfaktoren existieren weitere. Exemplarisch seien hier der Einsatz von zahlreichen Meilensteinen, eine korrekte aktualisierte Projektplanung, eine zielführende Projektorganisation oder auch kompetente Projektmitarbeiter genannt.

Die Projektorganisation muss mit der Größe des Projektes korrespondieren. Flexibilität zeigt sich darin, dass sich die Organisation den Veränderungen des Projektes, z.B. den einzelnen Entwicklungsphasen, anpasst. Klare Funktions-, Kompetenz- und Verantwortungszuordnungen sollten selbstverständlich sein. Jeder Mitarbeiter muss sich mit seinen Aufgaben und seiner Person in der Organisation wieder finden. Wegen der Einmaligkeit des Projektes sollte die Organisation unbürokratisch gestaltet sein.

Werden die vorgestellten Erfolgsfaktoren bei der Durchführung von Projekten berücksichtigt, so steigt die Wahrscheinlichkeit deutlich an, Projekte mit dem Resultat erfolgreich zu beenden. Im Vorfeld und während der Durchführung eines Projektes ist es sehr zielführend, wenn sich sowohl der Auftraggeber als auch der Projektleiter anhand der aufgeführten Faktoren die entscheidenden Felder des Projektmanagements verdeutlichen.

In der Praxis ist es teilweise nicht möglich alle Erfolgsfaktoren voll zu erfüllen. Eine Orientierung an Ihnen erleichtert jedoch die Identifizierung möglicher Risikofelder und ein Ergreifen von geeigneten Maßnahmen bereits im Vorfeld eines möglichen Eintretens von Problemen. Steht beispielsweise kein erfahrener Projektleiter zur Verfügung und wird daher auf eine Person mit wenig Projekterfahrung für die Projektleitung fokussiert, ist ein mögliches Risikofeld bereits erkannt. Eine mögliche Maßnahme kann in diesem Fall ein Coachen durch einen erfahrenen gestandenen Projektleiter darstellen. Zusammenfassend ist zu beachten, dass geeignete präventive Maßnahmen bereits vor dem eventuellen Eintritt von Problemen geplant und durchgeführt werden sollten.

2.10 Zusammenfassung

In diesem Kap. wurden wichtige Grundbegriffe des Projektmanagements definiert und abgegrenzt. Insbesondere wurden die Zentralbegriffe Projekt und Projektmanagement operationalisiert. Projekte unterscheiden sich von den Regeltätigkeiten durch einige essentielle Merkmale.

Projektmanagement wurde als allgemeines Führungskonzept dargestellt. Wenn man, was hier beabsichtigt ist, konkrete Handlungsempfehlungen geben will, muss man den allgemeinen Begriff des Projektmanagements auf den Projektgegenstand spezialisieren. Das Management von IT-Projekten erfordert eben eine besondere Sichtweise auf das Projektmanagement. Ein Referenzmodell des allgemeinen Projektmanagements wurde dargestellt.

Eine Zielsetzung des Projektmanagements ist es, Projekte erfolgreich durchzuführen und zum Abschluss zu bringen. Aus diesem Grunde wurde in diesem Kap. ein Erfolgsfaktoren-Konzept vorgestellt. Erfolgreiche Projekte sind sowohl technisch als auch ökonomisch effizient.

Erfolgsfaktoren sind die inneren Garanten des Projekterfolges. Die hier vorgestellte Darstellung und Aufzählung der Faktoren ist durchaus diskussions- und u.U. auch erweiterungswürdig. Von Bedeutung ist jedoch, dass nicht der Einsatz und die Optimierung eines oder mehrerer Faktoren isoliert anzustreben ist. Ein optimales Projektergebnis wird erreicht durch die optimale Kombination aller Erfolgsfaktoren.

3 Institutionelles Management von IT-Projekten

Die Lösung von Fragen, die sich mit der Aufbauorganisation eines Projektes beschäftigen, wird als institutionelles Management von Projekten bezeichnet. Projektorganisation ist, entsprechend der DIN 69 901, die Gesamtheit der Organisationseinheiten und der aufbau- und ablauforganisatorischen Regelungen zur Abwicklung eines bestimmten Projektes. Projektorganisation setzt sich in der Regel aus Elementen der vorhandenen Betriebsorganisation und ergänzenden projektbezogenen Regelungen zusammen.

Hauptbestandteile einer Projektorganisation sind der Auftraggeber eines Projektes, der Projektleiter und das Projektteam. Der Projektleiter und das Projektteam bilden während der Dauer des Projektes eine Organisationseinheit. Für die auftragsgerechte Durchführung, die Planung, die Überwachung und die Steuerung des Projektes ist der Projektleiter zuständig und verantwortlich. Der Auftraggeber erteilt den Projektauftrag und sorgt für Rahmenbedingungen, die eine effektive Projektabwicklung ermöglichen. Häufig sind einem Auftraggeber Projektgremien, wie beispielsweise ein IT-Lenkungsausschuss, als Unterstützung zur Seite gestellt.

Eine Projektorganisation soll schnelle Informationen durch kurze Informationswege sicherstellen. Effektive Arbeitsabläufe während der Dauer des Projektes werden durch flache Hierarchieebenen der Projektorganisation ermöglicht. Eine Projektorganisation hat sowohl Auswirkungen auf die bestehende Organisation des Unternehmens als auf die Organisationsstruktur des Projektes.

Allgemein muss eine Projektorganisation folgende Punkte regeln:

- Aufgaben und Pflichten der Projektbeteiligten
- Verantwortungen der Projektbeteiligten
- Kompetenzen der Projektbeteiligten
- kurze effektive Entscheidungswege
- Einbindung in die bestehende Organisation des Unternehmens

3.1
Formen der Projektorganisation

Grundsätzlich kann zwischen drei Organisationsformen für IT-Projekte unterschieden werden. In der Praxis wird allerdings meist eine Mischung dieser drei Grundformen verwandt, um die Anforderungen des jeweiligen Projektvorhabens und der Unternehmenssituation möglichst gut berücksichtigen zu können. Im Folgenden werden die Einfluss-Projektorganisation, die reine Projektorganisation und die Matrix-Projektorganisation im Einzelnen vorgestellt, gegenübergestellt und es wird eine Empfehlung für deren Verwendung in IT-Projekten gegeben.

3.1.1
Einfluss-Projektorganisation

Bei der Verwendung einer Einfluss-Projektorganisation, die häufig auch als Stab-Linien-Organisation bezeichnet wird, bildet die Projektgruppe keine selbstständige aufbauorganisatorische Einheit. Der Projektleiter und die Mitglieder des Projektteams sind während der Dauer des Projektes weiterhin funktionell und personell dem jeweiligen Linienvorgesetzten unterstellt. Der Projektleiter hat in der Regel eine Stabsstelle inne. Er hat die Rolle eines Projektkoordinators (s. Abb. 3-1).

Weil bei einer Einfluss-Projektorganisation keine eigene Projektorganisation ausgebildet wird, bleibt die Unternehmensstruktur unverändert. Der vorgesehene Projektleiter hat gegenüber den Projektmitarbeitern kein direktes Weisungsrecht. Eine Steuerung von Mitarbeitern kann nur über den jeweiligen Linienvorgesetzten erfolgen. Entscheidungen werden in der Linie getroffen. Ein Projektleiter nimmt somit im Rahmen des Projektes lediglich koordinierende, beratende und berichtende Aufgaben wahr. Entsprechend dem Namen dieser Projektorganisationsform ist es stark vom Standing des Projektleiters bei dem Auftraggeber und innerhalb des Unternehmens abhängig, welchen Einfluss er geltend machen kann, um seine Vorstellungen und Ideen durchzusetzen.

Da die Kompetenzen und Weisungsbefugnisse des Projektleiters stark eingeschränkt sind, ist er für den sachlichen und terminlichen Ablauf des Projektes und die Projektzielerreichung nur, neben anderen beteiligten Führungskräften des Unternehmens, mitverantwortlich. Er allein ist jedoch dafür zuständig, dass der Auftraggeber und die Entscheidungsgremien zeitnah über den Stand des Projektes, insbesondere bei Abweichungen von der ursprünglichen Planung, informiert werden. Weiterhin gehört es zu seinen Aufgaben Entscheidungsvorlagen zu erstellen.

3.1 Formen der Projektorganisation

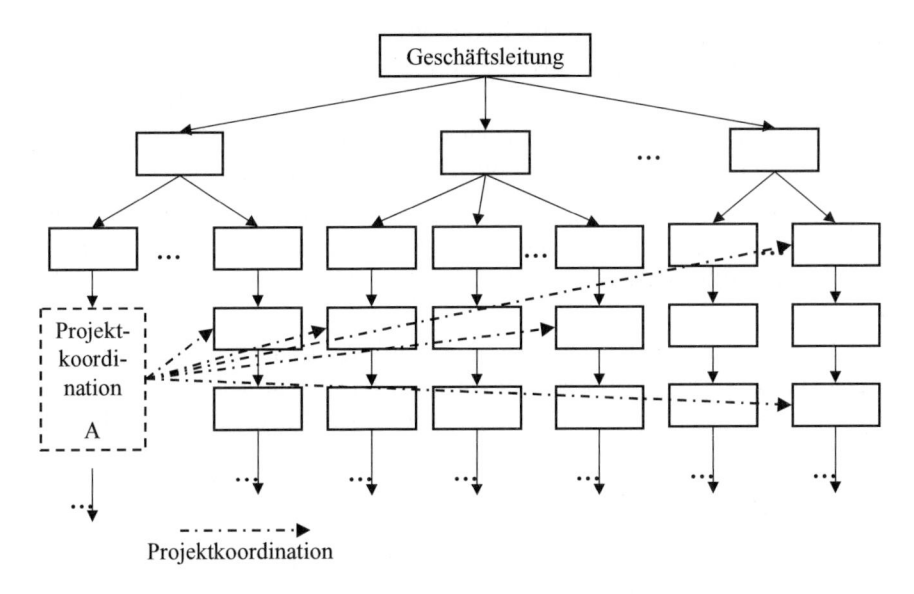

Abb. 3-1: Einfluss-Projektorganisation

Eine Einfluss-Projektorganisation wird in der Praxis nur selten verwandt. Ihr Einsatz führt lediglich bei kleinen und mittleren Projekten zu brauchbaren Ergebnissen. Voraussetzung für die Nutzung ist, dass teamorientierte Arbeitsmethoden im Unternehmen regelmäßig verwandt werden.

Die Verwendung einer Einfluss-Projektorganisation bietet die Vorteile, dass

- die Einführung eines Projektes nur geringe organisatorischen Änderungen erfordert,
- der Personaleinsatz sich flexibel gestaltet,
- die Mitarbeiter unter Umständen in verschiedenen Projekten parallel tätig sein können,
- mehrere Projekte eines Unternehmens unmittelbar koordiniert werden können.

Aus dem Einsatz korreliert allerdings negativ, dass

- sich niemand für das Projekt voll verantwortlich fühlt,
- die Identifikation der Projektmitarbeiter mit dem Projekt oft gering ist,
- aufgrund der Arbeitsverteilung auf mehrere Abteilungen die Gefahr besteht, dass Aufgaben nicht oder doppelt abgearbeitet werden,

- die Trennung von Aufgaben, Kompetenzen und Verantwortungen häufig zu Entscheidungsverzögerungen führt, was insbesondere bei Abweichungen von der ursprünglichen Projektplanung Nachteile mit sich bringt,
- die Rolle und die Befugnisse eines Projektleiters im Vergleich zu den anderen Projektorganisationsformen nur gering sind.

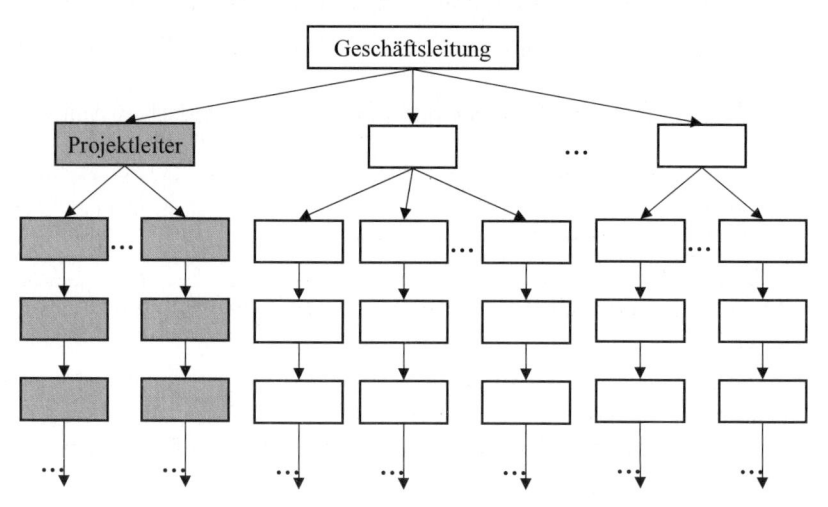

3.1.2
Reine Projektorganisation

Bei Wahl der reinen Projektorganisation wird das Projektteam in Form einer eigenständigen Organisationseinheit in die Linienorganisation des Unternehmens eingebunden. Diese Form wird auch unter dem Begriff der Linien-Projektorganisation geführt.

Die Mitglieder des Projektes bilden während der Dauer des Projektes eine neue eigenständige Organisationseinheit, die von der bisherigen Unternehmensorganisation unabhängig ist (s. Abb. 3-2). Hierzu werden interne Mitarbeiter aus verschiedenen Abteilungen des Unternehmens vollständig aus der Linienorganisation herausgelöst und von ihren ursprünglichen Aufgaben befreit. Externe Kräfte werden direkt in die Projektorganisation eingeordnet. Da die Mitarbeiter des Projektteams keine Linienaufgaben mehr wahrnehmen, können sie sich voll auf die Aufgaben des Projektes konzentrieren.

Abb. 3-2: Reine Projektorganisation

Der Projektleiter nimmt folglich die fachliche Projektverantwortung wahr und führt unmittelbar das Projektteam, das ihm direkt unterstellt ist. Er hat die Verfügungsgewalt über alle Projektressourcen und trägt somit allein die

Verantwortung für die Erreichung der mittels des Projektauftrages gesetzten Sach-, Termin- und Kostenziele.

Soll ein komplexes Vorhaben in Form eines Projektes umgesetzt werden, in das eine geringe Zahl von Mitarbeitern mehrerer Abteilungen über eine längere Zeitdauer zu einem erheblichen zeitlichen Anteil eingebunden sind, so ist die Verwendung der reinen Projektorganisation zu empfehlen. Durch den Einsatz der reinen Projektorganisation ergeben sich die folgenden Vorteile:

- Verantwortlichkeiten und Zuständigkeiten im Projekt sind klar bestimmt.
- Die Fachkoordination ist durch die einheitliche fachliche Zuordnung erleichtert.
- Konfliktpotenziale sind verringert, da die Mitarbeiter des Projektteams ausschließlich vom Projektleiter geführt werden.
- Die Arbeitsleistung der Projektmitarbeiter für das Projekt ist im Vergleich zu anderen Organisationsformen höher, da sich die Mitarbeiter voll auf das Projekt konzentrieren können.
- Da die Projektmitarbeiter ausschließlich dem Projekt zur Verfügung stehen, ist die Projektdauer vermindert, und Abweichungen von der Projektplanung und neuen Situationen kann schneller begegnet werden.
- Projektbezogene Entscheidungen können schnell getroffen werden.
- Durch die Bildung einer eigenen Einheit ist die Identifikation mit dem Projekt größer.

Nachteilig bei der Verwendung ist, dass

- die Einrichtung der eigenständigen Organisationsform einen erheblichen Eingriff in die bisherige Unternehmensstruktur darstellt und Aufwände und Kosten für die Einrichtung verursacht werden.
- die Teammitglieder aus der Unternehmenshierarchie bei der Projekteinrichtung aus- und nach dem Projektabschluss wieder eingegliedert werden müssen.
- ein Projekt durch die Abgrenzung von den Fachabteilungen des Unternehmens ein zu starkes Eigenleben entwickelt. Die Folge können Projektergebnisse sein, mit denen sich die Fachabteilungen nicht identifizieren können.

3.1.3
Matrix-Projektorganisation

Die Matrix-Projektorganisation stellt eine Mischform aus der Einfluss-Projektorganisation und der reinen Projektorganisation dar, sie vereint zum großen Teil die Vorteile beider Formen. Die bestehende Organisation des Unternehmens bleibt bestehen und wird durch die Matrix-Projektorganisation ergänzt.

Durch zusätzliche projektbezogene Weisungsrechte wird für die Dauer des Projektes ein Mehrliniensystem gebildet, das grafisch als Matrix demonstriert werden kann (s. Abb. 3-3). Bei der Einrichtung des Projektes müssen die vorgesehenen Projektmitarbeiter aus der Linie nicht ausgegliedert und nach dem Abschluss nicht wieder eingliedert werden.

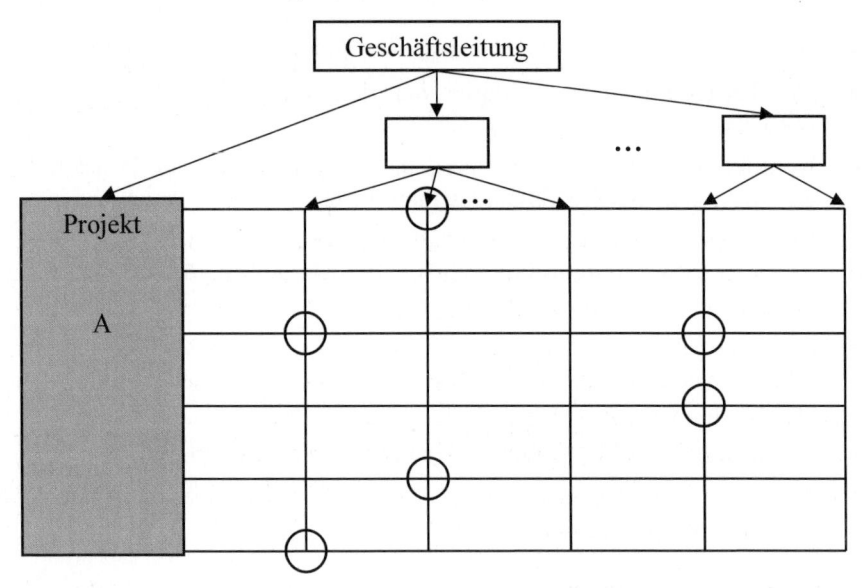

Abb. 3-3: Matrix-Projektorganisation

Die Mitarbeiter bleiben personell weiterhin dem Linienvorgesetzten unterstellt. Fachlich werden sie zur Durchführung von Projektarbeiten dem Projektleiter zugeordnet. Sie arbeiten zeitanteilig Projekt- und Abteilungstätigkeiten ab, wobei sie hierbei von zwei Führungskräften gelenkt werden.

Verantwortlichkeiten innerhalb des Projektes sind klar festgelegt. Der Projektleiter ist für die Einhaltung von Terminen und Kosten und die Projektmitarbeiter sind für die Umsetzung der fachlichen Inhalte zuständig.

Der Einsatz der Matrix-Projektorganisation ist zu empfehlen, wenn das Know-how mehrerer Mitarbeiter verschiedener Abteilungen zeitlich begrenzt benötigt wird. Vorteilhaft ist, dass so die parallele Durchführung einer großen Anzahl von Projekten ermöglicht wird.

Eine optimale Kapazitätsauslastung wird durch den flexiblen Mitarbeitereinsatz unterstützt. Das Spezialwissen und die besonderen Erfahrungen von Mitarbeitern können in Projekten genutzt werden.

Probleme können durch Weisungskonflikte zwischen den Linienvorgesetzten und dem Projektleiter entstehen, wenn sich Linien- und Projektinteressen widersprechen. Die Lösung solcher Konflikte verlangt vom Projektleiter neben Fach- und Führungskompetenz ein hohes Maß an Konfliktfähigkeit.

3.1.4
Wahl einer Projektorganisationsform

Die Steuerungsmöglichkeiten des Projektleiters im Rahmen der Projektdurchführung sind von der verwendeten Projektorganisationsform abhängig. Den größten Handlungsspielraum hat ein Projektleiter bei der Nutzung einer reinen Projektorganisation. In diesem Fall lenkt ein Projektleiter direkt die Projektmitarbeiter. Eingeschränkter sind die Möglichkeiten im Rahmen einer Matrix-Projektorganisation, bei der der Linienvorgesetzte und der Projektleiter bei der Führung von Mitarbeitern aufeinander treffen. Die geringsten eigenen Steuerungsmöglichkeiten hat ein Projektleiter bei der Entscheidung für eine Einfluss-Projektorganisation.

Direkt abhängig von den Steuerungsmöglichkeiten ist der Grad der Verantwortung eines Projektleiters. Grundsätzlich gilt, dass nur das verantwortet werden kann, was auch bestimmt werden kann. Somit nimmt der Verantwortungsumfang des Projektleiters von der reinen Projektorganisation über die Matrix-Projektorganisation zur Einfluss-Projektorganisation ab. In jedem Fall sind die Zuständigkeiten, Verantwortungen und Kompetenzen beim Start eines Projektes zu fixieren.

Bei neu aufgelegten Projekten ist die Frage nach der zu verwendenden Projektorganisationsform zu beantworten. Im praktischen Alltag fällt bei den allermeisten IT-Projekten eine Entscheidung zwischen der Matrix- und der reinen Projektorganisation.

Am häufigsten wird für die Dauer von IT-Projekten die Matrix-Projektorganisation gewählt, da sich IT-Projekte im Durchschnitt nur über wenige Monate bis zu einem Jahr erstrecken. In Bezug auf die Projektdauer spricht vieles für die Matrix-Projektorganisationsform, da diese einem Projektleiter Steuerungsmöglichkeiten bietet, jedoch keinen Wechsel des disziplinarischen Vorgesetzten der Projektmitarbeiter verlangt.

In der Tabelle 3-1 sind Kriterien für die Wahl einer möglichst effektiven Projektorganisation zusammengestellt.

3 Institutionelles Management von IT-Projekten

Tabelle 3-1: Kriterien für die Wahl der Projektorganisation[13]

Kriterien	Einfluss-PO	Reine PO	Matrix-PO
Bedeutung für das Unternehmen	gering	sehr groß	groß
Umfang des Projektes	gering	sehr groß	groß
Unsicherheit der Zielerreichung	gering	hoch	mittel
Technologie	Standard	neu	kompliziert
Projektdauer	kurz	lang	mittel/lang
Komplexitätsgrad	gering	hoch	mittel
Bedürfnis nach zentraler Steuerung	gering	sehr groß	groß
Mitarbeitereinsatz	nebenamtlich	hauptamtlich	Teilzeit
Anforderungen an die Projektleiterpersönlichkeit	hohe Anforderungen an die Persönlichkeit	hochqualifizierter Projektleiter mit guten Methoden- und Fachkenntnissen	hochqualifizierter Projektleiter mit guten Methodenkenntnissen

Es ist nicht zwingend erforderlich, dass für ein Projekt über die gesamte Dauer die gleiche Projektorganisationsform gewählt wird. Sinnvoll kann auch ein Wechsel der Form sein. Entsprechend dem in Kap. 4 vorgestellten Projektabwicklungs-Zyklus kann folgende Lösung brauchbar sein:

- Projektstart – Einfluss-Projektorganisation
- Projektumsetzung – Matrix-Projektorganisation/reine Projektorganisation
- Projektabschluss – Matrix-Projektorganisation

Neben dem Wechsel der Organisationsform im Laufe des Projektes sind auch Mischformen sinnvoll. Eine Kombination aus der reinen und der Matrix-Projektorganisationsform kann verwandt werden, indem ein Stamm von Projektmitarbeitern dem Projektleiter direkt unterstellt wird und weitere Spezialisten zeitweise zu dem Projekt delegiert werden.

---

[13] vgl. Jenny, Bruno: Projektmanagement in der Wirtschaft, 2001, S. 110

3.2 Projektaufbauorganisation

Mit einer generellen Projektaufbauorganisation innerhalb eines Unternehmens wird das Ziel verfolgt, den Erfolg von durchzuführenden Projekten sicherzustellen. Diese existiert neben der generellen Linienorganisation eines Unternehmens und legt die Korrelationen der Projektbeteiligten fest. Eine Projektaufbauorganisation kann untergliedert werden in einen permanenten und einen temporären Part. Für beide Teile werden Rollen definiert, die von Personen wahrgenommen werden.

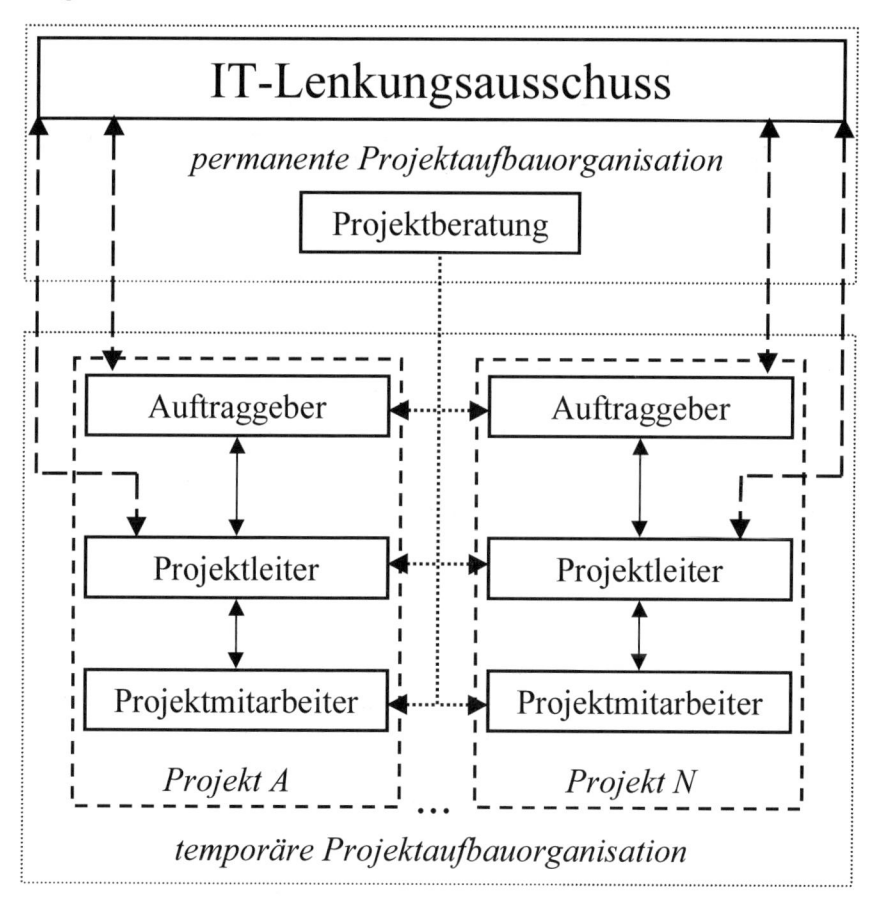

Abb. 3-4: Projektaufbauorganisation eines Unternehmens

Der permanente Part der Projektaufbauorganisation eines Unternehmens, der unabhängig von den gerade andauernden Projekten besteht, stellt den Rahmen für die Durchführung mehrerer Einzelprojekte dar. Er kann aufgeteilt werden in

34   3 Institutionelles Management von IT-Projekten

Planungs-, Kontroll- und Steuerungsgremien und eine Projektberatung. In der Praxis werden die Gremien zusammengefasst und bilden häufig in Bezug auf IT-Projekte einen so genannten IT-Lenkungsausschuss. Die Projektberatung steht den einzelnen Projekten zur Seite, um Unterstützung bzgl. genereller Projektthemen zu bieten.

Den temporären Part bilden die Einzelprojektorganisationen der jeweiligen aktuellen Projekte, die zeitweise für jedes Projekt eingerichtet werden und nach Abschluss eines Projektes wieder aufgelöst werden. Für jedes einzelne Projekt kann entsprechend dem Kap. 3.1 eine geeignete Projektorganisationsform gewählt werden.

In Abb. 3-4 ist eine mögliche Projektaufbauorganisation eines Unternehmens visualisiert. Im Folgenden werden die Rollen der exemplarischen Projektaufbauorganisation näher betrachtet. Hierbei werden die Rollen des Auftraggebers, des Projektleiters und der Projektmitarbeiter dem temporären Part und die Rollen des IT-Lenkungsausschusses und der Projektberatung dem permanenten Part der Projektaufbauorganisation zugeordnet. Durchaus üblich sind auch Projektaufbauorganisationen, in denen die Rolle des Auftraggebers vom IT-Lenkungsausschuss direkt wahrgenommen wird. In diesen Fällen wird den einzelnen Projekten kein separater Auftraggeber zugeordnet.

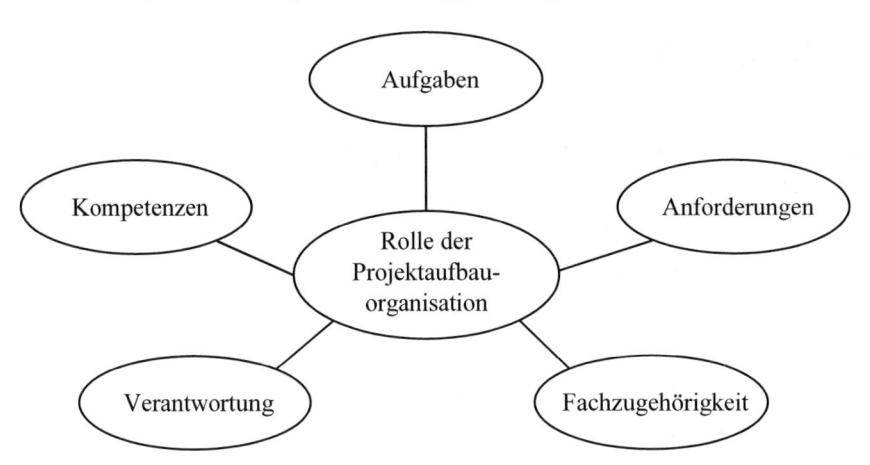

Abb. 3-5: Aspekte der Rollen einer Projektaufbauorganisation

Im Einzelnen werden die Rollen im Hinblick auf ihre Aufgaben, die gesetzten Anforderungen, ihre Auswahl, ihre Verantwortung und ihre Kompetenzen betrachtet.

3.2.1
Auftraggeber eines IT-Projektes

Entsprechend seinem Namen ist ein Auftraggeber eines IT-Projektes für die Beauftragung des Vorhabens zuständig. Im Rahmen der Umsetzung des von ihm verabschiedeten Projektauftrages hat er jedoch nicht nur Rechte, sondern auch Pflichten. Er muss sicherstellen, dass der vorgesehene Projektleiter den gestellten Projektauftrag richtig interpretiert und schließlich umsetzt.

Der Auftraggeber ist in der Regel nicht der Linienvorgesetzte des Projektleiters. Zwischen beiden Rollen herrscht ein Auftraggeber-Auftragnehmer-Verhältnis auf der Grundlage des Projektauftrages. Der Auftraggeber gibt klar die Ziele des Projektes und die Rahmenbedingungen vor, dem Projektleiter ist der Weg zum Erreichen dieser Ziele freigestellt. Beachten muss er hierbei jedoch die gesetzten Rahmenbedingungen des Projektes und des Unternehmens, wie beispielsweise das Projektbudget, vorgeschriebene Methoden, Programmiersprachen einschließlich -standards oder Dokumentationsvorgaben etc.

3.2.1.1
Aufgaben des Auftraggebers

Ein Auftraggeber hat die Aufgabe den Rahmen für die zielgerichtete Durchführung eines Projektes herzustellen. Zu den Hauptaufgaben zählen

- die Abstimmung des Projektantrages mit dem IT-Lenkungsausschuss und dem zukünftigen Projektleiter,
- die Koordination der Projektvorbereitung,
- die Mitauswahl eines Projektleiters,
- unter Einbeziehung des Projektleiters die Wahl der Projektorganisationsform,
- die Unterstützung des Projektleiters bei der Lösung von Konflikten,
- die Überwachung des Projektstatus,
- die Information des IT-Lenkungsausschusses bzgl. des Projektfortschritts,
- die Kontrolle und die Abnahme der Projektergebnisse entsprechend dem Projektauftrag und
- die Entlastung des Projektleiters nach Abschluss des Projektes.

3.2.1.2
Verantwortung und Kompetenzen des Auftraggebers

Im Rahmen des Projektes trägt der Auftraggeber die Verantwortung dafür, dass sich die im Projektantrag festgelegten Projektziele im Einklang mit den generellen Unternehmenszielen befinden. Um die Verschwendung von Unternehmensressourcen und Doppelaufwendungen zu vermeiden, muss das Projekt klar gegenüber anderen Vorhaben abgegrenzt werden.

Damit der Projektleiter eine effektive Projektplanung zur Erreichung der Projektziele erstellen und umsetzen kann, muss ein vollständiger Projektauftrag verabschiedet werden und der Auftraggeber muss dafür sorgen, dass Inhalte des Auftrages möglichst nicht abgeändert werden.

Weiterhin ist der Auftraggeber dafür verantwortlich, dass dem Projektleiter ein Projektbudget zur Verfügung gestellt wird und dass erforderliche personelle und materielle Ressourcen für das Projekt bereitgestellt werden.

Nach dem Abschluss des Projektes entlastet er den Projektleiter und trägt die Verantwortung dafür, dass die erhaltenen Projektergebnisse für das Unternehmen tatsächlich genutzt werden. Es darf nicht der Fall eintreten, dass ein erstelltes System aufgrund von Interventionen nicht zum Einsatz kommt. Hierzu wird das erstellte System an den späteren Systemverantwortlichen überführt.

Zur Durchsetzung der Aufgaben und zur Wahrnehmung der Verantwortung stehen dem Auftraggeber weitreichende Kompetenzen zur Verfügung. Er hat das Recht, Aufgaben an den Projektleiter und indirekt an die Projektmitarbeiter zu delegieren. Um für das Projekt ein Budget zur Verfügung zu stellen, muss er eigene Budgetgewalt besitzen. Während der Dauer des Projektes hat er das Recht vom Projektleiter Berichte bzgl. des Projektstatus einzufordern, um frühzeitig Termin- oder Kostenüberschreitungen erkennen zu können.

Im Falle, dass die Projektziele aufgrund einer neuen Unternehmenssituation weggefallen sind oder dass keine Aussicht mehr besteht, das Projekt wie geplant zum Erfolg zu führen, hat der Auftraggeber die Möglichkeit das Projekt zu unterbrechen. In Zusammenarbeit mit dem IT-Lenkungsausschuss beschließt er sowohl bei einem positiven als auch bei einem negativen Projektergebnis über den Abschluss des Projektes.

Bei allen Entscheidungen, die einen direkten Einfluss auf die gesetzten Projektziele oder das Projektbudget haben, muss der Auftraggeber unbedingt vom Projektleiter eingebunden werden. Der Auftraggeber kann hierbei jeweils von seinem Vetorecht Gebrauch machen, um die Einhaltung der Projektziele sicherzustellen.

3.2.2
Projektleiter eines IT-Projektes

Entsprechend der DIN-Norm 69 901 ist die Projektleitung die für die Dauer eines Projektes geschaffene Organisationseinheit, die für die Planung, die Steuerung und die Überwachung eines Projektes verantwortlich ist. Sie kann den Bedürfnissen der Projektphasen angepasst werden. Für die Projektleitung und die Erreichung der Projektziele, entsprechend dem verabschiedeten Projektauftrag, ist der Projektleiter verantwortlich.

Bei einem IT-Projektleiter handelt es sich um eine Führungskraft auf Zeit. Für die Dauer eines Projektes ist der Projektleiter die zentrale Person. Er berichtet direkt dem Auftraggeber des Projektes bzw. dem IT-Lenkungsausschuss des Unternehmens.

Im Falle eines umfangreichen Projektes ist der Projektleiter, in Absprache mit dem Auftraggeber, berechtigt für Teilaufgaben einen Teilprojektleiter einzusetzen.

In Bezug auf die Unterstellung eines Projektleiters ist zwischen der disziplinarischen und der fachlichen Zuordnung zu unterscheiden. Disziplinarisch ist ein Projektleiter weiterhin dem direkten Linienvorgesetzten unterstellt.

Fachlich ist er hingegen dem Auftraggeber des Projektes, beziehungsweise dem IT-Lenkungsausschuss, untergeordnet. In der Praxis hat sich hierbei die Einrichtung der Institution eines Projektmentors aus dem Kreise des IT-Lenkungsausschusses bewährt. Ein Projektmentor betreut den Projektleiter bei Problemen, die im Verlaufe der Projektabwicklung auftreten können. Weiterhin gibt er dem Projektleiter die erforderliche Rückendeckung und unterstützt den Projektfortschritt gegen Angriffe von außen.

3.2.2.1
Aufgaben eines IT-Projektleiters

Zu den Kernaufgaben eines Projektleiters gehört die fach- und termingerechte Abwicklung des Projektes entsprechend den festgelegten Projektzielen. Hierzu plant, steuert und kontrolliert er alle Tätigkeiten des Projektteams, um bei allen Projektergebnissen die geforderte Qualität zu erreichen. Hierbei muss er gewährleisten, dass das genehmigte Budget eingehalten wird.

Darüber hinaus nimmt er Administrationsaufgaben und Koordinationstätigkeiten bei der Lösungsfindung wahr. Soweit es möglich ist, arbeitet der Projektleiter bei der Lösungsfindung mit. Für die Umsetzung der favorisierten

Lösung sind hingegen die Projektgruppenmitglieder zuständig. Im Folgenden sind die wichtigsten Aufgaben eines Projektleiters aufgeführt[14]:

- Initialisierung und Definition des Projektes in Zusammenarbeit mit den Mitarbeitern und ggf. den Teilprojektleitern
- Entwurf, Abgrenzung und Strukturierung der Arbeitspakete und der Aufgabenprozesse
- Planung, Steuerung und Kontrolle der einzelnen Projekttätigkeiten
- fachliche Führung der Projektmitarbeiter
- disziplinarische Führung der Projektmitarbeiter bei der reinen Projektorganisation
- Arbeits-, Ergebnis- und Informationskoordination mit den betroffenen Umsystemen
- laufende Information des Auftraggebers und des IT-Lenkungsausschusses
- Schaffung der Voraussetzungen für die Projektdurchführung
- Erstellung und Kontrolle des Budgets
- Vorbereitung, Durchführung und Nachbearbeitung der Reviews
- Durchführung des Projektabschlusses
- Vertretung des Projektes gegenüber dem Auftraggeber und dem IT-Lenkungsausschuss
- Projektmarketing, d.h. die Betroffenen bedürfnisgerecht informieren, damit sie zu Beteiligten werden

3.2.2.2
Anforderungen an einen IT-Projektleiter

An die Person eines Projektleiters werden, in Abhängigkeit von der Bedeutung und der Reichweite des jeweiligen Projektes, gesteigerte Anforderungen gestellt. Er muss sowohl über Führungs-, über Methoden- als auch über Fachkompetenz verfügen. Projektarbeit bedeutet Teamarbeit, daher wiegen weiterhin die Anforderungen an seine Sozialkompetenz besonders schwer.

Er muss seine Projektmitarbeiter mit gutem Beispiel führen und motivieren. Hierzu ist es erforderlich, dass der Projektleiter selbst eine ausgeprägte Teamfähigkeit aufweist. Bei der Führung der Projektmitarbeiter muss er stets korrekt und souverän handeln. Zur Lösung von Konflikten müssen ihm einschlägige Konfliktbewältigungsstrategien bekannt sein.

---

[14] vgl. Jenny, Bruno: Projektmanagement in der Wirtschaft, 2001, S. 123

Im Hinblick auf seine Persönlichkeit sollte ein Projektleiter Durchsetzungsvermögen, Entscheidungsfreudigkeit, Beharrlichkeit und Stressstabilität besitzen. Darüber hinaus soll er über eine große Eigeninitiative, Verhandlungsgeschick sowie gute mündliche und schriftliche Ausdrucksfähigkeit verfügen.

Neben der Lösung der fachlichen Projektaufgabenstellung muss der Projektleiter betriebswirtschaftliche und strategische Aspekte berücksichtigen. Er muss unternehmerisch handeln und ein ausgeprägtes Kosten- und Nutzenbewusstsein aufweisen. Sein Leitgedanke muss es jeweils sein, die Projektkosten zu minimieren und den Projektnutzen zu maximieren.

3.2.2.3
Auswahl eines IT-Projektleiters

Bei der Besetzung der Leitung eines Projektes gilt es, eine besonders gut geeignete Person zu finden. Die Fachzugehörigkeit des zukünftigen IT-Projektleiters ist jeweils zu klären. Eine Antwort auf die Frage ist zu geben, ob der Projektleiter aus dem IT-Bereich oder aus dem Fachbereich stammen soll. Zu berücksichtigen ist hierbei, inwieweit Benutzer eines Fachbereiches durch die Ergebnisse des Projektes betroffen sind und in welchem Maße die technische Umsetzung eines Projektes im Vordergrund steht. Pauschal kann kein Personenkreis ausschließlich für die Rekrutierung von IT-Projektleitern betrachtet werden.

Für die Wahl eines IT-Spezialisten als Projektleiter für IT-Projekte spricht, dass diese, im Gegensatz zu einem Vertreter aus dem Fachbereich, über bessere Kenntnisse der Programmiertechnik und der Hardwareausstattung des Unternehmens verfügen sowie meistens vertrauter mit der Arbeitsmethodik und den Softwarewerkzeugen zur Projektführung sind.

Vernachlässigt werden darf jedoch nicht, dass aus der Besetzung der Projektleitung durch einen IT-Spezialisten auch Nachteile resultieren können. Es liegt in der Natur des Menschen, dass er sein Handeln am stärksten auf das fokussiert, was seinen Interessen und seinen ausgeprägten Fähigkeiten entspricht. So ist es nicht verwunderlich, dass IT-Spezialisten ihr Hauptaugenmerk häufiger auf technische als auf fachliche Aufgabenstellungen legen.

Es besteht die Gefahr, dass die Anwenderinteressen gegenüber den Informatikinteressen benachteiligt werden. Zum Teil werden Anwendungen und Lösungen erstellt, die im Hinblick auf die implementierte Informatik-Logik perfekt sind, jedoch nicht der geforderten Fachlogik entsprechen. Wurden IT- über Fachanforderungen gestellt oder entsteht bei den späteren Anwendern dieser Eindruck, so sind Akzeptanz- und Motivationsprobleme in den Fachabteilungen die Folge. Es wird angenommen, dass ihrem Wissen und ihren Wünschen nicht genügend Rechnung getragen wurde.

Ein IT-Projektleiter aus dem DV-Bereich muss sich dieser Gefahren bewusst sein und ist gut beraten, wenn die betroffenen Fachabteilungen eng in die Projektarbeiten eingebunden werden.

Andererseits kann es auch sinnvoll sein, einen Projektleiter aus der Fachabteilung heranzuziehen, weil dieser über detailliertere Anwendungs- und Problemkenntnisse verfügt und ein besseres Durchsetzungsvermögen und eine höhere Akzeptanz bei den Anwendern hat. Gegen die Wahl eines Fachspezialisten als IT-Projektleiter spricht, dass Fachspezialisten häufig methodische Schwächen, unzureichende Toolkenntnisse und mangelnde IT-Projekterfahrung haben.

Empfohlen wird, dass bei einem Projekt mit einem technischen Part, der erhebliche technische Neuerungen aufweist, ein IT-Spezialist die Projektleitung übernimmt, da dieser das größte Potenzial zur Lösung eventueller technischer Probleme aufweist. Wird ein IT-Projekt durchgeführt, das Technik verwendet, die seit langem im Unternehmen erfolgreich genutzt wird, so ist ein Fachspezialist bei der Besetzung vorzuziehen, da keine größeren technischen Probleme zu erwarten sind und eine Konzentration auf Fachfragen erfolgen kann.

Unabhängig von der letztendlich getroffenen Wahl, dürfen Projektleiter aus beiden Lagern im Streben nach der technisch oder fachlich perfekten Lösung nicht die Wirtschaftlichkeit des Projektes vernachlässigen.

3.2.2.4
Kompetenzen eines IT-Projektleiters

Die Kompetenzen eines Projektleiters sind direkt von der gewählten Projektorganisationsform abhängig. Bei der Einfluss-Projektorganisation beschränken sie sich lediglich auf Empfehlungs- und Beratungsrechte im fachlichen Bereich. Im Falle einer Matrix-Projektorganisation hat ein Projektleiter fachliche Weisungsrechte. Sowohl fachliche als auch disziplinarische Weisungsrechte besitzt ein Projektleiter bei der reinen Projektorganisation.

Generell müssen einem Projektleiter die Entscheidungsbefugnisse vom Auftraggeber beziehungsweise vom IT-Lenkungsausschuss zugeordnet werden, so dass er die im Kap. 3.2.2.1 aufgeführten Aufgaben im Rahmen der Projektdurchführung durchführen kann. Eine Leitungstätigkeit kann nur wahrgenommen werden, wenn auch entsprechende Befugnisse bestehen. Die Verantwortung für die erfolgreiche Durchführung eines Projektes kann vom Projektleiter nur dann übernommen werden, wenn er über entsprechende Befugnisse zur Durchsetzung von Maßnahmen zur Planung, Kontrolle und Steuerung des Projektes verfügt. Dies ist insbesondere bei Wahl einer geeigneten Projektorganisationsform mit einzubeziehen.

3.2.3
Projektmitarbeiter eines IT-Projektes

Ein Projektteam setzt sich aus dem Projektleiter und den Projektmitarbeitern zusammen. Aufgabe der Projektmitarbeiter ist es, die sich aus dem Projektauftrag ergebenden Aufgaben unter Leitung des Projektleiters abzuwickeln.

3.2.3.1
Auswahl von Projektmitarbeitern

Projektmitarbeiter werden sowohl aus dem Informatik- und Organisationsbereich als auch aus dem vom durchzuführenden IT-Projekt unmittelbar betroffenen Fachbereich gewonnen. Bei der Auswahl der Projektmitarbeiter ist unbedingt zu berücksichtigen, dass alle Bereiche im Projektteam vertreten werden.

Es ist zu unterscheiden zwischen einer permanenten und einer temporären Mitarbeit in einem Projekt. Mitarbeiter, die ständig im Projekt mitarbeiten, werden zum Projektkernteam gezählt. Temporäre Mitarbeit im Projekt ist insbesondere für die Einbindung von IT- oder Fachspezialisten erforderlich, die nicht für die gesamte Dauer eines Projektes zur Verfügung stehen oder benötigt werden. Sie kann im Rahmen einzelner Projektphasen oder bestimmter Arbeitspakete erfolgen.

Mitarbeiter aus dem Informatik- und Organisationsbereich müssen Kenntnisse und Erfahrungen aufweisen, um technische und methodische Belange, wie beispielsweise die Individualentwicklung einer Anwendung oder die Integration von Fremdsoftware, abdecken zu können. Weiterhin muss das Rüstzeug vorhanden sein, um organisatorische Aufgaben, wie z.B. die Erhebung, die Analyse und die Strukturierung von Prozessen, durchführen zu können.

Projektmitarbeiter der betroffenen Fachabteilungen sorgen für den notwendigen fachlichen Input bei der Erstellung der Anforderungsanalyse und der Sollkonzeption. Sie führen die Benutzer- und die Abnahmetests durch. Eine Basis für die Akzeptanz für die Projektergebnisse bei den betroffenen Anwendern legen sie mittels entsprechender Informationen, Schulungen und Einweisungen ihrer Kollegen der Fachabteilung.

3.2.3.2
Optimale Teamgröße

Die optimale Teamgröße eines IT-Projektes ist sowohl vom Umfang der zu bewältigenden Aufgaben als auch von der Anzahl der zur Verfügung stehenden Mitarbeiter abhängig. Bei der Bildung eines Kernprojektteams gilt allgemein, dass dieses möglichst aus so wenigen Mitarbeitern wie möglich bestehen soll. Die Mindestanzahl der erforderlichen Projektmitarbeiter wird durch die Aufgabenstellung gesetzt. Der Maximalwert der Projektmitarbeiter ist durch die Verfügbarkeit von Mitarbeitern markiert.

Allgemein gilt, dass mit steigender Teamgröße der Aufwand für die Kommunikation und für die Informationsweitergabe überproportional steigt. Ideal für ein effizientes und kreatives Arbeiten ist eine Projektteamgröße von drei bis fünf Mitgliedern[15]. Dieses Idealmaß kann bei umfangreichen Projektaufgabenstellungen häufig nicht eingehalten werden. Vermieden werden sollte jedoch, dass das Projektteam mehr als zehn Personen umfasst.

Überschreitet die Anzahl der Projektmitarbeiter diese Grenze, so sollte die Anzahl der Mitarbeiter verringert werden, um die Führungsspanne seitens des Projektleiters zu verkürzen. Zielführend kann es sein, dass die Gesamtprojektaufgabenstellung auf separate Projekte verteilt wird, oder dass ein so genanntes Multi- oder auch Super-Projekt mit einzelnen Teilprojekten mit entsprechend verringerten Teamgrößen gebildet wird. Grundsätzlich möglich ist auch die Verlängerung der Projektdauer oder die Reduzierung der Anforderungen an das Projekt.

Alle Überlegungen zur Reduzierung der Teamgröße sind mit dem Auftraggeber und dem IT-Lenkungsausschuss abzustimmen.

3.2.3.3
Anforderungen, Aufgaben, Pflichten und Kompetenzen von Projektmitarbeitern

Projektarbeit verlangt zur Erreichung der gesetzten Projektziele in der Regel mehr Engagement und mehr Fertigkeiten als die Durchführung immer wiederkehrender Routineaufgaben. Unbenommen der fachlichen Herkunft sollten Projektgruppenmitglieder grundsätzliche Anforderungen erfüllen. Sie sollten

- die Bereitschaft zu überdurchschnittlicher Leistung haben,
- sich mit den gesetzten Projektzielen identifizieren,
- eine ausgeprägte Teamfähigkeit aufweisen,
- in ihrem Aufgabengebiet Berufserfahrung aufweisen,
- eigenständiges und kreatives Arbeiten für selbstverständlich halten,
- über logisches Denk- und Abstraktionsvermögen verfügen.

---

[15] vgl. Grupp, Bruno: Der professionelle IT-Projektleiter, 2001, S. 115

3.2 Projektaufbauorganisation

Projektmitarbeiter haben während der Dauer eines Projektes unter der Lenkung des Projektleiters Aufgaben, die sich aus den Projektzielen ergeben, zu erledigen. Zu den Hauptaufgaben zählen

- die detaillierte Ausarbeitung von realisierbaren Lösungsvorschlägen,
- die Analyse und die Bewertung verschiedener Lösungsentwürfe,
- die Definition der neuen Aufbau- und Ablauforganisation mit den betroffenen Fachabteilungen,
- die eigenverantwortliche Ausführung von zugeordneten Arbeitspaketen,
- die Dokumentation der Arbeits- und Projektergebnisse,
- die Information des Projektleiters bzgl. des Arbeitsfortschrittes und
- die Einführung der getesteten Lösung in die bestehende Umgebung.

Bei der Erledigung von Aufgaben ist jedes Projektgruppenmitglied selbst für die von ihm erarbeiteten Ergebnisse verantwortlich. Es muss hierbei sicherstellen, dass

- übertragene Arbeitspakete termingerecht und entsprechend der Projektplanung umgesetzt werden,
- bei Abweichungen der Projektleiter unmittelbar informiert wird und
- die gesetzten fachlichen Anforderungen qualitativ erfüllt werden.

Zur Durchführung von zugewiesenen Aufgaben überträgt der Projektleiter erforderliche Kompetenzen an die Projektmitarbeiter. Ohne entsprechende Kompetenzen ist ein Projektmitarbeiter nicht in der Lage seine Pflichten zeitgerecht zu erfüllen. Grundsätzlich gilt, dass einem Mitarbeiter in Einzelpunkten höchstens die Rechte des Projektleiters übertragen werden.

Der Grad der auf den Projektmitarbeiter übertragenen Kompetenz ist stark abhängig von der jeweiligen Person des Projektmitarbeiters und der zu erledigenden Aufgabe. Ist es für das Projekt erforderlich, dass ein Projektmitarbeiter Absprachen mit anderen Fachbereichen trifft, so sind ihm hierfür Kompetenzen einzurichten. Auf Dauer wäre es für den Projektmitarbeiter sehr demotivierend, wenn der Projektmitarbeiter bei jeder Kleinigkeit beim Projektleiter bzgl. einer Entscheidung rückfragen müsste oder wenn ein Projektleiter häufig die Absprachen seiner Projektmitarbeiter zurückziehen würde.

3.2.4
IT-Lenkungsausschuss

Ein IT-Lenkungsausschuss wird fest in einer Projektaufbauorganisation als organisationsübergreifendes und projektbegleitendes Gremium verankert. Alle IT-Projekte werden in ihrer Gesamtheit und Korrelation geplant, gesteuert und kontrolliert. Teilweise werden in Unternehmen auch separate Planungs-, Steuerungs- und Kontrollgremien eingerichtet, die von einem IT-Lenkungsausschuss als oberste Instanz geführt werden. Hierbei ist allerdings die Frage zu stellen, ob eine zu feine Untergliederung mit zusätzlichen Hierarchien, Abgrenzungen etc. für jedes Unternehmen sinnvoll ist. Die Anzahl jährlicher Projektdurchführungen muss hierbei unbedingt einbezogen werden.

Der IT-Lenkungsausschuss ist die bedeutendste Entscheidungs-, Koordinations- und Kontrollinstanz auf Unternehmensebene für alle IT-Projekte. Er koordiniert als zentrales Bindeglied IT-Projekte und Linienmaßnahmen. Das Gesamtprojektportfolio des Unternehmens wird vom IT-Lenkungsausschuss gesteuert. Hierbei wird das zur Verfügung stehende Gesamt-Projektbudget einzelnen IT-Projekten zugeteilt und es wird überwacht.

Der Ausschuss setzt sich unter der Führung des Mitgliedes der Geschäftsführung, das für IT-Fragen im Unternehmen zuständig ist, zusammen. Neben der Geschäftsleitung sind die oberen Führungskräfte aller wesentlichen Unternehmensbereiche, insbesondere der Anwender-Fachabteilungen, der Controlling- und der IT-Abteilung, in dem Gremium vertreten. Beschlüsse werden im Rahmen von Sitzungen, die bedarfsabhängig in der Regel in ein- bis dreimonatigem Abstand anberaumt werden, unter der Leitung eines Mitgliedes der Geschäftsführung gefasst.

Die Aufgaben eines IT-Lenkungsausschusses lassen sich untergliedern in generelle Entscheidungen, die außerhalb einer speziellen Projektabwicklung liegen, und in Entscheidungen, die im direkten Zusammenhang mit einer konkreten Projektabwicklung stehen.

Im Rahmen grundsätzlicher Entscheidungen wird die langfristige IT-Strategie für das Unternehmen vorgegeben. Diese umschließt beispielsweise die Hardware- und Softwareplanung, die Personalausstattung des IT-Bereiches und macht Vorgaben bzgl. der zukünftigen Zentralisierung oder Dezentralisierung von Teilen des IT-Bereiches. Weiterhin zählt die Festsetzung des Gesamtbudgets für IT-Projekte zu den generellen Entscheidungen.

Das Maß der Einbindung und der Beauftragung von Externen wird vorgegeben. Es ist für die zukünftige Ausrichtung eines Unternehmens von entscheidender Wichtigkeit, da durch die Nutzung von Externen auf der einen Seite aktuelles Wissen in das Unternehmen gelangt, andererseits jedoch auch eine Abhängigkeit von externen Partnern über das Projektende hinaus begründet wird. Im Rahmen einer IT-Strategie ist die personelle Ausstattung von entscheidender Wichtigkeit. Festgelegt werden müssen die Erfahrungen und Kenntnisse der eigenen Mitarbeiter.

Für Themen, die intern aufgrund von fehlendem Know-how nicht abgebildet werden können, können externe Kräfte rekrutiert werden. Eine andere Möglichkeit ist, eigenen Mitarbeitern durch Schulungs- oder Coaching-Maßnahmen das fehlende Wissen zu vermitteln.

Projektbezogene Aufgaben des IT-Lenkungsausschusses werden jeweils in Zusammenarbeit mit den Auftraggebern der einzelnen Projekte durchgeführt. Hierzu zählt die Freigabe einzelner IT-Projekte unter der Berücksichtigung der IT-Strategie und der Priorisierung aller anstehenden Projekte. Für jedes Einzelprojekt wird ein erforderliches Projektbudget genehmigt und bereitgestellt. Am Ende der einzelnen Phasen eines Projektes wird die Entscheidung über den Fortgang eines Projektes getroffen.

Der IT-Lenkungsausschuss trägt die Verantwortung dafür, dass die IT-Projekte in ihrer Gesamtheit koordiniert werden und das Gesamt-Projektbudget eingehalten wird.

Die Kompetenzen des IT-Lenkungsausschusses sind davon abhängig, inwieweit der Ausschuss auch Teile der Auftraggeber-Rolle in sich vereint. Diesbezüglich ist eine generelle Entscheidung zu treffen. Dem Ausschuss sind alle Kompetenzen zugeordnet, um die Aufgaben und Verantwortungen leben zu können.

3.2.5
Projektberatung

Die Projektberatung unterstützt die Projektbeteiligten während der Dauer eines Projektes. In erster Linie wendet sich das Angebot an den Auftraggeber und den Leiter eines Projektes. In der Unternehmenshierarchie ist eine Projektberatung als Stabsstelle ausgebildet. Sie verfügt über umfassendes allgemeines und unternehmensspezifisches Expertenwissen in Bezug auf Fragen des Projektmanagements.

Die Anforderung von Beratungsleistungen kann bei Bedarf sowohl vom Auftraggeber als auch vom Leiter eines Projektes erfolgen. Durch den Einsatz von Mitarbeitern der Projektberatung werden weder Pflichten, Rechte noch Aufgaben des Projektleiters beschnitten oder erweitert. Aufgabe der Projektberatung ist es lediglich, Empfehlungen zu geben; der Grad deren Umsetzung bleibt jedoch dem Projektleiter überlassen.

Eine funktionierende Projektberatung kann nur erfolgen, wenn zwischen der Beratung und dem Projektleiter ein Vertrauensverhältnis vorliegt. Dem Projektleiter persönlich oder dem Projekt dürfen durch die Anforderung der

Projektberatung keine Nachteile entstehen. Dies bezieht sich sowohl auf finanzielle als auch auf überwachungstechnische Aspekte.

Das Projektbudget sollte nicht durch den Einsatz der Projektberatung belastet werden, um auszuschließen, dass aufgrund eines knappen Projektbudgets auf eine Beratung verzichtet werden muss. Häufig ist gerade bei den Projekten eine Unterstützung sinnvoll, deren Budget schon ausgeschöpft oder überschritten ist. Würde in solchen Fällen eine direkte Kostenbelastung erfolgen, würde eine Anforderung durch das Not leidende Projekt von vornherein ausgeschlossen sein.

Ein Vertrauensverhältnis zwischen der Beratung und dem Projektleiter bedingt, dass die Projektberatung in Bezug auf das jeweilige Projekt erlangte Informationen nur mit ausdrücklicher Zustimmung des Projektleiters an Dritte weitergibt. Eine Projektberatung hat nicht die Aufgabe Kontrollfunktionen wahrzunehmen. Um dies sicherzustellen ist eine Projektberatung in einem Unternehmen als unabhängige Institution, insbesondere in Hinblick auf einen IT-Lenkungsausschuss, zu installieren.

Zu den wichtigsten Aufgaben einer Projektberatung zählen

- die Hilfe bei der Erstellung und Erarbeitung eines Projektauftrages,
- die Unterstützung bei der Planung des Projektes,
- die Beratung im Rahmen der Anwendung von Methoden zur Aufwandsschätzung oder zur Nutzwertanalyse und
- die Unterstützung bei der Umsetzung von unternehmensindividuellen Vorgaben in Bezug auf die Kostenrechnung, die Kontierung oder die Erstellung der Projektdokumentation etc.

3.3 Rahmenbedingungen eines Projektes

Bei der Durchführung und zur Sicherstellung des Erfolges eines Projektes sollten einem Projektleiter vertragliche und arbeitsrechtliche Grundlagen bekannt sein.

3.3.1 Beauftragung von externen Kräften

IT-Projekte können häufig aufgrund ihrer Komplexität oder ihres Innovationsgrades nicht ausschließlich mit internen Personalressourcen durchgeführt werden. Zur zeitnahen Umsetzung von Aufgaben und um neueste Technologien, die bisher noch nicht im eigenen Unternehmen verwandt worden sind, im

Rahmen eines Projektes nutzen zu können, ist es manchmal erforderlich, dass externe Kräfte bestimmte Tätigkeiten übernehmen.

Im Zuge von IT-Projekten werden externe Personen für verschiedene Tätigkeiten eingebunden. Sie können in allen Phasen eines Projektes zum Einsatz kommen. Um Bedarfsspitzen während der Projektdurchführung abzufangen, werden sie häufig eingesetzt, um vollständige Arbeitspakete oder Teile davon umzusetzen. Im Falle von innovativen Projekten sind externe Personen hauptsächlich beratend tätig.

Die Art der Beauftragung ist bei der Einbindung externer Kräfte von entscheidender Wichtigkeit. Eine Beauftragung von externen Mitarbeitern ist grundsätzlich auf der Basis von Dienst- oder Werkverträgen möglich. Beide Vertragsformen haben Vor- und Nachteile und bieten sich für unterschiedliche Aufgabenfelder an.

3.3.1.1
Dienstverträge

Bei Dienstverträgen (§ 611 BGB) erfolgt die Abrechnung von Leistungen auf Basis von Stunden- oder Tagessätzen. Eine externe Person steht dem Kunden somit für einen vereinbarten Zeitraum als Mitarbeiter zur Verfügung. Entsprechend einem internen Mitarbeiter werden einer externen Person Aufgaben übertragen, die er abzuarbeiten hat. Hierbei liegt das Risiko der Ergebnisqualität vollständig beim Auftraggeber.

Ein externer Mitarbeiter führt im Rahmen eines Dienstvertrages die Tätigkeiten durch, für die er vom Projektleiter angewiesen worden ist. Hierbei ist es für den externen Mitarbeiter vertragsrechtlich unrelevant, ob diese Tätigkeiten der Erreichung der gesetzten Projektziele zuträglich sind oder nicht. Für durchgeführte Tätigkeiten braucht ein externer Mitarbeiter keine Gewährleistung zu erbringen. Erweiterungen, Testen, jedoch auch Fehlerbehebungen sind jeweils zusätzlich vom Auftraggeber zu vergüten.

3.3.1.2
Werkverträge

Bei Werkverträgen (§ 631 BGB) wird zwischen Auftraggeber und Auftragnehmer im Vorfeld konkret ein bestimmtes Arbeitsendergebnis vereinbart. Hierzu werden in der Praxis Pflichtenhefte verwandt, in denen explizit die Anforderungen spezifiziert werden. Ein Pflichtenheft muss für beide Vertragspartner gleichermaßen verständlich sein und möglichst wenig Interpretationsspielraum offen lassen. Auf dieser Basis unterbreitet ein Externer einem Auftraggeber ein Festpreisangebot.

Im Falle einer Annahme eines Festpreisangebotes liegt die Ergebnisverantwortlichkeit bei dem Auftragnehmer. Er ist für die Umsetzung voll verantwortlich und stellt, nach Abnahme der erarbeiteten Lösung durch den Auftraggeber, sicher, dass im vereinbarten Gewährleistungszeitraum die Lösung entsprechend des Pflichtenheftes funktioniert.

3.3.1.3
Einsatz von Vertragsformen

Eine ausschließliche Empfehlung für Dienst- oder für Werkverträge im Rahmen von IT-Projekten kann nicht gegeben werden. Der große Vorteil von Werkverträgen liegt in der Zusicherung eines Festpreises und eines Gewährleistungszeitraumes, die einem Projektleiter eine gewisse Planungssicherheit bieten. Dies wird allerdings durch einen nicht unerheblichen Sicherheitsaufschlag des Auftragnehmers erkauft. Voraussetzung für den Abschluss eines Werkvertrages ist in jedem Fall ein aussagefähiges Pflichtenheft.

Liegt kein oder nur ein wenig präzises Pflichtenheft vor, so ist der unterzeichnete Werkvertrag nur wenig wert und beide Vertragspartner werden mit der vereinbarten Konstellation nur wenig Freude haben. Stellt sich im Zuge der Umsetzung des Auftrages heraus, dass die umzusetzenden Anforderungen wesentlich umfangreicher als zunächst angenommen sind, so nimmt der Konflikt seinen Anfang.

Beide Seiten verlieren: Der Auftraggeber bekommt seine Anforderungen nicht erfüllt und der Auftragnehmer sieht seinen Gewinn schwinden. Folge dieser beiderseitig unbefriedigenden Situation ist häufig ein Not leidendes Projekt, da entweder zusätzliche finanzielle Mittel erforderlich sind oder der vorgesehene Termin nicht eingehalten wird, da der Auftragnehmer seine Kräfte zurückziehen wird.

Auch eine Lösung vor Gericht bringt für beide Seiten keinen Erfolg, da kein aussagekräftiges Pflichtenheft vorliegt, um eine richterliche Entscheidung fällen zu können. Neben zusätzlichen finanziellen Aufwänden für Gutachten ist Ergebnis der richterlichen Entscheidung häufig lediglich ein Vergleich, in dem das weitere Vorgehen beschrieben wird. Der Auftraggeber verliert im Hinblick auf Kosten- und Terminaspekte und auf dem Auftragnehmer lastet der Makel eines nicht erfolgreich umgesetzten Auftrages. Negativ kann einem Auftragnehmer immer zur Last gelegt werden, dass er aufgrund seiner gegenüber dem Kunden größeren Projekterfahrung die eventuellen Probleme aufgrund eines unvollständigen Pflichtenheftes besser im Vorfeld hätte absehen müssen.

Ein Werkvertrag macht immer dann Sinn, wenn eine Anforderung im Vorfeld einer Realisierung abschließend beschrieben werden kann. Hierzu zählen Aufgaben, die schon mehrfach in anderen Unternehmen durchgeführt worden sind. Dies sind insbesondere die Lieferung und Installation von Netzwerkkomponenten oder Software einschließlich erforderlicher Anpassungsarbeiten entsprechend den Bedürfnissen der Kunden.

Im Falle, dass Anforderungen im Vorfeld einer Beauftragung nicht fixiert werden können, bietet sich der Einsatz von Dienstverträgen an. Im IT-Sektor sind diese häufig anzutreffen, wenn externe Mitarbeiter beratend tätig werden oder Coachingaufgaben im Projekt übernehmen.

In der Praxis werden häufig Mischformen verwandt. Feststehende Sachverhalte werden mittels Werkverträgen und im Vorfeld schwer fassbare Tätigkeiten mittels Dienstverträgen umgesetzt.

3.3.2
Gesetzliche Rahmenbedingungen

Im Rahmen von IT-Projekten werden häufig neue Software-Anwendungen oder neue Unternehmensprozesse eingeführt. Hierbei muss ein Projektleiter gesetzliche Rahmenbedingungen kennen und beachten. Schon frühzeitig sollte er Konfliktfelder vermeiden und maßgebliche Instanzen einbinden.

Bei Veränderungen von Arbeitsabläufen, von Arbeitsmitteln und/oder von Arbeitsinhalten müssen die gesetzlich gesicherten Mitspracherechte der Arbeitnehmer – sowohl der Beschäftigten des IT-Bereiches als auch der vom IT-Einsatz betroffenen Mitarbeiter – berücksichtigt werden.

Die verschiedenen Formen der Mitsprache, wie z.B. Mitbestimmung, Mitwirkung oder Informationsrecht, sind im Betriebsverfassungsgesetz (BetrVG), dem Bundespersonalvertretungsgesetz (BPersVG) und den Landespersonalvertretungsgesetzen geregelt[16].

Im Hinblick auf IT-Projekte ist besonders die so genannte Bildschirmarbeitsverordnung (BildscharbV) aus dem Jahre 1996 zu berücksichtigen, die Arbeitnehmer Mitspracherechte in Bezug auf die Gestaltung der Arbeitsplätze zusichert. Zu beachten sind hierbei Ergonomiefragen der eingesetzten Arbeitsumgebung.

Wird eine neue Anwendungssoftware in einem Unternehmen eingeführt, so werden damit häufig vorhandene Arbeitsverfahren verändert. Der Betriebsrat hat ein Mitspracherecht, wenn durch die neue Anwendungssoftware die Belange von Mitarbeitern tangiert werden. Da dies bei den meisten Anwendungen der Fall ist, sollte möglichst in einer frühen Phase des Projektes der Betriebsrat eingebunden werden.

---

[16] vgl. Stahlknecht, Peter, Hasenkamp, Ulrich: Wirtschaftsinformatik, 2002, S. 503

Besondere Beachtung durch den Projektleiter verdienen Lösungen, bei denen personenbezogene Daten interner oder externer Personen gespeichert und verarbeitet werden. Das Datenschutzgesetz verlangt, dass durch die Speicherung personenbezogener Daten betroffene Personen einer elektronischen Weiterverarbeitung ihrer Daten zustimmen.

Konfliktpotenzial bietet die computergestützte Projektüberwachung, weil von Seiten des Betriebsrates oftmals eine versteckte Leistungskontrolle der Projektmitarbeiter befürchtet und daher ein Mitspracherecht eingefordert wird. Frühzeitig sollten hierzu entsprechende Betriebs- bzw. Dienstvereinbarungen getroffen werden, um möglichen Konflikten vorzubeugen.

Bei Betriebsänderungen nach § 111 (3) bzw. (4) BetrVG hat der Betriebsrat ein Beratungsrecht. Hier zählt u.a. die Auslagerung (Outsourcing) von IT-Leistungen an einen externen Dienstleister.

3.4 Zusammenfassung

Als Projektorganisation wird die Gesamtheit der Organisationseinheiten und der aufbau- und ablauforganisatorischen Regelungen zur Abwicklung eines bestimmten Projektes bezeichnet. Hauptbestandteile einer Projektorganisation sind der Auftraggeber eines Projektes, der Projektleiter und das Projektteam.

Als Organisationsform für IT-Projekte wird in der Regel eine Mischung der Einfluss-Projektorganisation, der reinen Projektorganisation und der Matrix-Projektorganisation verwendet. Kennzeichen der Einfluss-Projektorganisation (Stab-Linien-Organisation) ist, dass der Projektleiter und die Mitglieder des Projektteams während der Dauer des Projektes weiterhin funktionell und personell ihrem jeweiligen Linienvorgesetzten unterstellt sind. Bei der reinen Projektorganisation (Linien-Projektorganisation) wird das Projektteam in Form einer eigenständigen Organisationseinheit in die Linienorganisation des Unternehmens eingebunden. Im Falle der Matrix-Projektorganisation bleibt die bestehende Organisation des Unternehmens bestehen und wird durch die Matrix-Projektorganisation ergänzt.

Eine generelle Projektaufbauorganisation innerhalb eines Unternehmens stellt den Erfolg von durchzuführenden Projekten sicher. Sie untergliedert sich in einen permanenten und einen temporären Part.

Der permanente Part stellt den Rahmen für die Durchführung mehrerer Einzelprojekte dar. Er besteht unabhängig von den gerade andauernden Projekten und untergliedert sich in Planungs-, Kontroll- und Steuerungsgremien – dem IT-Lenkungsausschuss – und einer Projektberatung. Die Einzelprojektorganisationen der jeweiligen aktuellen Projekte bilden den temporären Part und werden nach Abschluss eines Projektes wieder aufgelöst.

In IT-Projekten kommen häufig externe Personen für verschiedene Tätigkeiten zum Einsatz. Deren Beauftragung erfolgt auf der Basis von Dienst- oder Werkverträgen, deren Hauptunterschied in der Übernahme des Risikos der Ergebnisqualität seitens des Auftraggebers oder seitens des Auftragnehmers liegt.

Ein Projektleiter muss gesetzliche Rahmenbedingungen kennen und beachten. Bei Veränderungen von Arbeitsabläufen, von Arbeitsmitteln und/oder von Arbeitsinhalten müssen die gesetzlich gesicherten Mitspracherechte der Arbeitnehmer berücksichtigt werden.

4 Vorgehen in IT-Projekten

Innerhalb eines Unternehmens sollten IT-Projekte möglichst einem einheitlichen standardisierten Ablauf folgen, der unabhängig von den externen und internen Rahmenbedingungen des jeweiligen IT-Projektes und dem eingesetzten Vorgehensmodell zur Durchführung einzelner Projektarbeiten ist. Die Durchführung sollte entsprechend einheitlicher und verbindlicher Vorgaben vonstatten gehen. Dies besagt allerdings nicht, dass ein Projektverlauf unbenommen einer konkreten Projektthematik immer völlig starr ist. Vielmehr ist der Projektverlauf jeweils auf die explizite Projektaufgabenstellung, insbesondere mit der Wahl eines geeigneten Vorgehensmodells, zuzuschneiden.

Ein standardisierter Verlauf zeichnet sich durch eine gewisse Projektunabhängigkeit aus. Er stellt sicher, dass ein Projekt geordnet gestartet, umgesetzt und abgeschlossen wird, ohne entscheidende Teilschritte auszulassen. Für ein konkretes Projekt ist jeweils zu entscheiden, welche Phasen, Schritte und Aktivitäten aus sachlichen Gründen auszuführen bzw. auszulassen sind. Das Anpassen auf projektspezifische Erfordernisse wird Tailoring genannt.

Mit der Nutzung eines einheitlichen Projektvorgehens sollen die Hauptziele verfolgt werden, dass die Projektkosten beschränkt werden, die Kommunikation zwischen allen Projektbeteiligten verbessert und die Qualität der Projektergebnisse gesteigert wird.

Es existieren mehrere dokumentierte standardisierte Projektverläufe – häufig auch als Projektabwicklungs-Zyklen bezeichnet – in Wissenschaft und Praxis, die in der Regel ähnliche Phasen bzw. Schritte aufweisen. Bezüglich ihres Umfanges und Detaillierungsgrades gibt es starke Unterschiede. Exemplarisch sei hier das V-Modell, der Entwicklungsstandard für IT-Systeme des Bundes, genannt, an dem sich mittlerweile auch zahlreiche Unternehmen außerhalb des öffentlichen Dienstes orientieren. Das V-Modell ist sehr feingradig strukturiert und macht Vorgaben für alle eventuellen Phasen und Schritte im Verlaufe eines Projektes. Ein Tailoring auf die jeweilige Projektsituation wird grundsätzlich vorausgesetzt. Die Unübersichtlichkeit für Neulinge in Sachen V-Modell aufgrund dessen Komplexität setzt eine intensive Beschäftigung bzw. Schulung bzgl. des V-Modells voraus.

4 Vorgehen in IT-Projekten

Basierend auf Praxiserfahrungen empfehlen die Autoren folgendes Vorgehen in IT-Projekten: Die Projektabwicklung wird in die drei großen Projektabschnitte, den Projektstart, die Projektumsetzung und den Projektabschluss aufgeteilt, die zeitlich nacheinander liegen. Der Projektstart untergliedert sich in eine Initialisierungs- und eine Definitionsphase, die zeitlich folgend durchgeführt werden. Die Projektumsetzung separiert sich in die Phasen Planung, Vorgehen und Kontrolle, die abhängig von dem eingesetzten Vorgehensmodell sowohl mehrmals nacheinander als auch parallel durchlaufen werden können. Dem letzten Abschnitt kann die Phase Projektabschluss zugeordnet werden. Die Phasen enthalten die aufgeführten jeweiligen Einzelschritte[17]:

- Phase 1 – Initialisierung: Anforderungsanalyse, Lösungsauswahl, Projektklassifizierung, Projektbeantragung
- Phase 2 – Definition: Projektbeauftragung, Erstellung Gesamtprojektplan, Festlegung Projektorganisationsform, Kick-off-Veranstaltung, Projektstartsitzung
- Phase 3 – Planung: Planungsarten, Planungsinstrumente, Planungszuständigkeit, Planungszeitpunkt, Planungsentscheide
- Phase 4 – Vorgehen: inkrementelle, konzeptionelle, empirische und evaluative Vorgehensmodelle insbesondere für Multiprojekte
- Phase 5 – Kontrolle: Kontrollzeitpunkt, Kontrollsichten, Kontrollverfahren, Kontrollprozess, Kontrollberichte
- Phase 6 – Abschluss: Projektabnahme, Projektabschlussbeurteilung, Projektabschlussbericht, Erfahrungssicherung, Einführungsnachbearbeitung, Projektauflösung

Im Folgenden werden die einzelnen Projektphasen näher betrachtet. Einzelne Aspekte der betrachteten Phasen werden in anderen Kap. dieses Buches vertieft. Den Phasen Planung und Kontrolle werden in diesem Buch separate Kap. gewidmet (vgl. Kap. 5 und 7). Hierzu werden jeweils Querverweise gegeben. Der Start eines Projektes kann in die Phase der Projektinitialisierung und in die Phase der Projektdefinition aufgeteilt werden. Ablauftechnisch sind beide Phasen über die Prüfung des Projektantrages verbunden. Am Ende der Initialisierungsphase wird ein Projektantrag entwickelt, der in Form eines Projektauftrages die Definitionsphase einleitet.

---

[17] vgl. Jenny, Bruno: Projektmanagement in der Wirtschaft, 2001, S. 460

4.1
Initialisierung eines IT-Projektes

Mittels eines IT-Projektes sollen bedeutende Anforderungen bzgl. IT-gestützter Systeme bzw. Prozesse umgesetzt werden, die zu kostenintensiv sind oder zu viele personelle Kapazitäten binden, als dass diese im Rahmen des Tagesgeschäftes abgearbeitet werden können. Schon im Anfangsstadium eines Projektes sollte sorgfältig vorgegangen werden, um Fehler zu vermeiden, die Auswirkungen auf die gesamte Projektlaufzeit haben können. Durch die Initialisierungsphase eines Projektes sollen Ideen und Wünsche zu einem Projekt werden, die eine gewisse Wirtschaftlichkeit, Innovation und direkten und indirekten Nutzen aufweisen.

Grundlage eines jeden Projektes ist eine fundierte Projektinitialisierung. Sie umfasst folgende vier Hauptaufgaben:

1. Ermittlung und Analyse von Anforderungen
2. Entwicklung und Auswahl möglicher Lösungsalternativen
3. Klassifizierung eines Projektes zur Umsetzung einer präferierten Alternative
4. Erarbeitung eines Projektantrages

4.1.1
Ermittlung und Analyse von Anforderungen

Anforderungen stellen eine umfangreiche Abweichung zwischen einem festgestellten Ist-Zustand und einem definierten Soll-Zustand dar. Sie sind die Grundlage für jedes Projekt. Anforderungen werden durch neue Aufgabenstellungen und Wünsche oder durch festgestellte größere Probleme, die behoben werden sollen, begründet. Im ersten Fall wird der Soll-Zustand erweitert und im zweiten Fall erreicht ein gemessener Ist-Zustand nicht den gesetzten Soll-Zustand.

Beispiel: In einem Unternehmen sind die Arbeitsplatzrechner und Server mittels eines 10 Mbit/s-Ethernet-Netzwerkes verbunden. Einzelne Lokationen sind mittels 2 Mbit/s-Standleitungen verbunden. Alle relevanten Unternehmensdaten werden zentral auf Servern gespeichert. Bezüglich der Antwortzeiten geschäftskritischer Online-Abfragefunktionen von Unternehmensanwendungen, die auf zentrale Datenbestände zugreifen, ist festgelegt worden, dass diese im Mittel nach mindestens 10 Sekunden vom IT-System beantwortet werden sollen. Das heißt, dass ein Benutzer nach spätestens 10 Sekunden auf seinem Bildschirm eine Antwort vorfindet. Bei Einführung des IT-Systems, einschließlich Software, Rechner und Netzwerk, vor drei Jahren lag das mittlere Antwortverhalten bei 2 Sekunden. Die gesetzte Performance wurde somit erreicht. Aufgrund von Nutzerbeschwerden veranlasste Messungen ergaben ein mittleres Antwortverhalten von 30 Sekunden. Die festgestellte Abweichung vom festgelegten Soll-Zustand begründet die Anforderung einer drastischen Performance-Steigerung.

Nach der Ermittlung der Anforderungen sind diese zu konkretisieren. Es ist zu erarbeiten, welche Bereiche durch die festgestellten Anforderungen betroffen sind. Einzelne Anforderungen sind gegeneinander abzugrenzen und deren Bedeutung ist zu ermitteln. Der aktuelle Ist-Zustand ist zu ergründen; hierzu können Methoden wie Benchmarking oder die Schwachstellenanalyse genutzt werden.

Eine Systemabgrenzung muss erfolgen, wenn im Fokus des IT-Projektes ein IT-System steht. Es müssen die Komplexität, der Umfang, die Einflussgrößen und die Umsysteme ermittelt werden. Unter- und Teilsysteme sind abzugrenzen und externe und interne Schnittstellen sind zu definieren. Alle Systeme, die außerhalb des Fokus des IT-Projektes liegen, zu denen jedoch Verknüpfungen vorliegen, werden als Umsysteme bezeichnet. Einflussgrößen können unterschieden werden in

- externe Restriktionen (z.B. Vorschriften, Gesetze, Vorgaben des Kunden),
- interne Restriktionen (z.B. Unternehmensstrategie, Vorgaben),
- externe Rahmenbedingungen (z.B. Konkurrenzverhältnisse, Marktkonstellationen) und
- interne Rahmenbedingungen (z.B. Komplexität, Anzahl Iterationen).

In unserem Beispiel ist zu ermitteln, welche Komponenten für die schlechte Gesamt-Performance verantwortlich sind. Wurzeln der Problematik können beispielsweise in zu leistungsschwachen Arbeitsplatzrechnern und/oder Servern in Hinblick auf ihre Rechen- und Speicherkapazität oder auch in einem Netzwerk an der Grenze seiner Leistungsfähigkeit liegen. Rechner könnten durch neue Software-Pakete überfordert sein. Netzwerke könnten bzgl. ihrer Topologie falsch strukturiert sein oder durch neu hinzugekommene Datenübertragungsaufkommen neuer Anwendungen zu stark belastet sein. Der jeweilige Ist-Zustand ist klar zu ergründen. Die Ursachen sind zu ermitteln.

4.1.2
Entwicklung und Auswahl von Lösungsalternativen

Im nächsten Schritt sind verschiedene Lösungsalternativen zu entwickeln und in Hinsicht auf einen zu erwartenden Erfolg abzuschätzen. Mögliche Lösungsideen sollten von mehreren Personen umfassend erarbeitet werden. Hierbei sollten unbedingt auch Personen betroffener Bereiche beteiligt werden. Jede gewonnene Alternative ist in Bezug auf ihre Wirtschaftlichkeit und ihren Erfolg zu betrachten. Es ist die Alternative zu ermitteln, die in Bezug auf Wirtschaftlichkeit und Erfolg die besten Aussichten liefert. Weiterhin ist ein zeitlicher Umsetzungsrahmen in die Entscheidungen mit einzubeziehen.

Bezüglich jeder Lösungsalternative sind die Projektkosten und ein entstehender Projektnutzen mittels einer Nutzwertanalyse grob abzuschätzen. Darauf aufbauend ist die Wirtschaftlichkeit zu beurteilen. In Bezug auf die eingesetzten Projektmittel und einen zu erwartenden Projektnutzen ist ein Return on Investment auszuweisen. Weiterhin ist zu klären, wann sich eine Investition voll amortisiert hat.

Die Einschätzung des Erfolges einer Lösungsalternative erfolgt mittels einer Risikoanalyse und einer Machbarkeitsstudie. Ohne eine Abschätzung des Erfolges einer Lösungsalternative sollte keine Projektierungsentscheidung getroffen werden.

Im Rahmen einer Risikoanalyse sind drohende Gefahren für ein Projekt zu ermitteln und bzgl. ihrer Relevanz abzuschätzen. Es ist wichtig, dass Projektrisiken von Anfang an bekannt sind, um bestimmte Gegenmaßnahmen einleiten zu können. Eine Risikoanalyse verläuft in drei Schritten. Zunächst werden Risikoquellen ermittelt, die sowohl in technischen, wirtschaftlichen, rechtlichen als auch sozialen Bereichen liegen können. Darauf aufbauend werden Risikofaktoren aufgestellt. Mögliche Faktoren sind beispielsweise technische Probleme, neue Techniken, Budgeteinhaltung, Umwelteinflüsse, Personal, Perfektionismus, Planungsfehler, Projektdurchführungsfehler, Termineinhaltung, Änderungswünsche oder auch externe Ressourcen. Zur Einschätzung des Risikos wird schließlich für alle ermittelten Risikofaktoren deren Risikobedeutung herausgearbeitet. Hierbei werden die Wahrscheinlichkeit des Auftretens eines Risikos, die Auswirkungen eines Risikos bei einem Auftreten und die Wirksamkeit von ergreifbaren Gegenmaßnahmen berücksichtigt. Ergebnis einer Risikoanalyse ist ein Risikokatalog einschließlich zielführender Gegenmaßnahmen, der bei der Projektplanung einzubeziehen ist.

Mittels einer Machbarkeitsanalyse wird eine Lösungsmöglichkeit bzgl. ihrer Realisierbarkeit untersucht. Häufig wird diese auch als Durchführbarkeitsstudie oder Feasibility Study bezeichnet. Betrachtet wird hierbei die technische und wirtschaftliche Realisierbarkeit. Berücksichtigung muss die Verträglichkeit mit bestehenden Anwendungen und Prozessen des Unternehmens finden. Entdeckte Risiken, die während der Projektdurchführung auftreten können, werden im Rahmen der Risikoanalyse bearbeitet.

Auf Basis der Abschätzung des Erfolges einzelner Lösungsalternativen ist die beste Möglichkeit auszuwählen und als Projekt vorzuschlagen. Das Projekt ist zu klassifizieren und anschließend ist ein Projektantrag zu formulieren.

4.1.3
Klassifikation eines Projektes

Die Klassifizierung eines Projektes erfolgt, indem die einzelnen Projekteigenschaften untersucht werden. Dies erfolgt aufbauend auf der zuvor erfolgten Wirtschaftlichkeitsanalyse, der Risikoanalyse und der Machbarkeitsstudie. Bereits identifizierte Arbeitspakete sind bzgl. ihrer Wichtigkeit, Dauer und Dringlichkeit einzuordnen. Zu ermitteln sind die folgenden Projektcharakteristiken:

- die Projektart
- die Komplexität und Reichweite des Projektes
- der Gesamtprojektaufwand
- das Nutzungspotenzial des Projektes
- die Wirtschaftlichkeit des Projektvorhabens
- die Wichtigkeit und Dringlichkeit des Projektes
- der Zeitrahmen
- die Risiken des Projektvorhabens
- die Erfolgsaussichten des Projektvorhabens
- die Bedeutung des Projektes für das Unternehmen

4.1.4
Projektbeantragung

Ergebnis der Initialisierungsphase eines Projektes ist ein Projektantrag, der auf den Resultaten der Wirtschaftlichkeits-, Erfolgsbetrachtungen und Projektklassifizierung basiert. Ein Projektantrag muss Informationen über den Grund des Vorhabens, den Nutzen, die zu erwartenden Kosten, die aus einer Nichtrealisierung erwachsenden Konsequenzen, die organisatorischen Auswirkungen, die Risiken und den organisatorischen Umfang geben. In Form einer kurzen Beschreibung ist aufzuführen, welche Arbeitsgebiete, welche Bereiche oder

Personen durch eine Projektdurchführung betroffen sind. Die Geschäftsvorfälle, die durch das Projekt tangiert werden, sind ebenfalls aufzuführen.

Für die Erstellung eines Projektantrages ist der Projektauftraggeber verantwortlich. Bei den einzelnen Schritten der Initialisierungsphase und insbesondere bei der Ausarbeitung eines Projektantrages ist der spätere Projektleiter mit einzubinden.

Basierend auf den zuvor erhobenen und analysierten Anforderungen werden Projektziele fixiert, die in Systemziele und Abwicklungsziele untergliedert werden können. Systemziele beschreiben den Endzustand eines Projektes. Mittels Abwicklungszielen wird vorgegeben, wie dieser Endzustand in welchen Etappen erreicht werden soll.

Ein Projektantrag sollte folgende Einzelheiten umfassen:

- Name des Projektes
- Begründung für die Durchführung des Projektes
- zeitlicher Umsetzungshorizont
- Projektbudget
- benötigte interne und externe Ressourcen
- Projektziele
- Risikokatalog
- Datum der Beantragung
- Unterschriften von Auftraggeber und Projektleiter

4.2 Definition eines IT-Projektes

Entsprechend der DIN 69 901 wird mittels einer Projektdefinition die Aufgabenstellung und der Durchführungsrahmen eines Projektes fixiert. Das Endresultat der Definitionsphase eines Projektes ist ein bewilligter Projektauftrag, mit dem die Projektziele, die Projektabgrenzung, die erste Projektplanung und die Projektorganisation festgeschrieben werden.

Voraussetzung für die Definition eines IT-Projektes ist ein positives Ergebnis bzgl. der Prüfung des gestellten Projektantrages. Dieses ist zwingend für die weiteren Schritte der Definitionsphase eines Projektes erforderlich. Nach der Genehmigung eines Projektantrages erfolgen eine erste Planung des Projektes und eine Festlegung der institutionellen Organisation. Mittels einer Kick-off-Veranstaltung und einer Projektstartsitzung wird für alle Projektbeteiligten und -betroffenen der Startschuss für die Durchführung des Projektes gegeben. Die folgenden Schritte werden in dieser Phase ausgeführt:

1. Prüfung und Annahme des Projektantrages
2. Erstellung eines ersten Gesamtprojektplanes
3. Festlegung der Projektorganisation
4. Kick-off-Veranstaltung
5. Projektstartsitzung

4.2.1
Prüfung und Annahme des Projektantrages

Mittels einer Genehmigung wandelt sich ein Projektantrag zu einem Projektauftrag. Abhängig von den Hierarchiestrukturen und der sowohl finanziellen als auch organisatorischen Reichweite eines Projektes innerhalb eines Unternehmens kann die Genehmigung und Beauftragung durch eine nächsthöhere Hierarchiestufe oder durch einen so genannten IT-Lenkungsausschuss erfolgen. Der Antrag bedeutender Projekte wird in der Regel von einem IT-Lenkungsausschuss geprüft und ggf. genehmigt. Neben formalen Aspekten, wie der Vollständigkeit und der Konsistenz der Angaben, sind die Daten auf ihre Richtigkeit zu überprüfen. Zu beurteilen ist, ob das Vorhaben unter Berücksichtigung der benötigten internen und externen Ressourcen, der Projektdauer und der Projektspezialität durchführbar ist.

Bei der Prüfung sind darüber hinaus

- weitere laufende und anstehende Projekte,
- der Nutzen des Projektes,
- die Folgen im Falle einer Nichtbeauftragung,
- die ermittelten Risiken und
- die Komplexität des Projektes

zu berücksichtigen.

Ist eine abschließende Entscheidung bzgl. einer Beauftragung nicht möglich, so müssen alle oder einzelne Schritte der Initialisierungsphase wiederholt durchlaufen werden. Beispielsweise müssen noch offene Fragestellungen bzgl. der Wirtschaftlichkeit oder der Durchführbarkeit ausgeräumt werden oder es soll eine weitere kostengünstigere beziehungsweise effizientere Lösungsalternative entwickelt werden. Es existieren zahlreiche Gründe für eine Nichtbeauftragung eines Projektes.

4.2.2
Erstellung eines ersten Gesamtprojektplanes

Auf der Basis der Festlegungen des Projektauftrages erstellt der Projektleiter die erste Planung der Projektes. Der Beginn und das Ende des Projektes sind mittels des Projektauftrages vorgegeben. Der Projektleiter muss jedoch die Entscheidung treffen, ob größere Aufgabenpakete in Form von Teilprojekten umgesetzt werden sollen. Für das Gesamtprojekt und Teilprojekte müssen Phasentermine und entscheidende Meilensteine festlegt werden.

Im Rahmen der Initialisierungsphase des Projektes wurde der Projektaufwand bereits grob geschätzt. Diese Schätzung ist zu verfeinern und die Wirtschaftlichkeit des Projektes ist nochmals zu prüfen. Die Aufwandsermittlung kann an dieser Stelle jedoch auch nur grob erfolgen. Es werden zu diesem Zeitpunkt keine Arbeitspakete herausgearbeitet und bzgl. ihres Aufwandes abgeschätzt. Trotzdem sollte ein späterer Aufwand so genau wie möglich ermittelt werden.

Hierzu nutzt ein Projektleiter einschlägige Methoden der Aufwandsschätzung. Einem Projektleiter muss an dieser Stelle klar sein, dass mittels dieser frühen Aufwandsschätzung der finanzielle Rahmen für das gesamte Projekt gesetzt wird. Ausdrücklich ist davon abzuraten, dass die Aufwände gezielt niedrig angesetzt werden, um in dieser frühen Projektphase bei dem Auftraggeber Pluspunkte zu sammeln. An Hinweise des Projektleiters an den Auftraggeber, dass die Aufwände bewusst sehr knapp angesetzt worden sind, wird sich der Auftraggeber in späteren Projektphasen nicht mehr erinnern können. Vielmehr wird massiv bemängelt werden, dass die ursprünglichen Aufwände überschritten worden sind. In Zeiten leerer Kassen überstrahlt ein überschrittenes Projektbudget oftmals die Erreichung der gesetzten Projektziele bei einem ansonsten positiv verlaufenden Projekt. Die geschilderten Überlegungen gelten insbesondere für die Aufwandsschätzung in der Initialisierungsphase.

Auf Basis der ermittelten Aufwände beantragt der Projektleiter das Projektbudget. In großen Unternehmen gilt der Grundsatz, dass ohne ein vorhandenes Budget keine Arbeiten umgesetzt werden dürfen. Die Erweiterung eines Budgets ist häufig sehr schwierig und ruft diejenigen auf den Plan, die von Anfang an das Projekt in Frage stellten.

Die Ergebnisse der ersten Projektplanung werden in einem so genannten Gesamtprojektplan zusammengefasst. Während der Durchführung des Projektes wird dieser ständig verfeinert, überarbeitet und überprüft (s. hierzu Kap. 5.3). Durch einen ersten Gesamtprojektplan werden folgende Planungsgrößen auf Basis der Ergebnisse der Phase der Projektinitialisierung fixiert[18]:

---

[18] vgl. Jenny, Bruno: Projektmanagement in der Wirtschaft, 2001, S. 470 f.

- Start- und Endtermine des gesamten Projektes und möglicher Teilprojekte
- Start- und Endtermine der einzelnen Phasen
- zeitlicher Aufwand für das gesamte Projekt einschließlich möglicher Teilprojekte
- Definition von Meilensteinen zur zeitlichen Fixierung von Abwicklungszielen
- genauere Schätzung des Projektaufwandes
- nochmalige verfeinerte Berechnung der Wirtschaftlichkeit
- Beantragung eines Projektbudgets

4.2.3
Festlegung der Projektorganisation

Parallel zur Erstellung eines Gesamtprojektplanes muss der Auftraggeber in Zusammenarbeit mit dem Projektleiter eine geeignete Projektorganisation einsetzen. Fragen bzgl. des so genannten institutionellen Projektmanagements sind zu klären (s. Kap. 3.1).

Zunächst ist eine geeignete Organisationsform für das IT-Projekt zu wählen, eine Entscheidung zwischen der reinen Projektorganisation, der Einfluss-Projektorganisation oder der Matrix-Projektorganisation ist zu treffen. Projektmitarbeiter müssen benannt und deren Verantwortlichkeiten, Pflichten und Aufgaben bestimmt werden. Es ist zu klären, in welchem Zeitraum und zu welchem Anteil ihrer Arbeitszeit die zukünftigen Projektmitarbeiter zur Verfügung stehen.

Soll ein Projektreview-Team oder ein IT-Projektausschuss eingesetzt werden, so sind dessen Mitglieder zu benennen.

Darüber hinaus wird festgelegt, welche Sachmittel, Methoden und Werkzeuge während der Projektdurchführung zum Einsatz kommen sollen. Festzulegen ist auch, in welchem Umfang und in welcher Form Projektergebnisse und Projektplanungen zu dokumentieren sind. Häufig wird dem Projektteam die Nutzung einer bestimmten Projektmanagement-Software vorgeschrieben.

4.2.4
Kick-off-Veranstaltung

Eine Kick-off-Veranstaltung hat das Ziel einen Konsens zwischen dem Projektauftraggeber, dem Projektreview-Team, dem IT-Lenkungsausschuss und dem Projektleiter herzustellen. Bei allen Beteiligten soll über die Projektziele und -inhalte Einigkeit erreicht werden. Die Rollenverteilung der Projektbeteiligten wird festgelegt.

Teilnehmer einer Kick-off-Veranstaltung sind der Auftraggeber, der Projektleiter, die Mitglieder des IT- Lenkungsausschusses und des Projektreview-Teams. Für die Einrichtung und Durchführung der Veranstaltung ist der Auftraggeber verantwortlich.

Der Auftraggeber gibt die gewählte Projektorganisationsform bekannt. Insbesondere die Zusammensetzung des Projektteams einschließlich der Verfügbarkeit der vorgesehenen Projektmitarbeiter für das Projekt wird dargestellt. Darüber hinaus erläutert der Auftraggeber die Kernprojektziele und -inhalte.

4.2.5
Projektstartsitzung

Die Projektstartsitzung stellt den Startzeitpunkt des Projektes für die Mitarbeiter des Projektteams dar. Spätestens bei dieser Sitzung sollen Projektmitarbeiter über ihre Rolle im Projekt informiert werden, wobei es zum guten Stil gehört, im Vorfeld die Projektmitarbeiter über ihre neuen anstehenden Aufgaben zu informieren. Projektarbeit setzt immer Teamarbeit voraus. Der erforderliche Teamgeist für eine reibungslose Projektarbeit soll mit der Projektstartsitzung erzeugt werden.

Alle Projektmitarbeiter und der Projektleiter sind Mitglieder dieser Sitzung, die vom Projektleiter initiiert und geleitet wird. Eine Kick-off-Veranstaltung und eine Projektstartsitzung müssen nicht zwingend separat durchgeführt werden. Bei wenigen Projektbeteiligten und abhängig von der Projektkultur eines Unternehmens kann durchaus ein gemeinsamer Termin gewählt werden. Bei Projekten mit 30 oder mehr Projektmitarbeitern sollte in jedem Fall eine Trennung erfolgen, um den unterschiedlichen Zielsetzungen beider Besprechungen Rechnung zu tragen.

Ziel einer Projektstartsitzung ist es, den Projektmitarbeitern die Ziele und Inhalte des Projektes auf der Grundlage des verabschiedeten Projektauftrages zu vermitteln. Der Projektleiter gibt den Projektmitarbeitern

- die Projektorganisationsform,
- die zu verwendenden Sachmittel, Methoden und Werkzeuge,
- die Rollen und Aufgaben der einzelnen Projektmitarbeiter und des Projektleiters,
- die Art der Projektdokumentation,

- die Weiterbildungsmaßnahmen für einzelne Projektmitarbeiter und
- den Gesamtprojektplan

bekannt.

4.3 Einsatz von Vorgehensmodellen

Vorgehensmodelle für die Projektplanung, -abwicklung und -kontrolle werden genutzt, um systematisch ein IT-Projekt in vordefinierten Phasen durchzuführen. Es existieren zahlreiche Arten von IT-Projekten, die wie zuvor beschrieben klassifiziert werden können (s. Kap. 4.1.3). Aus den abweichenden Ausprägungen von IT-Projekten resultiert, dass nicht nur ein Vorgehensmodell für alle IT-Projekte existieren kann. Abhängig von der jeweiligen Aufgabenstellung können unterschiedliche Vorgehensmodelle zum Einsatz kommen.

Aufgrund der unterschiedlichen Rahmenbedingungen, Zielsetzungen und Inhalte, insbesondere bei IT-Projekten, ist es nicht möglich, für alle IT-Projekte ein einheitliches Vorgehensmodell verbindlich vorzuschreiben. Jeweils muss vom Projektleiter das am besten geeignete Vorgehensmodell aus mehreren möglichen Modellen ausgewählt werden. In Wissenschaft und Praxis existiert eine große Anzahl verschiedener Vorgehensmodelle, die sich nach ihrer grundsätzlichen Art klassifizieren lassen. Eine Vorauswahl in einem Unternehmen durch ein Projektbüro ist zu empfehlen, um die unübersichtlich große Anzahl von Vorgehensmodellen einzuschränken. Es ist von Vorteil, wenn mehrere mögliche Vorgehensmodelle in einem Projektmanagementhandbuch vorgegeben werden, um eine Vorselektion zu bieten.

Allen Vorgehensmodellen gemeinsam ist, dass sichergestellt wird, dass ein Projekt, entsprechend dem jeweiligen eingesetzten Vorgehensmodell, in einheitlichen Projektphasen durchgeführt wird, ohne wichtige Aufgaben und Schritte auszulassen. Zur Erlangung einer ISO-9000-Zertifizierung eines Unternehmens ist es unbedingt erforderlich, dass ein IT-Projekt, entsprechend den Qualitätsanforderungen nach der ISO-9000-Norm, systematisch anhand eines festgeschriebenen Vorgehensmodells abgewickelt wird. Die Nutzung einheitlicher Begriffe und Phasenabläufe innerhalb eines Unternehmens erhöht die Transparenz.

Bei der Projektierung sehr umfangreicher Vorhaben ist zu empfehlen, diese in Form einfacher überschaubarer Teilprojekte durchzuführen. Die Koordination mehrerer in Korrelation stehender Teilprojekte wird unter dem Begriff „Multiprojektmanagement" geführt. Ein sehr großes Projekt wird hierbei häufig als Superprojekt bezeichnet. Die Planung, Durchführung und Kontrolle von

Teilprojekten erfolgt entsprechend „normalen" Projekten anhand von Vorgehensmodellen.

Allgemein kann zwischen inkrementellen, konzeptionellen, empirischen und evaluativen Vorgehensmodellen unterschieden werden. Inkrementelle Vorgehensmodelle werden häufig auch als evolutionäre Modelle bezeichnet. Konzeptionelle Vorgehensmodelle zählen zu der Gruppe der inkrementellen Modelle, sie stellen lediglich eine Vereinfachung dar. Zu jeder Modellart existiert eine Fülle von Ausprägungen. Vorgehensmodelle weichen überwiegend in der Anzahl ihrer Phasen und den darin durchzuführenden Einzeltätigkeiten voneinander ab. Die Verwendung eines inkrementellen Vorgehensmodells bei umfangreichen Vorhaben und die Nutzung eines konzeptionellen Modells für weniger umfangreiche Vorhaben stellen in der Praxis den Regelfall dar.

4.3.1
Inkrementelles Vorgehensmodell

Betriebliche Vorgaben verlangen, dass IT-Projekte möglichst früh erste einsetzbare Ergebnisse produzieren. Ein Ergebnis soll nicht erst zum Ende eines Projektes vorliegen. Diesem Gedanken tragen inkrementelle Vorgehensmodelle Rechnung, die häufig auch als evolutionäre Modelle bezeichnet werden. Ein inkrementelles Vorgehensmodell unterstützt die Zielsetzung, dass der vorgesehenen Benutzergruppe nach möglichst kurzer Entwicklungszeit bereits ein Teilsystem geliefert wird, das einen Teil der Benutzeranforderungen erfüllt. Ein System wird hierbei in seiner Gesamtheit geplant, jedoch in Teilen realisiert. Die gelieferte Funktionalität wächst stufenweise bis schließlich das Gesamtsystem realisiert ist.

Bei der Nutzung eines inkrementellen Vorgehensmodells, werden die Anforderungen an ein späteres System zu Beginn eines Projektes möglichst vollständig erhoben. Ein auf den Anforderungen basierendes Gesamtsystem wird in mehreren Ausbaustufen entworfen, entwickelt, eingeführt und genutzt. Ein Teil der angestrebten gesamten Funktionalität wird jeweils durch einen Teilabschnitt umgesetzt.

In der Praxis ist es erforderlich, dass in den ersten Ausbaustufen die Systemarchitektur entworfen und umgesetzt wird. Die gewählte Systemarchitektur muss einen schrittweisen Ausbau des Systems erlauben. Zu unterstützende Schnittstellen müssen für die Umsetzung von Teilfunktionalitäten frühzeitig festgelegt werden. Funktionalitäten werden basierend auf den Ergebnissen und Erfahrungen mit dem bereits umgesetzten System entworfen und realisiert. Der Funktionsumfang eines Systems wird jeweils in Form so genannter Releases erweitert.

Nicht für alle Vorhaben ist der Einsatz eines inkrementellen Vorgehensmodells sinnvoll. Lässt sich ein angestrebtes Projektergebnis nicht sinnvoll in Teilabschnitte separieren, so ist von der Nutzung dieses Modells Abstand zu nehmen. Weiterhin ist der Einsatz dieses Modells nicht sinnvoll, wenn durch ein Pflichtenheft fixierte Leistungen durch einen Auftraggeber umgesetzt werden sollen, da keine abschließende Fixierung aller Anforderungen vor der Realisierung vorgenommen werden kann. Dies soll vielmehr im Zuge einzelner Releases erfolgen. In diesem Fall ist der Einsatz eines evaluativen Vorgehensmodells zielführender.

Im Folgenden werden zwei Varianten des inkrementellen Vorgehensmodells vorgestellt.

4.3.1.1
Einsatz von Major-, Architectural- und Internal-Release

In Abb. 4-1 ist ein mögliches inkrementelles Vorgehensmodell schematisch dargestellt. Es ist in sieben Phasen untergliedert, die abhängig vom jeweiligen Release durchlaufen werden. Dabei wird zwischen Major-, Architectural- und Internal-Release unterschieden.

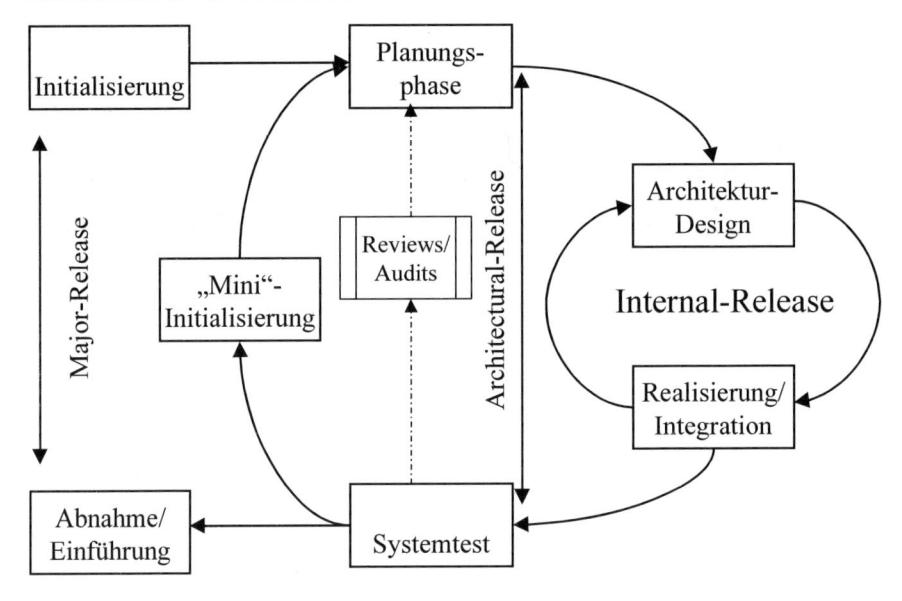

Abb. 4-1: Inkrementelles Vorgehensmodell[19]

Wie zuvor bereits beschrieben, wird in den ersten Teilabschnitten die generelle Struktur des Systems designed und umgesetzt. Hierdurch resultiert

---
[19] vgl. Jenny, Bruno: Projektmanagement in der Wirtschaft, 2001, S. 484

4.3 Einsatz von Vorgehensmodellen

direkt noch keine Auslieferung von Funktionalitäten an eine Benutzergruppe. Vielmehr stellt die Umsetzung der Struktur eines Systems die technische Grundlage für die Implementierung von Teilanforderungen dar. Die Freigabe der realisierten Struktur oder auch von Teilen der Struktur eines Systems erfolgt durch ein Architectural-Release.

Mittels der nachfolgenden Teilabschnitte auf dem Weg zur Gesamtlösung werden Funktionalitäten umgesetzt und an Benutzergruppen ausgeliefert. Hierbei werden die Phasen „Mini"-Initialisierung, Planung, Architektur-Design, Realisierung/Integration und Systemtest durchlaufen. Die Freigabe und Einführung der Teilumsetzungen des Systems geschieht jeweils mittels so genannter Architectural-Releases. Grundsätzlich sollten zu Beginn eines Projektes möglichst alle Anforderungen an ein System bereits aufgenommen werden. In der Praxis ist dies in der erforderlichen Tiefe vielfach nicht möglich. Vielmehr erfolgt die Erhebung von expliziten Anforderungen an Teilfunktionalitäten des Systems zu späteren Zeitpunkten in Form von „Mini"-Initialisierungs-Phasen.

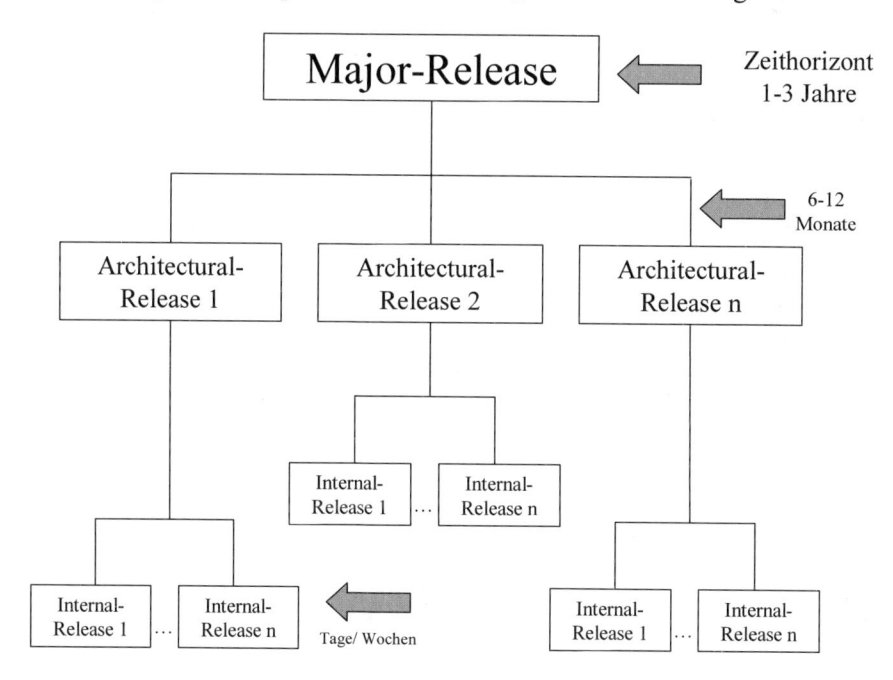

Abb. 4-2: Release-Entwicklungsstufen[20]

Werden lediglich die Phasen Architektur-Design und Realisierung/Integration ausgeführt, so handelt es sich um ein Internal-Release. Ein Architectural-

---

[20] vgl. Jenny, Bruno: Projektmanagement in der Wirtschaft, 2001, S. 72

bzw. ein Major-Release kann durch mehrere Internal-Releases gebildet werden. Häufig kommen bei der Verwendung eines inkrementellen Vorgehensmodells unterschiedliche Prototypen zum Einsatz (vgl. Kap. 4.4).

Die Vorgehensweise innerhalb einzelner Release-Entwicklungsstufen ist durch permanente Iteration geprägt.

Die Steuerung dieser Zyklen obliegt jeweils seinem übergeordneten Release. Wie aus der Abb. 4-2 hervorgeht, sinkt die Planungsoptik von Stufe zu Stufe. Auf der Ebene der Internal-Releases (IR) hat man einen Planungshorizont von Tagen (für kleine Teams). Auf der übergeordneten Ebene der Architectural-Releases (AR) beträgt diese eher Wochen bzw. Monate, i.d.R. max. 12 Monate. Das AR sollte schon Teilfunktionalitäten des Major-Releases (MR) enthalten, die ein beim Anwender einsetzbares Produkt repräsentieren. Die Ausrichtung der AR orientiert sich natürlich an den Planvorgaben des übergeordneten MR. Erwähnt werden soll noch, dass ein so genanntes Superprojekt eine zusätzliche Ebene repräsentiert mit einem Zeithorizont von ca. 3-5 Jahren. Um dem Leser eine gewisse Transparenz zu verschaffen werden die drei Release-Ebenen im Folgenden kurz erläutert[21].

a) Major-Release:
Ein Major-Release (MR) bildet den Rahmen für die Neuentwicklung, Erweiterung oder die Wartung eines größeren IT-Systems. In der Regel wird das MR in ein oder mehrere Architectural-Releases separiert. Diese AR bilden in sich abgeschlossene betrieblich implementierbare Segmente. Ein MR repräsentiert in diesem Sinne eine Gesamtversion des IT-Systems (statement of direction). Die einzelnen Aufbauschritte unterstützen die schrittweise Realisierung der Gesamtversion.

Der Planungshorizont innerhalb eines MR sollte in der Regel maximal 2-3 Jahre betragen. Selbstverständlich gibt es Projekte, die diesen Planungshorizont überschreiten und 5 und mehr Jahre laufen. In diesem Fall sollte ein übergeordnetes „Superrelease" gebildet werden, das dann aus mehreren MR besteht. Wir können drei Arten von MR grob unterscheiden:[22]

- Neuentwicklung einer Anwendungskonzeption
- Modifikationen am existierenden IT-System, umfassende Neuerungen, wesentliche Erweiterungen
- Konsolidierung eines existierenden IT-Systems (Wartung, Maintenance), ein immerwährender Prozess

---

[21] vgl. Jenny, Bruno: Projektmanagement in der Wirtschaft, 2001, S. 72

[22] vgl. Jenny, Bruno: Projektmanagement in der Wirtschaft, 2001, S. 72

4.3 Einsatz von Vorgehensmodellen

b) Architectural-Release:
Ein Architectural-Release (AR) ist ein funktionelles Element aus dem Major-Release. Ein AR muss konzeptionell und funktionell ausführbar sein. Das heißt schon bei der Konzeption und später bei der Umsetzung des AR ist zu berücksichtigen, dass ein AR ein ausführbares Teilpaket des Gesamtprojektes repräsentiert. Insofern repräsentieren AR wichtige Meilensteine im Projektverlauf. Im Prinzip handelt es sich um Teilprojekte. Meilensteine haben die Aufgabe den Projektstatus zu dokumentieren und sind im Projektfortschrittsbericht festzuhalten. Es handelt sich bei dieser Vorgehensweise um eine Art der schrittweisen Entwicklung. Der große Vorteil dieser Vorgehensweise ist, dass in den implementierten AR Korrekturen vorgenommen werden können. Außerdem vermindert diese Vorgehensweise das Risiko z.B. einer Gesamtimplementierung (Big Bang) des Gesamtprojektes, wenn die Schnittstellen eingehalten werden. Die Projektlaufzeit für ein AR sollte auf max. 1 Jahr limitiert sein.

Determinanten bei der Definition von AR sind:

- sukzessive Reduktion des Gesamtentwicklungsrisikos
- Früherkennung von konzeptionellen Fehlern
- relativ frühe Einführung von Teilkomponenten des Gesamtprojektes: Dies wirkt sich positiv auf die weiteren Evolutionsstufen aus.
- leichte Handhabung von Teilprojekten, daher schnelles Feedback vom Anwender und schnelle Korrekturmöglichkeiten
- unter Umständen Einsparungen beim Anwender durch frühzeitige Einführung
- Entwicklung einer Lernkurve durch sofortiges Einfließen der gewonnenen Erkenntnisse
- usw.

c) Internal-Release:
Ein Internal-Release (IR) ist ein Ausschnitt aus dem geplanten Architectural-Release, der allerdings nur einzelne Funktionalitäten des IT-Projektes realisiert. Diese Funktionalitäten sind i.d.R. nicht allein ausführbar. Insofern repräsentieren sie interne Bausteine zur evolutionären Komplettierung eines einzuführenden Architectural-Release. Auch die IR manifestieren wichtige Meilensteine des Projektes und sie dokumentieren indirekt den Projektfortschritt. Denn ihre Nichtausführbarkeit lässt zunächst eine Überprüfung ihrer Funktionalitäten anhand der gesetzten Zielsetzungen mittels Tests nicht zu. Ihre logische Korrektheit und Qualität lässt sich erst dann nachweisen, wenn sie in eine Testumgebung integriert werden, die ihre Ausführbarkeit zulässt. Zu warten bis alle IR eines AR fertig gestellt sind und erst dann ihre logische und funktionelle

4 Vorgehen in IT-Projekten

Korrektheit zu überprüfen, ist nicht sinnvoll, da in diesem Fall die Fehleranalyse und Korrektur sehr erschwert würden.

Bei der Planung von IR kann man drei Situationen unterscheiden:

- Eigenentwicklungen, d.h. SW-Komponenten, die durch das Projekt selbst entwickelt werden.
- Fremdentwicklungen, d.h. SW-Komponenten, die durch andere Projekte bzw. Organisationseinheiten entwickelt werden.
- Kauf von externen SW-Komponenten: SW-Komponenten, die auf dem Markt bei Dritten erworben werden. Bei diesen Komponenten müssen mögliche Adaptionsprobleme beachtet werden.

So dargestellt besteht ein AR aus einem oder mehreren IR. Es ist klar, dass in der ersten Ausbaustufe eines Release erst die obligatorischen Grundfunktionen realisiert werden. Danach folgt eine sukzessive Erweiterung bis das AR den geplanten Funktionsumfang erreicht. Natürlich kann es in dieser über einen längeren Zeitpunkt laufenden Phase zu Änderungsanforderungen in Bezug auf den geplanten Leistungsumfang kommen. Auch Optimierungskalküle können entstehen. Diese neuen, veränderten Anforderungen werden durch das Problem- bzw. Changemanagement abgehandelt.

Diese Darstellung macht klar, dass die evolutionäre Systementwicklung alle Facetten eines Baukastensystems impliziert.

4.3.1.2
V-Modell

In Abb. 4-3 ist das inkrementelle Vorgehensmodell zur Erstellung eines Systems entsprechend des im öffentlichen Dienst vorgeschriebenen V-Modells dargestellt[23]. Zum Zeitpunkt t_0 ist der Start des Projektes. Zu diesem Zeitpunkt wird das Projekt initialisiert und es wird mit den inhaltlichen Aufgaben begonnen. Zu den Zeitpunkten t_1, t_2 bis t_n werden Teilausbaustufen umgesetzt. Zur Erstellung jeder Teilausbaustufe werden jeweils fünf Einzelphasen durchlaufen:

1. Anwendungssystem beschreiben
2. System fachlich strukturieren
3. System technisch entwerfen
4. Realisierung

---

[23] vgl. V-Modell, Vorgehensmodell, Teil 3: Handbuchsammlung – Szenarien, inkrementelle Entwicklung, Juni 1997

5. Überleitung in die Nutzung

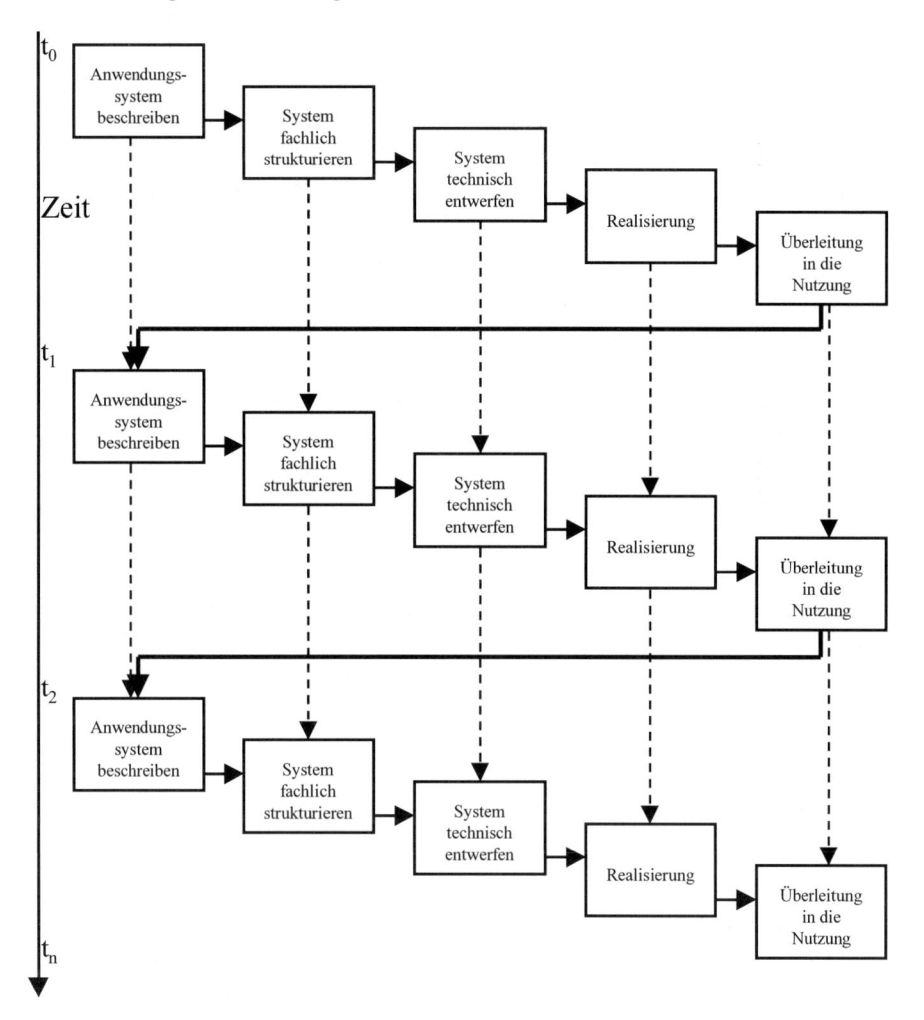

Abb. 4-3: Übersicht der Aktivitäten der Systemerstellung beim inkrementellen Vorgehensmodell[24]

Die Phasen einer folgenden Ausbaustufe bauen auf den Ergebnissen der entsprechenden Phasen der vorhergehenden Ausbaustufen auf. Mit einer folgenden Ausbaustufe wird erst begonnen, nachdem eine vorhergehende Ausbaustufe in die Nutzung übergeleitet worden ist. Die Anzahl der Ausbaustufen ist abhängig von der Komplexität des Vorhabens.

---

[24] vgl. V-Modell, Vorgehensmodell, Teil 3: Handbuchsammlung – Szenarien, inkrementelle Entwicklung, Juni 1997

Werden externe Kräfte in die Projektarbeit eingebunden, so ist dies bei Einsatz eines inkrementellen Vorgehensmodells in der Regel lediglich auf Basis von Dienstverträgen möglich, da aufgrund der umfangreichen Korrelationen zu vorhergehenden und folgenden Ausbaustufen nur bedingt klar abgrenzbare Aufgabenpakete gebildet werden können, die mittels eines Festpreisangebotes umgesetzt werden können (vgl. Kap. 3.3.1).

4.3.2
Konzeptionelle Vorgehensmodelle

Zu den am weitesten verbreiteten Vorgehensmodellen für weniger umfangreiche IT-Projekte gehören die konzeptionellen Phasenmodelle. Sie stellen einen Spezialfall der inkrementellen Vorgehensmodelle dar und können als das traditionelle Vorgehensmodell für IT-Projekte angesehen werden. Im Vergleich zu einem inkrementellen Vorgehensmodell erfolgt die Projektarbeit nur mittels einer Ausbaustufe.

Zeit: t_0 Anwendungssystem beschreiben → t_1 System fachlich strukturieren → t_2 System technisch entwerfen → t_3 Realisierung → t_4 Überleitung in die Nutzung

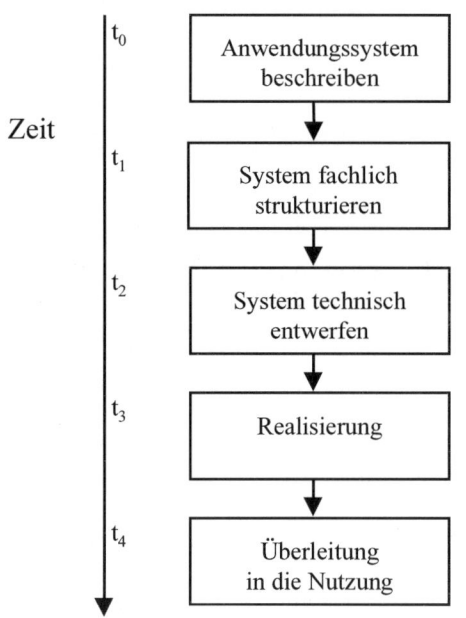

Abb. 4-4: Aktivitäten bei einem konzeptionellen Vorgehensmodell

Auch bei konzeptionellen Vorgehensmodellen gibt es zahlreiche Ausprägungen. Im Englischen werden für konzeptionelle Vorgehensmodelle Begriffe wie „Grand Design", „One Shot" oder auch „Big Bang" verwandt. Kennzeichnend ist, dass Phasen vollständig abgearbeitet werden, bevor mit der Ausführung einer folgenden Phase begonnen wird. Einzelne Phasen werden in linearer Folge

4.3 Einsatz von Vorgehensmodellen

nacheinander abgearbeitet. In Anlehnung an das zuvor betrachtete inkrementelle Vorgehensmodell ist in Abb. 4-4 ein mögliches konzeptionelles Vorgehensmodell aufgeführt.

In Abb. 4-5 ist ein weiteres konzeptionelles 5-Phasen-Modell dargestellt. Es folgt dem Grundsatz „vom Groben ins Detail" und wird häufig für überschaubare Software-Projekte eingesetzt, die neu gestaltet werden. Zwischen jeder Phase ist hier eine Auftraggeberentscheidung zwischengeschaltet, um die Weiterführung der Projektaktivitäten zu beschließen oder einen Projektabbruch herbeizuführen. Die Projekt-Planungsphasen Vorstudie, Hauptstudie und Detailstudie unterscheiden sich lediglich in ihrem Detaillierungsgrad und u.U. in der Bearbeitung von Unter- oder Teilsystemen. Bei allen Phasen wird jeweils der gleiche Problemlösungszyklus eingesetzt.

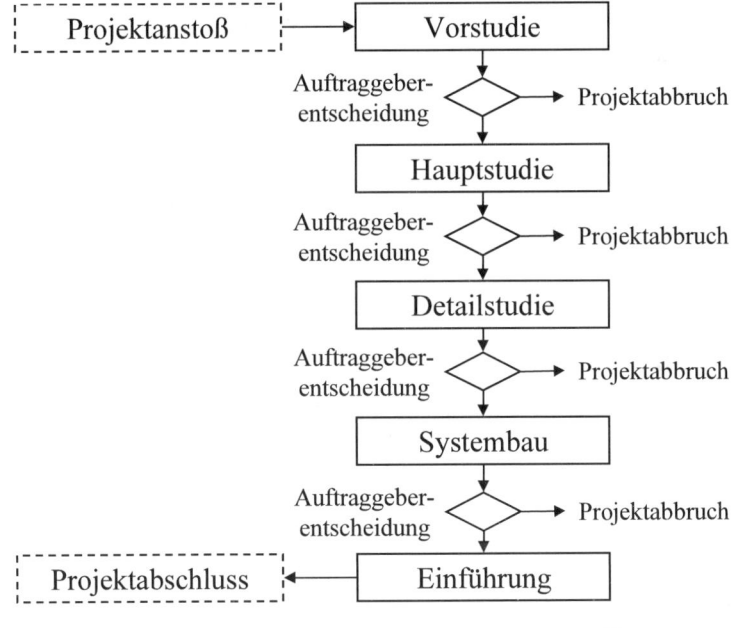

Abb. 4-5: Konzeptionelles 5-Phasenmodell[25]

Durch die klare Abgrenzung einzelner Projektphasen voneinander ist der Abschluss von Werkverträgen zu empfehlen, wenn eine komplette Phase durch externe Kräfte ausgeführt wird (vgl. Kap. 4.3.5).

---

[25] vgl. Jenny, Bruno: Projektmanagement in der Wirtschaft, 2001, S. 482

4.3.3
Evaluatives Vorgehensmodell

Soll die Implementierung eines Systems durch einen externen Auftragnehmer erfolgen, so bietet sich der Einsatz eines evaluativen Vorgehensmodells an. Um eine Maximierung bzgl. der entscheidenden Kennwerte Leistung, Kosten und Zeit zu erzielen, soll der beste Anbieter ausgewählt werden. Mehrere Angebote werden evaluiert. Im Fokus eines Evaluations-Phasenmodells steht die Bewertung bzw. Beurteilung verschiedener Offerten anhand eines erstellten Pflichtenheftes und eines festgelegten zugehörigen Bewertungsmaßstabes. Das Vorgehensmodell untergliedert sich in die vier Phasen Vorstudie, Hauptstudie, Implementierung und Einführung, wobei der Fokus auf der Phase Hauptstudie liegt.

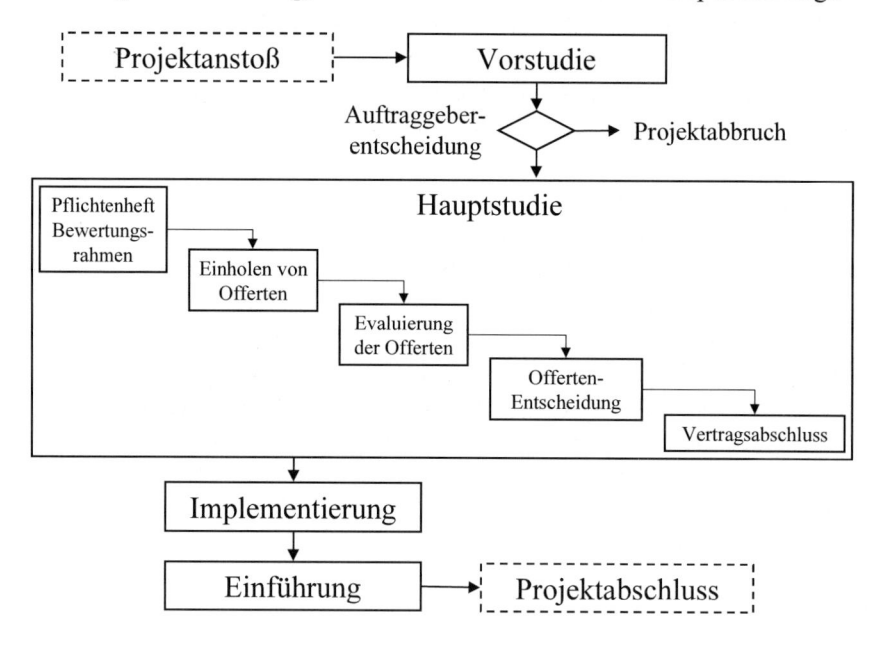

Abb. 4-6: Evaluatives Phasenmodell

Analog zu anderen Vorgehensmodellen erfolgt die Ausführung der Phase Vorstudie gemäß dem Problemlösungszyklus (vgl. Kap. 4.3.5). Die Phase Hauptstudie teilt sich in fünf Einzelschritte auf (s. Abb. 4-6). Im ersten Schritt wird ein Pflichtenheft und ein Bewertungsrahmen erstellt, die die Basis für die Erstellung von Angeboten verschiedener Anbieter und deren Evaluation darstellen. Das beste Angebot wird anhand eines festen Bewertungsrahmens ermittelt. Im Phasenschritt Vertragsabschluss werden Leistungen in Form eines Werkvertrages fixiert (vgl. Kap. 3.3.1.2), der die größte Sicherheit bzgl. der Leistung, der Kosten und der veranschlagten Zeit bietet.

Die Implementierung der im Pflichtenheft spezifizierten Anforderungen erfolgt anhand eines geschlossenen Werkvertrages im Anschluss an die Hauptstudie. Erforderliche Hard- und Software wird während der Phase Implementierung bestellt. Das System wird auf die firmenspezifischen Gegebenheiten abgestimmt und entsprechend der Vorbereitungsarbeiten eingeführt.

Häufig wird ein Evaluations-Phasenmodell bei der Einführung einer Standardsoftware in einem Unternehmen genutzt, die auf die individuellen Anforderungen des Unternehmens erweitert bzw. zugeschnitten wird.

4.3.4
Empirische Vorgehensmodelle

Mit dem Ziel, ein bestehendes IT-System zu verbessern, wird ein empirisches Vorgehensmodell eingesetzt. Es basiert auf den Erfahrungen, die beim Einsatz eines bestehenden IT-Systems gesammelt worden sind. In der Praxis bewährt haben sich empirische Vorgehensmodelle mit drei bis fünf Einzelphasen, abhängig von der Komplexität des zu projektierenden IT-Systems.

Ein mögliches empirisches 4-Phasenmodell beinhaltet die vier Phasen Vorstudie, Hauptstudie, Systembau und Einführung. Die ersten zwei Phasen werden entsprechend dem Problemlösungszyklus umgesetzt. Im Gegensatz zu einem inkrementellen oder einem konzeptionellen Vorgehensmodell liegt der Schwerpunkt auf der Untersuchung des Ist-Zustandes des bestehenden IT-Systems, um auf Basis der erhobenen Erfahrungswerte und neuer Anforderungen ein System zu kreieren. Während der Phase Hauptstudie wird das System so detailliert entworfen, dass anhand der Ergebnisse der Systembau erfolgen kann. Im Falle eines sehr umfangreichen bestehenden IT-Systems ist auch ein empirisches 5-Phasenmodell mit einer zusätzlichen Phase Detailstudie, eingerahmt von den Phasen Hauptstudie und Systembau, möglich.

4.3.5
Problemlösungszyklus

Im Vorherigen wurde bereits des Öfteren auf den so genannten Problemlösungszyklus verwiesen, der unabhängig von dem jeweils eingesetzten Vorgehensmodell in Studienphasen zum Einsatz kommt. Bei dem Problemlösungszyklus handelt es sich um einen Leitfaden zur Lösung beliebiger fachlicher Probleme, der in sechs Einzelschritte separiert werden kann. Nach Bedarf können die Einzelschritte mehrmals nacheinander ausgeführt werden[26]:

---

[26] vgl. Jenny, Bruno: Projektmanagement in der Wirtschaft, 2001, S. 75 f.

1. Situationsanalyse
2. Zielformulierung
3. Synthese
4. Analyse
5. Bewertung
6. Entscheidung

Während der Situationsanalyse wird der Sachverhalt systematisch durchleuchtet. Der vorliegende Ist-Zustand wird erhoben. Anschließend werden die Ziele, Wünsche und Anforderungen ermittelt, die die Grundlage für die Suche nach einer Lösung darstellen. Für die erhobenen Ziele wird jeweils deren Relevanz bestimmt. Der Schritt Synthese baut auf den Ergebnissen der Situationsanalyse und der Zielformulierung auf. Entsprechend dem Konkretisierungsniveau einer Phase wird mindestens eine Lösung entworfen.

Darauf aufbauend wird analysiert, inwieweit die zuvor ausgearbeiteten Lösungen den erhobenen Zielen entsprechen. Wurden mehrere Lösungen entworfen, so werden diese gegenübergestellt und anhand einheitlicher Kriterien bzgl. der Relevanz einzelner Ziele bewertet. Auf Basis der Bewertungen möglicher Lösungen wird die beste Variante in Hinsicht auf deren Leistung, die erforderlichen Kosten und den zu erwartenden Zeitbedarf ausgewählt.

Ergibt die Bewertung, dass die gesetzten Ziele bei keiner Lösungsalternative erreicht werden, so müssen die sechs Schritte des Problemlösungszyklus ein weiteres Mal durchlaufen werden, bis eine brauchbare Lösung gefunden wurde. Insbesondere sind hierbei die gesetzten Ziele zu überprüfen. Sind diese unter Umständen so gesetzt, dass überhaupt keine Lösung möglich ist?

4.4
Einsatz von Prototypen in IT-Projekten

Unternehmen setzen voraus, dass Projekte mit einem positiven Ergebnis abgeschlossen werden. Anforderungen im Hinblick auf Leistung, Kosten und Zeit sollen unbedingt erfüllt werden. Ein Scheitern eines Projektes ist unter allen Umständen auszuschließen. Zwei häufig anzutreffende Gründe für das Scheitern eines Projektes bestehen darin, dass Benutzeranforderungen nicht getroffen werden oder dass technische Schwierigkeiten erst in einer späten Phase des Projektes offenkundig werden. Das nicht erstrebenswerte Resultat ist in beiden Fällen das gleiche. Das Projekt ist zunächst einmal gescheitert und wird entweder zu einem späteren Termin durch kostenintensive Nacharbeiten zu Ende geführt oder endgültig ohne Aussicht auf ein positives Ergebnis beendet.

4.4 Einsatz von Prototypen in IT-Projekten

Hilfreich bei der Sicherstellung eines Projekterfolges kann der Einsatz so genannter Prototypen sein.

Dass ein System entworfen und realisiert wird, das nicht den Anforderungen der späteren Anwender entspricht, ist zum großen Teil darin begründet, dass Entwickler und Anwender eine abweichende Vorstellung von dem zu entwickelnden System haben. Kommunikationsfehler zwischen Entwicklern und Anwendern verhindern, dass Planungsmängel in frühen Projektphasen entdeckt wurden. Systementwürfe sind beiden Gruppen nicht gleichermaßen transparent.

Die Auswirkungen technischer Probleme sind verheerend, wenn Software- oder Hardware-technisch Neuland betreten wird und der Projektverlauf anhand eines Vorgehensmodells mit einem starren Phasenaufbau erfolgt. Der Projekterfolg kann nicht mehr sichergestellt werden, wenn sich erst in einem späten Abschnitt der Systemrealisierung die Erkenntnis durchsetzt, dass ein zu Grunde gelegter Entwurf bzgl. entscheidender Kern-Funktionalitäten fehlerhaft ist.

Obige Problematiken können durch den Einsatz von Prototypen vermieden werden. Intensiv und erfolgreich werden Prototypen seit langem in den Ingenieurwissenschaften genutzt. Jeder kennt aus dem Automobilsektor die Modelle für technische Prüfungen und Ausstellungen. Die Verfahrensweisen der Ingenieurwissenschaften bzgl. Prototypen werden auf die Informatik übertragen. Dort werden schon während der Entwurfs-Phase Prototypen bei der Entwicklung neuer Produkte erstellt, mit denen Erkenntnisse bzgl. des Entwurfes, der Konstruktion und der späteren Verwendung eines Produktes erhalten werden.

Prototypen können in IT-Projekten unabhängig von der Art des verwendeten Vorgehensmodells immer zum Einsatz kommen. Besonders zu empfehlen ist der Einsatz eines Prototypen beispielsweise bei zu projektierenden Systemen, die dialogorientiert sind, bei denen die Anforderungen zu Projektbeginn noch unstrukturiert sind oder technische Lösungen mit einem erheblichen Neuerungsfaktor umgesetzt werden sollen. In den beiden ersten Fällen wird ein Prototyp verwandt, um eine Kommunikationsbasis für spätere Anwender und die Projektmitarbeiter darzustellen. Bezüglich der technischen Komponente wird ein Prototyp eingesetzt, um früh den späteren Realisierungserfolg abzuschätzen. Der Einsatz von Prototypen hat unmittelbaren Einfluss auf den Implementierungs-Zeitpunkt einzelner Funktionalitäten. Mit Prototyping wird „so früh wie möglich" und ohne Prototyping „so spät wie möglich" implementiert. Prototypen werden allgemein nach ihrer Art und ihrem Einsatz unterteilt und bewertet[27].

---

[27] vgl. Heinrich, Lutz, J.: Management von Informatik-Projekten, 1997, S. 133–138

4.4.1
Klassifikation von Prototypen

Es existieren verschiedene Arten von Prototypen, die

- ihrem Umfang nach in vollständige und unvollständige,
- ihrer späteren Nutzung nach in Wegwerf- und wieder verwendbare,
- und ihrem Verwendungszweck nach in Demonstrationsprototypen, Labormuster und Pilotsysteme

unterschieden werden können. Allgemein sind zwölf verschiedene Kombinationen der obigen drei Merkmale möglich, wobei bestimmte Konstellationen in der Praxis nicht zum Einsatz kommen. Ein vollständiges Wegwerf-Pilotsystem ist beispielsweise auszuschließen.

Unabhängig von ihrem Umfang, ihrer späteren Nutzung und ihrem Verwendungszweck weisen Prototypen die folgenden Eigenschaften auf. Prototypen

- können schnell und preiswert realisiert werden.
- können leicht verändert und erweitert werden.
- bieten späteren Benutzern ein funktionales und ausführbares Modell der wichtigsten Funktionalitäten des Systems.
- können als Vorgriff auf ein späteres System von Entwicklern und Benutzern bewertet werden.
- erleichtern die Kommunikation zwischen Entwicklern und Benutzern.
- bilden exemplarisch nur einen Ausschnitt aller Funktionalitäten des Systems ab.

4.4.1.1
Umfang eines Prototypen

In Hinblick auf den Umfang kann zwischen vollständigen und unvollständigen Prototypen unterschieden werden. In einem vollständigen Prototypen sind alle wesentlichen Funktionen des zu projektierenden Systems umgesetzt. Er stellt eine Grundlage für die endgültige Spezifikation des Systems dar. Ein Prototyp wird als unvollständig bezeichnet, wenn mit seiner Hilfe lediglich die Brauchbarkeit und Machbarkeit einzelner Komponenten überprüft werden. Der Einsatz eines unvollständigen Prototypen erstreckt sich in der Regel nur auf eine Ausrichtung. Entweder werden lediglich technische Komponenten umgesetzt oder es werden Teile der Benutzerschnittstelle simuliert.

4.4.1.2
Spätere Nutzung eines Prototypen

Für die spätere Nutzung eines Prototypen unterscheidet man zwischen Wegwerf- und wieder verwendbaren Prototypen. Sollen Erkenntnisse über die Umsetzbarkeit einzelner Komponenten gewonnen werden, so kommen so genannte Wegwerf-Prototypen (rapid prototyping) zum Einsatz. Während eines Projektverlaufes können mehrere Wegwerf-Prototypen verwandt werden, um abgrenzbare Funktionalitäten zu überprüfen bzw. leistungsfähigere Lösungen zu kreieren. Direkte Umsetzung in das spätere System finden sie allerdings nicht. Da sich Wegwerf-Prototypen lediglich auf einzelne Funktionalitäten beziehen, sind sie in der Regel unvollständig.

Von wieder verwendbaren Prototypen werden als brauchbar identifizierte Komponenten für ein zu projektierendes System übernommen. Diese Komponenten müssen die an das System gesetzten Qualitätsanforderungen erfüllen. Folglich müssen an die Konzeption eines wieder verwendbaren Prototypen ebenso hohe Anforderungen wie an die Entwicklung genereller Funktionalitäten gestellt werden. Durch die gesetzten Qualitätsanforderungen sind für die Erstellung eines wieder verwendbaren Prototypen höhere Kosten- und Zeitaufwände als für einen Wegwerf-Prototypen anzusetzen. Wieder verwendbare Prototypen werden häufig bei Pilotsystemen verwandt.

4.4.1.3
Verwendungszweck eines Prototypen

Je nach ihrem Verwendungszweck können Prototypen in Demonstrationsprototypen, in Labormuster oder in Pilotsysteme unterschieden werden. Mittels eines Demonstrationsprototypen wird das Ziel verfolgt, späteren Benutzern und dem Auftraggeber einen Ausblick auf das zu erstellende System zu vermitteln. Im Fokus eines Demonstrationsprototypen stehen in der Regel die grafischen Komponenten eines Systems. Durch eine Visualisierung der einzelnen Funktionalitäten wird eine Diskussionsgrundlage für die Abnahme und erforderliche Veränderungen des Entwurfes gelegt. Den späteren Benutzern und dem Auftraggeber soll das „look and feel" eines Systems vorgestellt werden.

Bei Demonstrationsprototypen handelt es sich meistens um unvollständige Wegwerf-Prototypen. Einzelne Funktionalitäten werden lediglich grafisch simuliert. In der Regel werden zur Erstellung von Demonstrationsprototypen spezielle Softwarelösungen verwandt, mit denen ein späterer Workflow gezeigt werden kann. Einzelne Arbeitsschritte können zwar am Demonstrationsprototypen ausgeführt werden, eine entsprechende Weiterverarbeitung eingegebener

Daten erfolgt jedoch nicht. Umgesetzte grafische Komponenten können nicht direkt für das spätere System übernommen werden.

Labormuster werden zur Überprüfung von technischen Architekturen und einzelnen Systemkomponenten verwandt. Herausgearbeitet werden soll die technische Machbarkeit, die Performance und die Stabilität einer möglichen Umsetzung eines Entwurfes. Das spätere System soll im Hinblick auf die umgesetzte Funktionalität bzgl. der Konstruktion mit dem Labormuster vergleichbar sein. Entdeckte Schwachstellen sollen in dem späteren System ausgeschlossen werden. In der Regel handelt es sich bei Labormustern um unvollständige Prototypen, mit denen ein bestimmter Aspekt überprüft werden soll. Als leistungsfähig erkannte Bestandteile eines Labormusters können in einem späteren System wieder verwendet werden.

Ein zu erstellendes System wird vor seiner Einführung durch verschiedenste Testszenarien auf seine Stabilität, Zuverlässigkeit, Richtigkeit und Anwendbarkeit geprüft. Sind von der Einführung eines Systems sehr viele Anwender betroffen, so ist ein Test durch spätere Nutzer des Systems sinnvoll. Hierzu wird ein so genanntes Pilotsystem an einzelnen Arbeitsplätzen installiert und produktiv eingesetzt. Es sollen mögliche Fehler und Abweichungen identifiziert und vor der Auslieferung an alle Anwender korrigiert werden. In Abhängigkeit vom Zeitpunkt des Einsatzes sind einzelne Komponenten im Pilotsystem noch nicht umgesetzt. Bei Pilotsystemen handelt es sich um Vorversionen des zu erstellenden Systems. Alle bereits umgesetzten Funktionalitäten, die von den testenden Anwendern als positiv bewertet werden, finden ihre Integration in das spätere System. Folglich handelt es sich bei Pilotsystemen um wieder verwendbare Prototypen, die kurz vor der Auslieferung eines Systems einen vollständigen Grad erreichen. Sind bereits alle Funktionalitäten des zu erstellenden Systems umgesetzt, so handelt es sich bei dem Pilotsystem um das Endprodukt.

4.4.2
Prototyping in IT-Projekten

Während der Projektarbeit kann der Einsatz von Prototypen, als Prototyping bezeichnet, explorativ, experimentell oder inkrementell erfolgen. Bei jeder Prototyping-Methode wird hauptsächlich eine der vorgestellten Arten von Prototypen eingesetzt. Auf die Verwendung von Prototypen hat insbesondere das verwandte Vorgehensmodell Einfluss.

Im Rahmen der Durchführung eines Projektes können mehrere Prototyping-Vorgehensweisen vermischt verwendet werden. Während der Studien- und Konzeptions-Phasen eines Projektes kann beispielsweise entsprechend dem explorativen Prototyping vorgegangen werden, um Klarheit über das „look and feel" des Systems zu erlangen. Ist dieses klar spezifiziert, können während der

Realisierungsphase die Leistungsfähigkeiten interner technischer Einzellösungen getestet, überprüft und freigegeben werden.

4.4.2.1
Exploratives Prototyping

Mittels des explorativen Prototyping werden Sachzusammenhänge untersucht bzw. erforscht. Funktionsanforderungen werden vollständig spezifiziert und deren Lösungen werden verifiziert. Eingesetzte Prototypen stellen eine Basis für die Diskussion zwischen Auftraggeber, Anwendern und Entwicklern über die Anforderungen und verschiedenen Lösungsmöglichkeiten dar. Eine verfrühte Festlegung auf eine bestimmte Alternative soll vermieden werden. Im Fokus des explorativen Prototyping stehen die Prozesse und die Ausprägung der Funktionalitäten des späteren Systems. Kern der Untersuchungen bildet das „look and feel" und nicht die interne Realisierung des Systems. Prozessabläufe und konkrete Arbeitssituationen sollen mittels Prototypen überprüft und beurteilt werden. Fragen bzgl. der Realisierung und der technischen Machbarkeit finden hierbei keine Behandlung.

In erster Linie kommen beim explorativen Prototyping unvollständige Demonstrationsprototypen zur Verwendung, die nicht im späteren System weiter verwendet werden. Prototypen sind hierbei so zu konzipieren, dass sie schnell erstellt und ohne großen Aufwand verändert werden können. Software-Produkte zur Erstellung und Veränderung von Prototypen erleichtern das Prototyping. Exploratives Prototyping ist grundsätzlich bei allen Vorgehensmodellen in den Studien- und Konzeptions-Phasen sinnvoll, wenn ein System mit erheblichen Benutzerschnittstellen erstellt werden soll. Exploratives Prototyping erst während der Realisierungs-Phase eines Projektes stellt einen zu späten Zeitpunkt dar, da dann Entscheidungen bzgl. der Prozessunterstützung und Funktionsausrichtung meistens bereits getroffen sind.

4.4.2.2
Experimentelles Prototyping

Im Gegensatz zum explorativen Prototyping stehen beim experimentellen Prototyping Objekt-, Architekturmodelle und einzelne Systemkomponenten und deren Wechselwirkungen im Fokus. Diese sollen mittels Prototypen näher spezifiziert und in Versuchen auf ihre Leistungsfähigkeit hin überprüft werden. Die Zweckmäßigkeit und Flexibilität der Schnittstellen der Systemkomponenten und -architektur werden in Bezug auf Erweiterungen und Performanceverhalten durch konkrete Testkonstellationen untersucht.

Da beim experimentellen Prototyping ausschließlich die Umsetzung von internen Systemkomponenten und die Architektur betrachtet werden, sind Auftraggeber und spätere Anwender nicht eingebunden.

Zum Einsatz kommen beim experimentellen Prototyping in der Regel Labormuster. Bei deren Erstellung können keine expliziten Software-Produkte zur Prototyp-Entwicklung herangezogen werden, da ein Labormuster die technische Realisierung eines Ausschnittes der konzipierten Systemkomponenten darstellt. Standardisierte Test-Software kommt hingegen bei der Überprüfung der Labormuster zum Einsatz. Brauchbare Lösungen, die im Rahmen des experimentellen Prototyping entwickelt wurden, können für das spätere System wieder verwendet werden. Experimentelles Prototyping erfolgt unabhängig vom konkret verwandten Vorgehensmodell am effektivsten in der Realisierungs-Phase eines Projektes.

4.4.2.3
Inkrementelles Prototyping

Entsprechend einem inkrementellen Vorgehensmodell werden bei einem inkrementellen Prototyping, häufig auch als evolutionäres Prototyping bezeichnet, Prototypen stets weiterentwickelt. Schrittweise wird ein Prototyp erstellt, der vom unvollständigen zum vollständigen Prototypen erweitert wird. Zunächst wird ein Prototyp für technische Kernanforderungen entwickelt, der die Ausgangsbasis für die Spezifikation des nächsten Prototypen darstellt. Im nächsten Schritt werden weitere Anforderungen in den Prototypen integriert, bis schließlich der Prototyp das spätere System darstellt.

Inkrementelles Prototyping kann sich sowohl auf das „look and feel" als auch auf die interne Realisierung eines Systems beziehen.

Nach jeder Erweiterung eines Prototypen finden ausführliche Tests, Überprüfungen und eine Freigabe durch die Projektbeteiligten statt. Aus der ständigen Erweiterung von Prototypen, bis diese schließlich das zu erstellende System verkörpern, folgt, dass beim inkrementellen Prototyping wieder verwendbare Prototypen zum Einsatz kommen.

Die umfassende Überprüfung des Gesamtsystems kann über den Einsatz eines Pilotsystems erfolgen. Inkrementelles Prototyping erfolgt am sinnvollsten in Projekten, die unter Einsatz von inkrementellen Vorgehensmodellen abgearbeitet werden.

4.5 Abschluss-Phase eines IT-Projektes

Der Projektabschluss stellt die letzte Phase des Projektlebenszyklus dar, mit der ein Projekt geordnet beendet wird. Bei einem erfolgreichen Projektverlauf wird ein Projekt bei Erreichen der gesetzten Projektziele abgeschlossen. Teilweise werden Projekte jedoch auch ohne die Realisierung aller Anforderungen beendet. In jedem Fall soll der Abschluss eines Projektes systematisch vonstatten gehen.

Folgende Einzelaktivitäten sind im Rahmen eines Projektabschlusses durchzuführen:

- Präsentation und Abnahme der Projektergebnisse
- Übergabe der Projekt-Ergebnisse bzw. eines erstellten IT-Systems an spätere Systemverantwortliche
- Analyse und Beurteilung der Projektergebnisse und des Projektverlaufes (Projektevaluation)
- Einführungsnachbearbeitung
- Sicherung von Erfahrungswerten für folgende Projekte
- Projektmarketingmaßnahmen
- Erstellung eines Projektabschlussberichtes
- Auflösung des Projektes

4.5.1 Produktabnahme

Im Rahmen einer Produktabnahme soll sichergestellt werden, dass die Projektergebnisse ordnungsgemäß sind, dass das Produkt an den Auftraggeber übergeben werden kann und, dass festgestellte Mängel festgehalten und nachgebessert werden. Folgendes ist bzgl. der Projektergebnisse festzustellen:

- Überprüfung der Vollständigkeit
- Überprüfung der Richtigkeit
- Überprüfung der Ergebnisqualität
- Überprüfung der Ergebnisdokumentation
- Sicherstellung der Projekteinführung

4 Vorgehen in IT-Projekten

Grundlage für eine Produktabnahme ist eine Abnahmespezifikation, in der festgelegt ist, welche Einzelarbeiten während der Abnahme wie durchzuführen sind.

Die Projektergebnisse bzw. ein erstelltes IT-System werden bei einer Produktabnahme einer abschließenden Systemabschluss-Kontrolle unterworfen[28], die in eine Systemabnahme, eine Integrationsabnahme und eine Akzeptanzprüfung separiert werden kann. In einer Systemabnahme erfolgt eine Überprüfung der umgesetzten Funktionalitäten, ihrer Leistungsfähigkeit und der Gesamtqualität des IT-Systems. Im Rahmen einer Integrationsabnahme wird das System als Ganzes einschließlich einzelner Subsysteme oder Module in Bezug auf deren Schnittstellen und Verbindungen in der bestehenden Systemumgebung überprüft. Das Vertrauen der Anwender, Kunden oder Auftraggeber in das neu erstellte System wird durch eine Akzeptanzprüfung festgestellt.

Die festgestellten Ergebnisse der Produktabnahme werden in einer Abnahmedokumentation festgehalten, die sowohl vom Auftraggeber als auch vom Auftragnehmer unterzeichnet wird. Diese stellt die juristische Basis für die Endabnahmerechnung bei der Einbindung externer Auftraggeber im Rahmen eines Werkvertrages dar und markiert den Startzeitpunkt des Gewährleistungszeitraumes.

Anforderungen, die noch nicht umgesetzt worden sind, werden gesondert aufgeführt. Weist die Produktabnahme in Summe ein positives Resultat auf, so wird das neu erstellte System an die späteren Systemverantwortlichen übergeben. Wurden im Rahmen der Produktabnahme zu viele Abweichungen und Fehler festgestellt, so ist ein späterer Abnahmetermin anzusetzen.

Festgestellte Mängel, die während der Produktabnahme erkannt worden oder in den ersten Betriebsmonaten aufgetreten sind, sollten umgehend nach der Systemeinführung behoben werden. In jedem Fall sind die geforderten Funktionalitäten und die Systemqualität sicherzustellen. Klar abzugrenzen sind festgestellte Mängel von neuen Anforderungen, die erst nach dem Projektabschluss spezifiziert worden sind. Deren Realisierungen stellen Themen für Nachfolgeprojekte dar.

4.5.2
Projektabschlussbeurteilung

Im Rahmen einer Projektabschlussbeurteilung werden die Projektergebnisse und die Abwicklung eines Projektes bewertet. Die Resultate der Beurteilung werden

---

[28] vgl. Jenny, Bruno: Projektmanagement in der Wirtschaft, 2001, S. 494

vom Projektleiter für den Auftraggeber in einem Projektabschlussbericht zusammengetragen.

Entsprechend der DIN 69 901 stellt ein Projektabschlussbericht eine zusammenfassende, abschließende Darstellung von Aufgaben und erzielten Ergebnissen, von Zeit-, Kosten- und Personalaufwänden sowie ggf. von Hinweisen auf mögliche Anschlussprojekte dar. Der Bericht muss mindestens folgende Bestandteile enthalten:

- erzielte Projektergebnisse
- Aufschlüsselung, in welchem Maße die ursprünglichen Vorstellungen gemäß der Vorstudie realisiert wurden
- Aufführung der erreichten und nicht umgesetzten Projektziele
- Begründung für die nicht erreichten Projektziele
- Abweichungen gegenüber den ursprünglichen Zielsetzungen und Wünschen
- Auflistung gewichtiger Probleme während des Projektverlaufes
- Beurteilung der Abwicklung des Projektes
- Bewertung des Verhaltens und der Arbeitsergebnisse aller Projektbeteiligten während des Projektverlaufes
- Protokoll der Produktabnahme
- Analyse, ob das erstellte System und die zugehörige Dokumentation den Unternehmensspezifikationen entspricht
- noch zu erledigende Aufgaben, damit das Projekt als abgeschlossen betrachtet werden kann
- Empfehlungen für Nachfolgearbeiten bzw. -projekte
- Projektkostenrechnung einschließlich eines Vergleichs der Kosten und des Nutzens

4.5.3
Erfahrungssicherung

Erfahrungen und Erkenntnisse, die während der Projektabwicklung gewonnen wurden, sollten systematisch für zukünftige Projekte ausgewertet und gesichert werden. Hierbei sind, neben positiven Projektverläufen, besonders Fehlentscheidungen und -interpretationen interessant. Die Gründe, die getroffenen Gegenmaßnahmen und ihr Erfolg sind in Bezug auf Abweichungen zu analysieren und festzuhalten. Um eine Klassifikation von Projekten zu ermöglichen, sind Informationen wie beispielsweise die Projektart, die Projektdauer, das verwandte Vorgehensmodell, der Aufwand in Personentagen und die

Budgetgröße zu hinterlegen. Für spätere Auswertungen sind die endgültigen Kosten, der erzielte Projektnutzen und die Anzahl der internen und externen Projektmitarbeiter interessant.

Die erhobenen Projektdaten können sinnvoll für spätere Projekte im eigenen Hause oder in kooperierenden Unternehmen genutzt werden. Software-Produkte ermöglichen das geordnete Speichern und systematische Auswerten von Informationen über den Verlauf von früheren Projekten. Dies ist eine spezielle Ausprägung von Wissensmanagement in einem Unternehmen.

Die Projektkultur eines Unternehmens basiert auf dem Wissen bzgl. abgeschlossener Projekte und externer neuer Erkenntnisse aus Praxis und Wissenschaft. Verbesserungsmaßnahmen zur Projektorganisation, Planung, Steuerung und Durchführung sind aus positiven und negativen Projektverläufen abzuleiten. Erfahrungen aus früheren Projekten bilden die Grundlage für die Aufwandsschätzung zukünftiger Projekte über Kennzahlensysteme und erlauben es, die Planungsgenauigkeit und die Effizienz zu steigern.

4.5.4
Projektauflösung

Ein Projekt gilt als abgeschlossen, wenn alle Projekttätigkeiten beendet sind, die Projektorganisation aufgelöst ist und alle finanziellen Verpflichtungen beglichen wurden. Aufwände, die zum Beispiel aus Wartungsverträgen, Weiterentwicklungen etc. herrühren, werden nicht direkt zum Projekt gezählt, sondern sind vielmehr der Betriebsphase eines Systems zuzuordnen.

Wurde das erstellte System an die entsprechende Fachabteilung übergeben, eine Projektabschlussbeurteilung durchgeführt und die Erfahrungssicherung vorgenommen, wird die Projektauflösung eingeleitet. Dazu wird vom Projektleiter bei der Projektträgerinstanz ein Antrag auf den Projektabschluss gestellt. Offiziell kann ein Projekt nicht von einem Projektleiter selbst beendet werden, vielmehr wird die Entscheidung bzgl. eines Projektabschlusses von den Gremien im Rahmen einer so genannten Projektabschluss-Sitzung getroffen. Initiiert wird eine Projektabschluss-Sitzung, deren Teilnehmer denen der Kickoff-Veranstaltung der Startphase eines Projektes entsprechen, vom Auftraggeber des Projektes.

Der Projektleiter hat den Auftrag, das Protokoll der Projektauflösung zu erstellen und von den entsprechenden Gremien abzeichnen zu lassen. Mit der Projektauflösung werden alle projekteigenen Ressourcen und Institutionalisierungen aufgelöst, und die Mitglieder der Projektarbeitsgruppe stehen anderen Aufgaben und Projekten zur Verfügung.

Guter Stil ist es, dass nach dem offiziellen Projektabschluss die Projektbeteiligten im Rahmen einer Projektende-Sitzung über die Ergebnisse der Projektabschluss-Sitzung informiert werden. Positives und Negatives sollte gemeinsam in dieser Runde anhand des erstellten Projektabschlussberichtes besprochen werden. In vielen Unternehmen wird am Ende des Projektes den Projektbeteiligten im Rahmen einer Projektabschlussfeier Dank gesagt.

4.6 Zusammenfassung

Ein standardisierter Verlauf stellt sicher, dass ein Projekt geordnet gestartet, umgesetzt und abgeschlossen wird, ohne entscheidende Teilschritte auszulassen. Mittels Tailoring wird der Projektverlauf an die projektspezifischen Erfordernisse angepasst. Die Projektabwicklung kann in die Abschnitte Projektstart, Projektumsetzung und Projektabschluss untergliedert werden. Der Projektstart umschließt die Initialisierungs- und die Definitionsphase und die Projektumsetzung die Phasen Planung, Vorgehen und Kontrolle, die abhängig von dem eingesetzten Vorgehensmodell abgearbeitet werden.

Zu den Hauptaufgaben einer Projektinitialisierung zählen die Ermittlung und Analyse von Anforderungen, die Entwicklung und Auswahl möglicher Lösungsalternativen, die Klassifizierung eines Projektes zur Umsetzung einer präferierten Alternative und die Erarbeitung eines Projektantrages.

Während der Definitionsphase erfolgt nach der Genehmigung des gestellten Projektantrages eine erste Planung des Projektes und eine Festlegung der institutionellen Organisation. Der Startschuss für die Durchführung des Projektes wird mit einer Kick-off-Veranstaltung und einer Projektstartsitzung gegeben.

Vorgehensmodelle stellen sicher, dass ein Projekt in einheitlichen Projektphasen durchgeführt wird, ohne wichtige Aufgaben und Schritte auszulassen. Man unterscheidet zwischen inkrementellen, konzeptionellen, empirischen und evaluativen Vorgehensmodellen. Prototypen können unabhängig von der Art des verwendeten Vorgehensmodell immer sinnvoll zum Einsatz kommen.

Im Rahmen eines geordneten Projektabschlusses erfolgt eine Präsentation und Abnahme der Projektergebnisse, die Übergabe der Projektergebnisse an spätere Systemverantwortliche, eine Analyse und Beurteilung der Projektergebnisse und des Projektverlaufes, eine Einführungsnachbearbeitung, die Sicherung von Erfahrungswerten für folgende Projekte, die Erstellung eines Projektabschlussberichtes und die Auflösung des Projektes.

5 Planung von IT-Projekten

Im Rahmen von Projektmanagement wird zwischen dem institutionellen und dem funktionellen Projektmanagement unterschieden. Bei dem institutionellen Projektmanagement werden Fragen der Projektorganisation behandelt (vgl. Kap. 3). Hinter dem Begriff des funktionellen Projektmanagements verbergen sich die folgenden drei Hauptaufgaben:

- Projektplanung
- Projektüberwachung und -kontrolle
- Projektsteuerung und -koordination

Unter der Planung von Projekten wird die vorausschauende Festlegung der Projektdurchführung verstanden. Ziel einer Projektplanung ist es, Vorgaben für die Durchführung eines Projektes zu machen. Hierbei soll(en) im Einzelnen

- die Projektziele und -vorgaben umgesetzt werden.
- die effiziente Durchführung des Projektes sichergestellt werden.
- die Projektsteuerungs- und Projektkontrollmaßnahmen herausgearbeitet werden.
- der Projektzeitaufwand und die Projektkosten ermittelt werden.
- die zeitliche und die logische Organisation einzelner Vorhaben und Aufgaben festgelegt werden.
- die Vorgaben für die Projektdurchführung klar herausgearbeitet und aufgeführt werden.
- die Unternehmensstrategie berücksichtigt werden.
- andere Projektvorhaben mit dem vorliegenden Projekt abgestimmt werden.
- die Projektträgerinstanzen mittels Informationen bei der Entscheidungsfindung vorbereitet werden.

Dieses Kap. legt seinen Fokus auf die Planung von IT-Projekten. Zunächst wird der Regelkreis des funktionellen Projektmanagements dargestellt. Anschließend werden allgemeingültige Planungsschritte bzw. -elemente einer Projektplanung aufgezeigt. Diese Schritte werden unabhängig davon ausgeführt, ob ein Phasenplan, ein Teilprojektplan oder ein Projektplan erstellt werden soll. Auf dieser Darstellung aufbauend werden Planungsstufen in Bezug auf verschiedene Projektpläne beleuchtet. Weiterhin wird die Planung im Rahmen von Multiprojekten und die Berücksichtigung abweichender Vorgehensmodelle bei der Projektplanung aufgezeigt.

5.1 Regelkreis des funktionellen Projektmanagements

Die Planung eines Projektes, als ein entscheidendes Element des funktionellen Projektmanagements, kann nicht isoliert betrachtet werden. Vielmehr greifen die Projektüberwachung und -kontrolle, die Projektsteuerung und -koordination und die Projektplanung wie Zahnräder ineinander. Die Ergebnisse der Projektkontrolle werden zur Überprüfung und zur Weiterentwicklung der Projektplanung herangezogen. Weiterhin stellen die Resultate der Projektplanung die Grundlage für die Steuerung eines Projektes dar.

Alle drei Elemente des funktionellen Projektmanagements werden nicht nur einmalig durchgeführt, sondern vielmehr in Form einer wiederkehrenden Abfolge bis zum Abschluss eines Projektes mehrmals verrichtet. Der Zyklus der Projektplanung, der Projektsteuerung und der Projektkontrolle formt den so genannten Regelkreis des funktionellen Projektmanagements (s. Abb. 5-1).

Die Durchführung eines Projektes ist von der Führung eines Projektes getrennt, wobei die Elemente der Projektüberwachung und -kontrolle und der Projektsteuerung und -koordination die Schnittstelle zur Projektdurchführung darstellen. Hierbei ist der Projektleiter für die Führung und die Projektgruppe für die Durchführung eines Projektes zuständig.

Der Regelkreis des funktionellen Projektmanagements stellt den Abwicklungszyklus eines Projektes dar. Der Auftraggeber legt mittels eines verabschiedeten Projektauftrages die Eckwerte eines Projektes fest, indem die Ziele des Vorhabens fixiert werden. Auf dieser Basis erstellt der Projektleiter eine erste Planung des Projektes. Mittels geeigneter Steuerungsmaßnahmen sollen die im Rahmen der Planung festgelegten Vorgaben von der Projektgruppe umgesetzt werden.

Die Vorgaben für die Projektdurchführung stellen für die Projektgruppe Soll-Werte dar, die es zu erreichen gilt. Die erarbeiteten Ergebnisse werden in Form von Ist-Werten durch die Projektkontrolle mit den gesetzten Soll-Werten

5.1 Regelkreis des funktionellen Projektmanagements

verglichen, um Abweichungen herauszuarbeiten. Für festgestellte Differenzen kann es vielfältige Gründe geben. Unter Berücksichtigung der erarbeiteten Abweichungen und deren Ursachen wird im nächsten Projektabwicklungszyklus eine überarbeitete Projektplanung erstellt, die es wiederum mittels der Projektsteuerung umzusetzen gilt.

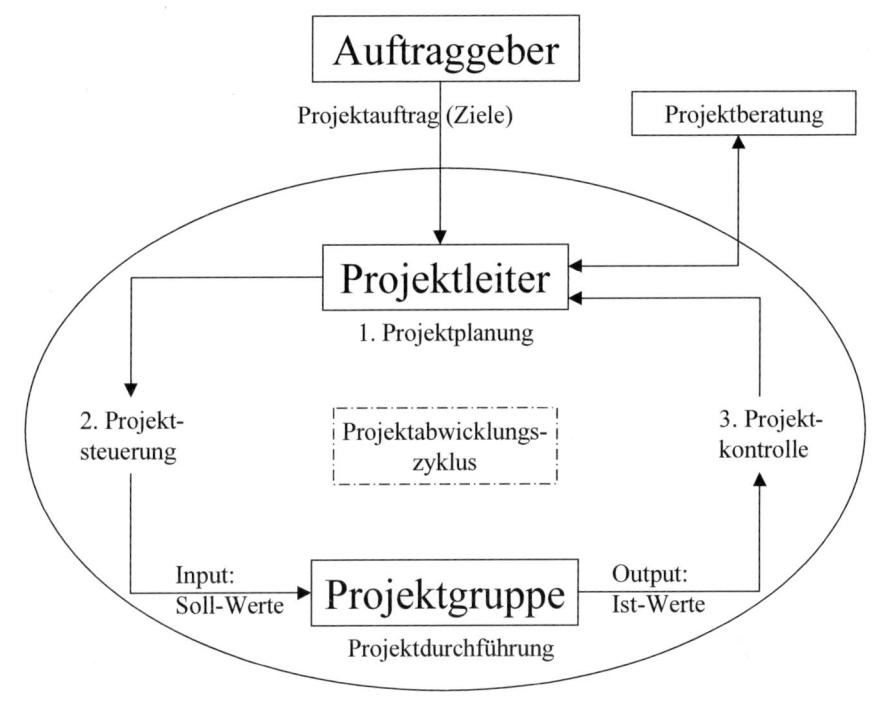

Abb. 5-1: Regelkreis des funktionellen Projektmanagements[29]

Bei der Erstellung einer Projektplanung handelt es sich nicht um einen einmaligen Vorgang, der nur zu Beginn eines Projektes stattfindet. Vielmehr handelt es sich bei einer Projektplanung um eine Tätigkeit, die vom Projektleiter während der Dauer eines Projektes dauernd überprüft, verfeinert und verbessert werden muss. Die erste Planung zu Beginn eines Projektes ist zunächst noch ungenau. Mit dem Erreichen jedes Meilensteins und jeder Projektphase wird diese immer zutreffender, da dem Projektleiter in späteren Projektphasen zusätzliche, genauere Informationen zur Verfügung stehen.

Die Dauer eines Projektabwicklungszyklus ist abhängig von dem durchzuführenden Projekt. Die Überarbeitung der Projektplanung und somit die Vorhaben für die Projektgruppe sollten einerseits nicht zu häufig abgeändert werden, andererseits sollte auch nicht stur an einer überholten Planung fest-

---

[29] vgl. Jenny, Bruno: Projektmanagement in der Wirtschaft, 2001, S. 198

gehalten werden. Mindestens bei der Erreichung von Meilensteinen oder einem Phasenwechsel sollte ein Projektabwicklungszyklus durchschritten werden.

Mittels einer zielführenden Projektplanung und der Ergreifung geeigneter Maßnahmen soll ein Projektleiter sicherstellen, dass die gesetzten Projektziele erfüllt werden. Eine Abänderung der erstellten Projektplanung während der Dauer eines Projektes ist in der Praxis unumgänglich. Nicht zielführend wäre es an einer ursprünglichen Planung wider besseres Wissen festzuhalten. Je früher Änderungen an der ursprünglichen Projektplanung vorgenommen werden, desto eher können erfolgversprechende Maßnahmen ergriffen werden.

Kann ein ursprünglicher Projektplan nicht umgesetzt werden und ermöglicht auch die Überarbeitung nicht die Erreichung der Projektziele in finanzieller, zeitlicher Form oder bzgl. des Projektergebnisses, so müssen hiervon umgehend die jeweiligen Entscheidungsgremien unterrichtet werden.

Bei der Durchführung der Aufgaben des funktionellen Projektmanagements erhält der Projektleiter Unterstützung durch die Projektberatung des Unternehmens (vgl. Kap. 3.2.5).

Alle Planungsresultate sollten grundsätzlich in schriftlicher Form festgehalten werden, um für alle Projektbeteiligten die Projektplanung möglichst transparent zu machen. Hierzu bieten sich neben Texten aussagefähige Tabellen und Grafiken an. Für eine erfolgreiche Projektumsetzung ist es unverzichtbar, dass die durch die Planung betroffenen Projektbeteiligten Einblick in diese erhalten. Eine schriftliche Planungsdokumentation stellt die Grundlage für eine zielführende Kommunikation innerhalb des Projektes dar und ist für die Umsetzung der Ziele eines Projektauftrages unmittelbar notwendig. Projektbeteiligte können sich zwangsläufig nur an einer Projektplanung orientieren, die ihnen bekannt und für sie anschaulich ist.

5.2
Ablauf und Schritte einer Projektplanung

Für die Planung eines Projektes bietet sich ein standardisiertes Vorgehen an, das sich in der Praxis bewährt hat. Hierbei werden die erforderlichen Aktivitäten einer Projektplanung in separate Planungselemente aufgeteilt, die nacheinander bearbeitet werden. Ein fester Planungsablauf garantiert einem Projektleiter während der Projektplanung eine Planungsvollständigkeit, da die Planung in abgeschlossenen, aufeinander aufbauenden Einzelschritten erfolgt, ohne wichtige Planungsaufgaben auszulassen.

Die Planungen eines Projektes können unabhängig davon, ob ein Phasenplan, ein Projektplan oder ein Gesamtprojektplan erstellt werden soll, anhand eines einheitlichen Planungsablaufes vollzogen werden. Darüber hinaus ist die Wahl eines Vorgehensmodells für die Projektabwicklung ohne Einfluss auf die

5.2 Ablauf und Schritte einer Projektplanung

jeweiligen Einzelschritte eines standardisierten Planungsvorgehens. Die hier beschriebenen Planungseinzelschritte stellen einen gemeinsamen Level aller Planungstätigkeiten dar.

Unterschiede in der Erstellung eines Phasenplanes, eines Teilprojektplanes oder eines Projektplanes bei Nutzung eines bestimmten Vorgehensmodells, wie beispielsweise eines inkrementellen oder eines konzeptionellen Modells, resultieren aus dem jeweils gesetzten Fokus der Planungen. Dieser Umstand wird in den folgenden Unterkap. separat betrachtet werden.

Ein Planungsablauf kann in unterschiedlich viele Einzelschritte separiert werden. In der Praxis sind Abläufe mit fünf bis mehr als zehn Schritten im Gebrauch. Hier wird ein Planungsablauf mit neun Schritten[30] besprochen, der einen guten Kompromiss zwischen einer zu feinen Zergliederung und einer zu groben Zusammenfassung mehrerer Aktivitäten darstellt. Bei jedem der folgenden neun Planungsschritte werden konkrete Aufgaben abgearbeitet:

1. Abwicklungszielplanung
2. Projektstrukturplanung zur Gliederung und Abgrenzung von Aufgaben
3. Ablaufplanung
4. Einsatzmittelplanung
5. Projektorganisationsplanung
6. Kostenplanung
7. Terminplanung
8. Projektbudgetplanung
9. Dokumentationsplanung

Die mit jedem Planungsschritt verbundenen Aktivitäten werden in erster Linie sequentiell nacheinander abgearbeitet. Unvermeidbar ist jedoch in der Praxis ein Zurückspringen zu einem vorhergehenden Planungsschritt. Die Ergebnisse eines Planungsschrittes können Iterationen zu bereits als abgeschlossen betrachteten Planungsschritten zur Folge haben. Aus der Terminplanung kann beispielsweise resultieren, dass zur Erfüllung der Abwicklungsziele eine andere Ablauforganisation gewählt werden muss als zunächst vorgesehen. Folglich muss die Ablaufplanung überarbeitet werden, um die während der Terminplanung festgestellten Engpässe von vornherein zu vermeiden. Aus einer neuen Ablaufplanung folgt, dass auch die Ergebnisse der folgenden Planungsschritte revidiert werden müssen.

---

[30] vgl. Jenny, Bruno: Projektmanagement in der Wirtschaft, 2001, S. 230 ff.

5 Planung von IT-Projekten

In jedem Fall muss gewährleistet sein, dass die Ergebnisse der Einzelschritte untereinander konsistent sind. Dieses Ziel kann am leichtesten erreicht werden, indem alle Planungsschritte nacheinander durchgeführt werden und jeweils die Resultate der vorhergehenden Schritte Berücksichtigung finden.

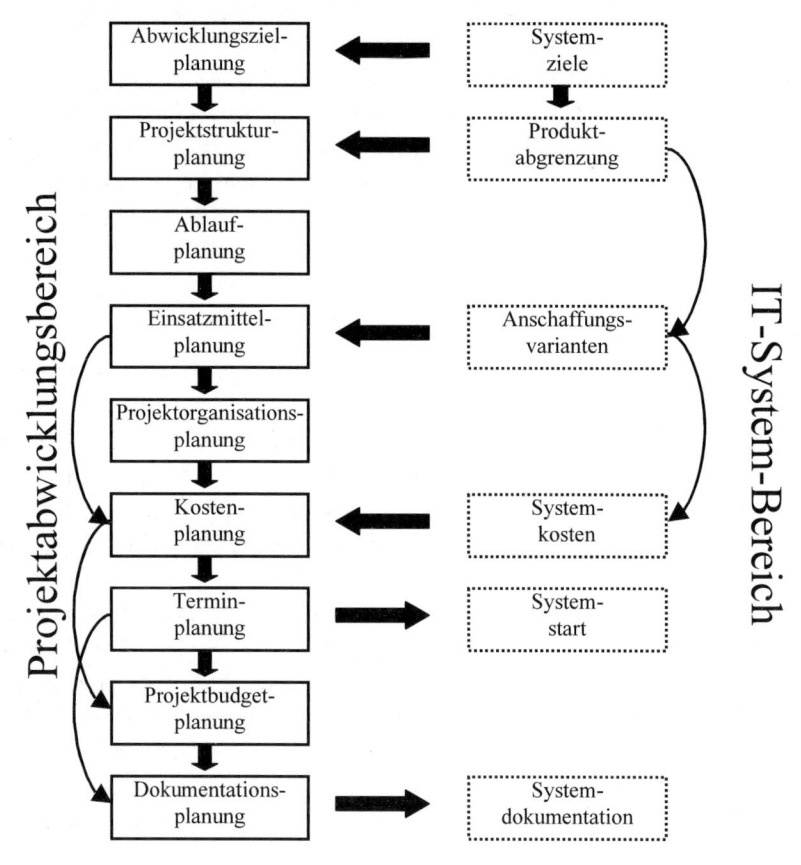

Abb. 5-2: Elemente und Korrelationen einer Projektplanung[31]

Im Fokus eines IT-Projektes steht häufig ein neu einzuführendes bzw. zu entwickelndes oder zu veränderndes IT-System. Die Vorgaben dieses Systems stellen die Grundlage für die einzelnen Planungsschritte dar. Die Planung der Projektabwicklung korreliert direkt mit dem zu projektierenden IT-System. Aus dem IT-System resultieren direkt Konsequenzen auf die Abwicklungszielplanung, die Projektstrukturplanung, die Einsatzmittelplanung und die Kostenplanung (s. Abb. 5-2).

---

[31] vgl. Jenny, Bruno: Projektmanagement in der Wirtschaft, 2001, S. 232

Die Abwicklungsziele begründen sich direkt aus den Zielen des IT-Systems. Die Ergebnisse einer Produktabgrenzung bzgl. des IT-Systems haben einen unmittelbaren Einfluss auf die Planung der Projektstruktur. Die Einsatzmittelplanung muss verschiedene Beschaffungsvarianten berücksichtigen. Der für das IT-System zur Verfügung gestellte Kostenrahmen bestimmt maßgeblich die Kostenplanung.

Andererseits resultiert aus der Terminplanung der Startzeitpunkt des IT-Systems. Weiterhin bestimmt die Dokumentationsplanung die Art und Weise, wie das IT-System und das Projekt zu dokumentieren sind.

5.2.1 Abwicklungszielplanung

Mittels eines Projektes sollen die Vorgaben eines neuen IT-Systems umgesetzt werden. Die vorgegebenen Systemziele stellen somit die Grundlage für die Planung der Abwicklungsziele des Projektes dar. Abwicklungsziele sollen sicherstellen, dass die mittels eines Projektauftrages gesetzten Systemziele erreicht werden.

Hierzu wird zunächst ermittelt, welche Soll-Werte durch die Phase bzw. das Projekt erreicht werden sollen und welche Anforderungen zu Beginn des zu planenden Abschnittes bereits umgesetzt sind. Die Differenz zwischen den herausgearbeiteten Ist- und den Soll-Werten soll durch Umsetzungsmaßnahmen geschlossen werden. Der Weg zum Erreichen der gesetzten Systemvorgaben wird mittels Abwicklungszielen vorgezeichnet. Abwicklungsziele geben vor, wie die Resultate einzelner Umsetzungsetappen auszusehen haben. Die Ausgestaltung einzelner Umsetzungsetappen erfolgt allerdings nicht durch Abwicklungsziele, sondern in den folgenden Planungsschritten.

Abwicklungsziele fixieren die folgenden Aspekte:

- Festlegung von Leistungen, die insgesamt und während einzelner Etappen umzusetzen sind
- Vorgabe von konkreten Terminen bzw. Meilensteinen
- Spezifizierung der zur Verfügung stehenden finanziellen Mittel und personellen und materiellen Ressourcen
- Vorgabe der zu erreichenden Qualität der umzusetzenden Leistungen

Abwicklungsziele spielen für den Auftraggeber, den Projektleiter und die Projektmitarbeiter eine maßgebliche Rolle. Mit ihnen wird der Rahmen in Bezug auf die zu erreichende Leistung, die Qualität, die Kosten und die Zeit festgelegt.

Die festgelegten Abwicklungsziele sind für den Projektleiter und die Projektmitarbeiter unumstößlich. Sie dürfen nach Erstellung der Projektplanung nur in Ausnahmefällen abgeändert werden. Dies kann im Falle von Planabweichungen oder aufgrund von Reviewresultaten begründet sein. In jedem Fall bedarf die Abänderung der Abwicklungsziele der Zustimmung des Auftraggebers.

Den Projektbeteiligten wird mittels der Abwicklungsziele eine klare Zielvorgabe gemacht. Deren Umsetzung setzt bei den beteiligten Personen Transparenz voraus. Hierzu ist es erforderlich, dass allen Beteiligten durch eindeutige Formulierungen nur wenig Interpretationsspielraum gelassen wird. Möglichst konkret sollen die zu erreichenden Leistungen vorgegeben werden. Am Ende einer Phase bzw. eines Projektes wird anhand der Abwicklungsziele geprüft, ob diese zum Ende der Phase bzw. des Projektes wie vorgegeben erreicht worden sind.

Für alle folgenden Planungsschritte stellen die Abwicklungsziele eine maßgebliche Grundlage dar. Zwangsläufig weisen Abwicklungs- und Systemziele in der Praxis einen hohen Deckungsanteil auf, da die Abwicklungsziele auf der Basis von Systemzielen festgelegt werden. Daher sind bei einer umfassenden Projektplanung sowohl die System- als auch die Abwicklungsziele zu berücksichtigen.

5.2.2
Projektstrukturplanung

Eine Projektstruktur ist entsprechend der DIN 69 901 die Gesamtheit der wesentlichen Beziehungen zwischen den Elementen eines Projektes. Sie stellt die Basis für das gesamte Projekt dar, um eine Kosten-, Einsatzmittel- und Terminplanung zu entwickeln. Im Rahmen der Planung der Projektstruktur werden die anstehenden Aufgaben gesammelt und geordnet. Mit dem Ziel, eine Übersicht über das Projekt zu bilden, werden abgrenzbare Arbeitspakete gebildet.

Grundlage der Planung einer Projektstruktur stellen die im vorherigen Planungsschritt definierten Abwicklungsziele und die Produktabgrenzung des angestrebten IT-Systems dar.

Eine Produktabgrenzung erfolgt, indem die Produktstruktur festgelegt wird und zu unterstützende Geschäftsfälle definiert werden. Der Produktstrukturplan umfasst alle Komponenten und Funktionalitäten, die ein neues IT-System abbilden soll. Darüber hinaus wird im Rahmen der Produktabgrenzung herausgearbeitet, was nicht vom IT-System erfüllt werden soll. Es gilt herauszuarbeiten, was vom System einerseits gefordert, andererseits jedoch nicht erwartet wird. Vermieden werden soll, ein System zu bauen, das von vornherein überdimensioniert ist. Ziel ist es, nichts als die Anforderungen umzusetzen.

Umzusetzende Aufgaben werden so gegliedert, dass diese in Form von einzelnen Arbeitspaketen zusammengefasst werden. Nach der DIN 69 901 ist ein Arbeitspaket ein Teil eines Projektes, der im Projektstrukturplan nicht weiter aufgegliedert ist und auf einer beliebigen Gliederungsebene liegen kann. Mehrere Arbeitspakete können zur besseren Veranschaulichung zu Teilaufgaben zusammengefasst werden (s. Abb. 5-3).

Für jedes Arbeitspaket müssen

- eine Verantwortlichkeit,
- vorliegende Anfangsvoraussetzungen vor dessen Durchführung und
- die geforderten zu erbringenden Resultate

klar festgelegt werden.

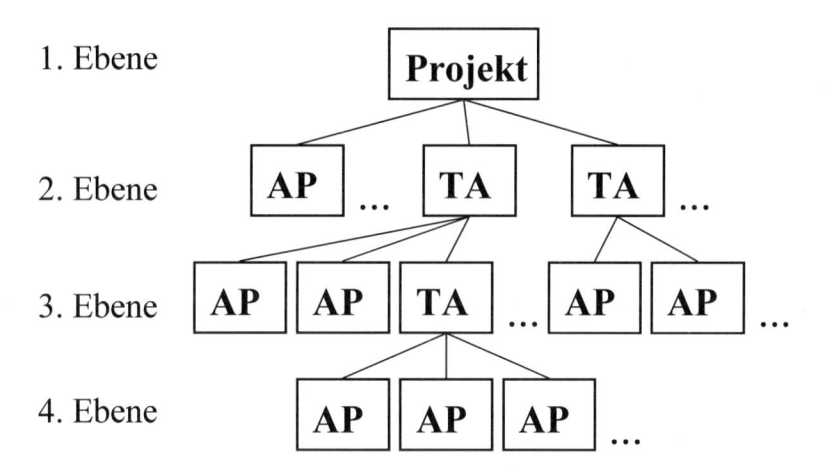

Abb. 5-3: Untergliederung eines Projektes in Teilaufgaben und Arbeitspakete

Arbeitspakete sollten einen Detaillierungsgrad aufweisen, der es einem Projektleiter erlaubt, eine effektive Planung, Steuerung und Kontrolle eines Projektes zu erstellen. Einerseits erfordern zu viele kleine Arbeitspakete zu viel Koordinierungsaufwand, andererseits schränken zu umfangreiche Pakete die Steuerungsmöglichkeiten eines Projektleiters stark ein. Bei der Erstellung von Arbeitspaketen sollten möglichst Arbeitspakete gebildet werden, für deren Durchführung jeweils 5 bis 25 Arbeitstage erforderlich sind.

Sie sollten so strukturiert und abgegrenzt werden, dass für ihre Umsetzung möglichst nicht mehr als vier Mitarbeiter erforderlich sind. Idealtypisch sind

Arbeitspakete, die von zwei Personen abgearbeitet werden können. Arbeitspakete, die mehr Personen bei ihrer Umsetzung erfordern, sind zu vermeiden, da der Koordinierungsaufwand mit der Anzahl der direkt Beteiligten überproportional steigt. Obwohl die eigentliche Zuordnung von Personalressourcen zu einzelnen Arbeitspaketen erst in einem späteren Planungsschritt erfolgt, können schon hier die richtigen Weichen gestellt werden. Es sollte vermieden werden, dass Arbeitspakete gebildet werden, die einen stark übergreifenden Radius aufweisen. Exemplarisch sei hier ein Arbeitspaket genannt, das sowohl betriebswirtschaftliche, netzwerk- als auch betriebssystemtechnische Aspekte behandelt.

Neben einem höheren Steuerungsaufwand für den Projektleiter bei zu vielen Arbeitspaketen ist zu bedenken, dass die Anzahl der zur Verfügung stehenden Projektmitarbeiter nicht mit der Größe der Arbeitspakete in Korrelation steht, sondern fix ist. Es sollten von einem Projektmitarbeiter nicht mehr als 4 Arbeitspakete parallel bearbeitet werden, um Rüstaufwände beim einzelnen Projektmitarbeiter zu minimieren.

5.2.3
Ablaufplanung

Ziel der Ablaufplanung ist es, die Ablaufreihenfolge der im vorherigen Planungsschritt definierten Arbeitspakete zu regeln. Hierbei sind die Abhängigkeiten zwischen einzelnen Arbeitspaketen herauszuarbeiten. Es ist zu unterscheiden, ob Arbeitspakete in Folge, parallel, unter Nutzung einer Verzweigung oder einer Zusammenführung in Beziehung zueinander stehen (s. Abb. 5-4).

Die Abhängigkeiten zwischen den einzelnen Arbeitspaketen können unter Einsatz von Listentabellen, Balkendiagrammen oder Netzplänen dargestellt werden. Am übersichtlichsten ist die grafische Präsentation durch einen Netzplan ohne Zeitangaben. Mittels eines Netzplanes wird allen Projektbeteiligten ersichtlich, welche Abhängigkeiten zwischen einzelnen Arbeitspaketen vorliegen. Zeitbezogene Aussagen, wie die Dauer oder der früheste/späteste Anfangs- bzw. Endzeitpunkt einzelner Arbeitspakete können in diesem Planungsschritt noch nicht gemacht werden, da diese Zeitangaben erst im Rahmen der Terminplanung erarbeitet werden.

Bei den Netzplänen wird zwischen Vorgangspfeilnetzen, Vorgangsknotennetzen und Ereignisknotennetzen unterschieden (s. Kap. 6.3). Es handelt sich um unterschiedliche Darstellungsformen, mit denen jeweils die Korrelationen von Arbeitspaketen repräsentiert werden. Die unterschiedlichen Typen von Netzplänen können jeweilig in einen anderen Typ konvertiert werden.

5.2 Ablauf und Schritte einer Projektplanung

Folge

A → B → C

Parallelität

A → B → C
D → E → F

Verzweigung

A → B → C
A → D → E
A → F → G

Zusammenführung

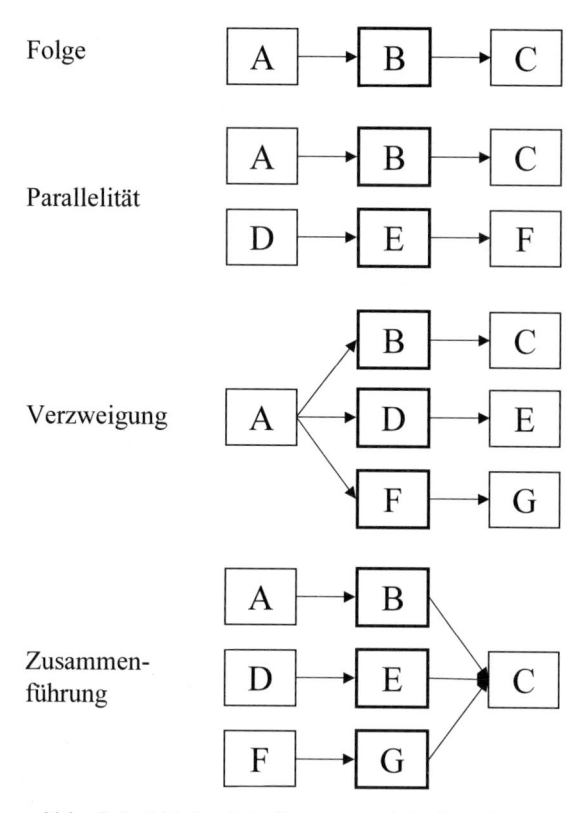

A → B
D → E → C
F → G

Abb. 5-4: Abhängigkeiten unter Arbeitspaketen

An dieser Stelle soll exemplarisch zur Dokumentation der Zusammenhänge einzelner Arbeitpakete untereinander ein CPM-Netzplan (Critical Path Method) zum Einsatz kommen. Bei einem CPM-Netzplan handelt es sich um einen vorgangspfeilorientierten Netzplan. Jedes Arbeitspaket wird durch einen Vorgangspfeil repräsentiert. Sowohl dem Anfang als auch dem Ende eines Vorgangspfeils ist jeweils ein Ereignis zugeordnet. Mehrere Vorgangspfeile werden mittels so genannter Ereignisknoten verbunden.

Ein einem Vorgangspfeil zugeordnetes Arbeitspaket kann ausgeführt werden, wenn das so genannte Anfangsereignis des Vorgangspfeils eingetreten ist. Ein Anfangsereignis ist jeweils, mit der Ausnahme eines Startereignisses, mit dem Endereignis der vorherigen Arbeitspakete identisch. Ein Endereignis eines Vorgangspfeils tritt ein, wenn ein dem Vorgangspfeil zugeordnetes Arbeitspaket umgesetzt ist. Münden mehrere Vorgänge, somit Arbeitspakete, in einem Ereignis, so müssen alle Arbeitspakete zum Eintritt des Ereignisses umgesetzt sein. Ein nachfolgendes durch einen Ereignisknoten verbundenes Arbeitspaket kann folglich erst durchgeführt werden, wenn die vorherigen Arbeitspakete bereits abgearbeitet sind.

CPM-Netzpläne ermöglichen es weiterhin, logische Abhängigkeiten zwischen einzelnen Ereignissen mittels Scheinvorgängen auszudrücken. Eine Zuordnung eines Arbeitspaketes erfolgt nicht. Vertiefend werden CPM-Netzpläne im Kap. 6.3.2 behandelt.

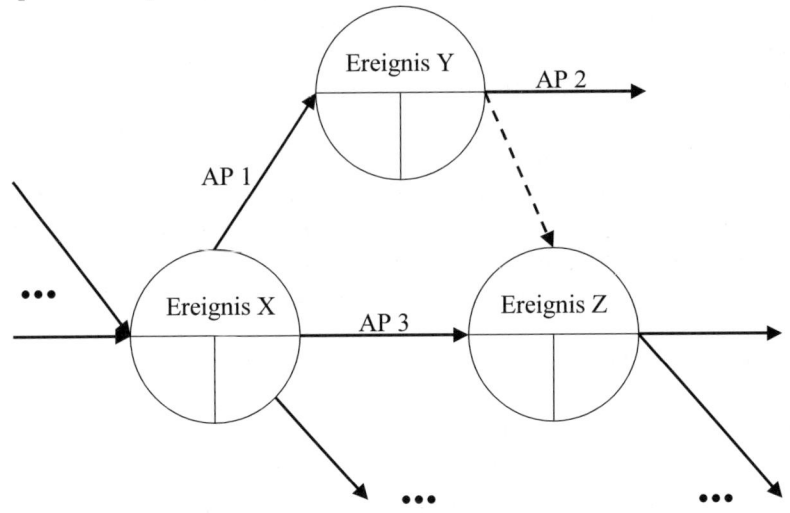

Abb. 5-5: CPM-Netzplan (Critical Path Method) ohne Zeitangaben zur Präsentation der Korrelationen von Arbeitspaketen

Abb. 5-5 zeigt einen Ausschnitt eines CPM-Netzplanes. Nachdem das Ereignis X eingetreten ist, können die Arbeitspakete 1 und 3 durchgeführt werden. Da keine weiteren Korrelationen aufgezeigt sind, können die Arbeitspakete 1 und 3 parallel unabhängig voneinander umgesetzt werden. Nach der vollständigen Ausführung des Arbeitspaketes 1 tritt das Ereignis Y ein. Dieses ist gleichzeitig identisch mit dem Anfangsereignis des Arbeitspaketes 2. Mittels eines gestrichelten Pfeils wird eine logische Verknüpfung der zwei Ereignisse Y und Z ohne Zuordnung eines Arbeitspaketes ausgedrückt. Folglich tritt das Ereignis Z erst ein, wenn die Arbeitspakete 1 und 3 vollständig abgearbeitet sind.

5.2.4
Einsatzmittelplanung

In diesem Planungsschritt werden den einzelnen Arbeitspaketen Ressourcen zugeordnet und es wird deren optimale Zeitdauer festgelegt. Hierbei stellen die in den vorherigen Planungsschritten erarbeiteten Arbeitspakete und ihre Korrelationen untereinander die Grundlage dar. Es wird ermittelt, welche Kapazitäten und Ressourcen für die Umsetzung einzelner Arbeitspakete erforderlich sind, um die gesetzten Projekttermine einhalten zu können. Unbedingt ist hierbei zu berücksichtigen, dass bestimmte Einsatzmittel nicht in beliebiger Menge, sondern nur begrenzt zur Verfügung stehen.

Einsatzmittel können in Personalressourcen und Sachmitteln unterschieden werden, wobei der Hauptfokus bei der Einsatzmittelplanung eines IT-Projektes in der Regel auf der Planung der Personalressourcen liegt, da geeignetes Personal für IT-Projekte in Unternehmen häufig einen Engpass darstellt.

Ziel der Planung der Einsatzmittel ist es, dass jedem Arbeitspaket die benötigten Personalressourcen und Sachmittel zugewiesen werden. Zunächst wird für jedes Arbeitspaket mittels einer Aufwandsschätzung (s. Kap. 8) ermittelt, welche personellen Ressourcen für die Durchführung des Arbeitspaketes erforderlich sind. Auf Basis der ermittelten Arbeitstage und der zur Verfügung stehenden Personalressourcen kann die Dauer eines Arbeitspaketes bestimmt werden.

So genannte Auslastungsdiagramme werden gebildet, um die Auslastung der Ressourcen transparent zu machen und eine möglichst effektive Nutzung sicherzustellen. Durch die Kumulierung einzelner Einsatzmittel über alle Arbeitspakete hinweg zu einem bestimmten Zeitpunkt wird die jeweilige Auslastung eines Einsatzmittels deutlich. In jedem Fall ist sicherzustellen, dass endliche Einsatzmittel nicht häufiger verplant werden, als sie zur Verfügung stehen.

5.2.4.1
Personalressourcen

Zu den Personalressourcen werden sowohl interne Mitarbeiterleistungen als auch Dienstleistungen externer Firmen, die für das Projekt engagiert werden, gezählt. Innerhalb und außerhalb eines Unternehmens stehen Spezialisten, die in einem IT-Projekt effektiv eingesetzt werden können, nur in begrenzter Anzahl zur Verfügung. Personen, denen die betrieblichen Rahmenbedingungen und Anforderungen bestens bekannt sind und die über ein fundiertes betriebswirtschaftliches Know-how verfügen, sind meistens mit der Steuerung der betrieblichen Prozesse bereits stark ausgelastet.

Wenig anders sieht es mit den IT-technischen Leistungsträgern aus. Entweder sind sie im eigenen Unternehmen nicht vorhanden, oder sie sind zum größten Teil bereits für andere Tätigkeiten verplant. Auf dem Arbeitsmarkt stehen IT-Spezialisten mit dem erforderlichen Wissen für das jeweilige Projekt nur sehr begrenzt zur Verfügung. Externe wissen in der Regel nichts über die internen Abläufe und Konventionen. Ihre Vermittlung ist in jedem Fall zeit- und auch kostenintensiv.

Die Mitglieder der Projektgruppe haben unterschiedliche Stärken und Schwächen und verfügen über ein abweichendes Wissen bzgl. betriebswirtschaftlicher oder IT-Themen. Das unterschiedliche Profil und die Leistungsfähigkeit jeder individuellen Person muss bei der Zuordnung zu Arbeitspaketen berücksichtigt werden. Exemplarisch gilt, dass eine einzelne Person im Normalfall nicht gleichzeitig ein absoluter Spezialist in den Themen Software-Engineering, Data-Management und Netzwerktechnologien ist und darüber hinaus über die erforderlichen betriebswirtschaftlichen Kenntnisse und Erfahrungen verfügt. Die Anzahl verfügbarer interner und externer Personen mit dem erforderlichen Wissen und den Erfahrungen ist somit begrenzt. Dem wird Rechnung getragen, indem bei der Planung des Personaleinsatzes die quantitativen und qualitativen Anforderungen den zur Verfügung stehenden Ressourcen gegenübergestellt werden.

Häufig kann die Personalauslastung optimiert werden, indem einzelne Arbeitspakete in ihrem zeitlichen Ablauf verschoben werden. Eine möglichst ausgeglichene Arbeitsbelastung der Projektbeteiligten sollte angestrebt werden. Hierbei ist zu beachten, dass Personen nicht 52 Wochen zu je 5 Tagen und 8 Stunden zur Verfügung stehen. Aufgrund von Urlaub, Krankheit, Weiterbildung etc. steht ein Mitarbeiter insgesamt nur an ca. 180 bis 220 Arbeitstagen zur Verfügung.

Wurde zur Ablaufplanung ein Netzplan eingesetzt, so wird dieser für jedes Arbeitspaket um die zur Durchführung erforderliche Dauer ergänzt. Die Durchlaufzeiten der einzelnen Pfade des Netzplanes, jeweils vom Start- bis zum Endereignis, werden durch Akkumulation der Dauer der einzelnen Arbeitspakete bestimmt. Der Pfad mit der längsten benötigten Zeitdauer wird als kritischer Pfad bezeichnet.

Der herausgearbeitete kritische Pfad gibt die Zeitdauer der zu planenden Phase bzw. des zu planenden Projektes an. Werden die als Abwicklungsziele festgelegten zeitlichen Vorgaben für den Planungsabschnitt nicht erfüllt, so ist die Einsatzmittelplanung zu überarbeiten.

Die Dauer eines kritischen Pfades kann vermindert werden, indem die zur Verfügung stehenden Ressourcen für die Umsetzung von Arbeitspaketen auf dem kritischen Pfad verstärkt und folglich die Zeitdauer einzelner Arbeitspakete und des kritischen Pfades in Summe verringert werden. Allerdings ist zu beachten, dass durch die Endlichkeit der verfügbaren Ressourcen anderen Arbeitspaketen dadurch Mittel entzogen werden müssen. Hieraus resultierend wird die Dauer der betroffenen Arbeitspakete erhöht. Unter Umständen wird ein neuer kritischer Pfad gebildet.

Gerade im Zuge einer Erstplanung einer Phase oder eines Projektes sollte vermieden werden, die Projektgruppe von vornherein zu überplanen. Eventuelle Pufferzeiten sollten eingerechnet werden, um Reserven für unvorhersehbare

Ereignisse während der Projektdurchführung zu haben. Entsprechende Pufferzeiten zwischen einzelnen Arbeitspaketen können aus dem Netzplan abgeleitet werden.

5.2.4.2
Sachmittel

Als Sachmittel werden alle nicht personenbezogenen Einsatzmittel betrachtet. Hierzu zählen insbesondere Hardware- und Softwaremittel, aber auch beispielsweise Büroarbeitsplätze, Besprechungs- oder Schulungsräume. Generell ist bei den Sachmitteln zwischen verzehrbaren und nicht verzehrbaren Mitteln zu unterscheiden. In der IT kann eine abrechenbare Arbeitsleistung auf einem Großrechner beispielsweise als verzehrbares Sachmittel angesehen werden. Hardware, Software, Räume etc. gelten als nicht verzehrbare Mittel.

Im Rahmen der Einsatzmittelplanung muss gewährleistet werden, dass die benötigten Sachmittel für das betrachtete Arbeitspaket zur Verfügung stehen. Hierbei ist es stark vom Charakter des umzusetzenden Vorhabens abhängig, welche Rolle die Sachmittel bei der Planung spielen. Bei Projekten mit einem sehr großen Softwareanteil muss lediglich gewährleistet sein, dass entsprechende Entwicklungsrechner zur Verfügung stehen. Steht die Einführung einer neuen Hardwareumgebung im Fokus eines Projektes, so muss die Beschaffung und die Konfigurierung der einzuführenden Hardware verständlicherweise mit Nachdruck geplant werden.

5.2.5
Projektorganisationsplanung

Generell wird in der Frage einer geeigneten Organisationsform für die Durchführung einer Phase oder eines gesamten Projektes zwischen einer reinen Projektorganisation, einer Einfluss-Projektorganisation, einer Matrix-Projektorganisation und deren Mischformen unterschieden (s. Kap. 3.1). Für jeden Planungsabschnitt sollten die beschriebenen Vor- und Nachteile der einzelnen Formen gegeneinander abgewägt werden und es sollte in diesem Planungsschritt die geeignetste Projektorganisationsform gewählt werden.

Darüber hinaus muss festgelegt werden, welchen Gremien jeweils zu berichten ist und welche Unternehmensbereiche unterstützende Leistungen zu erbringen haben.

Im Falle der Planung eines Projektes bzw. eines Gesamtprojektes wird eine Organisationsform mit Fokus auf die Mitarbeiter ausgesucht, die während der gesamten Laufzeit des Projektes direkt involviert sind. Es muss entschieden werden, wie die beteiligten Personen organisatorisch in das Projekt eingebunden werden und welche Projektstellen sie einnehmen sollen. Diese Projektorganisationsform hat für die gesamte Projektlaufzeit ihre Gültigkeit.

Trotzdem muss die gewählte Projektorganisationsform bei der Planung jeder Phase überprüft werden. In jeder Phase sind explizite Projektaufgaben umzusetzen. Für deren Erfüllung verstärken zusätzliche Kräfte die Kernprojektgruppe. Somit muss die gewählte Projektorganisationsform zumindest um die zusätzlichen Mitarbeiter erweitert werden. Dabei ist zu kontrollieren, ob die für das gesamte Projekt festgelegte Projektorganisation auch für die Aufgaben in dieser Phase zweckdienlich ist.

In der Praxis wird in der Regel bei einer Phasenplanung lediglich eine Erweiterung vorgenommen. Gebräuchlich ist eine Lösung, die vorsieht, dass die Kernprojektgruppe beispielsweise mittels einer Matrix-Projektorganisationsform und die zeitlich partiellen Kräfte durch Methoden der Einfluss-Projektorganisationsform geführt werden. Eine komplett geänderte Organisationsform sollte nur in Ausnahmefällen zum Einsatz kommen, wenn mit der bisherigen Form größere Probleme aufgetreten sind. Jeder Wechsel verursacht Unruhe und zusätzlichen Führungsaufwand.

Auf Basis der gebildeten Arbeitspakete und der Einsatzmittelplanung werden Arbeitsgruppen gebildet, denen die Durchführung einzelner Arbeitspakete übertragen wird. Interne und externe Mitarbeiter müssen konkret einzelnen Arbeitspaketen zugeordnet werden, wobei dem jeweiligen Leistungsvermögen der einzelnen Personen Rechnung zu tragen ist. Für die einzelnen Arbeitspakete sind

- Verantwortlichkeiten,
- Kompetenzen und
- Zuständigkeiten

klar festzulegen.

5.2.6
Kostenplanung

Das sechste Planungselement hat zum Ziel die Kostenplanung zu erstellen. Ziel der Kostenplanung ist es, zu ermitteln, welche Kosten in der zu planenden einzelnen Phase, dem Teilprojekt bzw. dem Projekt zu erwarten sind, und diese zu optimieren. Berücksichtigung finden insbesondere die Einsatzmittelplanung und die Projektablaufstrukturplanung. Erarbeitete Ergebnisse werden vom Arbeitspaket über eine Phase, über ein Teilprojekt bis hin zum Projekt aufkumuliert. Die kleinste zu betrachtende Einheit bilden die Arbeitspakete.

Deren zu erwartende Kosten werden mit Methoden der Aufwandsschätzung (s. Kap. 8) beurteilt. Hierbei wird in Personal- und Betriebsmittelkosten separiert.

Der Begriff der Schätzung ist in diesem Zusammenhang umso mehr angebracht, je früher diese während eines Projektverlaufes vorgenommen wird und folglich ungenauer ist. Kann nicht auf die Ergebnisse einer Machbarkeitsstudie zugegriffen werden, so ist die erste Kostenplanung eines Projektes bzw. eines Gesamtprojektes zunächst noch oberflächlich.

Diese wird jedoch schrittweise durch die Kostenplanungen der Teilprojekte und ihrer jeweiligen Projektphasen verfeinert. Die anfänglichen Ungenauigkeiten und deren etappenweise Konkretisierungen begründen sich in dem Vollständigkeitsgrad der zur Verfügung stehenden Informationen für die Aufwandsschätzung und folglich auch für die Kostenplanung.

Durch eine Kostenplanung im Rahmen eines Projektes sollen folgende Aspekte geklärt werden[32]:

- Durch eine Gliederung der Kosten in unterschiedliche Kostenarten sollen Kontrollwerte gewonnen werden, die eine spätere Termin- und Kostenkontrolle erlauben.
- Kosten pro Arbeitspaket sollen ermittelt werden.
- Kosten pro Phase, pro Teilprojekt oder für das Projekt sind zu berechnen.
- Entwicklungskosten eines IT-Systems oder einzelner Funktionalitäten sollen herausgearbeitet werden.
- Der Nutzen eines neuen IT-Systems oder einzelner Funktionalitäten ist zu ermitteln.
- Einzelne Varianten bzgl. Kosten und Nutzen sind gegeneinander abzuwägen.
- Die Kostenplanung soll optimiert werden.

Bei der Erhebung der Projektkosten sind alle Kosten zu berücksichtigen, die durch die Projektabwicklung entstehen und für die Beschaffung erforderlicher IT-Systeme auflaufen. Hierbei sind alle Aufwände auszunehmen, die erst nach der Beendigung des Projektes anfallen. Nicht zu den Projektkosten zählen somit spätere Nutzungs-, Wartungs- und Betriebskosten des einzuführenden IT-Systems. Die Höhe der Projektkosten resultiert direkt aus den Charakteristika des zukünftigen IT-Systems:

- Qualität der Aufgabenstellung und der Anforderungsspezifikation
- Funktionalitäten des IT-Systems

---

[32] vgl. Jenny, Bruno: Projektmanagement in der Wirtschaft, 2001, S. 263

5 Planung von IT-Projekten

- Zeitvorgabe für Umsetzungen
- Schwierigkeitsgrad der Erstellung des IT-Systems
- Anforderungen an die Qualität des IT-Systems
- Anforderungen an zu erstellende Dokumentationsunterlagen
- einzusetzende Entwicklungssprachen, -methoden und -werkzeuge
- Verfügbarkeit, Einsetzbarkeit und Stabilität von Hilfsmitteln und Werkzeugen
- Kenntnisstand und Erfahrung der Projektmitarbeiter
- Anzahl und Motivation der Projektmitarbeiter
- Projektmanagementkosten

Bei der Kostenrechnung kann zwischen mehreren Kostenarten unterschieden werden. Eine unternehmensweite Vorgabe für die zu berücksichtigenden Kostenarten bei der Planung möglicher Projekte sollte gemacht werden. Nicht sinnvoll ist eine Gliederung der Kostenarten jeweils abhängig von der Art und Weise eines Projektes. Die Ergebnisse der Kostenplanung mehrerer Projekte eines Unternehmens können nur effektiv verdichtet werden, wenn identische Kostenarten verwandt werden.

Gängig ist eine Unterteilung in die Kostenarten

- externes und internes Personal, jeweils bezogen auf das Projektmanagement und die -durchführung,
- Hardware,
- Software,
- Netzwerke,
- Infrastruktur und
- Nebenkosten.

Weiterhin können Kostenarten in Projektabwicklungs- und Systemanschaffungskosten unterteilt werden. Generell wird bei der Kostenrechnung zwischen ausgabenwirksamen und internen Projektkosten sowie zwischen einmaligen und wiederkehrenden Kosten unterschieden.

Ziel der Kostenplanung ist es, ein optimales Verhältnis von Nutzen, Leistung, Aufwänden und Zeit herauszuarbeiten. Ein zu erwartender Nutzen kann anhand von Methoden der Nutzwertanalyse ermittelt werden (s. Kap. 9). Die Leistung ist durch die Abwicklungsziele vorgegeben. Die prognostizierten Aufwände werden im Rahmen der Aufwandsschätzung erhoben. Die für die Umsetzung benötigte Zeit ist direkt von den eingesetzten Einsatzmitteln abhängig.

Soll die für die Umsetzung eines Arbeitspaketes benötigte Zeit reduziert werden, so müssen für die Durchführung des Arbeitspaketes zusätzliche Einsatzmittel zur Verfügung gestellt werden. Werden zusätzliche Mitarbeiter einem Arbeitspaket zugeteilt, so entstehen weitere Kosten durch einen erhöhten Abstimmungsbedarf innerhalb der betroffenen Arbeitsgruppe oder durch die Einbindung externer Mitarbeiter, falls keine geeigneten weiteren internen Kräfte zur Verfügung stehen. Somit sind höhere Kosten für das betrachtete Arbeitspaket die Folge. Die zusätzlichen Kosten sind mit einem erhöhten eventuellen Nutzen in Relation zu setzen, der aus einer schnelleren Umsetzung des Arbeitspaketes und der früheren Bereitstellung des IT-Systems resultieren kann.

5.2.7 Terminplanung

Mit dem Projektauftrag ist der Endtermin des Projektes vorgegeben. Teilweise werden darüber hinaus auch bereits entscheidende Meilensteine bestimmt. In jedem Fall wird mittels eines Projektauftrages der zeitliche Rahmen eines Projektes festgelegt. Dem Projektleiter ist es allerdings überlassen, eine transparente zeitliche Planung der Arbeitspakete, der Phasen, evtl. der Teilprojekte und des Projektes vorzunehmen. Hierzu werden im siebenten Planungsschritt wichtige Projekttermine und mögliche Pufferzeiten ermittelt. Pufferzeiten sind Zeitspannen, um die ein oder mehrere Vorgänge verlängert werden können, ohne dass dies Auswirkungen auf gesetzte spätere Termine hat. Entscheidende Projekttermine werden als so genannte Meilensteine festgelegt. Im Folgenden wird für die Ausführung eines Arbeitspaketes der Begriff Vorgang verwandt.

Eine konkrete Terminplanung erfolgt, indem die gebildeten Vorgänge bzgl. ihrer zeitlichen Dimension betrachtet werden. An dieser Stelle wird auf die Ergebnisse der Projektstruktur-, der Ablauf- und der Einsatzmittelplanung zurückgegriffen. Die Termine aller Vorgänge werden bestimmt, wobei im Einzelnen jeweils zwischen

- dem frühesten Anfangstermin,
- dem spätesten Anfangstermin,
- dem frühesten Endtermin und
- dem spätesten Endtermin

unterschieden wird.

Anhand der ermittelten Termine und Meilensteine dieses Planungsschrittes erfolgt die Durchführung des internen und des externen Projektcontrollings. Der Projektleiter überwacht den Projektfortschritt, indem der Umsetzungsgrad der

Vorgänge und Phasen mit der Projektplanung abgeglichen wird. Verzögerungen bei einzelnen Vorgängen sollten im Rahmen möglicher Pufferzeiten ausgeglichen werden. Das externe Projektcontrolling stellt sicher, dass entscheidende Meilensteine und Phasentermine eingehalten werden, um den Erfolg des Projektes zu garantieren. Im Rahmen der Terminplanung sollten vorsorglich Maßnahmen bestimmt werden, die ergriffen werden können, wenn einzelne Meilensteine und Termine nicht eingehalten werden. Hierzu zählen insbesondere Pufferzeiten und Strategien zur personellen Verstärkung einzelner Vorgänge.

Ergibt die Terminplanung, dass von vornherein fest vorgegebene Meilensteine und Termine nicht mit den Mitteln dieses Planungsschrittes gehalten werden können, so muss in einen vorherigen Planungsschritt zurückgesprungen werden. Hierbei müssen die folgenden Planungsschritte nochmals durchlaufen und deren Resultate überprüft werden. Wird bis zur Einsatzmittelplanung zurückgegangen, so können zur Einhaltung eines vorgegebenen Endtermins einzelnen Arbeitspaketen mehr Einsatzmittel zugewiesen werden, um so eine kürzere Durchlaufzeit dieser Arbeitspakete zu erreichen. Andererseits kann eine Optimierung der Ablaufplanung zu einer Verkürzung des kritischen Pfades führen. Die Einschränkung des Leistungsumfanges einzelner Arbeitspakete sollte erst als letzte Alternative in Betracht gezogen werden und bedarf in jedem Fall einer Zustimmung des Auftraggebers, da dies eine Abänderung der Abwicklungsziele darstellt.

5.2.7.1
Aufgaben der Terminplanung

Im Rahmen der Terminplanung werden die folgenden einzelnen Aufgaben nacheinander durchgeführt:

- Prüfung der Basisdaten: Kontrollieren, ob durch vorherige Planungsschritte Arbeitspakete und somit Vorgänge, Abläufe und Einsatzmittel erarbeitet worden sind.
- Vorwärtsterminierung: Errechnung des Projektendtermins, indem die Dauern der Vorgänge entsprechend der festgelegten Abläufe kumuliert werden.
- Rückwärtsterminierung: Ausgehend vom zuvor berechneten Projektendtermin werden die Dauern der Vorgänge in Abhängigkeit der Abläufe subtrahiert. Bei korrekter Berechnung muss der Projektanfangstermin errechnet werden.
- Pufferzeitberechnung: Ausweisung möglicher Pufferzeiten zwischen einzelnen Vorgängen.

- Feststellung des kritischen Pfades: Der Pfad vom Projektanfangs- bis zum Projektendtermin, auf dem zwischen den Vorgängen keine Pufferzeiten vorliegen, wird als kritischer Pfad bezeichnet. Mittels des kritischen Pfades wird die Dauer zwischen dem Projektanfangs- und dem Projektendtermin bestimmt.
- Terminierung einzelner Vorgänge: Unter Berücksichtigung der vorherigen Ergebnisse werden Vorgängen früheste bzw. späteste Anfangs-/Endtermine zugewiesen.

Besonderer Aufmerksamkeit bei der Terminplanung gebührt den Vorgängen auf dem kritischen Pfad. Entsprechend seinem Namen resultieren aus Zeitverzögerungen einzelner Vorgänge des Pfades unmittelbare Auswirkungen auf den Projektendtermin, da hier zwischen einzelnen Vorgängen keine Pufferzeiten existieren.

5.2.7.2
Verfahren der Terminplanung

Zur Durchführung der obigen Aufgaben können folgende Verfahren verwandt werden:

- Listentechnik
- Balkendiagrammtechnik
- Netzplantechnik

Grundsätzlich kann mittels aller Verfahren eine Terminplanung vorgenommen werden. Unterschiede ergeben sich durch deren Komplexität und Übersichtlichkeit, wobei sich die Ergebnisse aller Verfahren jeweils untereinander konvertieren lassen. Die so genannte Listentechnik kann hierbei vereinfacht als Datenbasis angesehen werden. Sowohl die Balkendiagramm- als auch die Netzplantechnik können zur Visualisierung der in Listen beschriebenen Vorgänge angesehen werden. Der Einsatz softwarebasierter Tools minimiert den Arbeitsaufwand für die Terminplanung.

Bei der Listentechnik wird die Terminplanung unter Einsatz von Tabellen durchgeführt. Hierzu werden einzelne Vorgänge jeweils in einer Zeile repräsentiert. Je Vorgang stellen die Dauer, der vorherige Vorgang und der nachfolgende Vorgang die unbedingt erforderlichen Basisdaten für die Terminplanung dar. Darüber hinaus können Informationen wie Verantwortlichkeiten, Ressourcen etc. in weiteren Spalten aufgeführt werden. Entsprechend den zuvor beschriebenen Aufgaben der Terminplanung wird zu jedem Vorgang der früheste bzw. späteste Anfangs-/Endtermin berechnet.

Bei Nutzung der Balkendiagrammtechnik werden einzelne Vorgänge des Projektes als Balken über einer Zeitachse dargestellt. Die Länge eines einzelnen Balkens entspricht der zeitlichen Dauer eines zugeordneten Vorganges. Ein Balkendiagramm ist nur übersichtlich, wenn nicht zu viele Vorgänge und ihre Korrelationen visualisiert werden sollen. Bei mehr als 20 Vorgängen geht die Übersichtlichkeit schnell verloren, da die Zusammenhänge zwischen einzelnen Vorgängen nicht mehr erkennbar sind.

Allgemein wird bei Balkendiagrammen zwischen der Gantt- und der PLANNET-Technik unterschieden. Die Gantt-Technik stellt die einfachste Form für Balkendiagramme dar. Vorgänge werden analog zu ihrer Dauer als waagerechte Striche dargestellt. Die PLANNET-Technik gilt als Weiterentwicklung der Gantt-Diagramme. Die Darstellung von Vorgängen erfolgt wiederum mit waagerechten Strichen, wobei deren Abhängigkeiten jedoch mit senkrechten Strichen visualisiert werden. Pufferzeiten zwischen einzelnen Vorgängen werden als gestrichelte Linie repräsentiert.

Verfahren der Netzplantechnik basieren auf Methoden der Graphentheorie. Sie dienen der Analyse, Beschreibung, Planung und Steuerung von Abläufen. Bei der Netzplantechnik werden alle Vorgänge durch zwei Ereignisse begrenzt. Ein Ereignis markiert den Beginn und ein weiteres Ereignis das Ende eines Vorganges. Zwei Vorgänge sind mittels eines Ereignisses miteinander verbunden. Allgemein wird bei der Netzplantechnik zwischen

- Vorgangspfeilnetzen,
- Vorgangsknotennetzen und
- Ereignisknotennetzen

unterschieden.

Fragen bzgl. der Listen-, der Balkendiagramm, der Netzplantechnik und der Graphentheorie werden im Kap. 6 vertieft.

5.2.8
Planung des Projektbudgets

Ein Projektbudget entspricht der Summe aller finanziellen Mittel, die für die Durchführung eines Projektes genutzt werden können. Ein Projektbudgetplan gibt an, zu welchem Zeitpunkt wie viel Finanzmittel für die Durchführung von Projektarbeiten zur Verfügung stehen.

In der Regel wird ein Projektbudget bereits im Rahmen eines Projektantrages beantragt und genehmigt. Die Zeiten, in denen ein Vorhaben mittels eines Projektes umgesetzt und pauschal ausreichend Budget für eine Ideallösung zur

Verfügung gestellt wurde, sind gerade im IT-Sektor vorbei. Durch das freigegebene Budget wird somit insbesondere das Maß der technischen Lösung vorbestimmt. Der Projektleiter hat die Aufgabe, das Projektbudget sinnvoll auf Teilprojekte, Phasen und durch Meilensteine markierte Phasenabschnitte aufzuteilen. Darüber hinaus besteht die Möglichkeit, dass einzelnen Arbeitsgruppen Teilbudgets zugewiesen werden.

Um sicherzustellen, dass das Projektbudget für die Projektumsetzung ausreichend bemessen ist, sollte vor dessen Festlegung durch Methoden der Aufwandsschätzung der finanziell erforderliche Rahmen erhoben werden.

Im Rahmen einer Projektplanung erfolgt die Planung des Projektbudgets auf Basis der Kosten- und Terminplanung. Die für den Planungsabschnitt erforderlichen finanziellen Mittel können direkt aus der Kosten- und der Terminplanung abgeleitet werden. Deckt das vorgegebene Budget nicht die Werte entsprechend der zuvor durchgeführten Kosten- und Terminplanung ab, so kann die Planung des Abschnittes überarbeitet, eine Budgeterweiterung angestrebt oder der Leistungsumfang des Abschnittes eingeschränkt werden.

Wurde im Rahmen des Projektauftrages vom Auftraggeber keine Budgetvorgabe vorgenommen, so ist vom Projektleiter ein Budgetantrag auf Ebene der Projektplanung, basierend auf den vorhergehenden Planungsschritten, zu erstellen und vom Auftraggeber genehmigen zu lassen. Die Budgetplanung wird durch Planungen der einzelnen Phasen verfeinert.

Allgemein ist zu empfehlen, dass der Budgetantrag einen entsprechenden Reservebetrag für nicht von vornherein zu erwartende höhere Kosten enthalten sollte. Die Überlegungen, die im Rahmen der Terminplanung bei der Bildung von Pufferzeiten angestellt worden sind, können auf die Budgetplanung in Bezug auf einen Reservebetrag übertragen werden. Es sollte ausgeschlossen werden, dass kleine Planabweichungen eine Projektbudgeterweiterung nach sich ziehen.

5.2.9
Planung der Projektdokumentation

Eine effektive Durchführung eines Projektes setzt voraus, dass die beim Projekt beteiligten Personen über den aktuellen Stand des Projektes und über getroffene Entscheidungen unterrichtet sind. Hierbei ist allerdings zwischen den einzelnen Beteiligten zu unterscheiden. Anstatt alle Personen mit allen Informationen zu versorgen, sollte gezielt informiert werden. Das Ziel hierbei ist, dass einzelne Projektbeteiligte genau mit den Informationen versorgt werden, die sie zur Erfüllung ihrer Aufgaben benötigen.

Bei der Planung der Projektdokumentation ist zu unterscheiden zwischen

- der Planung der Dokumentation der Projektdurchführung und
- der Planung des Projektinformationsflusses zwischen den am Projekt beteiligten Personengruppen.

Bei der Dokumentation der Projektdurchführung ist zu bestimmen,

- zu welchem Zeitpunkt
- welcher Projektbeteiligte
- welchen Aspekt
- in welchem Umfang
- auf welche Art und Weise
- für welchen Zweck bzw. für welche Zielperson

zu beschreiben hat.

Festzuhalten sind beispielsweise der Projektauftrag, die Projektplanung, Aufträge, Anweisungen, Entscheidungs- und Beschlussberichte, Fortschrittsberichte oder auch Qualitätsberichte.

Bei der Gestaltung des Informationsflusses zwischen den Projektbeteiligten ist festzulegen, welche Personengruppen wann mit welchen Informationen zu versorgen sind. Hierbei ist ein Augenmerk auf den Umfang der weitergegebenen Informationen zu legen. Es sollten möglichst nur die Informationen weitergeleitet werden, die einen Empfänger tatsächlich betreffen. Die Umsetzung dieses Zieles verursacht jedoch teilweise Probleme, wenn zu wenige Informationen weitergeleitet werden.

Betroffene Personen kommen sich häufig bevormundet vor und meinen nur unzureichend über den Projektstand im Bilde zu sein. Im Zweifelsfall sollten besser zu viele als zu wenige Informationen an Beteiligte weitergegeben werden. Auch gegen die Bekanntmachung der Projektdokumentation über ein für alle Projektbeteiligten zugreifbares Laufwerk spricht nichts. Die Dokumentation stellt kein geheimes Wissen dar, über das nur wenige Eingeweihte verfügen sollen. Die Weitergabe von Informationen kann in schriftlicher Form, aber auch im Rahmen gemeinsamer Termine erfolgen.

Von der Projektdokumentation abzugrenzen sind Form und Umfang der Beschreibung der einzelnen Funktionalitäten des neuen IT-Systems. Die Erstellung einer Beschreibung eines neuen IT-Systems und eines Benutzerhandbuches stellt eine generelle Anforderung im Rahmen eines IT-Projektes dar. Ein Projektleiter sollte dies in jedem Fall vorsehen, da ein neues IT-System ohne eine aussagekräftige Dokumentation keinen Erfolg bei den späteren Nutzern haben wird.

Einzelne Funktionalitäten sollten während des Verlaufes eines Projektes kontinuierlich beschrieben werden. Sinnvoll ist auch die Bildung einzelner Arbeitspakete, in denen die Dokumentation jeweiliger Funktionalitäten erfolgen soll. In einer späten Projektphase sollte mittels eines Arbeitspaketes verankert werden, dass die erstellte Dokumentation in ihrer Form vereinheitlicht wird.

5.3
Stufen der Projektplanung

Abhängig von der Art und Weise eines IT-Projektes weicht die Durchführung einzelner Projekte stark voneinander ab. Bezogen auf die einzelne Aufgabenstellung muss jeweils ein geeignetes Vorgehensmodell für die Projektdurchführung ausgewählt werden (vgl. Kap. 4.3). Bei der Planung eines Projektes muss das verwendete Vorgehensmodell berücksichtigt werden. Darüber hinaus muss eine Projektplanung einen Fokus auf einen bestimmten Planungsabschnitt, eine so genannte Planungsstufe, legen. Es kann die Planung eines Projektes, eines Teilprojektes oder auch einer Phase erfolgen.

Im vorherigen Abschnitt wurde ein genereller Ablauf einer Projektplanung aufgezeigt, bei der die Planung in neun abgrenzbare Planungsschritte unterteilt wird. Das Positive ist, dass dieser Planungsablauf sowohl bei jedem verwendeten Vorgehensmodell als auch für jeden Planungsabschnitt genutzt werden kann. In diesem Unterkap. wird aufgezeigt, wie das Zusammenspiel der einzelnen Planungsstufen ist. Darüber hinaus wird die Planung eines inkrementellen und eines konzeptionellen Vorgehensmodells betrachtet, die häufig bei IT-Projekten zum Einsatz kommen.

Im Rahmen einer Projektplanung werden, bezogen auf den Fokus des gewählten Planungsabschnittes, bei jedem Planungsschritt mehrere Planungsdokumente erstellt. Die Dokumente stehen nicht separat für sich, sondern es herrschen direkte Abhängigkeiten zwischen ihnen. Im vorigen Unterkap. wurden die horizontalen Abhängigkeiten besprochen, die darauf beruhen, dass die Erledigung eines Planungsschrittes auf den Resultaten der vorherigen Schritte basiert. Gewonnene Erkenntnisse fließen jeweils in die folgenden Planungen ein.

Neben den Abhängigkeiten aufgrund des Planungsablaufes existieren vertikale Korrelationen bezogen auf den Fokus der Planungen, die so genannten Planungsstufen. Um eine umfassende Projektplanung zu erstellen, müssen die Planungen mehrerer Planungsstufen durchlaufen werden.

Entsprechend dem Fokus auf einen bestimmten Planungsabschnitt kann zwischen den folgenden Planungsstufen unterschieden werden:

- Projektplan
- Teilprojektplan
- Phasenplan

Die Ergebnisse aller Planungsstufen korrelieren untereinander. Ein Projektplan gibt einerseits die Rahmenwerte für die Teilprojektpläne vor. Hierzu zählen sowohl terminliche, zielorientierte als auch budgettechnische Vorgaben. Andererseits beruht ein Projektplan auf den Ergebnissen der einzelnen Teilprojektpläne. Analog schränkt ein Teilprojektplan die Möglichkeiten der Planungen der einzelnen Phasen ein und setzt sich gleichzeitig aus den Resultaten der zugehörigen Phasenpläne zusammen.

Bei der Abgrenzung der Planungsstufen ist das jeweilige Vorgehensmodell zu berücksichtigen. Abhängig vom verwendeten Vorgehensmodell werden abweichende Begrifflichkeiten im Kontext des jeweiligen Modells genutzt. Bei einem konzeptionellen Modell entspricht die Vorgehensart dem Fokus der Planung. Hingegen erfolgt bei einem inkrementellen Vorgehensmodell die Freigabe von Ergebnissen durch so genannte Releases. Einem Teilprojekt wird somit ein Release zugeordnet (vgl. Tabelle 5-1).

Tabelle 5-1: Planungsstufen bei konzeptionellen und inkrementellen Vorgehensmodellen

Planungsstufe	konzeptionelles Vorgehensmodell	inkrementelles Vorgehensmodell
Projektplan	Projekt	Projekt/Dachpapier
Teilprojektplan	Teilprojekt	Major-/Architectural-Release
Phasenplan	Projektphase	Projektphase

Ein direktes Verdichten einzelner Planungswerte wird dadurch ermöglicht, dass bei der Erstellung aller Pläne identische Planungsschritte durchlaufen werden, die vom Aufbau her gleiche Dokumente erzeugen.

5.3.1
Projektplan

Ein Projekt kann aus mehreren einzelnen Teilprojekten bestehen, die von einem Projektleiter koordiniert werden. Erfolgt keine Separierung in mehrere Teilprojekte, so gelten für den Projektplan die Überlegungen, die im Kap. 5.3.2 bzgl. eines Teilprojektplanes beschrieben werden. Ein Projektplan enthält die umfassende Planung eines Projektes. In ihm ist der übergreifende Ablauf der Durchführung eines Projektes beschrieben. Die jeweiligen Projekt-Entscheidungsgremien eines Unternehmens werden mittels eines Projektplanes über die Kosten-, Zeit- und Sachfortschritte informiert. Darüber hinaus werden die einzelnen Teilprojekte mittels eines Projektplanes koordiniert.

Die Erstellung eines Projektplanes erfolgt unabhängig von den verwendeten Vorgehensmodellen der einzelnen Teilprojekte. Grundsätzlich besteht die Möglichkeit, dass zur Durchführung der einzelnen Teilprojekte jeweils unterschiedliche Vorgehensmodelle genutzt werden. Es besteht nicht die Forderung, dass alle Teilprojekte eines Projektes das gleiche Vorgehensmodell wählen.

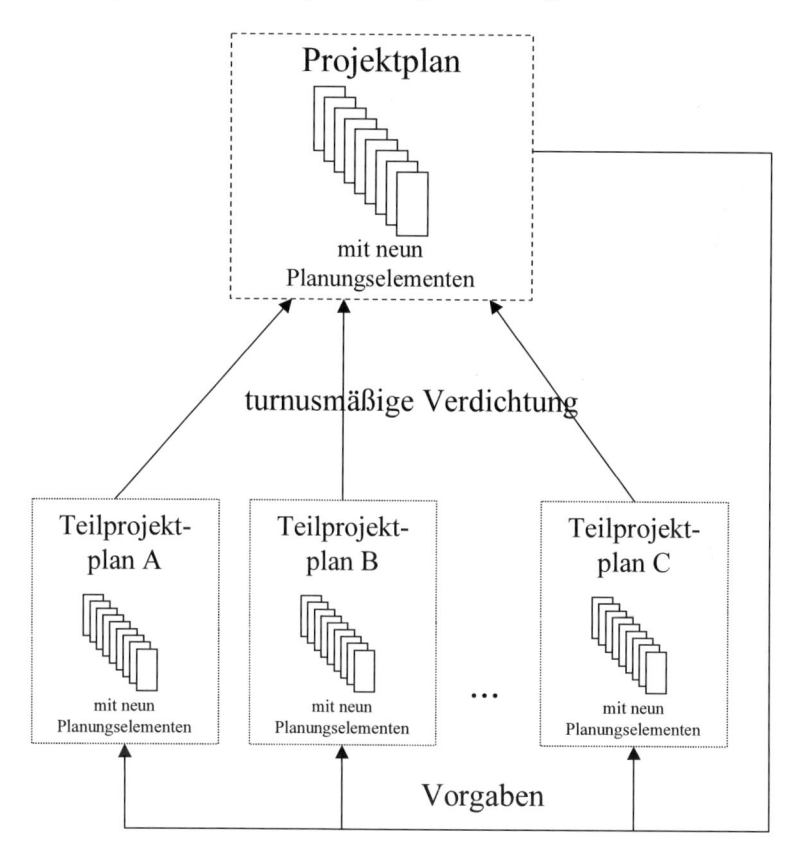

Abb. 5-6: Turnusmäßige Verdichtung der Ergebnisse der Teilprojektpläne im Projektplan

Bei der Erstellung des ersten Projektplanes müssen viele Planwerte mit Methoden der Aufwandsschätzung erarbeitet werden. Dies hat zur Folge, dass einige Werte nur grob vorgegeben werden können.

Exemplarisch soll hier die Budgetplanung angesprochen werden. Im Rahmen der Projektplanung wird die Budgetverteilung für das Projekt vorgenommen.

Den einzelnen Teilprojekten wird ein Budget zugeordnet, ohne dass die Planung der einzelnen Teilprojekte bereits abschließend erfolgt ist. Die Zuteilung kann dadurch zu diesem Zeitpunkt nur grob erfolgen. Dennoch müssen auch die ersten Planwerte möglichst konkret sein, da diese Werte Vorgaben für die einzelnen Teilprojekte darstellen.

Die erste Projektplanung erfordert somit vom Projektleiter möglichst umfassende Projekterfahrungen und verlangt die Berücksichtigung von Erkenntnissen aus ähnlichen Projekten im eigenen oder in externen Unternehmen.

Die Planwerte der Projektplanung werden schrittweise konkretisiert, indem zu festgelegten Zeitpunkten die jeweiligen Ergebniswerte der einzelnen Teilprojektpläne aufkumuliert werden (s. Abb. 5-6). Durchaus sinnvoll ist eine quartalsweise Verfeinerung des Projektplanes auf Basis der einzelnen Teilprojektpläne. Denkbar sind auch andere Intervalle für den Verdichtungslauf, die von den Sitzungen der Entscheidungsgremien des Unternehmens abhängig sein sollten. Bei der Kumulierung werden die Leiter der einzelnen Teilprojekte eingebunden und aufgrund ihrer Planungswerte werden die Planungselemente des Projektplanes verdichtet.

5.3.2
Teilprojektplan

Wird ein Vorhaben im Rahmen eines Projektes durchgeführt, bei dem aufgrund des Umfanges auf eine Separierung des Projektes in mehrere Teilprojekte verzichtet wird, so entfällt folglich eine Trennung zwischen einem Projekt- und einem Teilprojektplan. Die Erstellung des Projektplanes erfolgt in diesem Fall entsprechend einem Teilprojektplan.

Bei der Erstellung eines Teilprojektplanes ist das verwendete Vorgehensmodell zu berücksichtigen. Im Falle eines inkrementellen Vorgehensmodells wird ein Teilprojektplan für jedes Release und bei einem konzeptionellen Vorgehensmodell für einzelne Teilprojekte erstellt.

Der Rahmen für die Erstellung eines Teilprojektplanes wird mittels der Vorgaben aus dem Projektplan festgelegt. Der erste Teilprojektplan wird zur Planung der Vorphase eines Teilprojektes/Releases erstellt. Entsprechend der Verfeinerung einer Projektplanung durch die einzelnen Teilprojektplanungen wird ein Teilprojektplan durch die Planungen der einzelnen Phasen konkretisiert (s. Abb. 5-7).

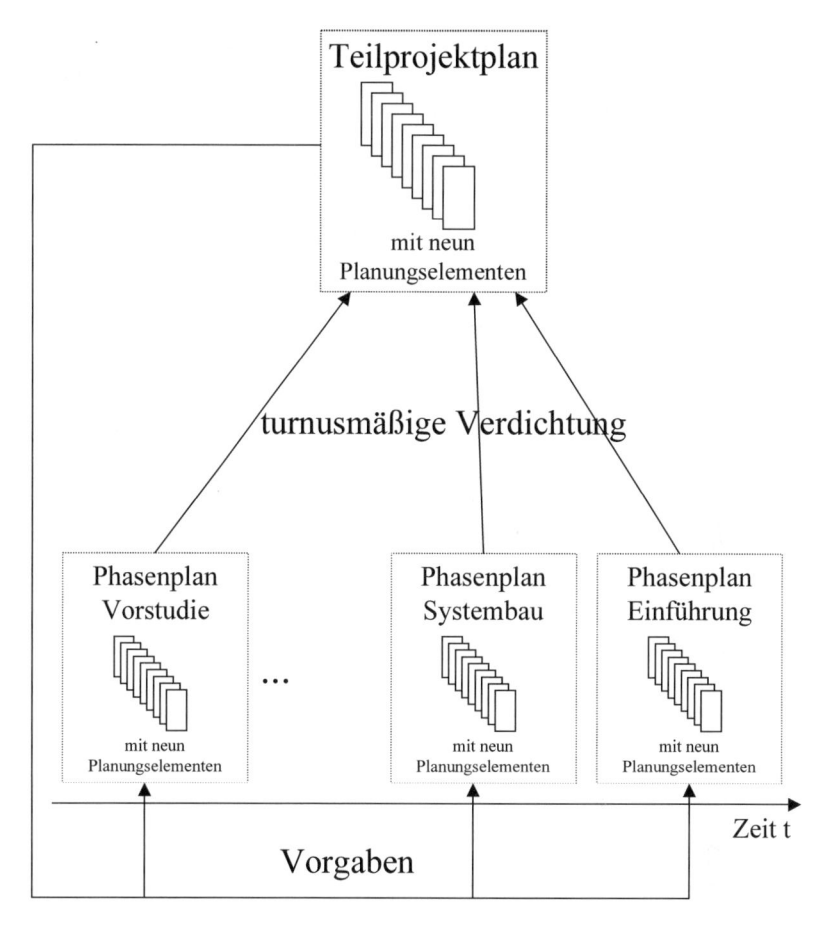

Abb. 5-7: Turnusmäßige Verdichtung der Ergebnisse der Phasenpläne in einem Teilprojektplan am Beispiel eines inkrementellen Vorgehensmodells

Die Konkretisierung eines Teilprojektplanes sollte in festen Intervallen erfolgen, die kürzer als die Intervalle der Verfeinerung des Projektplanes sein sollten. Zu empfehlen ist hierbei eine monatliche Integration der jeweiligen Phasenpläne.

5.3.3
Phasenplan

Durch die Planung einer Phase werden die Planungswerte für Termine, Kosten, Leistungen und Ressourcen im Einzelnen festgelegt. Basierend auf den Vorgaben des jeweiligen Teilprojektplanes wird die Durchführung einer einzelnen Projektphase im Phasenplan vorbestimmt. Anhand eines Phasenplanes werden die im Teilprojektplan bzw. Projektplan angestrebten Aktivitäten konkretisiert. Die Ergebniswerte des Phasenplanes stellen die Grundlage für eine Konkretisierung des Teilprojektplanes dar.

Durch den identischen Aufbau der drei abzugrenzenden Pläne in neun gleichen Planungsschritten wird sichergestellt, dass die Werte der Phasenpläne im Teilprojektplan und schließlich im Projektplan aufkumuliert werden können.

5.3.4
Berücksichtigung eines Vorgehensmodells

Im Hinblick auf die Charakteristika eines Vorhabens erfolgt die Durchführung eines Projektes anhand eines bestimmten Vorgehensmodells. Allgemein kann zwischen konzeptionellen, inkrementellen, empirischen und evaluativen Vorgehensmodellen und ihren Mischformen unterschieden werden (vgl. Kap. 4.3). Zu den im Rahmen von IT-Projekten am häufigsten eingesetzten Vorgehensmodellen gehören die konzeptionellen und die inkrementellen Modelle. Deren Berücksichtigung bei einer Projektplanung wird im Folgenden näher betrachtet[33].

Konzeptionelle (konstruktivistische) und inkrementelle (evolutionäre) Vorgehensmodelle unterscheiden sich bei der Projektplanung in der Frage, wie mit Resultaten aus der Projektarbeit und wie mit Veränderungen der Umwelt während der Projektdurchführung umgegangen wird. Auf das funktionelle Projektmanagement und somit insbesondere auf die Projektplanung hat das jeweils genutzte Vorgehensmodell direkten Einfluss. Folglich muss bei der Planung eines Projektes das jeweils verwendete Vorgehensmodell berücksichtigt werden.

5.3.5
Planung bei konzeptionellen Vorgehensmodellen

Ein konzeptionelles Vorgehensmodell ist dadurch gekennzeichnet, dass alle Projektphasen sequentiell nacheinander ausgeführt werden. Einzelne konzeptionelle Modelle unterscheiden sich in der Anzahl ihrer Phasen und deren Inhalt. Charakteristisch ist, dass mit der Durchführung einer Phase erst dann begonnen wird, wenn die vorhergehende Phase bereits abgeschlossen ist. Ein Zurückspringen in eine abgeschlossene vorherige Phase ist bei einem konzeptionellen Vorgehensmodell nicht vorgesehen. Aus diesem Grunde wird dieses Modell auch als so genanntes Wasserfall-Vorgehensmodell bezeichnet.

---

[33] vgl. Jenny, Bruno: Projektmanagement in der Wirtschaft, 2001, S. 220 ff.

Entsprechend der Konzeption des Modells können sich Resultate, die während der Projektarbeit erlangt werden, nur auf nachfolgende Projektphasen auswirken. Trotz neuer Erkenntnisse in nachfolgenden Phasen ist es nicht vorgesehen, dass einzelne Resultate der vorhergehenden Phasen überarbeitet, ergänzt oder neu erstellt werden. Folglich werden auch Planungen vorheriger Phasen als fixiert betrachtet.

Dies impliziert eine übersichtliche und einfach zu koordinierende Vorwärtsplanung, die an einen Projektleiter nicht zu hohe Anforderungen stellt (vgl. Abb. 5-8).

Aufgrund der Abgeschlossenheit einzelner Projektphasen ergibt sich für Projektmitarbeiter der Vorteil, dass sie mit den Ergebnissen der vorherigen Phasen eine verlässliche Basis für ihre Arbeiten vorfinden. Sie können direkt auf den Arbeiten der vorhergehenden Projektphasen aufsetzen. Ausgeschlossen soll sein, dass einzelne Arbeitsergebnisse verworfen werden müssen, da sich die Rahmenbedingungen für die Umsetzung nachträglich geändert haben.

Probleme ergeben sich, wenn trotz einer abgeschlossenen Phase neue Begebenheiten zu berücksichtigen sind und Resultate einer vorhergehenden Phase dennoch revidiert werden müssen. In solchen Fällen muss entgegen der ursprünglichen Ausrichtung eines konzeptionellen Vorgehensmodells dessen ungeachtet in eine als abgeschlossen angesehene Phase zurückgesprungen werden. Wie so oft gilt auch hier: Ausnahmen bestätigen die Regel.

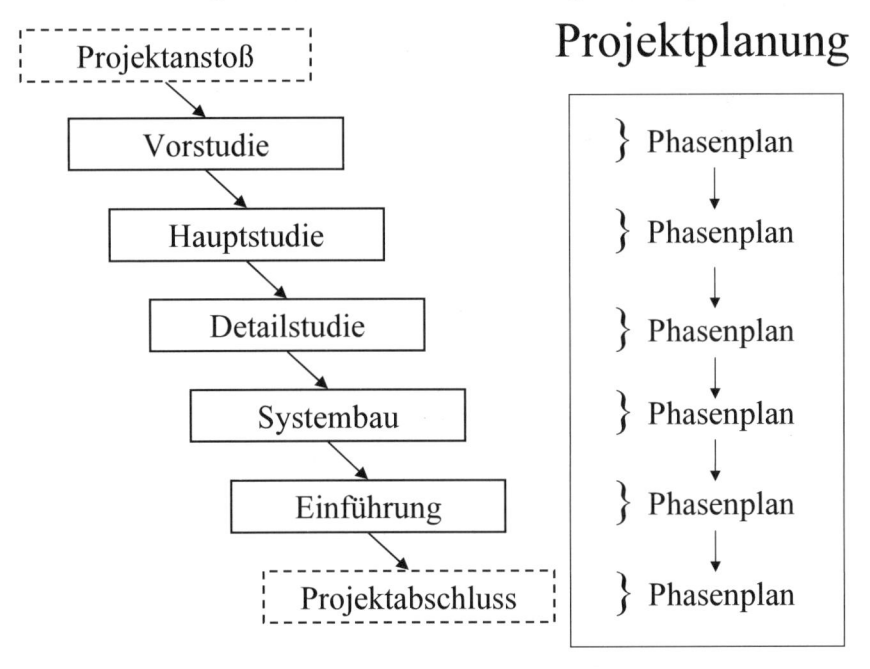

Abb. 5-8: Projektplanung bei einem konzeptionellen Vorgehensmodell

Die Planungs- und Durchführungssicherheit stellt leider den entscheidenden Nachteil des Wasserfall-Vorgehensmodells dar. Veränderungen der Umwelt können nicht berücksichtigt werden, wenn sie ein Modifizieren früherer Phasen erfordern würden. Können die Anforderungen an ein neues IT-System nicht während der Planungsphase abschließend geklärt werden, sondern werden sie zum Teil erst zu späteren Terminen abschließend definiert, so ist der Einsatz eines konzeptionellen Vorgehensmodells in Frage zu stellen. Bei komplexen Vorhaben ist es in der Regel nicht möglich die Anforderungen klar zu Beginn eines Projektes aufzustellen. Nicht auszuschließen sind zusätzliche bzw. neue Anforderungen während des Projektverlaufes aufgrund von gesetzlichen Änderungen.

Sinnvoll ist der Einsatz eines konzeptionellen Vorgehensmodells, wenn einzelne Projektphasen von einem externen Auftragnehmer umgesetzt werden sollen, oder wenn zwischen einzelnen Projektphasen eine explizite Überprüfung und eine Weiterbeauftragung durch den Auftraggeber vorgesehen ist. Ein Wiederholen einer früheren Projektphase ist bei einer Umsetzung einzelner Phasen durch einen Auftragnehmer von vornherein ausgeschlossen, da dies sicherlich den vertraglichen Vereinbarungen widersprechen würde.

5.3.6
Planung bei inkrementellen Vorgehensmodellen

Inkrementelle Vorgehensmodelle stellen im Gegensatz zu konzeptionellen die Erweiterung bzw. die Änderung einzelner Phasenergebnisse in das Zentrum der Bemühungen. Häufig werden inkrementelle Vorgehensmodelle als iterative, evolutionäre oder auch als Spiralen-Vorgehensmodelle bezeichnet. Der Ablauf einer Projektdurchführung erfolgt nicht, indem einzelne Projektphasen strikt sequentiell nacheinander durchlaufen werden. Vielmehr werden Phasen mehrmals in Form eines Zyklus durchlaufen, bis das gesetzte Endergebnis erreicht worden ist. Teilergebnisse auf dem Weg zum gesetzten Ziel werden in Form so genannter Releases umgesetzt. Hierbei wird zwischen Major-, Architectural- oder auch Internal-Release unterschieden.

Der Einsatz von inkrementellen Vorgehensmodellen zur Projektdurchführung bietet sich besonders für die Realisierung umfangreicher Vorhaben an. Aus einem komplexen Vorhaben resultiert häufig ein Projekt mit einer längeren Laufzeit, das aufgrund seiner Dauer besonders anfällig gegenüber geänderten bzw. neuen Anforderungen ist. Darüber hinaus muss auf Veränderungen der Umwelt und neue Erkenntnisse der Projektarbeit reagiert werden.

Die gesetzten Ziele eines Gesamtprojektes werden bei Einsatz eines inkrementellen Vorgehensmodells schrittweise in Zyklen umgesetzt. Zwischenergebnisse werden nach der Beendigung eines Zyklus an die Anwender mittels eines Release zur Verfügung gestellt. Die Projektplanung muss berücksichtigen, dass einzelne Phasen mehrmals durchlaufen werden. Dies verlangt von einem Projektleiter tendenziell mehr Kenntnisse und Erfahrungen als bei der Anwendung eines konzeptionellen Modells.

Bei der Planung eines Projektes muss ein Projektleiter nicht nur Ergebnisse der vorherigen Planungsschritte und abgeschlossenen Projektphasen berücksichtigen, vielmehr müssen Erfahrungen und neue Erkenntnisse aus der Projektarbeit bei der Planung des kommenden Zyklus einbezogen werden. Für eine Abschätzung der Relevanz neuer Erkenntnisse und der Erfordernis einer Planungsberücksichtigung in späteren Zyklen werden Methoden des Review und Audit verwandt. Der Einsatz eines inkrementellen Vorgehensmodells erfolgt anhand eines inkrementellen Planungskreislaufes (vgl. Abb. 5-9).

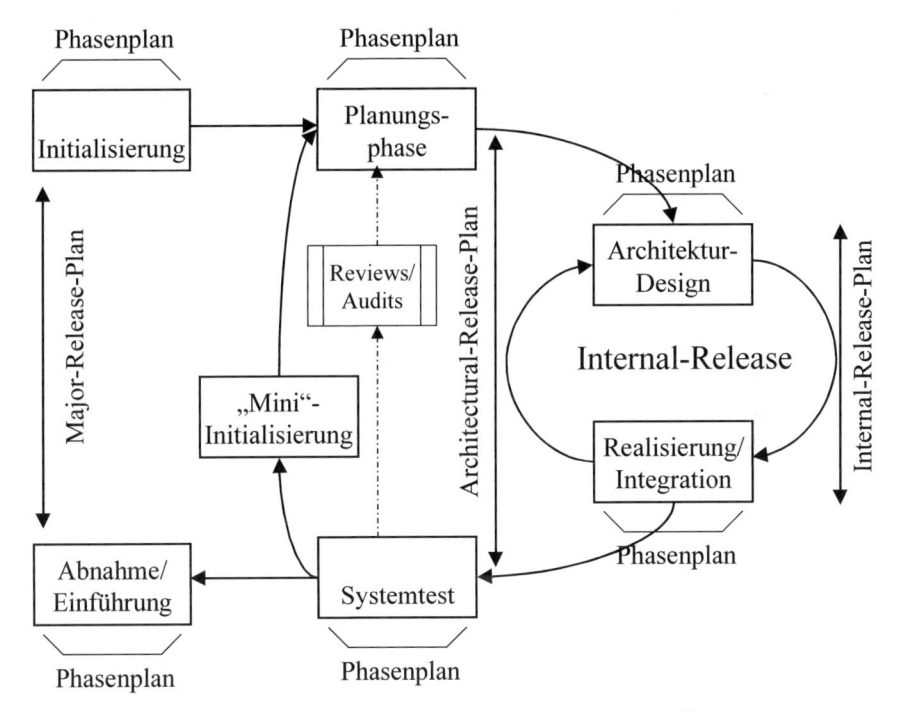

Abb. 5-9: Inkrementeller Planungskreislauf[34]

Für die Phasen Initialisierung, Planung, Architektur-Design, Realisierung/ Integration, Systemtest und Abnahme/Einführung werden jeweils Phasenpläne erstellt. Hierzu werden die zuvor beschriebenen neun Planungsschritte durchlaufen. Abhängig von dem umzusetzenden Vorhaben werden die einzelnen Phasen in Hinblick auf ein Major-, Architectural- bzw. Internal-Release mehr-

---

[34] vgl. Jenny, Bruno: Projektmanagement in der Wirtschaft, 2001, S. 225

mals nacheinander ausgeführt. Analog zum konzeptionellen Vorgehensmodell ermöglicht der einheitliche Planungsablauf mit neun Planungsschritten, dass Ergebnisse auf den Ebenen der einzelnen Releases und des gesamten Projektes kumuliert werden können.

Sinnvoll ist beispielsweise die Umsetzung eines Data Warehouse mittels eines Spiralenmodells. Hierbei kann die Architektur eines Data Warehouse durch ein Architectural-Release freigegeben werden. Die Datenversorgung einzelner Informationssysteme bzw. Expertensysteme erfolgt in folgenden Zyklen unter Einsatz so genannter Data Marts. Teilergebnisse für die Anwender werden in Form von Major-Releases freigegeben.

Mittels des Projektantrages verankerte zeitliche, finanzielle und inhaltliche Vorgaben müssen natürlich auch hier die Grundlage allen Handelns darstellen. Dem Projektleiter obliegt es festzulegen, mittels welcher Releases das Endergebnis erreicht werden soll. In vielen Unternehmen gibt es einen festen Release-Kalender, in dem fixiert ist, wann Software-Änderungen an interne oder externe Kunden ausgeliefert werden. Gängig sind zwei bis sechs generelle Release-Termine in einem Jahr. Hierdurch sind mögliche Termine für die Major-Releases vorgegeben.

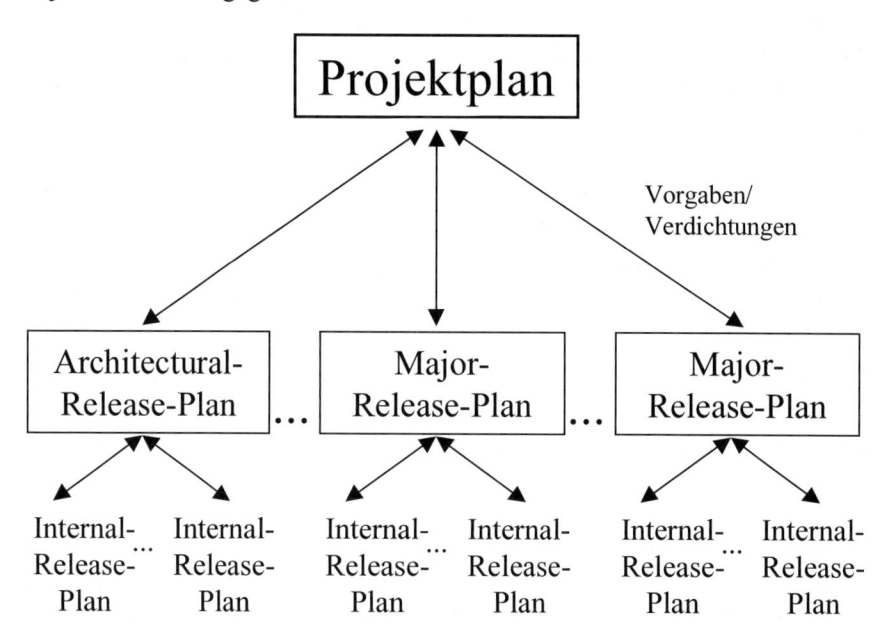

Abb. 5-10: Verdichtungen und Vorgaben im Rahmen des inkrementellen Vorgehensmodells

Die Freigabe einer Architektur erfolgt über ein Architectural-Release. Direkten Einfluss auf die Anwender eines technischen Systems hat dessen

Freigabe nicht. Mit seiner Hilfe wird für die Entwickler des Systems eine neue technische Grundlage gelegt. Die Freigabe eines Architectural-Release sollte wie beim Major-Release nach dem Unternehmens-Release-Kalender erfolgen.

Auf dem Wege der Projektumsetzung werden mehrere Major- und Architectural-Releases durchgeführt. Der Projektleiter muss zunächst entscheiden, wie viele Major- und Architectural-Releases wann durchgeführt werden sollen. Die Projektziele und -vorgaben müssen auf die zwei Release-Formen aufgeteilt werden und stellen die Eckwerte für den Major- und den Architectural-Release-Plan dar. Auf dem Wege zur Umsetzung eines Major- oder eines Architectural-Release können mehrere Internal-Releases mit ihren jeweiligen Phasen durchgeführt werden. Die Vorgaben aus dem Major- bzw. Architectural-Release-Plan stellen wiederum die Basis für die Erstellung eines Internal-Release-Planes dar (vgl. Abb. 5-10). Andererseits erfolgt eine Verdichtung der Planungswerte der Phasen über die einzelnen Releases hinweg bis zum gesamten Projekt.

Dem Ziel, ein positives Projektergebnis zu erreichen, wird bzgl. der inhaltlichen Dimension bei Einsatz eines inkrementellen Vorgehensmodells hinreichend Rechnung getragen. Jedoch birgt ein inkrementelles Vorgehensmodell das Risiko, dass ein Projekt sowohl zeitlich als auch finanziell nicht wie ursprünglich anvisiert beendet wird, da laufend neue Erkenntnisse und Anforderungen im Projektverlauf Berücksichtigung finden. Hierzu sollte vor einer Einbeziehung neuer Erkenntnisse in die Planung nachfolgender Releases geprüft werden, ob

- ein erforderliches Projektbudget für die mögliche Umsetzung neuer Erkenntnisse und Einflüsse zur Verfügung steht.
- durch die Berücksichtigung neuer Erkenntnisse die Erreichung von Pflichtzielen sichergestellt oder gefährdet wird, oder ob lediglich nur Kann-Ziele angestrebt werden.
- mögliche Verbesserungen zur Unterstützung der betrieblichen Prozesse erreicht werden.
- durch die Änderungen nicht die gesetzten Projekttermine durch Zeitverzögerungen gefährdet werden.

Zusätzliche Kosten und Zeitverzögerung, ohne dass entsprechende Puffer vorhanden sind, sollten vermieden werden. Sowohl Projektbudgeterweiterungen als auch zeitliche Verlängerungen müssen vom Auftraggeber des Projektes genehmigt werden.

Unterstützt der Auftraggeber eine Erweiterung des Projektbudgets oder des Zeitplanes nicht, so sollten die erlangten Erkenntnisse bei der Abgrenzung von Zielen von nachfolgenden Projekten einbezogen werden. Folglich ist mit der ursprünglichen Projektplanung weiterzuarbeiten. Nicht erforderliche Verbesserungen sollten generell keinen Einfluss auf nachfolgende Zyklen haben.

5.4 Multi-Projektmanagement

Unter dem Begriff des Multi-Projektmanagements wird die übergreifende Organisation von allen Projekten eines Unternehmens verstanden. Hierzu werden zur Planung, Steuerung und Kontrolle der Gesamtheit aller Projekte spezielle Methoden eingesetzt. Im Rahmen des Multi-Projektmanagements werden die Planungen der einzelnen Projekte konsolidiert und die Aufteilung der zur Verfügung stehenden Kapazitäten wird über alle Projekte hinweg transparent gemacht. Die Auslastung der Ressourcen sowohl auf Bereichs- als auch auf Projektebene wird veranschaulicht.

Allgemein werden zum Multi-Projektmanagement folgende Aufgaben gezählt[35]:

- die Zusammenstellung der Einzelprojektpläne (Plan- und Istdaten)
- der regelmäßige Abgleich der Einzelprojektpläne mit dem Projektportfolio des Unternehmens
- Inhalte, Kosten, Termine und Ressourcen aller Projekte transparent zu machen
- Konflikte in Bezug auf Inhalt, Kosten, Zeit oder Ressourcen zwischen verschiedenen Projekten aufzudecken
- erforderliche Steuerungsmaßnahmen einzuleiten

Die übergreifende Leitung aller Projekte eines Unternehmens erfolgt durch einen so genannten Multiprojektmanager. Ist ein IT-Lenkungsausschuss entsprechend der zuvor beschriebenen Projektaufbauorganisation in einem Unternehmen installiert, so wird die Aufgabe durch diesen wahrgenommen. In regelmäßigen Berichten wird der Stand der Entwicklung aller Projekte aufgeführt. Hierzu werden von den Einzelprojektleitern turnusmäßig Statusberichte eingefordert und es werden mit ihnen eventuell notwendige Maßnahmen zur Sicherung der jeweiligen Projektergebnisse vereinbart.

Der Stand durchzuführender Projekte wird durch verschiedene Betrachtungsweisen des Multi-Projektmanagements transparent gemacht. In Abb. 5-11 sind zwei exemplarische Sichten auf die Kapazitätsverteilung aufgezeigt. Die Ressourcenausnutzung wird veranschaulicht, indem die Kapazitätsverteilung der

---

[35] vgl. Informatikzentrum der Sparkassenorganisation: Projektmanagement, 2001, S. 77

5.4 Multi-Projektmanagement

durchzuführenden Projekte einerseits aus bereichsspezifischer und andererseits aus projektspezifischer Sicht aufgeführt wird.

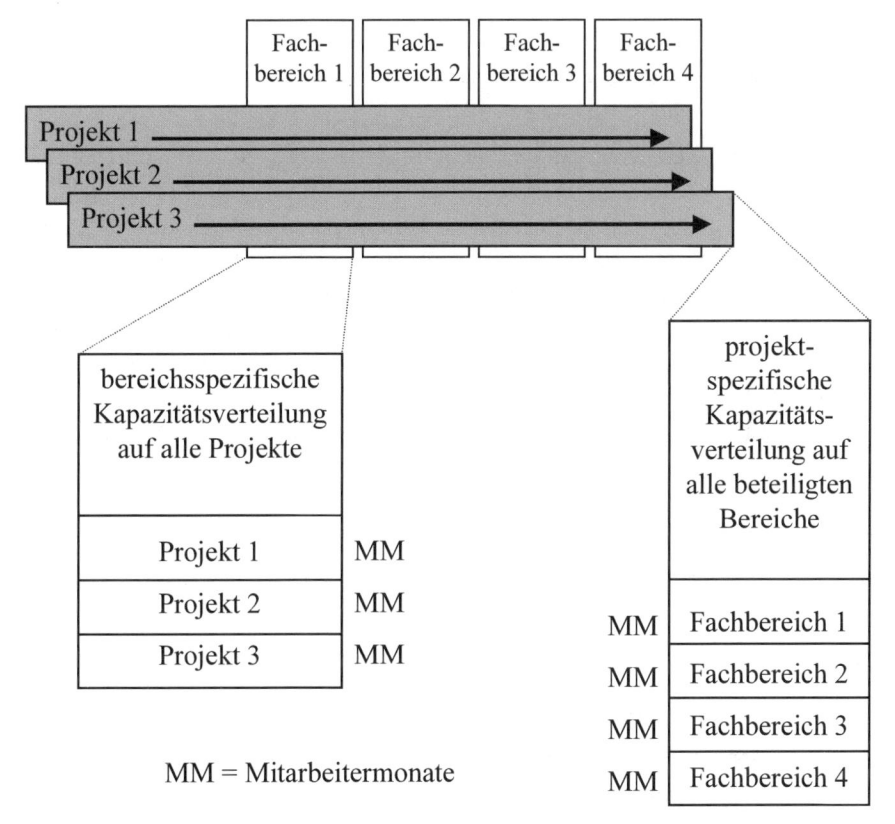

Abb. 5-11: Verschiedene Sichten des Multi-Projektmanagements[36]

Bei der projektübergreifenden Termin- und Kostenplanung werden Abhängigkeiten zwischen einzelnen Projekten herausgearbeitet und berücksichtigt. Ziel des Multi-Projektmanagements ist es, in erster Linie den Erfolg von Projekten mit einer entscheidenden Wichtigkeit für das Unternehmen sicherzustellen. Entsprechend festgelegter Projektprioritäten werden Änderungen in der Ressourcenzuteilung an die Einzelprojekte und im Projektverlauf vorgenommen.

Im Rahmen der Ressourcenauslastung mittels des Multi-Projektmanagements wird die Verfügbarkeit der Ressourcen ermittelt, um die Ressourcen voll nutzen zu können, eventuelle Überplanungen einzelner Ressourcen jedoch im Vorfeld auszuschließen.

---

[36] vgl. Keßler, Heinrich, Winkelhofer, Georg: Projektmanagement, 2002, S. 31

Kernaspekt des Multi-Projektmanagements ist die Steuerung mehrerer Projekte im Rahmen der Unternehmensstrategie. Hierzu werden neue Projekte anhand diverser Priorisierungskriterien in Bezug auf ihre strategische Bedeutung, ihre operative Dringlichkeit und ihre Wirtschaftlichkeit beurteilt.

Zur Unterstützung von Priorisierungsentscheidungen werden in der Praxis unterschiedliche Methoden genutzt. Zu den wichtigsten gehören

- die ABC-Analyse zur Berücksichtigung nur eines Kriteriums zur Priorisierung,
- Wertetabellen zum Heranziehen mehrerer Kriterien/-klassen,
- das Eisenhower-Diagramm zur Gegenüberstellung der Wichtigkeit und der Dringlichkeit mehrerer Kriterien und
- die Portfoliomethode zur Visualisierung von Kriterienklassen durch Wertetabellen.

5.5 Zusammenfassung

Die drei Elemente des funktionellen Projektmanagements, die Projektsteuerung und -koordination und die Projektplanung, greifen wie Zahnräder ineinander. Sie werden nicht nur einmalig, sondern vielmehr in Form einer wiederkehrenden Abfolge bis zum Abschluss eines Projektes mehrmals durchgeführt. Sie formen den so genannten Regelkreis des funktionellen Projektmanagements, den Abwicklungszyklus eines Projektes.

Ein Planungsablauf kann in neun Einzelschritte unterteilt werden. Die Planung eines Projektes kann unabhängig davon, ob ein Phasenplan, ein Projektplan oder ein Gesamtprojektplan erstellt werden soll, anhand eines einheitlichen Planungsablaufes vollzogen werden. Weiterhin ist die Wahl eines Vorgehensmodells für die Projektabwicklung ohne Einfluss auf die jeweiligen Einzelschritte eines standardisierten Planungsvorgehens.

Bei der Projektplanung wird ein Fokus auf einen bestimmten Planungsabschnitt, eine so genannte Planungsstufe, gelegt. Es kann die Planung eines Projektes, eines Teilprojektes oder auch einer Phase erfolgen. Je nach Art eines IT-Projektes wird jeweils ein geeignetes Vorgehensmodell für die Projektdurchführung gewählt, das bei der Planung des Projektes unabhängig von identischen Planungsschritten zu berücksichtigen ist. Ein konzeptionelles und ein inkrementelles Vorgehensmodell unterscheiden sich insbesondere in der Frage, wie mit neuen Anforderungen und Erkenntnissen während des Projektverlaufes umgegangen wird.

5.5 Zusammenfassung

Mit Multi-Projektmanagement wird die übergreifende Organisation aller Projekte eines Unternehmens bezeichnet. Die Planungen der einzelnen Projekte werden konsolidiert und die Aufteilung der zur Verfügung stehenden Kapazitäten wird über alle Projekte hinweg transparent gemacht.

6 Projektplanungs-Techniken

In diesem Kap. werden Techniken zur Unterstützung der Ablaufplanung und der Terminplanung, des in Kap. 5.2 beschriebenen generellen Planungsablaufes, behandelt. Im Einzelnen werden die Listentechnik, die Balkendiagrammtechnik und die Netzplantechnik mit ihren Ausprägungen betrachtet.

Eine Ablaufplanung wird durchgeführt, um die Ablaufreihenfolge der im vorherigen Planungsschritt definierten Arbeitspakete zu bestimmen. Hierzu werden die Abhängigkeiten zwischen den einzelnen Arbeitspaketen herausgearbeitet. Zu klären ist, ob die Arbeitspakete in Folge, parallel, unter Nutzung einer Verzweigung oder einer Zusammenführung in Beziehung zueinander stehen.

Ziel der Terminplanung ist es, eine transparente zeitliche Planung der Arbeitspakete, der Phasen, evtl. der Teilprojekte und des gesamten Projektes vorzunehmen. Im Einzelnen werden wichtige Projekttermine und mögliche Pufferzeiten ermittelt. Die Terminplanung basiert insbesondere auf den Ergebnissen der Ablaufplanung. Bei der Ablaufplanung können zeitbezogene Aussagen, wie über die Dauer, den frühesten/spätesten Anfangs- bzw. Endzeitpunkt einzelner Arbeitspakete, noch nicht getroffen werden. Diese werden erst im Rahmen der Terminplanung erarbeitet.

Zur Durchführung der Ablauf- und der Terminplanung können sowohl Verfahren

- der Listentechnik,
- der Balkendiagrammtechnik als auch
- der Netzplantechnik

verwandt werden. Diese Techniken unterscheiden sich in ihrer Verwendung, Komplexität und ihrer Übersichtlichkeit. Jeweils stehen die Abhängigkeiten zwischen einzelnen Arbeitspaketen und deren Terminierungen im Fokus der Betrachtungen. Zur Durchführung der Planung sind grundsätzlich alle Techniken geeignet. Sie führen zu identischen Ergebnissen. Die durch die Anwendung einer Technik erhaltenen Resultate können jeweils in die Darstellungsform einer anderen Technik konvertiert werden.

Bei allen Techniken werden herausgearbeitete Arbeitspakete in Form von Vorgängen umgesetzt. Hierbei kann die so genannte Listentechnik vereinfacht als Datenbasis für die beiden weiteren Techniken angesehen werden. Sowohl mit der Balkendiagramm- als auch mit der Netzplantechnik können die in den Listen beschriebenen Vorgänge visualisiert werden. Am übersichtlichsten erfolgt die grafische Präsentation der Korrelationen mittels eines Netzplanes.

Die Entscheidung, welche Technik für die Planung eines Projektes zum Einsatz kommen soll, richtet sich in erster Linie nach

- dem Umfang des Projektes und somit der Anzahl der zu koordinierenden Vorgänge,
- der Komplexität des Projektes und damit der Art der Korrelationen zwischen einzelnen Vorgängen und
- dem Einsatz einer Projektunterstützungs-Software.

Müssen nur wenige Vorgänge und ihre Korrelationen untereinander koordiniert werden, so ist der Einsatz der Listentechnik zu empfehlen. Der Aufwand zur Erstellung von Diagrammen und Netzplänen ist in diesem Fall unnötig. Sind eine Vielzahl von Vorgängen und Zusammenhängen zu planen, ist der ausschließliche Einsatz der Listentechnik nicht zielführend, da der Überblick durch die umfangreichen Zahlenkolonnen verloren geht. Zur Visualisierung der hinterlegten Informationen sollten Balkendiagramme oder Netzpläne verwandt werden.

Hierbei haben Balkendiagramme den Vorteil, dass sie leicht erstellt werden können. Darüber hinaus bietet die Balkendiagrammtechnik den Vorteil, dass einzelne Vorgänge über der Zeitachse proportional zu ihrem Auftreten und ihrer Dauer dargestellt werden. Dies bieten die Verfahren der Netzplantechnik nicht. Allerdings ist nachteilig, dass Balkendiagramme bei vielen Vorgangskorrelationen entsprechend Listen unübersichtlich werden. Die beste Wahl stellt bei der Koordination vieler Vorgangsbeziehungen der Einsatz von Verfahren der Netzplantechnik dar, mit denen die Zusammenhänge zahlreicher Vorgänge visualisiert werden können.

Gerade zur Koordination und Planung vieler Vorgänge ist der Einsatz von softwarebasierten Tools zu empfehlen. Der Arbeitsaufwand zur Erstellung einer Planung wird minimiert, indem Änderungen und Erweiterungen der Planungen intensiv unterstützt werden. Darüber hinaus vereinigen die Software-Lösungen die Vorteile aller drei Techniken, indem Konvertierungen der hinterlegten Vorgänge und deren Korrelationen in eine andere Darstellungsform softwaretechnisch vorgenommen werden. Softwarebasierte Tools verwenden Listen als Datenbasis, wobei Balkendiagramme und Verfahren der Netzplantechnik Visualisierungen darstellen.

6.1 Listentechnik

Bei der Listentechnik handelt es sich um die einfachste der drei hier behandelten Techniken. Die Planung erfolgt unter Einsatz von Tabellen. Einzelne Vorgänge werden jeweils in einer Zeile repräsentiert. Je Vorgang werden in den Spalten diesbezügliche Informationen hinterlegt. In der Tabelle müssen mindestens

- die Vorgangsbezeichnung,
- die Dauer in Personentagen und
- der vorherige Vorgang

enthalten sein. Sie stellen die unbedingt erforderlichen Basisdaten für die Ablauf- und die Terminplanung dar. Weiterhin können Informationen wie Verantwortlichkeiten, Ressourcen etc. in weiteren Spalten aufgeführt werden. Darüber hinaus kann der nachfolgende Vorgang zur besseren Übersichtlichkeit zusätzlich hinterlegt werden. Ausreichend ist es jedoch, wenn entweder der Vorgänger- oder der Nachfolger-Knoten angegeben ist, da die Vorgänger- und Nachfolgerbeziehungen zueinander in einer Wechselbeziehung stehen.

Aus der Dauer und den Korrelationen zu vorherigen und nachfolgenden Vorgängen können je Vorgang der früheste bzw. der späteste Anfangs- und Endtermin berechnet werden, die als weitere Spalten in der Vorgangszeile hinterlegt werden. Hierbei können der früheste Anfangs- und der früheste Endtermin mittels der Vorwärtsterminierung ermittelt und der späteste Anfangs- bzw. Endtermin durch Anwendung der Rückwärtsterminierung abgeleitet werden.

Die Differenz zwischen dem erhaltenen frühesten und spätesten Anfangstermin eines Vorganges stellt dessen gesamte Pufferzeit dar. Eine Folge mehrerer Vorgänge von einem Start- bis zu einem Endpunkt wird als Pfad bezeichnet. Als kritischer Pfad wird der Pfad bezeichnet, dessen Vorgänge keinerlei Pufferzeiten aufweisen.

Die zuvor angesprochenen Tätigkeiten, wie

- die Vorwärtsterminierung,
- die Rückwärtsterminierung,
- die Herleitung von Pufferzeiten und
- die Ausweisung eines kritischen Pfades

erfolgen im Rahmen der Listentechnik. Sie werden im Folgenden unter Hinzuziehung eines durchgehenden Beispiels betrachtet.

6.1.1
Erarbeitung einer Vorgangsliste

Im Rahmen der Ablaufplanung wird auf der Basis der Ergebnisse aus der Projektstrukturplanung eine Vorgangsliste erstellt. In dieser Tabelle werden alle Vorgänge aufgeführt, die im Rahmen des Projektes umzusetzen sind. Je Arbeitspaket wird ein Vorgang vorgesehen. Zu ermitteln und aufzuführen sind jeweils die erforderliche Zeitdauer eines Vorganges und die vor dessen Ausführung bereits abgeschlossenen bzw. folgenden übrigen Vorgänge.

Tabelle 6-1: Exemplarische Vorgangsliste als Basis

Vorgang (Arbeitspaket)	Dauer in Tagen	vorhergehender Vorgang	nachfolgender Vorgang
1	3		2;3
2	11	1	4;5
3	7	1	6;7;8
4	8	2	9
5	13	2	10
6	7	3	10
7	14	3	11
8	5	3	12
9	15	4	13
10	2	5;6	13
11	14	7	13
12	3	8	14
13	4	9;10;11	15
14	9	12	15
15	1	13;14	

Um ein leichteres Navigieren in der Vorgangsliste zu ermöglichen, sollten die einzelnen Vorgänge chronologisch entsprechend ihrer Reihenfolge sortiert in der Tabelle aufgeführt werden. In der Tabelle 6-1 ist eine exemplarische Vorgangsliste mit 15 Vorgängen aufgeführt, die die Ausgangsbasis für die folgenden Betrachtungen bildet.

Ein kritischer Pfad (Critical Path) wird ermittelt, indem nacheinander zunächst eine Vorwärts-, dann eine Rückwärtsterminierung und schließlich eine Ausweisung von Pufferzeiten erfolgt. Als kritischer Pfad wird der Pfad bezeichnet, dessen Vorgänge keinerlei Pufferzeiten aufweisen. Jede Vorgangsmenge weist mindestens einen kritischen Pfad auf.

6.1.2
Vorwärtsterminierung

Basierend auf den Vorgangsdauern und den Abhängigkeiten einzelner Vorgänge untereinander werden zunächst die Zeitwerte aus der Vorwärtsterminierung ermittelt. Hierzu werden ausgehend von den Start-Vorgängen, die keinen vorhergehenden Vorgang aufweisen, alle Pfade bis zu den End-Vorgängen beschritten, die keine Nachfolger haben. Ergebnis der Vorwärtsterminierung sind die frühesten Anfangs- und Endzeitpunkte aller Vorgänge in Relation zu dem Nullzeitpunkt. Gestartet wird mit den Start-Vorgängen, denen als frühester Anfangszeitpunkt der Nullzeitpunkt und als frühester Endzeitpunkt dessen Dauer zugeordnet wird.

Tabelle 6-2: Vorgangsliste mit Ergebnissen der Vorwärtsterminierung

Vorgang (Arbeitspaket)	Dauer in Tagen	vorhergehender Vorgang	frühester Anfang nach x Tagen	frühestes Ende nach x Tagen
1	3		0	2
2	11	1	3	13
3	7	1	3	9
4	8	2	14	21
5	13	2	14	26
6	7	3	10	16
7	14	3	10	23
8	5	3	10	14
9	15	4	22	36
10	2	5;6	27	28
11	14	7	24	37
12	3	8	15	17
13	4	9;10;11	38	41
14	9	12	18	26
15	1	13;14	42	42

Bei der Betrachtung aller weiteren Vorgänge müssen die jeweils direkt vorhergehenden Vorgänge miteinbezogen werden. Mit der Umsetzung eines Vorganges kann erst dann begonnen werden, wenn alle vorhergehenden Vorgänge abgeschlossen sind. Hieraus folgt, dass ein Anfangszeitpunkt aus den Endzeitpunkten der vorhergehenden Vorgänge resultiert. Hat ein Vorgang nur einen direkten Vorgänger, so ist der früheste Anfangszeitpunkt gleich dem frühesten Endzeitpunkt des direkten Vorgängers zuzüglich einem Tag und der Endzeitpunkt berechnet sich durch die Addition der Dauer abzüglich eines

Tages. Eine Dekrementierung um einen Tag muss erfolgen, da angenommen wird, dass ein dreitägiger Vorgang am Tag x begonnen und am Tag x+2 beendet wird. End- und Anfangszeitpunkt zweier unmittelbar folgender Vorgänge müssen um einen Tag differieren, da angenommen wird, dass ein nachfolgender Vorgang am Folgetag des vorherigen Vorganges startet.

Hat ein Vorgang mehrere vorhergehende Vorgänge, so ist zunächst der vorhergehende Vorgang zu ermitteln, dessen frühester Endzeitpunkt am spätesten ist. Aus diesem Endzeitpunkt resultiert der früheste Anfangs- und folglich auch der Endzeitpunkt des betrachteten Vorganges. Entsprechend dieser Vorschrift werden alle Vorgänge bis auf die Start-Vorgänge bearbeitet.

Basierend auf den Basisdaten der Tabelle 6-1 werden für alle aufgeführten Vorgänge die frühesten Anfangs- und Endzeitpunkte ermittelt. Bei Vorgang 1 handelt es sich um den Start-Vorgang. Ihm wird somit der Anfangszeitpunkt 0 zugeordnet. Für alle weiteren Vorgänge wird die obige Berechnungsvorschrift verwandt (s. Tabelle 6-2). Bei der Berechnung wird direkt die Information bzgl. des vorhergehenden Vorganges genutzt.

6.1.3
Rückwärtsterminierung

Im Rahmen der Rückwärtsterminierung werden alle Pfade entgegen ihrer ursprünglichen Richtung von den End-Vorgängen bis zu den Start-Vorgängen durchschritten. Ziel ist es, die spätesten Anfangs- und Endzeitpunkte aller Vorgänge zu ermitteln.

Gestartet wird mit den End-Vorgängen. Es wird jeweils deren spätester Endzeitpunkt dem frühesten Endzeitpunkt des End-Vorganges gleichgesetzt, dessen frühester Endzeitpunkt in Relation zu allen End-Vorgängen am höchsten ist. Wurde ein spätester Endzeitpunkt ermittelt, so wird aus diesem abzüglich der Vorgangsdauer zuzüglich einem Tag der so genannte späteste Anfangszeitpunkt berechnet.

Die Rückwärtsberechnung eines Vorganges kann erfolgen, wenn die spätesten Anfangszeitpunkte aller direkt folgenden Vorgänge ermittelt worden sind. Hat ein Vorgang nur einen Nachfolger, so wird der späteste Endzeitpunkt dem spätesten Anfangszeitpunkt des Nachfolgers abzüglich eines Tages gleichgesetzt. Im Falle mehrerer Nachfolger muss hierzu der nachfolgende Vorgang gewählt werden, dessen spätester Anfangszeitpunkt in Relation zu den anderen folgenden Vorgängen am niedrigsten ist.

Wurde korrekt gerechnet, so muss als Anfangszeitpunkt der Start-Vorgänge der Nullzeitpunkt errechnet werden. Anderenfalls liegt ein Rechenfehler vor.

Tabelle 6-3: Vorgangsliste mit Ergebnissen der Rückwärtsterminierung

Vorgang (Arbeitspaket)	Dauer in Tagen	nachfolgender Vorgang	spätester Anfang nach x Tagen	spätestes Ende nach x Tagen
1	3	2;3	0	2
2	11	4;5	4	14
3	7	6;7;8	3	9
4	8	9	15	22
5	13	10	23	35
6	7	10	29	35
7	14	11	10	23
8	5	12	25	29
9	15	13	23	37
10	2	13	36	37
11	14	13	24	37
12	3	14	30	32
13	4	15	38	41
14	9	15	33	41
15	1		42	42

In unserem Beispiel wird der End-Vorgang mit der Nummer 15 nach 42 Tagen frühestens beendet. Dieser Zeitpunkt stellt den höchsten Endzeitpunkt aller Vorgänge dar. So bildet dieser Vorgang die Ausgangslage für die Rückwärtsrechnung. Somit wird hier der früheste und der späteste Endzeitpunkt für diesen Vorgang gleichgesetzt. Entsprechend der obigen Vorschrift werden alle übrigen Vorgänge bearbeitet (s. Tabelle 6-3). Zur Durchführung der Rückwärtsterminierung sind Informationen bzgl. der nachfolgenden Vorgänge erforderlich.

6.1.4
Ausweisung von Pufferzeiten

Auf Basis der zuvor durchgeführten Vorwärts- und Rückwärtsterminierung können die Pufferzeiten jedes Vorganges berechnet werden. Sie werden jeweils durch die Differenz der frühesten und der spätesten Anfangs- bzw. Endzeitpunkte gebildet. Da jeweils die Anfangs- und Endzeitpunkte in einem festen Verhältnis, der vorgegebenen Dauer, zueinander stehen, ist es ausreichend lediglich die Anfangs- oder die Endzeitpunkte heranzuziehen. Hier werden zur Ausweisung der gesamten Pufferzeit jedes einzelnen Vorganges die Anfangszeitpunkte herangezogen. In Tabelle 6-4 sind die Pufferzeiten der exemplarischen Vorgänge aufgeführt.

Tabelle 6-4: Vorgangsliste mit Pufferzeiten

Vorgang (Arbeitspaket)	Dauer in Tagen	vorhergehender Vorgang	gesamte Pufferzeit	frühester Anfang nach x Tagen	spätester Anfang nach x Tagen
1	3		0	0	0
2	11	1	1	3	4
3	7	1	0	3	3
4	8	2	1	14	15
5	13	2	9	14	23
6	7	3	19	10	29
7	14	3	0	10	10
8	5	3	15	10	25
9	15	4	1	22	23
10	2	5;6	9	27	36
11	14	7	0	24	24
12	3	8	15	15	30
13	4	9;10;11	0	38	38
14	9	12	15	18	33
15	1	13;14	0	42	42

6.1.5
Bestimmung eines kritischen Pfades

Bei einem kritischen Pfad handelt es sich um den Pfad, auf dem alle Vorgänge ohne Puffermöglichkeit ausgeführt werden müssen. Durchaus können in einer verknüpften Vorgangsmenge mehrere kritische Pfade auftreten, mindestens liegt jedoch immer ein kritischer Pfad vor. Hinreichendes Kriterium für einen kritischen Pfad ist, dass alle Vorgänge des Pfades jeweils in ihren Zeitwerten aus der Vorwärts- und aus der Rückwärtsterminierung übereinstimmen.

Hieraus resultiert, dass mit der Ausführung aller Vorgänge des kritischen Pfades unmittelbar begonnen werden muss. Für die Planung eines Projektes ist die Kenntnis des kritischen Pfades von entscheidender Wichtigkeit, da zeitliche Verzögerungen eines Vorganges unmittelbar die gesetzten Endzeitpunkte des Planungsabschnittes gefährden.

In unserem Beispiel liegt bei den Vorgängen 1, 3, 7, 11, 13 und 15 keine Pufferzeit vor. Hieraus wird geschlossen, dass die Vorgänge den kritischen Pfad bilden. In der Tabelle 6-4 sind die besagten Vorgänge grau hinterlegt.

6.1.6
Festlegung konkreter Termine

Im Zuge der obigen Betrachtungen wurden Anfangs- und Endzeitpunkte der Vorgänge als zeitliche Differenz zu dem Anfangszeitpunkt der Start-Vorgänge ausgewiesen. Im Rahmen einer Terminplanung ist es darüber hinaus erforderlich, dass einzelnen Vorgängen bzgl. ihrer jeweiligen relativen Zeitpunkte feste Termine zugeordnet werden. Bei einer Ermittlung konkreter Termine sollten Wochenenden und Feiertage ausgespart werden. Nur die zur Verfügung stehenden Arbeitstage können herangezogen werden.

Auf die Abhängigkeiten der einzelnen Vorgänge und die zur Verfügung stehenden Pufferzeiten hat die Nichtberücksichtigung von Wochenenden und Feiertagen keinen Einfluss. Exemplarisch wird eine konkrete Terminplanung in der Tabelle 6-5 dargestellt. Aufbauend auf den erarbeiteten Ergebnissen wird festgelegt, dass der Vorgang mit der Nummer 1 am 3. Januar 2005 gestartet werden soll. Hieraus resultieren die frühesten und spätesten Anfangs- und Endtermine aller weiteren Vorgänge.

Tabelle 6-5: Vorgangsliste mit konkreten Zeitpunkten

Vorgang (Arbeitspaket)	Dauer in Tagen	frühester Anfangstermin	frühester Endtermin	spätester Anfangstermin	spätester Endtermin
1	3	03.01.05	05.01.05	03.01.05	05.01.05
2	11	06.01.05	20.01.05	07.01.05	21.01.05
3	7	06.01.05	14.01.05	06.01.05	14.01.05
4	8	21.01.05	01.02.05	24.01.05	02.02.05
5	13	21.01.05	08.02.05	03.02.05	21.02.05
6	7	17.01.05	25.01.05	11.02.05	21.02.05
7	14	17.01.05	03.02.05	17.01.05	03.02.05
8	5	17.01.05	21.01.05	07.02.05	11.02.05
9	15	02.02.05	22.02.05	03.02.05	23.02.05
10	2	09.02.05	10.02.05	22.02.05	23.02.05
11	14	04.02.05	23.02.05	04.02.05	23.02.05
12	3	24.01.05	26.01.05	14.02.05	16.02.05
13	4	24.02.05	01.03.05	24.02.05	01.03.05
14	9	27.01.05	08.02.05	17.02.05	01.03.05
15	1	02.03.05	02.03.05	02.03.05	02.03.05

6.2 Balkendiagrammtechnik

Die Balkendiagrammtechnik ermöglicht eine Visualisierung der Vorgänge eines Projektes. Hierzu wird jeder einzelne Vorgang als ein Balken über einer Zeitachse dargestellt. Die Länge jedes einzelnen Balkens entspricht der zeitlichen Dauer eines zugeordneten Vorganges. Die zeitliche Reihenfolge der Vorgänge wird dadurch ausgedrückt, dass der Startzeitpunkt eines jeden Vorganges von der Ausführung der vorherigen Vorgänge abhängig ist.

Somit beginnen zu einem vorgegebenen Zeitpunkt nur die Vorgänge, die keinen Vorgänger haben. Allgemein können diese Vorgänge als Start-Vorgänge bezeichnet werden. Die nachfolgenden Vorgänge werden über der Zeitachse so platziert, dass ihr Startzeitpunkt der Kumulation der Dauern der vorherigen Vorgänge entspricht. Die Grundlage für die Erstellung eines Balkendiagramms bilden in der Regel die im Rahmen der Vorwärtsterminierung ermittelten frühesten Anfangs- und Endtermine. Darüber hinaus können auch die spätesten Anfangs- und Endtermine aus der Rückwärtsterminierung und die resultierenden Pufferzeiten visualisiert werden.

Bei einer begrenzten Anzahl von Vorgängen und deren Korrelationen sind alle Formen von Balkendiagrammen übersichtlich und leicht verständlich. Soll eine große Anzahl von Vorgängen und Korrelationen visualisiert werden, so kann allerdings die Übersichtlichkeit bei einigen Diagrammen verloren gehen, da die Zusammenhänge zwischen einzelnen Vorgängen nicht mehr erkennbar sind. Bei einer Anzahl von bis zu 20 Vorgängen bieten alle Balkendiagramme jedoch eine ausreichende Übersichtlichkeit.

Balkendiagramme werden entsprechend

- der Gantt-Technik und
- der PLANNET-Technik

unterschieden. Die Gantt-Technik stellt die einfachste Form für Balkendiagramme dar. Sie wurde benannt nach ihrem Entwickler, dem Amerikaner Henry Lawrence Gantt. Bei der Gantt-Technik werden einzelne Vorgänge entsprechend ihrer Dauer und ihrem frühesten Anfangs- und Endtermins über einer Zeitachse als waagerechte Striche dargestellt. Die Technik weist allerdings den Nachteil auf, dass Balkendiagramme bei mehreren Vorgängen unübersichtlich werden, da die Relationen zwischen einzelnen Vorgängen und deren Pufferzeiten nicht direkt visualisiert werden.

In der Abb. 6-1 sind die Vorgänge des obigen Beispiels in Form eines Diagramms entsprechend der Gantt-Technik visualisiert. Das Diagramm wurde mit dem Programm Microsoft Project 2002 erstellt.

6.2 Balkendiagrammtechnik

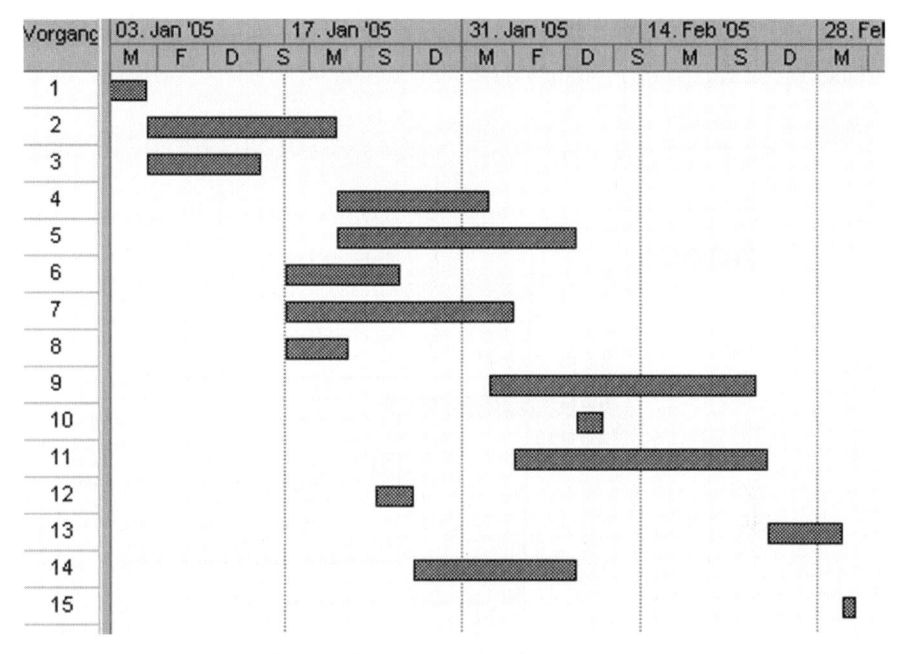

Abb. 6-1: Diagramm der Gantt-Technik

Die so genannte PLANNET-Technik (PLANning NETwork) gilt als Weiterentwicklung der Gantt-Diagramm-Technik. Die Visualisierung von Vorgängen erfolgt wiederum mittels waagerechter Striche über einer Zeitachse. Im Unterschied zu Gantt-Diagrammen werden zusätzlich

- die Abhängigkeiten,
- die Pufferzeiten und
- die kritischen Pfade

der zu planenden Vorgänge dargestellt.

Die Korrelationen einzelner Vorgänge untereinander werden mittels Pfeilen oder senkrechter Striche symbolisiert. Die ermittelten Pufferzeiten können in Form von waagerechten Linien abgebildet werden. Die Vorgänge eines kritischen Pfades werden sinnvoll durch eine abweichende Farbe oder Schraffierung kenntlich gemacht.

In Abb. 6-2 werden die Vorgänge, ihre Abhängigkeiten, Pufferzeiten und ein ermittelter kritischer Pfad unseres obigen Beispiels mittels eines PLANNET-Diagramms dargestellt. Zur Erstellung eines PLANNET-Diagramms bietet sich eine Projektunterstützungs-Software an. Hier wurde wiederum das Programm Microsoft Project 2002 herangezogen. Die Abhängigkeiten werden durch Pfeile, die Pufferzeiten durch waagerechte Striche und die Vorgänge des kritischen Pfades durch eine volle Füllung visuell verdeutlicht.

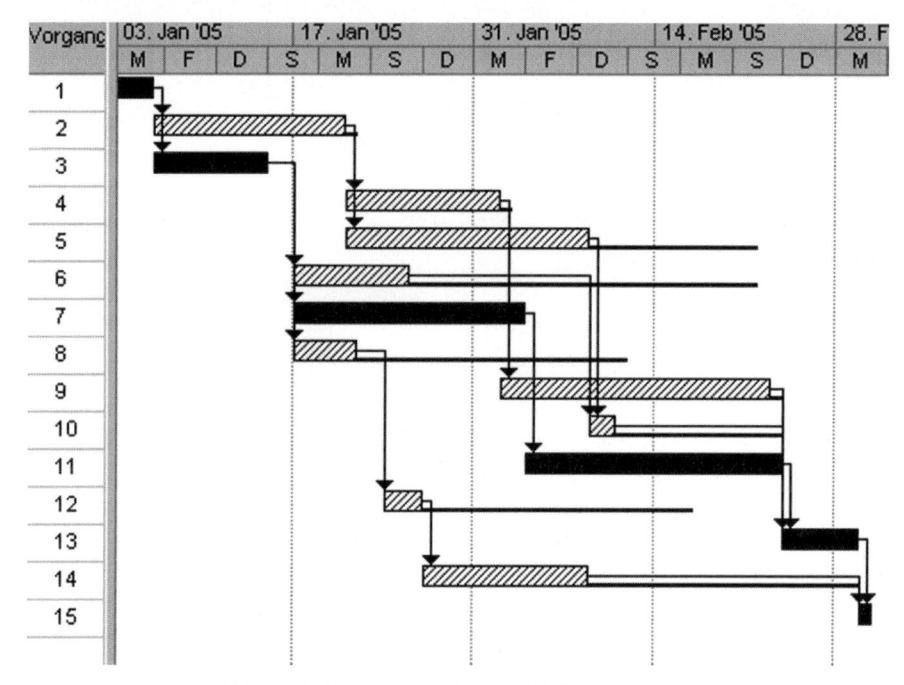

Abb. 6-2: Diagramm der PLANNET-Technik

Diagramme der PLANNET-Technik werden in der Praxis bei Projekten mit einer großen Vorgangszahl verwandt. Zu ihren Vorteilen zählt, dass sie eine grafisch überzeugende Zeitdarstellung und eine Ausweisung von Abhängigkeiten, Puffern und eines kritischen Pfades bieten. Die Vorteile wiegen den gegenüber Gantt-Diagrammen höheren Aufwand zur Erstellung voll auf.

6.3
Netzplantechnik

Die Netzplantechnik wurde Ende der 50er Jahre des letzten Jahrhunderts als Verfahren zur Beschreibung, Planung und Steuerung von Projektabläufen entwickelt. Die Erstellung von Strukturplänen, Zeitplänen, Einsatzmittelplänen und Kostenplänen wird mittels der Netzplantechnik effektiv unterstützt. Sie ermöglicht es, die Abläufe und Abhängigkeiten eines Projektes einschließlich Terminfestlegungen zu visualisieren.

Die Netzplantechnik basiert auf den Methoden der Graphentheorie. Bei allen Netzplänen handelt es sich um bewertete, gerichtete, zusammenhängende, end-

6.3 Netzplantechnik

liche Graphen. Neben Vorgängen mit einem festgelegten Anfang und Ende sind bei der Netzplantechnik auch Ereignisse von Bedeutung, mit denen das Eintreten eines neuen Zustandes dargestellt wird. Jeder Vorgang ist durch zwei Ereignisse begrenzt:

- Vorereignis – Beginn eines Vorganges
- Endereignis – Ende eines Vorganges

Allgemein wird bei der Netzplantechnik in Hinsicht auf die zu visualisierenden Vorgänge und Ereignisse in

- pfeilorientierte Netzpläne und
- knotenorientierte Netzpläne

unterschieden. Bei den pfeilorientierten Netzplänen erfolgt die Repräsentation von Vorgängen durch Pfeile und bei knotenorientierten Netzplänen werden Vorgänge bzw. Ereignisse durch Knoten dargestellt.

In Bezug auf die Darstellung von Vorgängen und Ereignissen und dem primären Planungsinteresse kann zwischen

- Vorgangspfeilnetzen,
- Vorgangsknotennetzen und
- Ereignisknotennetzen

separiert werden[37].

Bei den Vorgangspfeilnetzen erfolgt die Repräsentation von Vorgängen durch Pfeile, wobei der Hauptfokus auf der Planung von Vorgängen liegt. Der Einsatz von Vorgangspfeilnetzen erfolgt im Rahmen von Projekten unter Einsatz der Critical Path Method (CPM), die auch als kritische Pfad-Methode bezeichnet wird.

Die Darstellung von Vorgängen geschieht in Vorgangsknotennetzen entsprechend durch Knoten, wobei das Planungsinteresse, wie bei den Vorgangspfeilnetzen, auf den Vorgängen liegt. Die Metra Potential Method (MPM) basiert auf Vorgangsknotennetzen.

Im Unterschied zu den obigen zwei Netzplantechniken liegt der Hauptfokus bei Ereignisknotennetzen auf den Ereignissen, die durch Knoten repräsentiert werden. Verwendung finden Ereignisknotennetze in der Program Evaluation and Review Technique (PERT).

---

[37] vgl. Heinrich, Lutz, J.: Management von Informatik-Projekten, 1997, S. 205 f.

Es handelt sich jeweils um alternative Planungsmethoden, mit denen die Abläufe eines Projektes koordiniert und dargestellt werden können. Grundsätzlich kann jeder Netzplantyp im Rahmen von Projekten sinnvoll zum Einsatz kommen. Darüber hinaus besteht die Möglichkeit, dass die unterschiedlichen Typen von Netzplänen jeweils in einen anderen Typ konvertiert werden können.

Am effektivsten erfolgt der Einsatz der Netzplantechnik im Rahmen eines Projektes mittels einer benutzerfreundlichen Projektunterstützungs-Software, wie sie am Markt zahlreich zur Verfügung steht. In der Regel unterstützen aktuelle Software-Lösungen eine oder mehrere Netzplanarten. Innerhalb eines Unternehmens sollte allen Projekten eine Vorgabe gemacht werden, die regelt, welche Netzplanart, wie, unter Einsatz welcher Projektunterstützungs-Software genutzt werden soll. Eine unternehmensweit gleiche Verwendung vermeidet Interpretationsschwierigkeiten und ermöglicht eine einheitliche Gesprächsgrundlage. Sollen Planungsergebnisse über die Grenzen einzelner Projekte hinaus verdichtet werden, sind unternehmensweite Standardisierungen unvermeidlich.

In den folgenden Unterkap. werden zunächst erforderliche Grundlagen der Graphentheorie[38] für die Netzplantechnik aufgeführt. Anschließend wird der Einsatz der Critical Path Method (CPM), der Metra Potential Method (MPM) und der Program Evaluation and Review Technique (PERT) besprochen.

6.3.1
Grundlagen der Graphentheorie

Sowohl Vorgangspfeilnetze als auch Vorgangsknotennetze und Ereignisknotennetze basieren auf endlichen gerichteten Graphen. Folglich gründen auch die Methoden der Projektplanung, wie die Critical Path Method (CPM), die Metra Potential Method (MPM) und die Program Evaluation and Review Technique (PERT) auf endlichen gerichteten Graphen. Ein effektiver und korrekter Gebrauch der Netzplantechnik wird durch eine einheitliche Sprachregelung bzgl. der Graphentheorie unterstützt.

Die Grundbestandteile eines Graphen stellen Knoten und Kanten dar, die in der Praxis häufig auch als Punkte, Kästchen und Kreise beziehungsweise als Pfeile, Linien und Kurven bezeichnet werden. Hier werden im Folgenden zur besseren Verständlichkeit nur die Begriffe Knoten und Kante verwandt. Bei Graphen werden jeweils Knoten durch Kanten und umgekehrt Kanten durch Knoten miteinander verbunden.

---

[38] vgl. Rosenkranz, Friedrich: Geschäftsprozesse – Modell- und computergestützte Planung, 2002, S. 42–51

Basierend auf allen Knoten und allen Kanten, den so genannten Knoten- und Kantenmengen, wird verallgemeinert der Begriff des Graphen definiert. Ein Graph ist eine mathematische Abstraktion der Zusammenhänge von Knoten- und Kantenmengen. Dargestellt werden kann ein Graph in Form von Matrizen, von Tabellen, von Listen oder auch in grafischer Ausprägung. Den Bestandteilen eines Graphen, den Knoten und den Kanten, können hierbei unterschiedliche Bedeutungen zugeordnet werden. Grundsätzlich gilt, dass Graphen weder isolierte Knoten noch Kanten enthalten können. Knoten bilden den Anfang beziehungsweise das Ende von Kanten, und Kanten werden durch einen Anfangs- und Endknoten begrenzt.

6.3.1.1
Abstrakter/bewerteter Graph

Ein abstrakter Graph $G = (X, U)$ basiert folglich auf einer

- Knotenmenge $X = \{x_1, x_2, x_3, ...\}$ und einer
- Kantenmenge $U = \{u_1, u_2, u_3, ...\} = \{(x_{i1}, x_{j1}), (x_{i2}, x_{j2}), (x_{i3}, x_{j3}), ...\}$,

wobei eine Kante $u_k = (x_{ik}, x_{jk})$ die zwei Knoten x_{ik} und x_{jk} miteinander verbindet. Darüber hinaus muss jeder Knoten x_i Bestandteil mindestens einer Kante u_k sein.

Ein abstrakter Graph stellt die einfachste Form eines Graphen dar. Weist ein Graph beziehungsweise weisen seine Bestandteile bestimmte Eigenschaften auf, so werden diese, wie folgt beschrieben, als bewertete, gerichtete, zusammenhängende oder auch als endliche Graphen bezeichnet. Für die Netzplantechnik ist gerade die Kombination der obigen Eigenschaften interessant, um ein so genanntes Netzwerk zu bilden.

Ein bewerteter Graph ist ein Graph, dessen Knoten oder Kanten Bewertungen λ_j oder c_{ij} zugeordnet sind. Mittels Bewertungen können beispielsweise Zeiten, Gewinne, Kosten oder Kapazitäten ausgedrückt werden.

6.3.1.2
Gerichteter Graph

In einem gerichteten Graphen wird allen Kanten eine bestimmte Richtung zugeordnet. Durch die jeweilige Richtung aller Kanten wird eine Abfolge von Knoten und Kanten bestimmt. Durch die Richtungszuordnung aller Kanten können für alle Knoten jeweils ein oder mehrere Vorgänger und Nachfolger bestimmt werden.

144   6 Projektplanungs-Techniken

Allgemein gilt, dass ein gerichteter Graph G = (X, U) ein abstrakter Graph ist, für alle dessen Knoten x_i aus der Knotenmenge X gilt:

- $x_j \in V(x_i)$ ist ein Element der Vorgängermenge von x_i
- $x_j \in N(x_i)$ ist ein Element der Nachfolgermenge von x_i

Wird den Kanten keine Richtung zugeordnet, so liegt ein ungerichteter Graph vor. In diesem Fall ist die Richtung der Kanten irrelevant und zwischen Paaren von Knoten liegen ungeordnete Relationen vor.

Auf Basis einer Vorgängermenge $V(x_i)$ bzw. einer Nachfolgermenge $N(x_i)$ von x_i kann

- $V^2(x_i)$ als Menge der Vorgänger der Vorgänger und
- $N^2(x_i)$ als Menge der Nachfolger der Nachfolger von x_i

definiert werden. Verallgemeinert gilt für Vorgänger und Nachfolger

- $V^n(x_i) = V(\,V^{n-1}(\,x_i)\,)\,)$ und
- $N^n(x_i) = N(\,N^{n-1}(\,x_i)\,)\,)$ für alle $n \geq 2$.

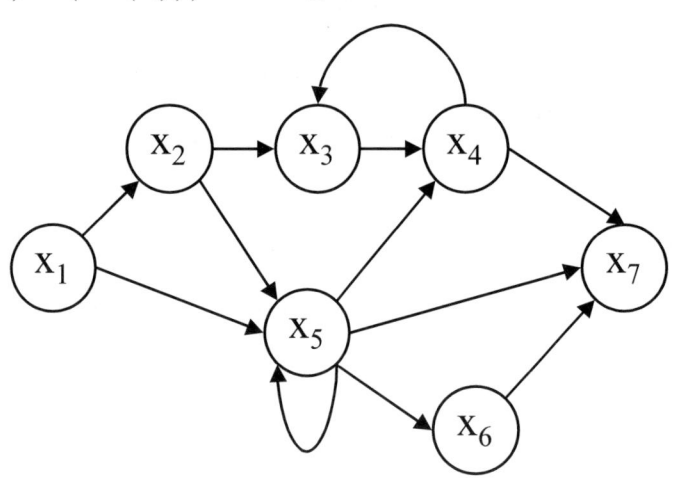

Abb. 6-3: Beispiel für einen gerichteten Graphen

In der Abb. 6-3 ist ein Beispiel für einen gerichteten Graphen mit sieben Knoten dargestellt. Für alle Knoten dieses Graphen können Vorgänger und Nachfolger bestimmt werden:

- $V(x_1) = \emptyset$, der Knoten x_1 hat keine Vorgänger
- $N(x_2) = \{x_3, x_5\}$, Nachfolgermenge des Knoten x_2

- $V^2(x_4) = V(x_3) \cup V(x_5) = \{x_2, x_4\} \cup \{x_1, x_2, x_5\} = \{x_1, x_2, x_4, x_5\}$, Vorvorgängermenge des Knoten x_4
- $N(x_4) = \{x_3, x_7\}$, Nachfolgermenge des Knoten x_4
- $V(x_7) = \{x_4, x_5, x_6\}$, Vorgängermenge des Knoten x_7
- ...

In einem gerichteten Graphen werden alle Knoten mittels gerichteter Kanten verbunden. Bei der Verbindung von Knoten untereinander wird unterschieden zwischen einem Weg, einem Pfad, einem Zyklus und einem Nullgraphen:

- Als Nullgraph wird der Graph bezeichnet, der lediglich aus einem Knoten ohne Kanten besteht. Bei dem Nullgraphen handelt es sich um die kleinste Ausprägung eines Graphen.
- Ein Weg $\beta = [x_i, x_j]$ ist eine Folge von Kanten, die zwei Knoten ohne Berücksichtigung ihres Richtungssinnes miteinander verbindet.
- Ein Pfad $\mu = [x_i, x_j]$ ist ein Weg zwischen zwei Knoten, der in einer Richtung durchschritten werden kann.
- Ein Zyklus (Schleife) $\mu = [x_i, x_j]$ ist ein Pfad zwischen zwei Knoten, bei dem der Anfangs- und der Endknoten identisch sind ($x_i = x_j$).

Ein Graph wird als zusammenhängend bezeichnet, wenn zwischen allen Knoten eines Graphen ein Weg existiert. Für alle Knoten $x_i, x_j \in X$ gibt es bei einem zusammenhängenden Graphen einen Weg $\beta = [x_i, x_j]$.

6.3.1.3
Netzwerk

Unter Nutzung der vorherigen Definitionen kann ein Netzwerk als endlicher, gerichteter, zusammenhängender und bewerteter Graph $G = (X, U)$ charakterisiert werden. Für ein Netzwerk müssen die folgenden Bedingungen erfüllt sein:

1. Die Anzahl der Knoten des Graphen ist endlich, $|X| < \infty$.
2. Der Graph $G = (X, U)$ ist zusammenhängend.
3. Es existiert mindestens ein Knoten $x_0 \in X$, der keinen Vorgänger besitzt und für den folglich $V(x_0) = \emptyset$ gilt. Dieser Knoten kann als Netzwerkeingang bezeichnet werden.
4. Es existiert mindestens ein Knoten $x_0 \in X$, der keinen Nachfolger hat und für den somit $N(x_0) = \emptyset$ gilt. Dieser Knoten kann als Netzwerkausgang bezeichnet werden.

5. Der Graph G = (X, U) ist kein Nullgraph.
6. Den Knoten und/oder den Kanten sind Bewertungen λ_j für alle Knoten oder c_{ij} für alle Kanten $u_k = (x_{ik}, x_{jk}) \in U$ zugeordnet.

Die im Folgenden behandelten Methoden der Netzplantechnik basieren auf Vorgangspfeilnetzen, Vorgangsknotennetzen oder Ereignisknotennetzen, die alle die Voraussetzungen eines Netzwerkes erfüllen.

6.3.2
Critical Path Method (CPM)

Häufig wird die Critical Path Method (CPM) als Verfahren der Netzplantechnik zur Planung von Projekten eingesetzt. Sie überträgt die Techniken von Vorgangspfeilnetzen auf die Projektarbeit. Bei der Critical Path Method erfolgt die Repräsentation

- von Vorgängen als Kanten und
- von Ereignisse als Knoten.

6.3.2.1
Bestandteile eines CPM-Netzplanes

Entsprechend der Graphentheorie werden Vorgänge mittels Ereignissen verknüpft. Hieraus resultiert, dass jedem Vorgang genau ein Anfangs- und ein Endereignis zugeordnet wird. Jedem Vorgang wird eine Richtung entsprechend dem Zeitfluss zugewiesen. Jedes Ereignis kann zwei Zustände annehmen; es kann eingetreten sein oder nicht.

Ist ein Ereignis eingetreten, so können alle Vorgänge, die dieses Ereignis als Anfangsereignis haben, ausgeführt werden. Ansonsten kann mit der Ausführung eines Vorganges noch nicht begonnen werden. Ein Ereignis tritt ein, wenn der Vorgang, der in dieses Ereignis mündet, beendet ist.

Mehrere Vorgänge können in einem Ereignis enden, somit haben diese Vorgänge dasselbe Endergebnis. Darüber hinaus können mehrere Vorgänge ihren Ursprung in einem Ereignis finden und haben folglich ein identisches Anfangsergebnis.

Münden mehrere Vorgänge in einem Endereignis, so tritt dieses Ereignis erst dann ein, wenn alle vorhergehenden Vorgänge abgeschlossen worden sind. Folglich kann ein Vorgang erst dann ausgeführt werden, wenn alle vorhergehenden Vorgänge bereits abgeschlossen sind. Das Anfangsereignis dieses Vorganges ist identisch mit den Endereignissen der direkt vorhergehenden Vorgänge. Hierbei bilden die ersten Vorgänge eine Ausnahme, da diese keine vorhergehenden Vorgänge haben. Deren Anfangsereignisse bilden die Eingänge des Netzwerkes.

Alle Vorgänge mit einem gemeinsamen Anfangsereignis können parallel ausgeführt werden, wenn dieses einheitliche Anfangsereignis eingetreten ist.

In CPM-Netzplänen liegt eine klare Vorwärtsorientierung vor, d.h. dass jeder Vorgang grundsätzlich nur einmal ausgeführt wird. Sollen gleiche Tätigkeiten öfter hintereinander umgesetzt werden, so sind diese mehrmals als Vorgänge auszuprägen. Hieraus resultiert, dass CPM-Netzpläne keine Zyklen (Schleifen) aufweisen können.

Zur besseren Übersichtlichkeit von Netzplänen können so genannte Scheinvorgänge eingeführt werden. Diesen Scheinvorgängen wird keine Bezeichnung zugeordnet. Ihre Ausführung erfordert keinerlei Aufwand, somit weisen Scheinvorgänge eine Nulldauer auf. Sie können eingesetzt werden, um die zeitliche Reihenfolge zweier Ereignisse klar zu fixieren, ohne dass zwischen den Ereignissen ein Vorgang stattfindet. Haben zwei Vorgänge ein gemeinsames Anfangs- und Endereignis, so müssen zwingend zur eindeutigen Abgrenzung Scheinvorgänge eingeführt werden.

Liegen Abhängigkeiten innerhalb von Vorgängen vor, so sind diese in mehrere Vorgänge aufzusplitten. Dies ist der Fall, wenn ein Vorgang erst dann begonnen werden kann, nachdem ein anderer Vorgang zu einem bestimmten Teil abgeschlossen sein muss. Eine gänzliche Ausführung des bedingenden Vorganges wäre in diesem Fall nicht erforderlich. Die vorhergehenden Tätigkeiten sind zu identifizieren und der Vorgang ist an dieser Stelle in zwei Vorgänge mit einem verbindenden Ereignis aufzuteilen.

In der Regel erfolgt die Symbolisierung von Ereignissen durch Kreise und die Darstellung von Vorgängen durch Pfeile entsprechend ihrem Richtungssinn. Durch die Verknüpfungen von Ereignissen und Vorgängen werden die Abläufe innerhalb eines Projektes beschrieben. Im Unterkap. 6.1 wurden im Rahmen der Listentechnik die Vorwärts-, die Rückwärtsterminierung und die Bestimmung eines kritischen Pfades behandelt. Die resultierenden Ergebnisse werden bei der Critical Path Method direkt verwendet.

Zur sicheren Abgrenzung von Ereignissen wird jedem Ereignis eine bestimmte frei wählbare Ereignisnummer zugeordnet. Darüber hinaus wird jedem Ereignis ein Zeitwert aus der Vorwärtsterminierung und ein Wert aus der Rückwärtsterminierung zugeordnet. Aufgeführt wird der früheste und der späteste Zeitpunkt, an dem das Ereignis eintreten kann. Einzelne Vorgänge werden unterschieden durch eine Beschreibung des Vorganges und einer jeweiligen Vorgangsdauer (s. Abb. 6-4).

6 Projektplanungs-Techniken

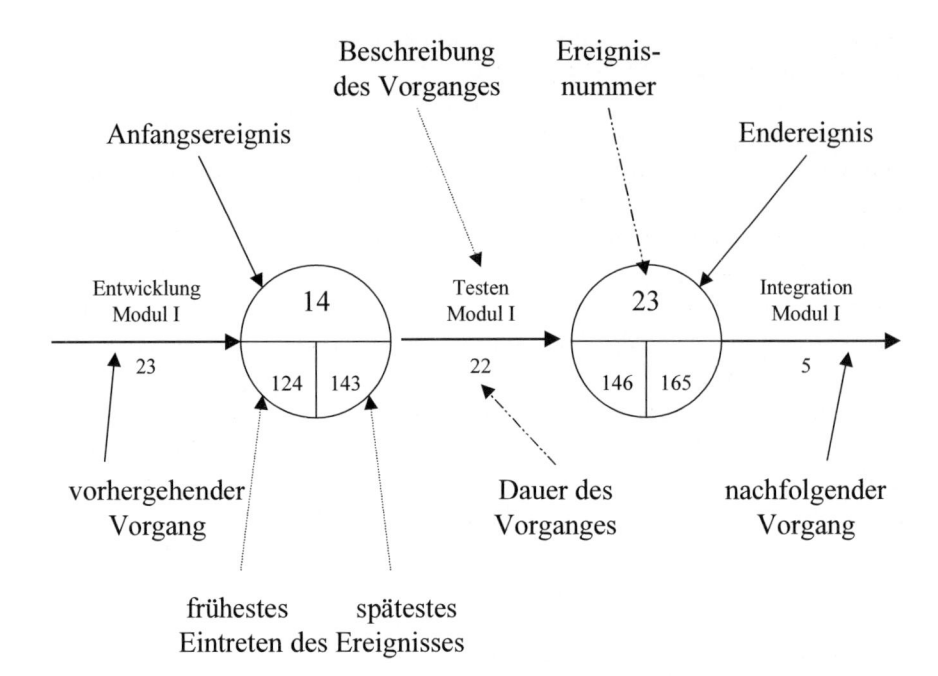

Abb. 6-4: Bestandteile eines CPM-Netzplanes

Bei einem CPM-Netzplan handelt es sich um ein Netzwerk entsprechend der Graphentheorie. Die im Unterkap. 6.3.1.3 aufgeführten Bedingungen für ein Netzwerk werden alle durch CPM-Netzpläne erfüllt:

- Die Anzahl der Knoten ist endlich, da Ereignisse (Knoten) dazu dienen Vorgänge miteinander zu verbinden. Da die Termine und Ressourcen eines Projektes begrenzt sind, sind folglich auch die umzusetzenden Aufgaben, also auch die Vorgänge, endlich.
- Sowohl Ereignisse als auch Vorgänge treten nur in Kombination zueinander auf, somit ist ein CPM-Netzplan zusammenhängend.
- Die Ausführung der im Planungsabschnitt zu koordinierenden Tätigkeiten soll zu einem vorgegebenen Zeitpunkt gestartet bzw. beendet werden. Der Startzeitpunkt des Planungsabschnittes bildet den Netzwerkeingang und der Endzeitpunkt den Netzwerkausgang des CPM-Netzplanes.
- Ein CPM-Netzplan kann aus praktischen Erwägungen nicht lediglich aus einem Knoten bestehen, da die Aufgabe gerade darin besteht einen Abschnitt mit allen seinen Tätigkeiten zu planen. Existieren im Abschnitt keine Tätigkeiten, so muss auch nichts koordiniert werden.
- Die Vorgänge (Kanten) werden bewertet, indem ihnen jeweils eine Vorgangsdauer zugeordnet wird. Scheinvorgängen wird eine Null-Dauer zugeteilt.

6.3.2.2
Erstellung eines CPM-Netzplanes

Ein CPM-Netzplan beruht auf den Informationen einer Vorgangsliste des zu planenden Projektabschnittes. Die Korrelationen der Vorgänge untereinander bestimmen die Struktur des Netzplanes. Sie werden grafisch dargestellt. Vorgänge werden durch einzuführende Ereignisse miteinander verknüpft. Die im Netzplan aufzuführende Bezeichnung und Dauer der einzelnen Vorgänge kann direkt der zugrunde liegenden Vorgangsliste entnommen werden. Die Vorgangsbezeichnung und -dauer entspricht der Bezeichnung und der Dauer des jeweiligen Arbeitspaketes.

Interessanter ist die Ermittlung der Zeitinformationen der Ereignisse. Wie im Unterkap. 6.1 beschrieben, werden der früheste und der späteste Anfangs- bzw. Endtermin eines Vorganges mittels der Vorwärts- und der Rückwärtsterminierung ermittelt. Die aufzuführenden Zeitwerte werden häufig auch als Vorwärts- und Rückwärtszeitwerte bezeichnet. Diese Daten werden direkt zur Bestimmung des frühesten und spätesten Eintretens eines Ereignisses genutzt.

Im unteren linken Feld eines Ereignisses wird jeweils der früheste Zeitpunkt eingetragen, an dem das Ereignis eintreten kann. Dieser Wert entspricht dem frühesten Anfangswert der Vorgänge, die das betrachtete Ereignis als Anfangsereignis zugeordnet bekommen haben. Bei einem Ereignis, das den Eingang eines Netzwerkes darstellt, wird im linken Feld der Null-Zeitpunkt verzeichnet. In einem direkt folgenden Ereignis wird entsprechend der Vorwärtsterminierung der früheste Zeitwert des Ereignisses zuzüglich der Dauer des Vorganges, die die zwei Ereignisse verbindet, eingetragen.

Münden in einem Ereignis mehrere Vorgänge, so wird der früheste Zeitwert unter Berücksichtigung aller eingehenden Vorgänge ermittelt. Er stellt den Wert dar, an dem alle einmündenden Vorgänge frühestens beendet sind.

Der so genannte Vorwärtszeitwert kann direkt aus der Vorgangsliste übernommen werden. Er entspricht dem übereinstimmenden frühesten Anfangswert aller Vorgänge, denen das betrachtete Ereignis als Anfangsereignis zugeordnet ist.

Die Ergebnisse aus der Rückwärtsterminierung werden zur Füllung des unteren rechten Feldes eines Ereignisknotens herangezogen. Den Startpunkt der Rückwärtsterminierung bildet der Netzwerkausgang, bei dem der früheste und der späteste Zeitpunkt des Eintretens übereinstimmen. Der späteste Zeitpunkt des Eintretens eines Ereignisses entspricht dem spätesten Anfangswert der Vorgänge, die das betrachtete Ereignis als Anfangsereignis zugeordnet bekommen haben.

Hier muss beachtet werden, dass nicht alle Vorgänge mit einem identischen Anfangsereignis über einen gleichen spätesten Anfangszeitwert verfügen

150   6 Projektplanungs-Techniken

müssen. Der niedrigste all dieser Werte ist zu ermitteln und in das rechte Feld des Ereignisknotens einzustellen.

Der Rückwärtswert eines Vorgängerknotens wird errechnet, indem der Vorgängerknoten den um die Dauer des Vorganges, der die Knoten miteinander verbindet, verminderten Wert des Nachfolgers erhält. Hat ein Ereignisknoten mehrere Nachfolgeknoten, so wird diesem Knoten der rechnerisch niedrigste Wert der Rückwärtsrechnung aller abgehenden Pfade zugewiesen.

Wurde richtig gerechnet, so wird der Zeitwert aus der Rückwärtsterminierung des Startereignisses (Netzwerkeingang) als Null-Zeitpunkt ermittelt.

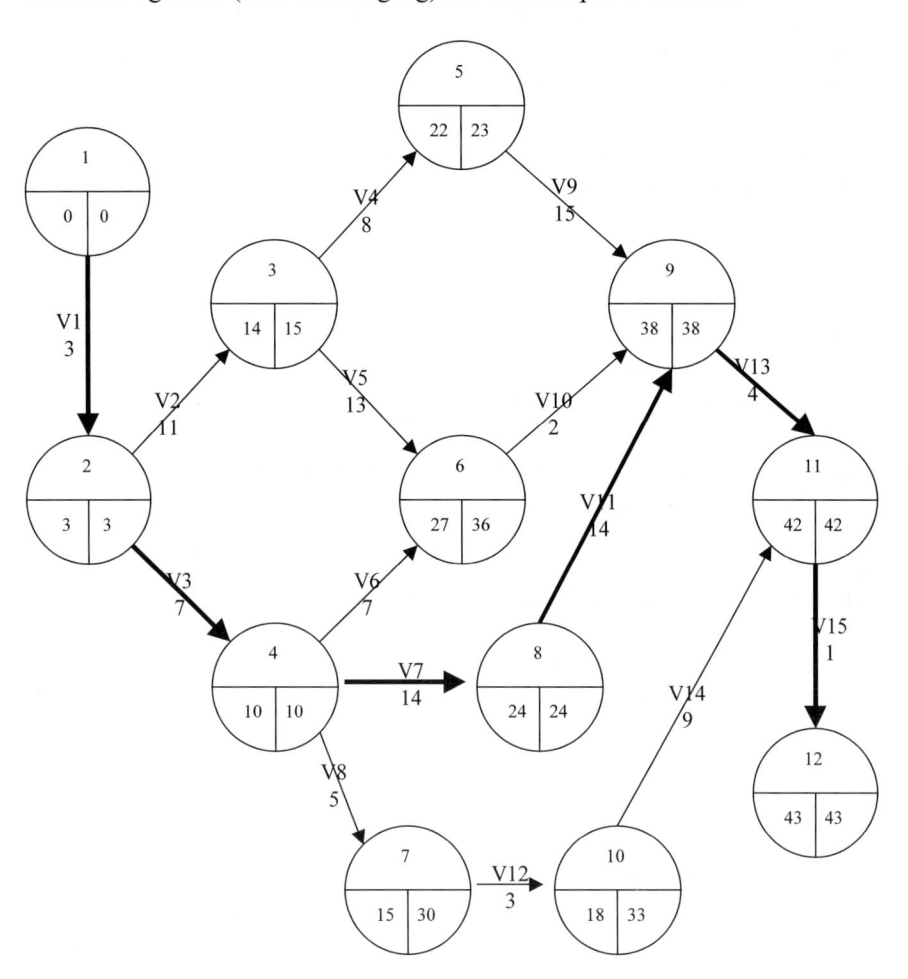

Abb. 6-5: Beispiel eines CPM-Netzplanes zur Visualisierung von Vorgangskorrelationen

Im Unterkap. 6.1 wurde eine exemplarische Vorgangsliste zur Veranschaulichung der Vorwärts- und Rückwärtsterminierung herangezogen. Die erhaltenen Ergebnisse werden in Abb. 6-5 in Form eines CPM-Netzplanes visualisiert.

Als kritischer Pfad wird der Pfad bezeichnet, auf dem alle Vorgänge ohne Zeitverzug ausgeführt werden müssen. Den betroffenen Vorgängen stehen keine Pufferzeiten zur Verfügung. Mit ihrer Ausführung muss unmittelbar begonnen werden. In einem CPM-Netzplan können mehrere kritische Pfade vorliegen. Ein kritischer Pfad wird identifiziert, indem die Zeitwerte aus der Vorwärts- und aus der Rückwärtsterminierung betrachtet werden. Bei einem Pfad vom Netzwerkeingang zum -ausgang stimmen die Zeitwerte für das früheste und das späteste Eintreten jedes Ereignisses überein.

Das Vorliegen eines kritischen Pfades wird grafisch durch eine abweichende Darstellung der Vorgangspfeile visualisiert. In der Abb. 6-5 sind die Vorgänge auf dem kritischen Pfad durch einen stärker konturierten Pfeil veranschaulicht.

Ein Ereignis wird als kritisch bezeichnet, wenn dessen frühester und spätester Zeitpunkt für das Eintreten übereinstimmen. Vorgänge, deren Anfangs- und Endereignis kritisch sind, sind ebenfalls kritisch.

Die Differenz der Zeitwerte eines Ereignisses gibt dessen Pufferzeit an. Sie besagt, um wie lange der Beginn der direkt folgenden Vorgänge höchstens zeitlich verschoben werden kann, ohne dass der vorgegebene Endtermin tangiert wird. Die kritischen Ereignisse können grundsätzlich keine Pufferzeit aufweisen, da eine zeitliche Verschiebung eines Ereignisses des kritischen Pfades die Nicht-Einhaltung des gesetzten Endtermins bedeutet.

6.3.2.3
Scheinvorgänge in CPM-Netzplänen

Zuvor wurde bereits angesprochen, dass Scheinvorgänge zwingend eingefügt werden müssen, wenn zwei Vorgänge die identischen Anfangs- und Endereignisse haben. Ein Hinzufügen von Scheinvorgängen und Ereignissen zur Verknüpfung ist erforderlich, da ansonsten die Ergebnisse der Vorwärtsterminierung in einem CPM-Netzplan keine korrekte Berücksichtigung finden würden.

In der Abb. 6-6 ist ein Ausschnitt eines CPM-Netzplanes einschließlich Scheinvorgängen aufgeführt. Die Ereignisse mit den Nummern 10 und 11 stellen die Anfangs- und Endereignisse der Vorgänge K und L dar. Da ihre Ausführungen unterschiedliche Zeitdauern benötigen, könnten ohne Einfügen der Scheinvorgänge und der zusätzlichen Ereignisse nicht die Informationen aus der Vorwärtsterminierung dargestellt werden.

6 Projektplanungs-Techniken

In dem Beispiel hat das Ereignis mit der Nummer 10 den Zeitwert 17 aus der Vorwärtsterminierung. Die Berechnungsvorschrift für die Vorwärtsterminierung besagt, dass der direkt folgende Ereignisknoten als Vorwärtswert den Wert des vorhergehenden Knoten zzgl. der jeweiligen Vorgangsdauer zugeordnet bekommt. Hier werden die Ereignisse 10-1 und 10-2 eingefügt, die die Ergebnisse der Vorwärtsrechnung aufnehmen.

Auf die Zeitwerte der Rückwärtsterminierung hat das Einfügen von Scheinvorgängen hingegen keinen Einfluss.

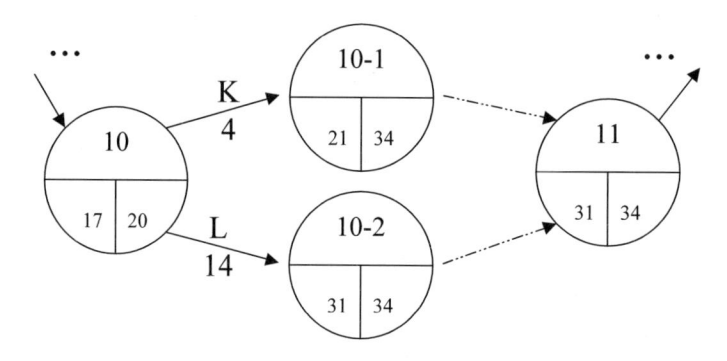

Abb. 6-6: Scheinvorgänge in einem CPM-Netzplan

6.3.2.4
Übersicht über die wichtigsten Konstruktionsregeln der CPM-Methodik

Zum Schluss dieses doch etwas schwierigeren Kapitel über die CPM-Methodik werden für den Anwender kurz und markant die wichtigsten Konstruktionsregeln dieser Technik erklärt, obwohl sie implizit schon im Kapitel 6.3.2.1 aufgeführt wurden. Die Demonstration durch Grafiken (siehe Abb. 6-7 bis Abb. 6-9) trägt zur Vermeidung häufig gemachter Fehler bei. Insofern bietet dieses Kapitel eine kurze Zusammenfassung der wichtigsten Konstruktionsregeln:

- Regel 1: Ein Vorgang kann erst dann beginnen, wenn alle vorangehenden Vorgänge abgeschlossen sind. Dabei fällt, mit Ausnahme des ersten Vorgangs, das Anfangsereignis mit dem Endereignis des vorangehenden Vorgangs zusammen.

- Regel 2: Müssen mehrere Vorgänge beendet sein, bevor ein weiterer Vorgang beginnen kann, so enden sie im Anfangsereignis des nachfolgenden Vorgangs.

- Regel 3: Können mehrere Vorgänge beginnen, nachdem ein vorangehender Vorgang beendet ist, so beginnen sie im Endereignis des vorangehenden Vorgangs.
- Regel 4: Haben ein oder mehrere Vorgänge gemeinsame Anfangs- und Endereignisse, so ist ihre eindeutige Kennzeichnung durch Einfügen von Scheinvorgängen zu gewährleisten. (siehe Abb. 6-7)

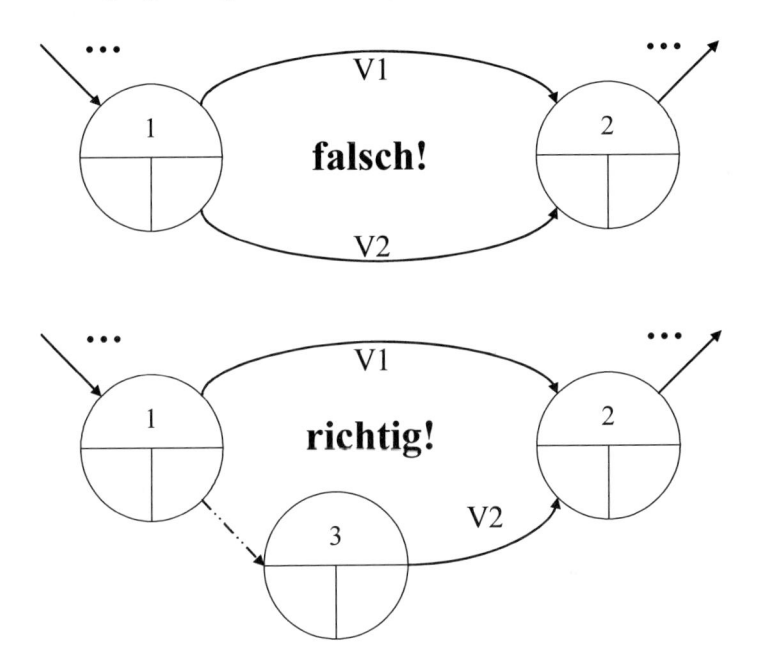

Abb. 6-7: Konstruktionsregel 4 der CPM-Methodik

- Regel 5: Beginnen und enden in einem Ereignis mehrere Vorgänge, die nicht alle voneinander abhängig sind, so ist der richtige Ablauf durch Auflösung der Abhängigkeiten mittels Scheinvorgängen darzustellen. (siehe Abb. 6-8)
- Regel 6: Innerhalb einer Folge von Vorgängen können beliebig viele Scheinvorgänge eingefügt werden. Sie dienen neben der logischen Verknüpfung auch der besseren Übersicht.

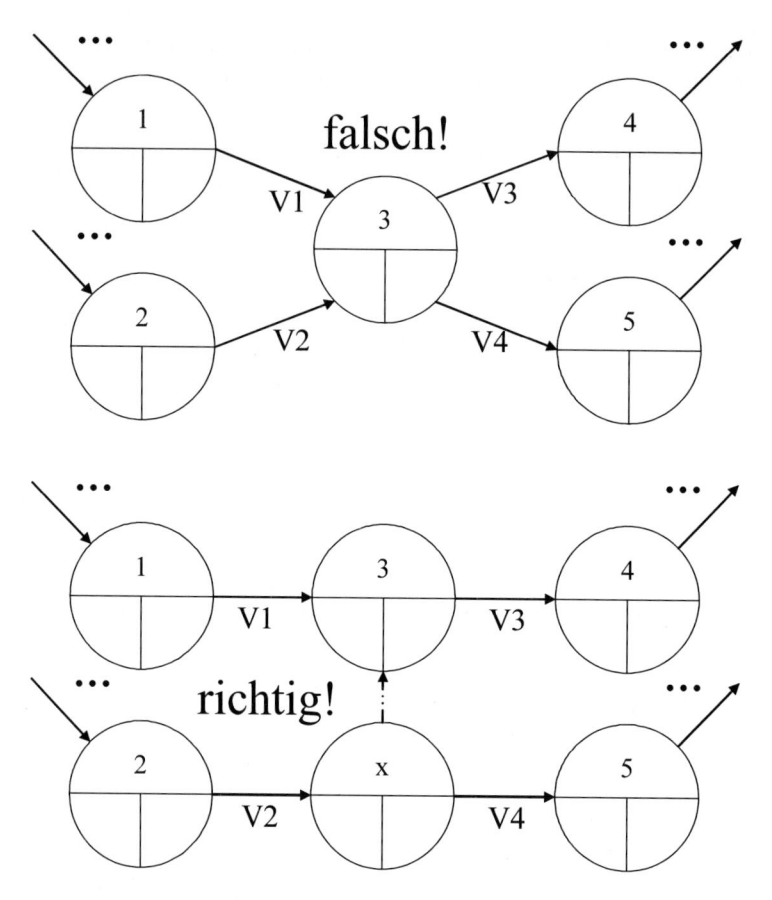

Abb. 6-8: Konstruktionsregel 5 der CPM-Methodik

- Regel 7: Kann ein Vorgang beginnen, bevor der vorangehende vollständig beendet ist, so ist der vorangehende weiter zu unterteilen, damit ein „Zwischen-Ergebnis" definiert wird. (siehe Abb. 6-9)
- Regel 8: Jeder Vorgang kann nur einmal ablaufen. Daher dürfen im CPM-Netzplan keine Schleifen auftreten.

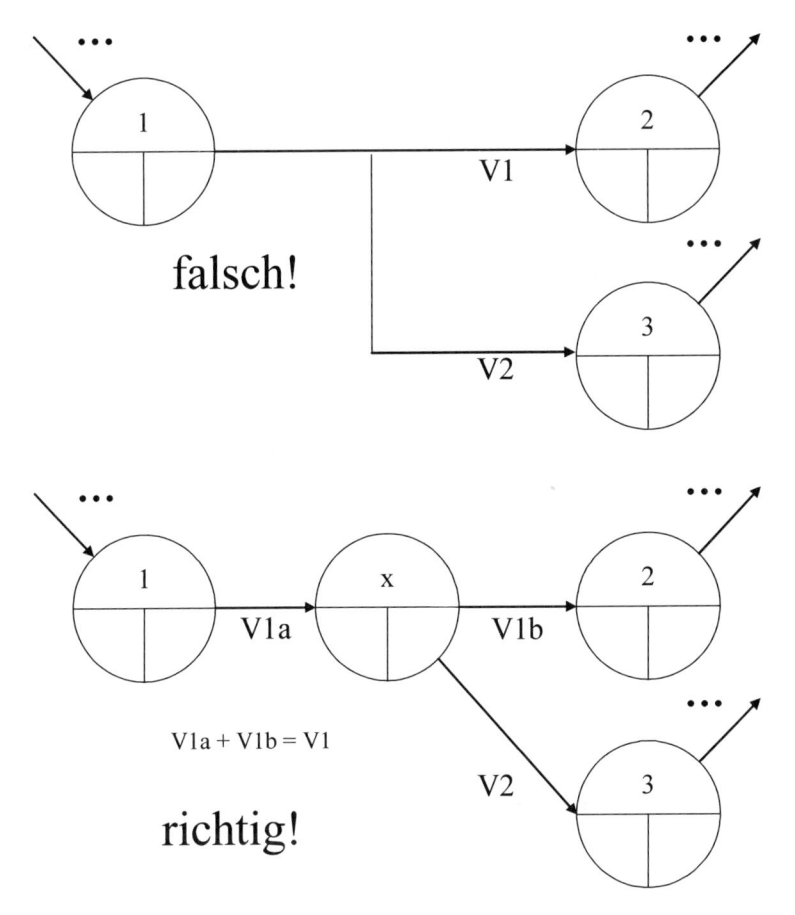

Abb. 6-9: Konstruktionsregel 7 der CPM-Methodik

6.3.3
Metra Potential Method (MPM)

Vorgangsknotennetze werden im Rahmen von Projekten unter Einsatz der Metra Potential Method (MPM) verwandt. Der Hauptfokus dieser Methode liegt analog den CPM-Netzplänen auf den zu koordinierenden Vorgängen. Deren Repräsentation erfolgt allerdings mittels Knoten. Alle Informationen werden in den Knoten dargestellt. Die Kanten haben lediglich die Rolle, die Ablaufbeziehungen der einzelnen Vorgänge untereinander auszudrücken. Entsprechend dem zeitlichen Richtungssinn werden diese als Pfeile repräsentiert. Bei einem MPM-Netzplan handelt es sich um ein Netzwerk entsprechend der Graphentheorie.

6 Projektplanungs-Techniken

In die Knoten eines MPM-Netzplanes werden direkt die Vorgangsinformationen eingestellt, die im Rahmen der Listentechnik durch die Vorwärts- und Rückwärtsterminierung ermittelt wurden (vgl. Kap. 6.1). Hierzu zählen der früheste und der späteste Anfangs- bzw. Endtermin eines Vorganges. Konvertierungen dieser Termininformationen sind nicht erforderlich, sie können unmittelbar aus einer Vorgangsliste mit Zeitdaten zur Knotenfüllung entnommen werden. Abb. 6-10 zeigt einen möglichen Aufbau eines Knotens. Den Kanten eines MPM-Netzplanes werden keine Informationen zugeordnet.

Softwarelösungen, die das MPM-Verfahren unterstützen, führen häufig in den Knoten nur eine Auswahl der Termininformationen auf oder bieten zusätzliche Informationen. In der Regel werden dem Nutzer verschiedene Darstellungsformen zur Auswahl gestellt.

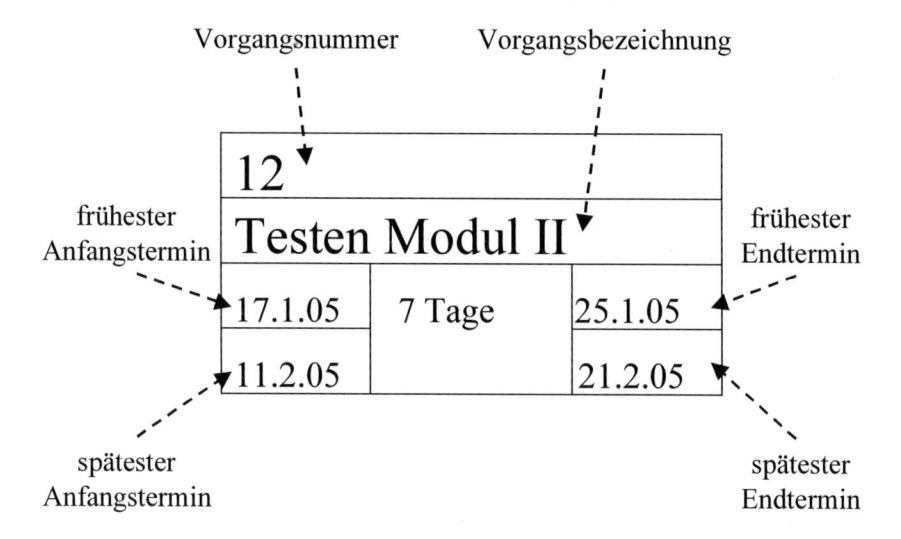

	Vorgangsnummer	Vorgangsbezeichnung	
	12		
frühester Anfangstermin	Testen Modul II		frühester Endtermin
	17.1.05	7 Tage	25.1.05
	11.2.05		21.2.05
spätester Anfangstermin			spätester Endtermin

Abb. 6-10: Bestandteile eines MPM-Knotens

Durch die direkte Datenübernahme der Knoteninformationen aus einer entsprechenden Vorgangsliste ist es offenkundig, dass ein MPM-Netzplan eine direkte Visualisierung der Vorgangsbeziehungen darstellt. Entsprechend verhält es sich mit den zuvor besprochenen leistungsfähigen Balkendiagrammen der PLANNET-Technik (vgl. Kap. 6.2).

Aufgrund der identischen Datenbasis und der nicht erforderlichen Umkonvertierungen unterstützt in der Regel Projektunterstützungs-Software neben den Diagrammen der PLANNET-Technik auch MPM-Netzpläne. Dem Leser sei es überlassen, ob er PLANNET oder MPM-Lösungen den Vorzug gibt. Zu empfehlen ist ein kombinierter Einsatz.

In Abb. 6-11 werden die Korrelationen der Vorgänge des in diesem Kap. verwandten Beispiels durch einen MPM-Netzplan dargestellt. Zur Erstellung des Planes wurde das Programm Microsoft Project 2002 verwandt. Um die Zusammenhänge der Vorgänge untereinander herauszuarbeiten, wurden hier alle Vorgangsinformationen bis auf die Vorgangsnummer ausgeblendet. Darüber hinaus können auch die Bestandteile der Vorgangsknoten gezeigt werden. Die Kanten auf dem kritischen Pfad werden durch eine stärkere Zeichnung dargestellt. Mittels anderer Softwarelösungen können entsprechende Ergebnisse erzielt werden.

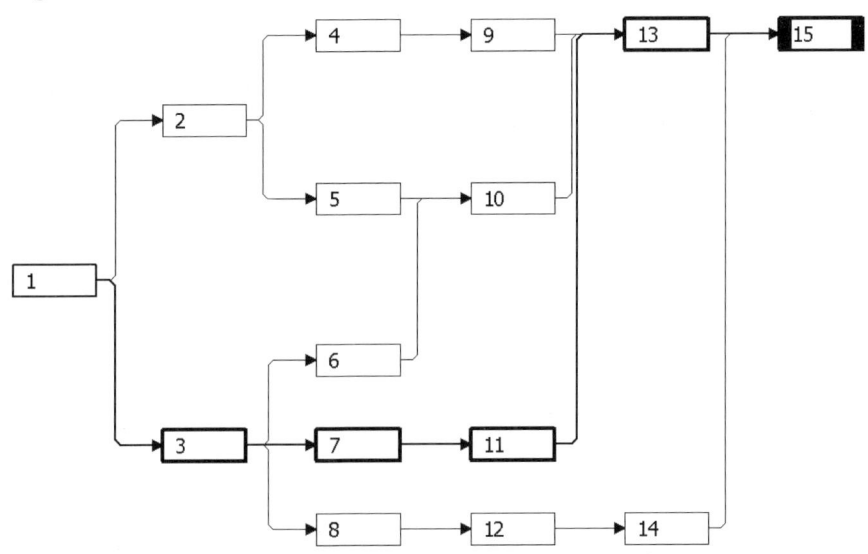

Abb. 6-11: Ausschnitt eines MPM-Netzplanes

6.3.4
Program Evaluation and Review Technique (PERT)

Im Gegensatz zu den bisher betrachteten Netzwerken liegt der Fokus bei den Ereignisknotennetzen auf der Planung von Ereignissen, die durch Knoten repräsentiert werden. Je nach Abhängigkeiten einzelner Arbeitspakete untereinander werden einzelne Ereignisse durch Pfeile miteinander verbunden. In der Regel werden Ereignisknotennetze zur Planung von Projekten unter Einsatz der Program Evaluation and Review Technique (PERT) verwandt.

Die meisten Informationen über Arbeitspakete und ihre Abläufe werden durch Ereignisknoten dargestellt. Die Bezeichnung von Vorgängen findet hier keine Berücksichtigung. Den Pfeilen wird lediglich die Dauer des zugrunde liegenden Vorganges zugeordnet. Darüber hinaus dienen sie dazu, die Ablaufabhängigkeiten einzelner Ereignisse aufzuzeigen. Hieraus resultiert, dass die

158 6 Projektplanungs-Techniken

Vorgänge der Listentechnik nicht unmittelbar durch ein Ereignisknotennetz dargestellt werden können.

Da eine direkte Ausweisung von Vorgängen nicht möglich ist, müssen die Informationen durch geeignete Ereignisknoten ausgedrückt werden. Hierzu werden jedem Arbeitspaket, dessen Umsetzung mittels eines Vorganges geschieht, ein Vorereignis und ein Nachereignis zugeordnet. Sind die drei Vorgänge „Entwicklung Modul I", „Testen Modul I" und „Integration Modul I" sequentiell nacheinander auszuführen, so können dem eingeschlossenen Vorgang beispielsweise

- das Vorereignis „Beendigung Entwicklung Modul I" und
- das Nachereignis „Beendigung Testen Modul I"

zugeordnet werden.

Ereignisknoten wird jeweils eine Ereignisnummer, eine Ereignisbenennung und ein frühester und spätester Ereigniszeitpunkt zugeordnet. In Abb. 6-12 ist ein Ausschnitt eines Ereignisknotennetzes dargestellt.

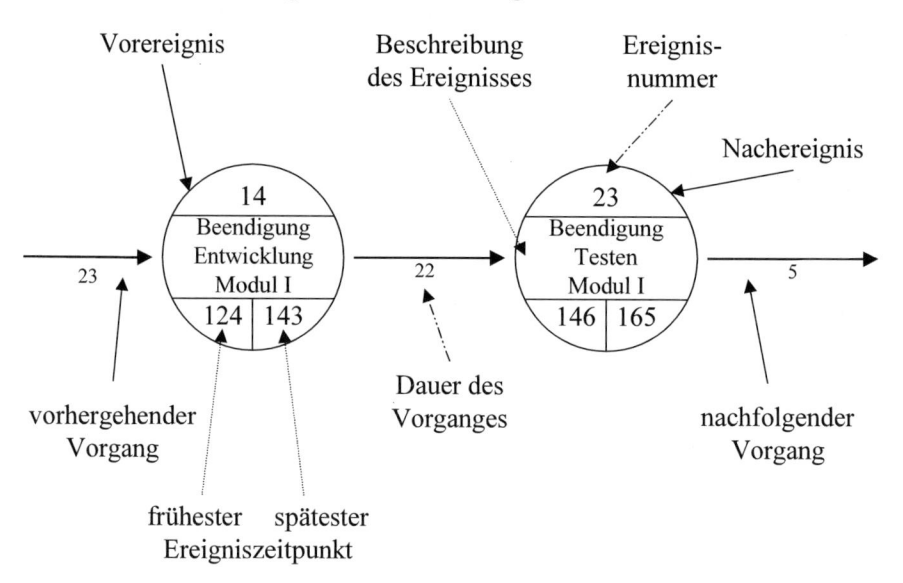

Abb. 6-12: Ausschnitt eines PERT-Netzplanes

Die Berechnung der frühesten und spätesten Ereigniszeitpunkte erfolgt auf Basis der zuvor beschriebenen Vorwärts- und Rückwärtsrechnung. Die Bildung der Zeitpunkte der Ereignisse geschieht analog zu der Kalkulation von Ereignissen von Vorgangspfeilnetzen.

Wie bei anderen Netzwerken auch, werden die Knoten und Pfeile auf einem kritischen Pfad durch eine abweichende Farbe bzw. Konturierung hervorgehoben.

Dem Einsatz des CPM- oder des MPM-Verfahrens ist gegenüber dem PERT-Verfahren der Vorzug zu geben, wenn die umzusetzenden Aufgaben eines Planungsabschnittes durch die Ausprägung von Arbeitspaketen erfolgt. Die Vorgänge zur Ausführung der gebildeten Arbeitspakete liegen direkt im Hauptfokus des Planungsinteresses des CPM- und des MPM-Verfahrens. Im Gegensatz zum PERT-Verfahren müssen nicht zusätzliche Ereignisse beschrieben werden.

6.4 Zusammenfassung

Im diesem Kap. wurden verschiedene Projektplanungs-Techniken dargestellt. Unterstützung bieten die Listentechnik, die Balkendiagrammtechnik und die Netzplantechnik. Grundsätzlich kann eine Planung mittels aller Techniken durchgeführt werden. Hierbei stellt die Listentechnik die einfachste der drei behandelten Techniken dar.

Durch Vorwärts- und Rückwärtsterminierung, Ausweisung von Pufferzeiten und Herleitung eines kritischen Pfades erfolgt eine sinnvolle Planung der zu koordinierenden Tätigkeiten eines Planungsabschnittes. Die Ergebnisse der Listentechnik stellen eine Datengrundlage für die Balkendiagrammtechnik und die Netzplantechnik dar, die zur Visualisierung der Korrelationen einzelner Vorgänge untereinander eingesetzt werden können.

Balkendiagramme stellen eine einfach umzusetzende Visualisierung der Vorgänge und ihrer Beziehungen dar. Unterschieden wird zwischen Diagrammen entsprechend der Gantt- und der PLANNET-Technik. Dem Einsatz der PLANNET-Technik sollte der Vorzug gegeben werden, da diese die Abläufe und Pufferzeiten im Gegensatz zur Gantt-Technik repräsentiert.

Bei der Netzplantechnik wird zwischen Vorgangspfeilnetzen, Vorgangsknotennetzen und Ereignisknotennetzen einschließlich ihrer Verfahren zur Projektplanung unterschieden. Die Erstellung aller Netze erfolgt am sinnvollsten auf der Basis der Ergebnisse der Listentechnik. Nach Meinung der Autoren sollte hierbei der Metra Potential Method (MPM), einem Verfahren zur Projektplanung auf Basis der Vorgangsknotennetze, der Vorzug gegeben werden. Der Vorteil von MPM-Netzplänen ist, dass diese direkt ohne jegliche Umkonvertierung auf Basis der Ergebnisse der Listentechnik erstellt werden können.

Der Einsatz von Balkendiagrammen und Netzplänen erfolgt effektiv unter Einsatz von Projektunterstützungs-Software. Von einer manuellen Erstellung von Diagrammen und Netzplänen ist abzuraten, da häufig selbst aus kleinen Änderungen eine Neuerstellung resultiert.

Bei einer Entscheidung, welche Technik im Rahmen eines Projektes eingesetzt werden soll, muss der Umfang des Projektes, die Anzahl der zu koordinierenden Vorgänge und deren Korrelationen und eine zur Verfügung stehende Softwarelösung berücksichtigt werden. Zur besseren Übersichtlichkeit sollten bei Projekten ab 20 Vorgängen Diagramme entsprechend der PLANNET-Technik oder Netzpläne zum Einsatz kommen.

Balkendiagramme haben den Vorteil, dass sie leicht erstellt werden können und Vorgänge über der Zeitachse proportional zu ihrem Auftreten und ihrer Dauer zeigen. Nachteilig ist, dass Balkendiagramme bei sehr vielen Vorgangskorrelationen ihre Übersichtlichkeit verlieren. Bei der Koordination sehr vieler Vorgangskorrelationen bieten die Verfahren der Netzplantechnik eine aussagekräftigere Veranschaulichung.

7 Führung von IT-Projekten

Führen bedeutet, Menschen dazu zu veranlassen, bestimmte Handlungen auszuführen bzw. bestimmte Verhaltensweisen zu zeigen. Dazu bedient man sich bestimmter Verfahren und Methoden.

Dieser Versuch einer Definition zeigt, dass Führung immer eine personelle und funktionale Komponente hat. Die personelle Komponente hat immer einen stark individuellen Charakter.

Im Vordergrund des Einsatzes der menschlichen Arbeitskraft stand über viele Jahrzehnte allein die Leistungskomponente, d.h. die physische Leistungskraft. Synonym für diese Auffassung ist die Bezeichnung des „Menschen als Produktionsfaktor". Die Fertigungsmethoden wurden auf Schnelligkeit und Effizienz getrimmt, die Menschen mussten sich diesem anpassen. Kennzeichnend für diese Situation war die industrielle Massenfertigung, als produktivste Fertigungsmethode galt die Fließfertigung. Die zu erfüllende Gesamtaufgabe wurde in möglichst kleine einfache Einzelverrichtungen aufgeteilt, die es galt in möglichst kurzer Zeit zu erledigen. Das Schlagwort „Taylorismus" kennzeichnet diesen Status der Arbeitsorganisation.

Die Identifikation der Mitarbeiter mit dem Unternehmen und den Produkten war gering. Führung beschränkte sich i.d.R. auf reine Ergebniskontrolle. Soziologische Aspekte spielten keine Rolle.

Erfolgreiche Projektarbeit ist auf dieser Basis nicht möglich, dort werden Menschen mit Eigenverantwortlichkeit und Initiative gefordert. Soziologische Prozesse müssen in eine funktionale und eine menschliche Komponente aufgeteilt werden. Daraus erwächst ein erweitertes Anforderungsprofil an die Führungskräfte im IT-Bereich. Neben Kenntnissen der funktionalen Aspekte der Mitarbeiterführung müssen zumindest psychologische Grundkenntnisse vorhanden sein.

7.1
Führungsfunktions-Prozess

Die Gesamtaufgabe der Führung wird oftmals als Prozess, unterteilt in zusammenhängende Führungsfunktionen dargestellt. Die Aufteilung in der Literatur ist mannigfaltig und auch die Anzahl der Einzelfunktionen variiert, aber die Elementarfunktionen gelten unabhängig vom jeweiligen Führungsstil und -verhalten.

Im hier gewählten Beispiel besteht der so genannte Führungsfunktions-Prozess aus sechs logisch aufeinander folgenden Führungsfunktionen: 1. Ziele setzen, 2. Planen, 3. Entscheiden, 4. Vereinbaren, 5. Kontrollieren, 6. Korrigieren.

Mit der Zielsetzung definiert man das angestrebte Ziel, während der Weg zur Zielerreichung noch offen ist. Oft wird das Setzen von Zielen dem Bereich der Planung zugeordnet. Das dokumentiert der Ausdruck Zielplanung. Orientiert man sich an der Definition des Planungsbegriffes in Kap. 12.5.3 ist die o.a. Zuordnung berechtigt. Denn das Ziel wird definiert als Zukunftsentscheidung, auf unvollkommener Informationsbasis unter Unsicherheit. Dies sind die wesentlichen Elemente der Planung.

An das Ziel sind einige plausible Anforderungen zu stellen:

- vollständige Definition des Ziels bzgl. des zeitlichen, quantitativen und qualitativen Aspektes
- Erreichbarkeit des Ziels mit dem zur Verfügung gestellten Mitteleinsatz in quantitativer und qualitativer Sicht
- Eindeutigkeit des Ziels

Die Zielsetzung ist kein deklaratorischer Akt der Führungsinstanz. Der oft komplexe Zielfindungsprozess sollte im Team vollzogen werden, d.h. wenn möglich sollten die Projektmitarbeiter in diesen Prozess einbezogen werden, um die Identifikation der Mitarbeiter mit den Projektzielen zu erhöhen und dadurch die Motivation zu verbessern.

In der Planungsphase wird das Vorgehen umrissen, wie mit den determinierten Ressourcen das Projektziel erreicht werden soll.

Entscheiden heißt festlegen, aber auch auswählen. In diesem Sinn wird aus einem Alternativentableau, wenn vorhanden, die bestmögliche Handlungsmöglichkeit zur optimalen Zielerreichung ausgewählt und festgelegt.

```
┌──▶ Ziele setzen
│         │
├──▶   planen
│         │
├──▶ entscheiden
│         │
├──▶  vereinbaren
│         │
├──▶ kontrollieren
│         │
└──  korrigieren ◀┘
```

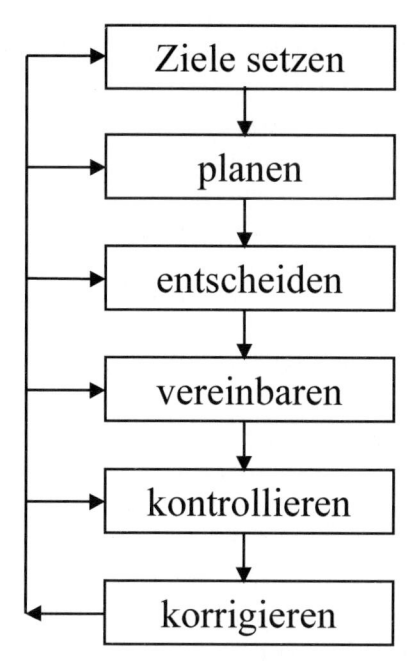

Abb. 7-1: Führungsfunktions-Prozess[39]

Vereinbaren heißt, die Tätigkeiten Personen zuzuordnen und den Handlungsrahmen festzulegen, der eine optimale Zielerreichung erwarten lässt.

Es ist selbstverständlich, dass die Aufgaben gemäß den Kenntnissen und Fähigkeiten der Mitarbeiter zugeordnet werden. Es dient der Motivation, wenn den Mitarbeitern bei der Ausführung der Tätigkeiten lediglich ein Rahmen vorgegeben wird. Aber auch das ist mitarbeiterspezifisch zu entscheiden.

Kontrolle wird hier lediglich als konsequenter Soll-Ist-Vergleich der erbrachten Leistungen verstanden. Bei kleineren Planabweichungen muss der Projektleiter zum Zeitpunkt des Feststellens sofort korrigierend bzw. steuernd eingreifen. Bei größeren Planabweichungen, die meist Außenwirkung haben, ist es eventuell erforderlich, die Zielsetzung oder die Planung usw. anzupassen.

7.2
Führungsstile und Führungsverhalten

Über Führungsstile und Führungsverhalten gibt es umfangreiche Literatur und auch die Typologie von Führungsstilen ist umfang- und variantenreich[40]. In den

---

[39] vgl. Jenny, Bruno: Projektmanagement in der Wirtschaft, 2001, S. 411

[40] vgl. Wöhe, Günter: Einführung allgemeine Betriebswirtschaftslehre, 2002, S. 254 ff.

Medien wird häufig zitiert, dass der angeführte Manager für seinen ruppigen Führungsstil, seinen konzilianten aber konsequenten Führungsstil usw. bekannt ist. Diese Ausführungen lassen den Schluss zu, dass Führungsstile stark geprägt sind von der Mentalität des Führenden. Der Begriff des charismatischen Führers trifft diese Sichtweise wohl am besten.

Generell versteht man unter Führungsstil eine von Dauer geprägte gleich bleibende Verhaltensweise der Führungspersönlichkeit gegenüber seinen Mitarbeitern. Die Anwendung eines bestimmten Führungsstiles gehört zu den immateriellen Führungsinstrumenten. Sie basiert auf einem bestimmten Menschenbild.

Aus der Vielzahl der möglichen Typologien von Führungsstilen werden

- der autoritäre,
- der kooperative und
- der Laisser-faire-Führungsstil

ausgewählt.

Der autoritäre Führungsstil ist durch die Begriffe Befehl (Anordnen) und Gehorsam (Ausführen) gekennzeichnet. Er ist der Führungsstil aller Streitkräfte und korreliert mit einer konsequenten Hierarchie. Er besticht durch seine Einfachheit, Klarheit und Effizienz. Er ist gekennzeichnet durch klare und eindeutige Befehlswege. Der Begriff Dienstweg kennzeichnet die Situation zutreffend. Alle Anordnungsbefugnis im Projekt geht allein vom Projektleiter aus. Meinungen, aber auch Erfahrungen der Projektmitarbeiter sind belanglos. Der Projektleiter steuert das Projekt durch detaillierte Arbeitsaufträge und gibt exakt vor, wer welche Aufgaben wie auszuführen hat. Für Initiative, Kreativität und Engagement der Mitarbeiter ist in diesem Führungsstil kein Platz. Sinnvoll und erfolgreich ist diese Art des Führens bei einfachen und sehr dringlichen Tätigkeiten – wo eine Diskussion über Vorgehensweise und die Auswahl der besten Lösungsalternative in Bezug auf die Zielerreichung kontraproduktiv wäre. Es gibt eben Situationen, in denen sofort entschieden und gehandelt werden muss.

Der in der Praxis bedeutendste Führungsstil ist der kooperative. Dieser Führungsstil wird unscharf auch als demokratischer Führungsstil bezeichnet.

Aufgrund dieser Bezeichnung dürfen keine Rückschlüsse auf die Form der Entscheidungsfindung getroffen werden. In einer Demokratie werden Entscheidungen über den Konsens oder über Mehrheitsbeschlüsse getroffen. Das trifft bei diesem Führungsstil nicht zu. Auch hier liegt die Entscheidungsbefugnis letztlich beim Projektleiter, aber die Projektarbeit ist Aufgabe des gesamten Teams. Vorgehen und Lösungsmöglichkeiten sind Teamarbeit. Bei dieser Vorgehensweise wird versucht das Potenzial der Mitarbeiter hinsichtlich Erfahrung,

Kenntnissen und Fähigkeiten optimal auszuschöpfen. Komplexe Aufgaben, die selbstständiges Arbeiten erfordern, werden so leichter bewältigt. Für IT-Projekte ist dieser Führungsstil besonders geeignet. Von Vorteil ist zudem, dass er dem Bild des Menschen als soziales Geschöpf besonders entspricht.

Der Laisser-faire-Stil ist kein Führungsstil, er ist lediglich eine Rahmenbedingung für das Projekt. Eine Führungskraft im eigentlichen Sinn gibt es nicht, der Projektleiter ist eher Mentor des Projektes. Insofern obliegt ihm eher die Betreuung des Projektes. Er macht keinerlei Vorgaben hinsichtlich Zielen oder Vorgehen. Er stellt lediglich die Mittel zur Verfügung. Die Mitarbeiter haben völlige Freiheit, was auch zur Orientierungslosigkeit führen kann. Dieser Stil setzt absolute Eigenständigkeit der Mitarbeiter voraus. In reiner Form wird dieser Führungsstil, wenn überhaupt, lediglich in Projekten der Grundlagenforschung angewendet. Diese Projekte sind dadurch gekennzeichnet, dass nur irgendein Problem gelöst werden soll. Vorgehensweise, Zeit und Mitteleinsatz ergeben sich innerhalb der gesetzlichen Rahmenbedingungen aus der jeweils zu lösenden Aufgabe. Wie Entscheidungen getroffen werden, die das gesamte Projekt betreffen, ist offen.

Bei der Durchführung eines Projektes ist es angebracht den Führungsstil situationsgerecht anzuwenden. Dies geschieht meist intuitiv und ist dem Projektleiter oft gar nicht bewusst. Dieses situative Führungsverhalten ist dadurch gekennzeichnet, dass bei den zu lösenden Aufgaben die konkrete Situation, die Führungsperson und das Verhalten der einzelnen Projektmitarbeiter sowie die Gruppenstruktur beachtet werden.

Dem Führungsverhalten können die signifikanten Ausprägungen einiger relevanter Merkmale des autoritären bzw. des kooperativen Führungsstils zugeordnet werden, wie z.B.:

- Delegation (niedrig – hoch)
- Information (minimal – umfassend)
- Vorgabe (Einzelanweisung – Ziele)

Führungsstil und Führungsverhalten sind also zusammenhängend zu sehen.

Nun stellt sich die Frage, ob es einen optimalen Führungsstil für IT-Projekte gibt. Diese Frage ist zu verneinen, allerdings gibt es einen Führungsstil, der sich in der Praxis durchgesetzt hat. Die meisten Projekte werden kooperativ geführt.

Generelle differenzierte Anforderungen an die Führungsfunktionen für Mitarbeiter des IT-Bereiches gibt es nicht. Gleichwohl sind spezielle Anforderungen an die Führungsaufgabe des IT-Projektleiters zu stellen. Die Komplexität der Führungsaufgaben des IT-Projektleiters ergibt sich aus der Personen- und Aufgabenorientierung. Allerdings, und das ist entscheidend, ist die Arbeitssituation in IT-Projekten eine andere als in Linienaufgaben. In Linienaufgaben überwiegen die so genannten Routinetätigkeiten. Solche Tätigkeiten gibt es in Projekten fast nicht.

Aufgrund der Komplexität der Aufgaben und des Zeit- und Kostendrucks, die zu einer Verdichtung der Arbeit führen, und einer unbedingten Erfolgsorientierung ergeben sich täglich neue Arbeits- und Entscheidungssituationen. In solchen Situationen ist der Projektleiter auf Informationen und Kooperation seiner Mitarbeiter angewiesen. Aus diesem Grund erweist sich in der Praxis ein kooperativer Führungsstil als am effektivsten. Der Projektleiter muss sein Führungsverhalten angemessen und situationsgerecht an der Dynamik der Projektarbeit ausrichten.

7.3 Motivation

In der Theorie wird der Entstehungsgrund für Motivation an der Mangelbehebung oder der Bedürfnisbefriedigung festgemacht. Eine gute Führungskraft zeichnet sich u.a. dadurch aus, dass es ihr gelingt nicht nur kurzfristige Leistungsanreize, was oftmals mit Geld gleichgesetzt wird, zu schaffen, sondern für ein langfristiges hohes Motivationsniveau der Mitarbeiter zu sorgen. Motivation der Projektmitarbeiter ist eine wichtige Voraussetzung für den Projekterfolg. Bei der Auswahl der Projektmitarbeiter sollte also sehr wohl beachtet werden, ob sie sich für eine Aufgabe begeistern können. Motivation hat also auch etwas mit Begeisterung zu tun.

Die Situation, dass alle, die mit dem Projekt zu tun haben, hoch motiviert sind, ist der Idealfall, aber nicht die Regel. So ist durchaus zu erkennen, dass Personen und Führungskräfte, die bereits in einem Projekt gearbeitet haben, das nicht „gut gelaufen" ist, für eine neue Projektaufgabe schwer zu motivieren sind.

Der Anstoß der Motivationskette muss von der Geschäftsleitung bzw. vom Projektauftraggeber kommen. Der Projektleiter muss überzeugt sein, dass er eine für das Unternehmen bedeutungsvolle Aufgabe wahrnimmt. Davon muss ihn die Geschäftsleitung überzeugen. Insofern wird der Projektleiter für die Aufgabe von der Geschäftsleitung motiviert.

Aufgabe des Projektleiters ist es, die Mitarbeiter zu motivieren. Das kann in einem so genannten Projektbegründungs- oder auch Kick-Off-Meeting erfolgen. Aber nur den Anstoß zu geben reicht nicht aus. Der Projektleiter muss während der gesamten Projektlaufzeit motivierend auf die Mitarbeiter einwirken. Gerade in kritischen Projektphasen ist das unumgänglich.

Die Motivation der Mitarbeiter muss auf die künftigen Anwender ausstrahlen. Dadurch wird ein Beitrag zur Benutzerakzeptanz erbracht.

Der Beitrag der Motivation auf das Arbeitsverhalten der Mitarbeiter ist sicher beträchtlich. Hinzukommen müssen noch die Fachkompetenz, die soziale Kompetenz und harmonische Arbeitsbedingungen, um das Arbeitsverhalten der Mitarbeiter positiv zu beeinflussen.

Die Beweggründe (Motive) von Mitarbeitern können allgemein in

- intrinsische (innere) Motive, z.B. Leistungswille, Bedürfnis nach Arbeit, und in
- extrinsische (äußere) Motive, z.B. Bedürfnis nach Ansehen, Geld usw.

unterschieden werden.

Nun ist nicht jeder IT-Projektleiter ein Motivationskünstler. Die Frage, wie ein hohes Motivationsniveau zu erreichen und während der gesamten Projektdauer zu halten ist, ist nicht leicht zu beantworten. Förderlich für ein hohes Motivationsniveau ist ein kontinuierlicher Projektfortschritt. Jedes gelöste Problem sollte das Team dem Projektziel näher bringen. In erfolgreichen Projekten ist das Motivationsniveau hoch.

7.4
Soziologische Führungsmittel

Erfolgreiche Führung ist ohne Kompetenz unmöglich. Um die Führungsaufgabe der Projektleitung erfolgreich wahrnehmen zu können, sind an die Führungskompetenz bestimmte Anforderungen zu stellen. Diese Kompetenz beruht im wesentlichen auf Kenntnissen, die erlernbar sind. Dies sind grundlegende Fachkenntnisse, Kenntnisse der Projektmanagement-Methoden und Grundkenntnisse im Bereich der Mitarbeiterführung. Mitarbeiterführung gehört nicht zum Wissenschaftsgebiet der Informatik. Das Vermitteln solcher Kenntnisse gehört zum Spektrum der Soziologie bzw. der Psychologie. Für künftige Projektleiter gibt es spezielle Führungskurse, in denen Grundkenntnisse erworben werden können. Dass ein Projektleiter auch über eine spezielle Persönlichkeitsstruktur verfügen muss, soll an dieser Stelle nur erwähnt werden.

Die wichtigsten soziologischen Führungsmittel sind im Folgenden[41]:

- Konfliktmanagement
- Mitarbeiterförderung
- Gesprächsführung

Sicher wird der intelligente Projektleiter einige der Führungsmittel intuitiv korrekt handhaben. An dieser Stelle werden einige Grundkenntnisse vermittelt,

---

[41] vgl. Jenny, Bruno: Projektmanagement in der Wirtschaft, 2001, S. 430

um die häufigsten Fehler zu vermeiden. Dabei liegt der Schwerpunkt auf dem Konfliktmanagement, das für den Projektleiter besondere Bedeutung hat.

Externe Konflikte, d.h. Irritationen außerhalb der Projektgruppe, entstehen häufig dadurch, dass Projekte Änderungen hervorrufen, die sich für die Betroffenen negativ auswirken. Diese Konflikte aufzulösen ist vorrangig Aufgabe der verantwortlichen Instanzen des Linienmanagements.

Interne Konflikte, d.h. Konflikte innerhalb der Projektgruppe, sollten auch intern durch den Projektleiter gelöst werden. Das Heranziehen von externen Dritten, wie z.B. Geschäftsführung, wird auf jeden Fall als Führungsschwäche des Projektleiters ausgelegt. Interne Konflikte entstehen häufig durch die besondere Arbeitssituation in den Projekten.

Mitarbeiterförderung und Gesprächsführung sind allgemeine soziologische Führungsmittel und gehören deshalb natürlich zum Aufgabenspektrum des Projektleiters als Führungsinstanz.

7.4.1
Krisen- und Konfliktmanagement

Die Tabelle 7-1 zeigt einen Projektverlauf, der einige typische Konflikt- und Krisensituationen und auch die daraus resultierenden üblichen Reaktionen darstellt. Ein solcher Projektverlauf ist zwar nicht repräsentativ, aber auch nicht selten.

Tabelle 7-1: Divergenz zwischen Planung und individueller Wahrnehmung von Projektphasen – begrenzt durch Schlüsselsituationen in eskalierenden Softwareprojekten[42]

„Offiziell" geplante Projektphase	wahrgenommene Projektphase	Schlüsselsituationen	Zeit
Vertragsvorbereitung	Vertragsvorbereitung	Vertragsabschluss	12/94
Erstellung Funktions- u. Leistungsbeschreibung (FuL)	Änderung der FuL durch Kunden, keine Intervention	Übergabe der FuL	03/95
Ermittlung Zusatzaufwände, Detaildesign	Ermittelter Zusatzaufwand 40 Mannmonate, nur 7 werden akzeptiert, keine Intervention	Unterzeichnung der Änderungsvereinbarung	11/95

---

[42] vgl. Krcmar, Helmut: Informationsmanagement, 2003, S. 149

7.4 Soziologische Führungsmittel

„Offiziell" geplante Projektphase	wahrgenommene Projektphase	Schlüsselsituationen	Zeit
Physisches Design und Realisierung	das Projekt dümpelt		
	was nicht da ist, kann nicht getestet werden	ungeprüfte u. verfrühte Festsetzung des Systemtests	
	ein Projekt ohne Kümmerer	Weggang des Projektmanagers	
Systemtest	der große Knall: der letzte Mitarbeiter mit Branchen-Know-how muss die Leitung abgeben	Ablösung des Projektleiters	08/ 96
Migration des Systems	„Prinzip Hoffnung"	4. Bitte um Projektaufschub für weitere 2 Monate	08/ 97
Projektabbruch	Schadensersatzdrohung, Aufmerksamkeit des Managements	Projektabbruch	08/ 97
Projektstatusaufnahme	zum 1. Mal „Durchblick" u. Realismus	Projektweiterführung	12/ 98

Dieses Buch ist u.a. geschrieben worden, um die in Tabelle 7-1 dargestellten Krisensituationen und die daraus gezogenen Konsequenzen zu vermeiden. Ein professionelles, ordentlich durchgeführtes Projektmanagement hilft mit Sicherheit die Risiken des Eintritts solcher Krisensituationen zu minimieren.

Denn es ist klar, dass solche prekären Situationen nicht vom Himmel fallen, sondern das Ergebnis einer längeren Fehlentwicklung sind. Der Weg zu den dargestellten Konfliktsituationen ist mit Sicherheit von einer Vielzahl von fachlichen und personellen Auseinandersetzungen und Fehlentscheidungen geprägt.

Allein aus der Tatsache, dass zum Erreichen der Projektziele Personen aus den unterschiedlichsten Bereichen und Hierarchieebenen interdisziplinär über einen längeren Zeitraum zusammenarbeiten müssen, ergibt sich ein hohes personelles Konfliktpotenzial.

Im Folgenden werden zur Konfliktbewältigung und zum Krisenmanagement einige Erläuterungen gemacht. Dabei werden zunächst einige notwendige theoretische Erörterungen durchgeführt, um danach einige Lösungen und Handlungsmöglichkeiten vor allem aus der Sicht des Projektleiters aufzuzeigen. Vorab einige Bemerkungen aus dem Erfahrungsbereich der Verfasser dieses Buches zu diesem Problemkreis.

7 Führung von IT-Projekten

Trotz sorgfältigster Zeitschätzungen ergeben sich in IT-Projekten immer wieder Situationen, in denen ein immenser Termindruck auf dem Projektteam lastet. Diesen Stresssituationen sind nicht immer alle Mitarbeiter gewachsen, manchmal sind die Reaktionen ansonsten besonnener Mitarbeiter kaum einzuschätzen. Gerade in diesen kritischen Situationen ist die Persönlichkeit des Projektleiters gefragt, der mit seiner Kompetenz, Ruhe und Übersicht zur Deeskalation der Situation beitragen muss. Vor allem muss er zeigen, dass er „die Angelegenheit im Griff hat". Zur Konfliktbewältigung gibt es mannigfache theoretische Erörterungen, von denen einige beispielhaft herausgenommen werden.

Kummer[43] schlägt drei Basisstrategien zur Konfliktbewältigung vor[44]:

- Gewinner-Gewinner-Strategie:
  Eine Kooperationsstrategie, ein gemeinsamer Lösungsansatz, wird gesucht, indem die gegensätzlichen Meinungen diskutiert, abgewogen und neu formuliert und justiert werden. Es wird angestrebt, die Bedürfnisse der Kontrahenten zu harmonisieren.

- Gewinner-Verlierer-Strategie:
  Der Gewinn des einen wird zum Verlust des anderen oder umgekehrt. In diesem Fall wird eine Meinung durchgesetzt. Diese Strategie wird häufig aus Zeitgründen eingesetzt. Der Verhandlungsführer muss sein diplomatisches Geschick einsetzen, um die dennoch vorhandenen Differenzen beim Verlierer zu glätten. Dies geschieht häufig, indem die positiven Aspekte der Lösung überbetont werden.

- Verlierer-Verlierer-Strategie:
  Keine Partei gewinnt. Keiner erreicht, was er wollte. Es wird eine Kompromisslösung gefunden, häufig im Sinne eines so genannten „faulen Kompromisses". In diesem Fall wird die Lösung keiner Partei gerecht, oft werden die interpersonellen Probleme nicht einmal gelöst, sondern nur verschoben.

Theoretisch optimal ist lediglich die erste Strategie. Diese Art der Lösungssuche ist mit einem kooperativen Führungsstil verbunden. Diese Strategie entspricht auch dem Laisser-faire-Verhalten. Da in den IT-Projekten oft Zeitmangel herrscht, ist der Projektleiter aufgefordert, Konflikte kurzfristig aufzulösen. In der Praxis werden daher die zweite und die dritte Strategie präferiert, obwohl die erste Strategie anzustreben ist.

---

[43] vgl. Kummer, W.: Projektmanagement, 1988

[44] vgl. Jenny, Bruno, Projektmanagement in der Wirtschaft, 2002, S. 401 ff.

7.4 Soziologische Führungsmittel

Der Sach- und Formalzielzwang lässt meist keine Alternative. In der Praxis zeigt sich, dass es nur zu Problemen führt, wenn der Projektleiter lediglich aufgrund seines Amtes den Konflikt auflöst. Ist er eine führungsstarke, fachkompetente Persönlichkeit, d.h. hat er Autorität und werden seine Entscheidungen durch diese Eigenschaften gestützt, werden sie i.d.R. auch von allen Beteiligten getragen oder zumindest akzeptiert.

Es ist nicht annähernd möglich, alle erdenklichen Konfliktherde in einem Projekt zu schildern und Lösungsmöglichkeiten darzustellen, deshalb werden im Folgenden einige wesentliche aufgezeigt.

Vorab soll ein Phänomen erwähnt werden. Die Konfliktschärfe nimmt erfahrungsgemäß mit zunehmender Projektdauer zu, man könnte fast sagen, sie ist phasenorientiert. Harte interpersonelle Auseinandersetzungen finden besonders häufig in der letzten Projektphase, der Realisierungsphase, statt. Die Gründe liegen offensichtlich in der nochmaligen Verdichtung der Arbeit und dadurch resultierenden Stresssituationen. Des Weiteren wirken sich in dieser Phase fast alle Probleme auf den Endtermin des Projektes aus.

An dieser Stelle wird noch auf ein weiteres Problem hingewiesen, dass sich auch in etwa proportional mit den Projektphasen entwickelt. Der Projektleiter muss die Angaben über den Ist-Zustand der Aktivitäten periodisch überprüfen. Bei der Überprüfung der Fertigmeldungen kommt häufig ein Problem auf, das in der Praxis das „90%-fertig"-Phänomen oder auch „99%-fertig" genannt wird.

So gibt es Mitarbeiter, die sind mit ihren Aufgaben relativ früh zu „90%-fertig", die endgültige Meldung der Fertigstellung lässt jedoch auf sich warten und kommt u.U. nie. Dieses Phänomen sollte der Projektleiter kennen und entsprechend beachten.

Die Entwicklung des Fertigstellungsgrades einer Tätigkeit im Verhältnis zur eingesetzten Arbeitszeit unterliegt einer Entwicklung, die fast den Charakter einer Gesetzmäßigkeit hat.

Zunächst entwickelt sich der Fertigstellungsgrad einer Arbeit in etwa proportional zur eingesetzten Arbeitszeit. Nach ungefähr zwei Dritteln der geplanten Zeit verlangsamt sich der Prozess und kommt unter Umständen sogar zum Stillstand. Ein Erklärungsansatz für dieses Phänomen scheint darin zu liegen, dass die Komplexität einer Aufgabe zunächst unterschätzt wird. Viele Zusammenhänge und Details werden erst mit dem Fortschreiten der Arbeit klar. Auf dieses Phänomen muss der Projektleiter achten, um gegensteuern zu können.

Generell kann schon ein Konfliktbereich im definierten Projektziel und den daraus abgeleiteten Aufgaben entstehen[45]. Ein nicht klar definiertes Projektziel sollte zwar in der Praxis nicht vorkommen, führt aber in der Realität zu erheblichen Folgeproblemen, wie z.B. nicht klaren Detailaufgaben. Unklare

---

[45] vgl. Litke, Hans-D.: Projektmanagement, 1995, S. 211 f.

7 Führung von IT-Projekten

Aufgabenstellungen schränken den Verständigungsbereich erheblich ein, Besprechungen verlaufen unbefriedigend, d.h. oft ergebnislos. Der Einfluss des einzelnen Individuums auf die Arbeit des Projektteams ergibt sich wegen der unterschiedlichen Einstellungen, Wissen, Gewohnheiten und Erfahrungen. Dieser Einfluss kann positiv, aber auch negativ sein. Gefordert ist ein souverän auftretender Projektleiter. Ein persönlich unsicher wirkender Projektleiter, ohne Durchsetzungsvermögen, wird mit Sicherheit einen anderen Einfluss auf die Gruppe haben als ein souveräner.

Einige Hemmnisse eines Individuums, die unter Umständen die Produktivität des Projektteams negativ beeinflussen können, sind folgende:

- Das Individuum eignet sich überhaupt nicht zur Gruppenarbeit, d.h. es ist ein so genannter Einzelkämpfer.
- Die Person fühlt sich „unwohl" in dem Projekt, z.B. wegen Defiziten in der Ausbildung, der Erfahrung usw.
- Fehlende Identifikation der Person mit der Sache:
Diskussionen sollten sachbezogen geführt werden. Aber jedes Individuum bringt bei der Vorstellung seiner Idee bzw. seines Lösungsansatzes naturgemäß seine Person mit ein. Deshalb sind Kritik an der Person oder sogar persönliche Angriffe unbedingt zu vermeiden oder vom Vorgesetzten sofort zu unterbinden. Allerdings sollte die Kritik auch nicht mit der Plattitüde beginnen: „Das ist keine Kritik an Ihrer Person". Sachbezogene, ruhige Kritik wird oft sogar als Unterstützung empfunden. Diskussionen sollten sich nicht an Hierarchiestufen orientieren.

Persönliche Probleme ergeben sich im Wesentlichen aus

- der fehlenden fachlichen Qualifikation, was häufig vorkommt,
- dem mangelnden Einsatz einzelner Personen und
- der mangelnden Zuverlässigkeit.

Häufige Konfliktauslöser sind Meinungsverschiedenheiten über terminliche Prioritäten, besonders wenn sie mit einem starken Termindruck verbunden sind. Steigende Wahrscheinlichkeit von Konflikten ergibt sich im Besonderen[46],

- je schwächer die Stellung des Projektleiters gegenüber dem Projektteam ist. Das zeigt, wie wichtig die Auswahl des Projektleiters ist.
- je heterogener die Fachkenntnisse und Erfahrungen der Teammitglieder sind. Dieses Phänomen tritt in Projekten häufig auf, weil in Projekten häufig

---

[46] vgl. Grupp, Bruno: Der professionelle IT-Projektleiter, 2001, S. 71

Anfänger und erfahrene Entwickler zusammenarbeiten. Durch benötigte Spezialkenntnisse von Projektmitarbeitern wird die Situation noch verschärft. Experten, die ihr Metier beherrschen, treten i.d.R. selbstbewusst auf.

- je unklarer die Rollen, Funktionen und Kompetenzen der Projektbeteiligten definiert sind.
- je weniger die Projektziele von den Beteiligten verstanden und akzeptiert werden.

Es ist die Aufgabe des Projektleiters, mögliche Konfliktquellen aufzuspüren und möglichst vorbeugend tätig zu werden. Bei ausgebrochenen Konflikten muss er die Ursachen erforschen und Lösungen suchen. Dauerkonflikte müssen unterbunden werden.

Projektleiter präferieren häufig „weiche" Lösungen zur Konfliktbewältigung, d.h. interpersonelle Konflikte werden durch Aussprache gelöst.

7.4.2
Mitarbeiterförderung

Mitarbeiterförderung wird in modernen Unternehmen gezielt unternehmensweit betrieben. Sie ist aber auch ein wichtiges soziologisches Führungsinstrument des Projektleiters. Die Mitarbeiterförderung in IT-Projekten besteht im Wesentlichen aus speziellen Schulungsmaßnahmen. Allgemeine unternehmensweite Mitarbeiterförderungsprogramme sollten in Projekten nicht durchgeführt werden, da sie die Projektarbeit belasten. Diese Aufgabe obliegt überwiegend den Instanzen der Linienorganisation. In Projekten sollten lediglich Mitarbeiterausbildungen durchgeführt werden, die für die aktuelle Projektarbeit benötigt werden. Der Schulungsbedarf ergibt sich häufig aus der Divergenz zwischen Kenntnissen der Projektmitarbeiter und den fachlichen Anforderungen.

Wie schon erwähnt, sind IT-Projekte häufig innovativ und oft sind auch die eingesetzten Verfahren und Methoden neu. So kann der Schulungsbedarf z.B. auf dem Einsatz einer neuen Programmiersprache beruhen.

Diese sehr konkrete Form der Mitarbeiterförderung hat den Vorteil, dass die erworbenen Kenntnisse aufgabenbezogen erworben werden. Dadurch wird der Aufgabenkreis der Mitarbeiter erweitert und die Aufgaben werden anspruchsvoller. Das wirkt motivationssteigernd und bewirkt einen unmittelbaren Nutzen für das Unternehmen. Ein spezifischer Vorteil ist, dass zwischen Kenntniserwerb und Praxiseinsatz keine Zeit vergeht, d.h. die erworbenen Kenntnisse werden sofort in der Praxis umgesetzt. Das vertieft und verfestigt die erworbenen Kenntnisse.

Im Informatiksektor sind folgende Möglichkeiten der Kenntniserweiterung möglich und werden in der Praxis angewendet:

- Grundschulung und Ausbildung neuer oder umzuschulender Mitarbeiter: Das ist in den Unternehmen fast obligatorisch.
- Training on the job, oft mit Coaching
- Training mittels elektronischer Hilfsmittel
- diverse Kurse, intern bzw. extern, z.B. bei professionellen Schulungsanbietern
- Workshops: Sie dienen dazu, direkt auf das Verhalten des Mitarbeiters am Arbeitsplatz einzuwirken. Schwächen des Mitarbeiters sollen erkannt und abgestellt werden. Stärken sollen ermittelt und gefördert werden.

Die folgenden organisatorischen Förderungsmethoden sind nicht konkrete Führungsaufgaben des Projektleiters. Sie sind allgemeine organisatorische Maßnahmen zur Stellenbildung.

- Job Rotation ist die klassische Ausbildungsmaßnahme des dualen Systems. Die Mitarbeiter, z.B. die Auszubildenden, durchlaufen in determinierten Intervallen definierte Arbeitsbereiche. Das dient der allgemeinen Erweiterung der Kenntnisse, vermittelt aber auch Kenntnisse der Unternehmensstruktur.
- Job Enlargement ist eine Form der Aufgabenerweiterung, um gleichartige Tätigkeiten des Aufgabenprozesses zu erlernen.
- Job Enrichment ist auch eine Form der Aufgabenerweiterung, allerdings wird die reine Durchführungstätigkeit der Aufgabe um Planungs-, Kontroll- und Entscheidungsaspekte erweitert. Dies geschieht häufig in Form der Delegation.

7.4.3
Gesprächsführung

In vielen Unternehmen ist es üblich, eine jährliche Beurteilung der Leistungen der Mitarbeiter vorzunehmen. Das Ergebnis dieser Mitarbeiterbeurteilung ist die Grundlage für eventuell durchzuführende personalpolitische Maßnahmen. Diese Beurteilung wird dann vom Vorgesetzten mit dem Mitarbeiter besprochen und u.U. notwendige Maßnahmen werden abgestimmt. Die Atmosphäre und die Form, also das „Wie" der Gesprächsführung, wird in diesem Abschnitt abgehandelt.

Gespräche zwischen Vorgesetzten und Mitarbeitern sind dadurch gekennzeichnet, dass der Vorgesetzte meist dominiert und das Gespräch nach seinen Wünschen und Vorstellungen bestimmt. Diese Dominanz wird noch durch äußere Verhaltensmuster verstärkt, wenn z.B. der Vorgesetzte hinter seinem Schreibtisch und der Mitarbeiter davor sitzt.

Ein Gespräch sollte als Dialog auf einer partnerschaftlichen Basis geführt werden. Die Ebene sollte sachlich sein, wobei die menschliche Komponente auf neutrale Weise mit einbezogen wird[47].

Einige Regeln des Mitarbeitergesprächs sollten beachtet werden:

- Schaffen einer ruhigen, entspannten Atmosphäre
- auf keinen Fall Störungen, vor allem keine Telefonate, zulassen
- den Gesprächspartner immer ausreden lassen
- höflich aber nicht floskelhaft argumentieren
- gut vorbereitet sein
- nicht den Eindruck erwecken, dass man eigentlich keine Zeit für das Gespräch habe
- niemals den Eindruck erwecken, dass das Gespräch eine reine Routineangelegenheit sei
- auch Gespräche mit negativem Ausgang, wenn möglich, mit einem positiven Ausblick beenden

Dies sind nur einige wenige Beispiele, die sich aus der Führungspraxis der Buchautoren ergeben haben.

Vielleicht klingen einige dieser Beispiele banal und wenig originell. Dennoch ist immer wieder festzustellen, wie leichtfertig selbst erfahrene Führungskräfte gegen diese Richtlinien verstoßen.

7.5 Projektsteuerungs- und -kontrollsysteme

7.5.1 Betriebswirtschaftliche Steuerung

Unternehmensführung ist ein ganzheitlicher Prozess, der, je nach Sichtweise, in die Funktionen

---

[47] vgl. Jenny, Bruno: Projektmanagement in der Wirtschaft, 2001, S. 438

- Information
- Planung
- Organisation
- Personalführung und
- Kontrolle

untergliedert wird[48].

Die Aufteilung und Anzahl der Funktionen ist in der Literatur durchaus unterschiedlich, aber in allen Darstellungen ist die Funktion „Kontrolle" enthalten. Dies unterstreicht die besondere Bedeutung dieser Funktion. In diesem Abschnitt werden die Facetten dieser Funktion näher untersucht.

Der deutsche Begriff Kontrolle umfasst lediglich den Soll-/Ist-Vergleich einer Aktion, während der englische Controllingbegriff wesentlich weiter gefasst ist. Controlling ist eine Funktion der Unternehmensführung und hat u.a. die Aufgabe, die oben angeführten Funktionen der Unternehmensführung ausgerichtet auf die Unternehmensziele zu koordinieren.

Die Instrumente des Controlling zur Erfüllung seiner Koordinationsaufgabe sind variabel einsetzbar.

Funktionsübergreifende Controllinginstrumente sind im Wesentlichen:

- Budgetierungssysteme
- Kennzahlen und Zielsysteme
- Verrechnungs- und Lenkungspreise (pretiale Wirtschaftslenkung)

Isolierte Controllinginstrumente berühren nur eine spezielle Funktion, wie z.B. Lohn- und Prämiensysteme zur Personalführung.

Die Frage „Zentralisation oder Dezentralisation?" wird durch die Unternehmensgröße determiniert, d.h. große und komplexe Organisationen sollten eher dezentral geführt werden. Die Führungsaufgabe des Projektmanagements ist vom Charakter dezentralisiert, die gesamte Idee des Projektmanagements widerspricht einer Zentralisation. Alle Aufgaben des Projektmanagements finden in den Projekten statt und nicht in einer Zentralinstanz des Unternehmens.

Auch die übergreifenden Controllinginstrumente sind dezentral organisiert. Ihnen obliegt die Aufgabe, nachgeordneten Instanzen einen Rahmen zur Erfüllung ihrer betrieblichen Aufgaben zu geben[49].

---

[48] vgl. Wöhe, Günter: Einführung allgemeine Betriebswirtschaftslehre, 2002, S. 210

[49] vgl. Wöhe, Günter: Einführung allgemeine Betriebswirtschaftslehre, 2002, S. 210

Das Instrument der Budgetierung wird im Folgenden Absatz näher erläutert, da es essentielle Bedeutung für das Projektmanagement hat.

7.5.2
Budgetierung

Fast jedes Projekt wird über ein Budget gesteuert. „Projekt in Budget" ist geradezu ein Synonym für eine zielorientierte erfolgreiche Projektdurchführung. Ein Projekt, das innerhalb seines Budgetierungsrahmens abgeschlossen wird, gilt als erfolgreich. Als Bestimmungsgröße des Budgets werden dabei überwiegend die Kosten herangezogen.

Allgemeines Ziel der Budgetierung ist die dezentrale Steuerung von Organisationen[50]. Kennzeichnend ist, dass von der Führungsinstanz keine konkreten Handlungsanweisungen an die nachgeordnete Exekutive gegeben werden. Es wird lediglich erwartet, dass sich innerhalb des vorgegebenen Budgets bewegt wird. Insofern ist das Konzept der Budgetierung ein Rahmenkonzept, das den Ansprüchen an Individualität und Flexibilität der Durchführungsebene optimal gerecht wird. Die Wahlfreiheit des Budgetverantwortlichen bei seinen Sachentscheidungen bleibt weitgehend erhalten. Das schafft Raum für Sachentscheidungen und erhöht die Identifikation mit der Aufgabe.

In der Praxis ist das Budget eine vorgegebene monetäre Größe. Wie schon erwähnt überwiegen die Kosten, die vom Budgetverantwortlichen einzuhalten sind. In erwerbswirtschaftlichen Unternehmen ist die Budgetierung Bestandteil gewinnorientierter Planung. Die inhaltliche Ausgestaltung der Budgetvereinbarung mit einer nachgeordneten Unternehmenseinheit bzw. einem Projekt bezieht sich i.d.R. auf

- die Einhaltung eines Kostenrahmens,
- die Erzielung von Mindesteinnahmen (z.B. Umsatz) und
- die Erwirtschaftung von Mindestdeckungsbeiträgen.

In der Praxis ist die Definition eines Kostenrahmens bei der Budgetierung am häufigsten anzutreffen. An der Einhaltung der definierten betriebswirtschaftlichen Parameter lässt sich der Beitrag der Organisationseinheit oder des Projektes am Unternehmenserfolg messen.

Die Funktionen der Budgetierung zeigt die Abb. 7-2.

---

[50] vgl. Wöhe, Günter: Einführung allgemeine Betriebswirtschaftslehre, 2002, S. 210 ff.

7 Führung von IT-Projekten

```
        Funktionen der
         Budgetierung
              |
   _____|_____
  |       |       |       |
Planung Koordination Motivation Kontrolle
```

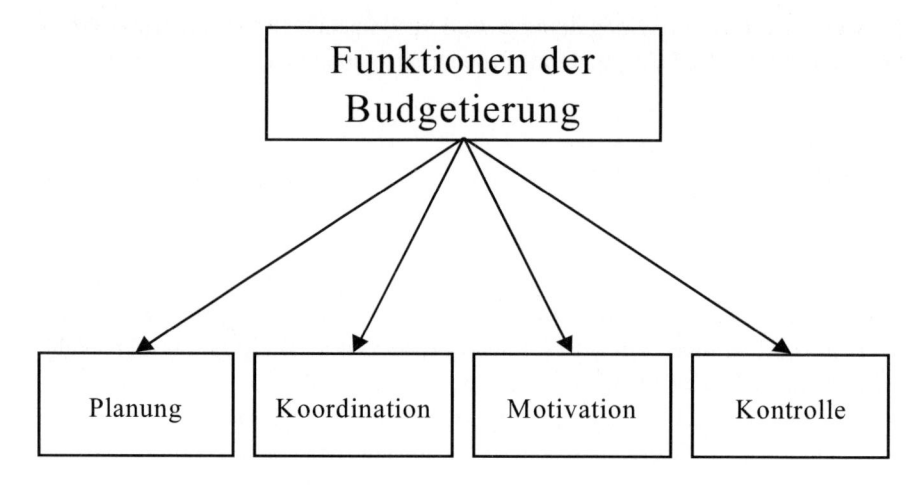

Abb. 7-2: Funktionen der Budgetierung

Die Funktionen werden im Folgenden erläutert:

1. Planung: Bestimmung der künftigen Unternehmensziele.
2. Koordination: Abstimmung der Einzelbudgets mit dem monetären Unternehmensziel, Früherkennung von finanziellen Engpässen, Abstimmung der einzelnen Teilpläne.
3. Motivation: Realistische Budgetvorgaben sollen Anreiz zur Leistungssteigerung sein. Für die Budgeterfüllung können u.U. Prämien gewährt werden.
4. Kontrolle: Feststellung von Planabweichungen durch den klassischen Soll-Ist-Vergleich, Abweichungsanalyse und Festlegung von Korrekturmaßnahmen.

Die verschiedenen Einzelbudgets aus den Linienfunktionsbereichen und den Projekten werden aufeinander abgestimmt und in ein unternehmensweites Budgetierungssystem integriert. Die klassische Vorgehensweise ist Top-down oder Bottom-up. Die Budgets im System des Projektmanagements werden dezentral in den jeweiligen Projekten festgelegt. Insofern ist es sinnvoll hier einen Bottom-up-Ansatz zu wählen.

In der betrieblichen Praxis beginnt die Budgetierung mit der Konkretisierung der Absatzplanung, weil der Absatz als Engpass[51] gilt. Basierend auf dem Absatzbudget werden Kostenbudgets, Investitions- und Finanzierungsbudget entwickelt. Die Projekte werden einzeln budgetiert und dann in die Unterneh-

---

[51] vgl. Gutenberg, Erich: Grundlagen der Betriebswirtschaftslehre: Die Produktion, 1971, S. 162 ff.

mensbudgets integriert. Die höchste Aggregationsstufe ist die unternehmensweite Planerfolgsrechnung und die Planbilanz.

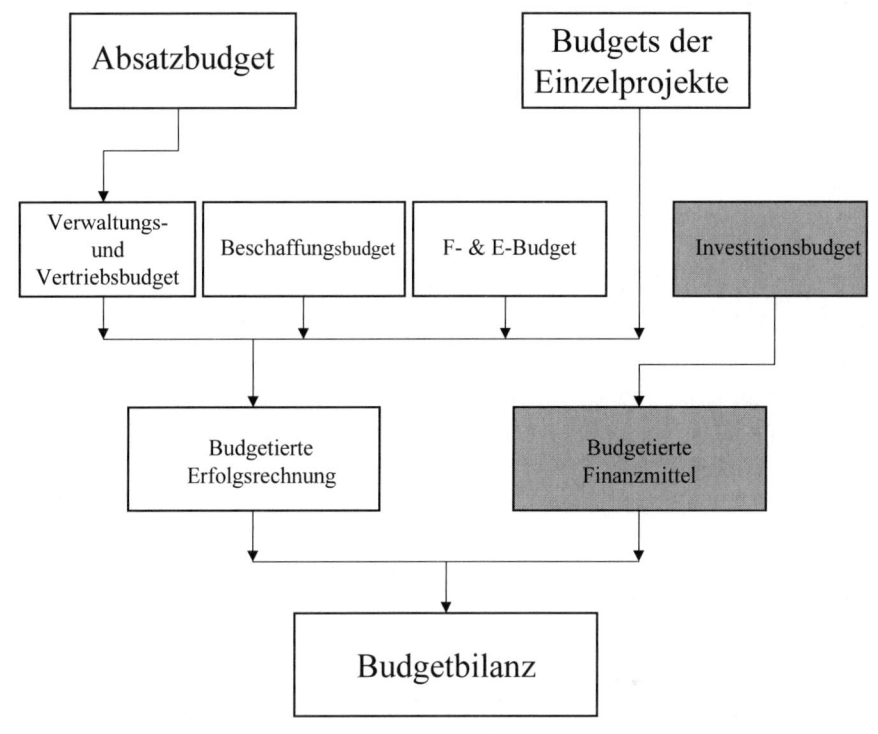

Abb. 7-3: Budgetierung (Bottom-up)[52]

Die Budgetierung hat in der Praxis große Bedeutung. Sie wurde in allen von den Autoren dieses Buches verantwortlich durchgeführten Projekten angewandt.

Aber es ist klar, dass Budgets fast immer restriktiven Charakter haben. Wäre das nicht so, verlören sie ihre Wirksamkeit als Steuerungsinstrument.

Bei der Erstellung eines Budgets gibt es einige Risiken[53]:

- Budget slack: Budgets werden sehr großzügig eingeräumt.
- Budget wasting: Unsinnige Ausgaben zum Ende der Budgetperiode, um eine Kürzung des Budgets für die nächste Periode zu vermeiden (so genanntes Dezemberfieber).
- Budget-Schere: Wegen des restriktiven Budgets unterbleiben unbedingt notwendige Aktivitäten.

---

[52] vgl. Wöhe, Günter: Einführung allgemeine Betriebswirtschaftslehre, 2002, S. 213

[53] vgl. Wöhe, Günter: Einführung allgemeine Betriebswirtschaftslehre, 2002, S. 214

- Number game: Die einseitige und eingeengte Sicht auf das Zahlentableau verstellt die Sicht auf die Unternehmensziele.
- Budget-Egoismus: Effekte auf andere Budgetbereiche werden negiert.

Diese Fallstricke sollten beachtet werden. Ansonsten ist die Budgetierung ein wirksames Steuerungsinstrument für das Projektmanagement.

7.5.3
Ein Beispiel der Budgetermittlung[54]

Ein Budget ist die monetäre Untergrenze für eine Projektrealisierung in der Softwareentwicklung. Es beinhaltet die realistisch kalkulierten Projektaufwände und einen angemessenen Gewinnaufschlag. Aus betriebswirtschaftlicher und wettbewerbspolitischer Sicht repräsentiert es die absolute Preisuntergrenze (Mindestpreis), zu dem ein Projekt realisiert werden kann. Andere Ansätze zur Bestimmung der Preisuntergrenze, wie z.B. Verzicht auf Gewinnaufschläge, Verzicht auf die Deckung der Fixkosten usw. werden hier nicht diskutiert.

7.5.3.1
Kostenarten des Budgets

Das Rechnungswesen, insbesondere die Kostenrechnung, hat sich in modernen Unternehmen als Steuerungsinstrument etabliert. Viele Unternehmen verfügen zudem über ein effektives Controlling. Ist ein Controlling vorhanden, liefert es i.d.R. Kennzahlen als Grundlage für die Kalkulation von Projekten. Diese Kennzahlen werden oft als Durchschnittsgrößen ermittelt. Diese kalkulatorischen Mittelwerte implizieren neben den direkt zurechenbaren Kosten auch einen Faktor für die Gemeinkosten. Sie stellen eine allgemein gültige Kalkulationsbasis z.B. auf der Basis von Personentagen dar.

Im hier angeführten Beispiel werden die Kostengrößen aus dem Rechnungswesen gewonnen. Folgende Kostengrößen gehen in die Budgetierung ein (s. Abb. 7-4):

Personalkosten
Sie umfassen die Gesamtmitarbeiterkosten, die nach den Funktionen im Projekt spezifiziert werden. Die Personalkosten sind meist die dominierende Kostengröße des Budgets.

---

[54] vgl. Meier, Petra: Budgetermittlung: Ab wann trägt sich ein Projekt? In: Projektmagazin, Ausg. 15/01

7.5 Projektsteuerungs- und -kontrollsysteme

Für die im Projekt benötigten Mitarbeiter wird als Personalkostensatz ein jährlicher durchschnittlicher Stundensatz ermittelt, der für die Aufwandsermittlung herangezogen wird.

```
┌─────────────────┐         ┌─────────────────┐
│  Personalkosten │         │  Materialkosten │
└─────────────────┘         └─────────────────┘
         │                           │
         └──────┬─────────────┬──────┘
                │ Gesamtbudgetkosten │
         ┌──────┴─────────────┴──────┐
         │                           │
┌─────────────────┐         ┌─────────────────┐
│Computer & Zubehör│         │     Software    │
└─────────────────┘         └─────────────────┘
```

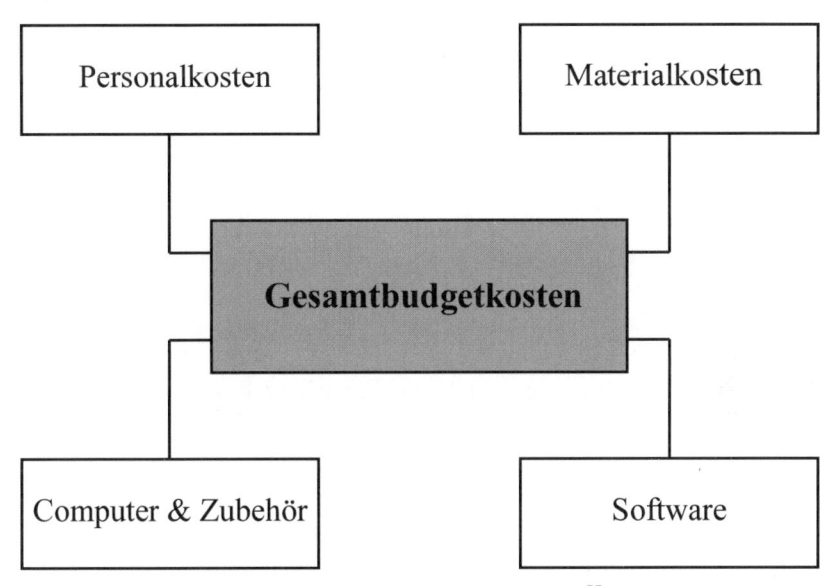

Abb. 7-4: Beispiel Budgetkosten[55]

Bei der Ermittlung der Stundensätze ist angemessen zu berücksichtigen, dass die Mitarbeiter im Laufe des Jahres nicht volle 12 Monate, sondern wegen Krankheit, Urlaub, Fortbildung usw. weniger Zeit zur Verfügung stehen.

Zugrunde gelegt wird das Jahresbruttogehalt zuzüglich eventueller Sondervergütungen, wie z.B. eines 13. Monatsgehalts. Müssen Projektmitarbeiter spezielle für die Projektarbeit benötigte Schulungen durchlaufen, sind diese Kosten anteilig zu erfassen. Eventuell anfallende Reisekosten sind ebenfalls als Durchschnittswert zu ermitteln.

Ein weiterer Kostenblock sind die Kosten für die allgemeine Verwaltung, diese sind ebenfalls anteilig zu erfassen.

Materialkosten
Hierzu zählen periodenmäßige Materialkosten, wie allgemeines Büromaterial, Fachliteratur usw. Das Volumen hängt vom Umfang und der Dauer des Projektes ab. Bei Projekten mit maximal 3 Personen und einer Dauer von bis zu einem halben Jahr werden die Materialkosten i.d.R. nicht separat erfasst. Erst bei

---

[55] vgl. Meier, Petra: Budgetermittlung: Ab wann trägt sich ein Projekt? In: Projektmagazin, Ausg. 15/01

längerer Dauer und einem größeren Mitarbeiterteam sollten die Materialkosten blockweise ermittelt werden.

Arbeitsplätze/Räumlichkeiten
Für ein Projektteam sollten immer separate Projekträume zur Verfügung gestellt werden. Die Kosten für die Projekträume sind anteilig zuzurechnen.

Computer und Zubehör
Bei allgemeinen Arbeitsplatzkosten erfolgt eine anteilige Zurechnung zum Budget. Computer und das benötigte Zubehör sind in Unternehmen, die Software entwickeln, vorhanden. Eine anteilige Zurechnung der Nutzungskosten in das Projektbudget sollte vorgenommen werden.

Wird extra für das Projekt zusätzliche Rechnerleistung und das entsprechende Zubehör beschafft, ist dies im Projektbudget zu berücksichtigen. Eventuell ist der Kostenblock zu periodisieren, d.h. anteilig auf die Projektgesamtlaufzeit zu verteilen.

Software
Ob ein separater Kostenblock angelegt wird oder ob die Softwarekosten in die Zubehörkosten einfließen, hängt von der Zielsetzung, z.B. Kostentransparenz, ab.

Auf jeden Fall ist extra für das Projekt beschaffte Software, wie z.B. Tools, dem Projektbudget zuzurechnen. Dabei ist zu beachten, dass die extra beschaffte Software auch für Folgeprojekte genutzt werden kann und sollte. In diesem Fall sind die Kosten anteilig in das Budget einzustellen.

7.5.3.2
Spezifiziertes Beispiel

Ein kleines Softwarehaus soll ein Angebot unterbreiten für eine Client-/Server-Applikation aus dem Bereich der Lagerwirtschaft. Zugrunde gelegt werden ca. 50.000 Artikel und ca. 250.000 Kunden europaweit. Zentrale essentielle Komponenten des Systems sind eine Lagerbestandsabfrage und ein maschinelles Bestellsystem auf der Basis der zu erwartenden Stückzahlen über das Internet. Diesem System liegt ein Lagerhaltungsmodell zugrunde, das artikelspezifisch einen Mindestlagerbestand, den so genannten „eisernen Bestand", berücksichtigt. Vertriebliche Sonderaktionen sollen durch eine maschinelle Hinweisfunktion unterstützt werden. Die Meldungen der Absatzzahlen sollen parallel dem Einkauf mit der Genehmigung und Disposition der vorgefertigten Bestellung zugeleitet werden. Durch diese Funktion können separate Verhandlungen bei der Abweichung von vertraglichen Konditionierungen sofort eingeleitet werden.

Das Auftragsabwicklungssystem mit Elementen der Lagerwirtschaft, wie z.B. Bestandsführung, Bestellwesen usw., soll als Online-Lösung auf Oracle-Basis realisiert werden. Soweit wie möglich sollen Standardlösungen eingesetzt werden.

Eine erste Analyse der existierenden Software-Umgebung sowie der Geschäftsprozesse ist durchgeführt worden und kann den weiteren Aktivitäten zugrunde gelegt werden. Als nächstes wäre eine Detailspezifikation zu erstellen.

Für den Einsatz der neuen Applikation ist der 30.09.2003 vorgesehen. Die Implementierung wird als Sofortimplementierung vorgesehen. Das Risiko scheint aufgrund der geringen Komplexität des Projektes vertretbar.

Vor dem Einsatz sind Schulungen des Vertriebspersonals und weiterer Mitarbeiter zu planen und durchzuführen.

Erste Gespräche mit dem Kunden ergeben folgende Rahmenbedingungen und Zielsetzungen:

Realisierungszeit
07/2002 bis Ende 09/2003   15 Kalendermonate

Systemumgebung
Windows/NT, Unix DB-Server, Oracle Datenbanken, ca. 30 Arbeitsplätze, 25 Notebooks
Umstellung auf Windows XP vorgesehen

Vom Kunden zu erbringende Leistungen

- Spezifikation der Schnittstellen der bestehenden Lösung, Termin bis 11/2002
- Umstellung der Arbeitsplatzsysteme sowie NT/Server auf Windows XP, Termin bis 06/2003
- Durchführung eines Praxistests mit ca. 10 fachlich kompetenten Mitarbeitern in Teilschritten, Start Anfang 05/2003
- Unterstützung bei der Erstellung der Schulungsunterlagen
- Einführung des Systems ab 05/2003 mit mindestens 2 Mitarbeitern
- First- und Second-Level Support mit mindestens 2 Mitarbeitern ab 08/2003, Pilotinstallation

Die Mitarbeiterkosten orientieren sich an Durchschnittswerten der Gehälter von Mitarbeitern mit entsprechender Qualifikation und Erfahrung in verantwortungsvoller qualifizierter Projektarbeit.

Die tatsächlichen Mitarbeiterkosten orientieren sich an dem gezahlten Bruttojahresgehalt zuzüglich eines prozentualen Zuschlages für Sozialleistungen.

Tabelle 7-2: Budgetierung Personalkosten[56]

Kostenart/Beschreibung	Anzahl Mitarbeiter	Kosten pro Jahr und Mitarbeiter in Euro	Kosten pro Tag und Mitarbeiter in Euro	Kosten gesamt pro Jahr in Euro
Personalkosten		200 Tage/Jahr		
Projektleiter, erfahrene Entwickler, Fachkonzept, Systemkonzept	3	92.000	460	276.000
Entwickler (erfahren), Unix, Perl, C, C++	3	73.000	365	219.000
Entwickler, DB-Experte für Oracle	2	81.000	405	162.000
Entwickler, JAVA, HTML, XML, teilweise ohne Projekterfahrung	5	58.000	290	290.000
Entwickler Webdesign	2	65.000	325	130.000
Projektassistenz	2	42.000	210	84.000
Verwaltung	2	37.000	185	74.000
Gesamt	**19**	**448.000**	**2.240**	**1.235.000**
Pro Mitarbeiter/Tag			**325**	

Formel für Kosten pro Tag und Mitarbeiter:
1.235.000 Euro/(200 Tage * 19 Mitarbeiter)

---

[56] vgl. Meier, Petra: Budgetermittlung: Ab wann trägt sich ein Projekt? In: Projektmagazin, Ausg. 15/01

Tabelle 7-3: Budgetierung Materialkosten etc.[57]

Kostenart/Beschreibung	Kosten jährlich in Euro	Kosten pro Tag in Euro
Materialkosten	200 Tage/Jahr	
Büromaterial (Papier, Schreibmaterial, Kopien etc.)	12.000	60
Druckkosten (Broschüren, Projekthandbuch)	8.000	40
Fachliteratur	2.100	11
Gesamt	**22.100**	**111**
Arbeitsplätze/Büroräume/Computer & Zubehör		
Büromiete	28.000	140
Arbeitsplätze	23.000	115
Computer & Zubehör	52.000	260
Gesamt	**103.000**	**515**
Software allgemein und speziell für das Projekt beschaffte Software		
Installation neues Release	34.000	170
Tools	32.000	160
Gesamt	**66.000**	**330**

Da für die Budgetermittlung mit Durchschnittswerten gerechnet wird, muss der Durchschnittskostensatz pro Mitarbeitertag noch ermittelt werden. Dieser Kostensatz gibt an, wie viel Gesamtkosten für den Einsatz eines Mitarbeiters in das Projektbudget einzustellen sind.

Tabelle 7-4: Durchschnittskosten pro Tag und Mitarbeiter[58]

Beschreibung	Kosten
durchschnittliche Mitarbeiterkosten/Tag	325
Materialkosten pro Tag und Mitarbeiter Formel: (111 Euro/Tag)/Anzahl Mitarbeiter (19)	6
Arbeitsplatzkosten usw. pro Tag und Mitarbeiter Formel: (515 Euro/Tag)/Anzahl Mitarbeiter (19)	28
Softwarekosten pro Tag	330
Gesamt	**689**

---

[57] vgl. Meier, Petra: Budgetermittlung: Ab wann trägt sich ein Projekt? In: Projektmagazin, Ausg. 15/01

[58] vgl. Meier, Petra: Budgetermittlung: Ab wann trägt sich ein Projekt? In: Projektmagazin, Ausg. 15/01

Die Softwarekosten sind Fixkosten. Insofern sind sie leistungstunabhängig, d.h. sie sind unabhängig von der Anzahl der Mitarbeiter. Die Gesamtkosten sind lediglich zu periodisieren. Dieser Gesamtkostensatz bildet die Kalkulationsgrundlage zur Ermittlung des Projektbudgets.

Dieser Durchschnittskostensatz pro Tag und Mitarbeiter bildet dann die Grundlage für die Ermittlung des Projektbudgets. Wenn z.B. für das Projekt 700 Personentage geschätzt werden, beträgt das Projektbudget 482.300 Euro = (689 Euro * 700).

7.6 Projektsteuerung

Basis der Projektsteuerung ist die Projektplanung und die Projektkontrolle. Sie sind Elemente des Projektcontrollings. Die Notwendigkeit der Steuerung und Kontrolle ergibt sich aus der Zukunftsbezogenheit und daraus resultierenden Unsicherheit der Planung. Zur Kontrolle werden Ist-Daten, die im Rahmen der Projektdurchführung gewonnen werden, herangezogen. Damit verbindet die Projektsteuerung die Projektplanung mit der Projektdurchführung. Ausgehend von der Projektplanung folgt die Projektsteuerung dem Regelkreis über der Projektplanung. Dieser besteht aus dem Erfassen der Ist-Daten in der Projektdurchführungsphase, dem Soll-/Ist-Vergleich, der Abweichungsanalyse und der Durchführung von Steuerungsmaßnahmen[59]. Bezugsobjekte der Projektsteuerung sind naturgemäß alle Plandaten, wie Projektfortschritt (Meilensteine), Termine, Kapazitäten, Kosten, Qualität und Wirtschaftlichkeit.

7.6.1 Steuerungsmöglichkeiten

Das System der Projektsteuerung funktioniert wie der in Kap. 12.2.3 dargestellte kybernetische Regelkreis. Die Feststellung der Abweichungen geschieht durch den klassischen Soll-/Ist-Vergleich, d.h. Vergleich der Planwerte mit den Ist-Werten. Die Detaillierung der Soll-/Ist-Vergleiche ist Aufgabe der Abweichungsanalysen. Sie haben das Ziel, die Ursachen von Soll-/Ist-Abweichungen zu ermitteln. Aus der Art der Abweichungen werden die Stoßrichtungen der durchzuführenden Maßnahmen festgelegt. Diese sind im Folgenden Maßnahmen zur Projektbeschleunigung, Maßnahmen zur Qualitätssteigerung, Maßnahmen zur Leistungssteigerung und Maßnahmen zur Kostensenkung. Durch die Interdependenzen der Komponenten ist die Wirkungsrichtung einer Maß-

---

[59] vgl. Krcmar, Helmut: Informationsmanagement, 2003, S.351

nahme nie ausschließlich nur auf die zu beeinflussende Komponente gerichtet. Andere Komponenten werden ebenfalls beeinflusst. So hat eine Maßnahme zur Kostensenkung u.U. Einfluss auf den Projektfortschritt.

Mit Hilfe des Berichtssystems wird der Projektfortschritt gesteuert und kontrolliert[60]. Dazu müssen die Projektmitarbeiter zu regelmäßigen Terminen Statusmeldungen ihrer Aktivitäten abgeben. Diese Einzelmeldungen werden zu einem Projektstatusbericht zusammengefasst.

Die Feststellung der Terminsituation eines Arbeitspaketes erfolgt ebenfalls. Die Leistungsmessung erstreckt sich auf die Feststellung des Zielerreichungsgrades. Hier sei noch einmal auf das schon erwähnte „90%-fertig"-Phänomen hingewiesen. Ein weiteres Problem ist, dass hier auch auf die Einhaltung von definierten Qualitätsstandards geachtet werden muss. Oft werden Anforderungen als erreicht gemeldet, ohne dass die geforderten Qualitätsstandards eingehalten wurden. Die Maßnahmen zur relativ objektiven Bewertung der Ergebnisse sind z.B. Code-Inspektion, Walk-Throughs oder Reviews.

Die Feststellung des Kapazitätenverbrauches erstreckt sich auf die Messung der Personalkapazitäten und der Rechnernutzung. Die Messung der Personalkapazitäten erfolgt durch das Berichtswesen, das manuell oder maschinell geführt wird. Die Messung der Rechnernutzung des Projektteams erfolgt maschinell durch Auswertung der Job-Protokolle. Die Überwachung des Projektbudgets bzw. der Projektkosten kann durch eine projektinterne Kalkulation (Projektkalkulation) erfolgen.

In Bezug auf die Führungstechnik unterscheidet die Projektsteuerung folgende vier Hauptbereiche[61]:

- direkt wirksame Steuerung
- indirekt wirksame Steuerung
- Qualitätslenkung
- Projektkoordination

7.6.2
Direkt wirksame Steuerung

Von allen Führungsstilen losgelöst bestimmen direkt steuernde Handlungen das tägliche Leben aller Menschen. Dies zeigt, dass sie sich in der Praxis wegen ihrer Effektivität bewährt haben. Markante Ausprägungen der direkt wirksamen Steuerung sind das Anleiten und Anordnen. So geben Eltern ihren Kindern

---

[60] vgl. Krcmar, Helmut: Informationsmanagement, 2003, S.351

[61] vgl. Jenny, Bruno: Projektmanagement in der Wirtschaft, 2001, S. 295–299

Anordnungen oder leiten sie zu bestimmten Handlungen an. Sie sind sich sicher kaum bewusst, dass Anleiten bzw. Anordnen dem autoritären Führungsstil zugeordnet werden. Aber auch in kooperativ geführten Projekten muss der Projektleiter durch Anordnungen bzw. Anleitungen führen. Im operativen Geschäft der Projektarbeit werden tagtäglich viele Anordnungen von der Führungskraft getätigt. Führungsarbeit ist zum großen Teil auch Pragmatismus.

Die Komponenten der direkt wirksamen Steuerung werden konsequent und durchgängig lediglich in den Streitkräften eingesetzt. Die klaren und eindeutigen Vorgaben lassen keinen Entscheidungsraum und auch keinen Raum für Interpretationen. Beim Mitarbeiter bleibt lediglich die Exekutive, d.h. die Aufgabenerfüllung. Erwähnt werden soll noch, dass die Sanktionen für Nichtbefolgen der Anordnungen, jedenfalls beim Militär, sehr hart sind.

Der Projektleiter kann auf die direkt wirksame Steuerung nicht verzichten, er muss diese Komponente aber situationsgerecht einsetzen. Durch klare Aufträge in einem stabilen Umfeld existiert noch genug Raum für selbstständiges Arbeiten.

Die Komponenten der direkt wirksamen Steuerung wirken kurzfristig und ohne Zeitverzug. Aus diesem Grund zählt auch das Motivieren zur direkt wirksamen Steuerung. Aus dem Tableau der Motivationsfaktoren wirken im Besonderen die extrinsischen Faktoren schnell.

Die Dauerhaftigkeit dieser Faktoren wird oft bezweifelt. Besonders die Motivation durch Geld soll sich schnell abschwächen. Diese Aussage kann in dieser kategorischen Form nicht akzeptiert werden. Es kommt auf die Form der Geldzuwendungen an. Monetäre Anreizsysteme, z.B. permanente Geldzuwendungen bei Zielerreichung, wirken durchaus dauerhaft motivierend.

Ein Projektkontrollsystem entfaltet direkt steuernde Wirkung, aber zusätzlich ergeben sich auch indirekte psychologische Effekte. Dies könnte man als eine Form der Synergie bezeichnen.

Den Projektmitarbeitern ist bewusst, dass ein Projektkontrollsystem existiert. Aus dem Bewusstsein erwächst eine steuernde Wirkung. Dadurch wird bewirkt, dass die Mitarbeiter ihre Handlungen auf die vorgegebenen Planziele ausrichten. Die allgemein bekannten Anforderungen an die Ziele müssen natürlich gewährleistet sein. Die Ziele müssen realistisch und erreichbar sein. Ein so gestaltetes Zielsystem wirkt anspornend und motivierend.

7.6.3
Indirekt wirksame Steuerung

Mittels der indirekt wirksamen Steuerung sollen längerfristige Auswirkungen erreicht werden. Einige Komponenten der indirekt wirksamen Steuerung manifestieren sich auf der strategischen Ebene des Unternehmens. Sie sind Teile des Unternehmensleitbildes bzw. der Unternehmenskultur. Das sind im Wesentlichen allgemeine Führungsgrundsätze, Mitarbeiterpolitik, Entlohnungspolitik usw.

Auf der Ausführungsebene zählen dazu das Führungsverhalten und der Führungsstil des Projektleiters, die intrinsische Motivation, Mitarbeiterbeurteilung und -förderung. Es ist selbstverständlich, dass auch auf dieser Ebene die oben genannten allgemeinen Regelungen als Rahmenbedingungen akzeptiert werden müssen.

Ferner gehört eine klare Abgrenzung der Aufgaben, Kompetenzen und Verantwortung dazu. Diese Komponenten werden im Allgemeinen in Stellenbeschreibungen festgehalten. Stellenbeschreibungen werden i.d.R. nur für Aufgaben innerhalb der Linienorganisation durchgeführt, da diese Struktur eine gewisse Stabilität aufweist. Spezielle Stellenbeschreibungen für flüchtige Projektstrukturen zu erstellen ist nicht sinnvoll. Aber die Funktionen der Projektmitarbeiter sollten generell dokumentiert werden, z.B. die Aufgaben, Kompetenzen und Verantwortung eines Anwendungsentwicklers, Datenbank-Administrators usw.

7.6.4
Qualitätslenkung

Der Begriff Qualität wird vielfach strapaziert und oft auch missverständlich benutzt. Hier wird Qualität als die Menge der Eigenschaften und Merkmale einer Tätigkeit oder des Ergebnisses einer Tätigkeit bezeichnet, die sich auf deren Eignung zur Erfüllung definierter Anforderungen bezieht[62].

Die Komponenten der Qualitätslenkung sind Steuerung, Überwachung und Korrektur. Die Lenkungsfunktion ist immer auf die Ausführung einer Arbeitsleistung gerichtet. Wie gut eine Arbeitsleistung ist, lässt sich letztlich immer nur am Ergebnis einer Arbeitsleistung ermitteln. Maßgeblich für die Qualität der gesamten Projektarbeit sind die Projektergebnisse. Die Ausführung der Qualitätslenkung lässt sich als Prozess darstellen, mit den Funktionen Planung, Überwachung und Korrektur.

---

[62] vgl. Heinrich, Lutz J.: Management von Informatik-Projekten, 1997, S. 80

7.6.5
Projektkoordination

Koordinieren bedeutet abstimmen. Unter Koordination ist im Zusammenhang mit dem Projektmanagement das zielgerichtete Aufeinander-Abstimmen aller Tätigkeiten zu verstehen, die das Projekt betreffen[63].

Die Aufgabe der Koordination ist allgemein eine wichtige Führungsaufgabe. Im System des Projektmanagements ist es eine wichtige Schlüsselfunktion des Projektleiters. Der Koordinationsaufwand resultiert aus der arbeitsteiligen Aufgabenerfüllung und aus der Notwendigkeit, die Handlungen und Abstimmprozesse mit den Umsystemen zu steuern. Mit der Komplexität des Projektes wächst die Anzahl der parallel durchzuführenden Aufgaben und damit der Koordinationsaufwand.

Die Koordination läuft auf zwei Ebenen ab, der internen Ebene innerhalb des Projektes und der externen Ebene mit den Umsystemen. Der Koordinationsaufwand innerhalb des Projektes ist oft erheblich, da viele Aufgaben konfliktfrei ablaufen müssen.

Die Projektkoordination umfasst neben der Koordination der Aufgaben innerhalb der Projektgruppe auch die Abstimmung mit den bestehenden Umsystemen, d.h. die externe Koordination. Die Umsysteme des Projektmanagements werden in Kap. 12.3 abgehandelt.

Koordinationsbedarf besteht im Wesentlichen zwischen dem direkten Projektumfeld. Das ist die funktionale und prozessuale Gliederung des projektumgebenden Unternehmens. Als herausgehobene funktionale Instanz ist hier der Projektlenkungsausschuss zu nennen. Die Zusammenarbeit mit anderen Projekten muss koordiniert werden. Das sind im Wesentlichen die Projekte, die vor- oder nachgelagerte Tätigkeiten ausüben. Diese Projekte kommunizieren über Schnittstellen mit unserem Projekt.

Der Koordinationsaufwand für das indirekte Projektumfeld, wie z.B. Markt, Kunden, Staat, Behörden usw. ist sicher schwer abzuschätzen. Er ergibt sich projektindividuell und zeitlich begrenzt.

7.7
Projektcontrolling

Die Bedeutung des Controllings nimmt zu. Das liegt im Wesentlichen an der schwierigen wirtschaftlichen Situation und der daraus resultierenden geringen Investitionsneigung der Unternehmen in die IT. Die Legitimation zur Installa-

---

[63] vgl. Jenny, Bruno: Projektmanagement in der Wirtschaft, 2001, S. 299

tion eines Systems des Projektcontrollings resultiert allein aus der Anforderung der Wirtschaftlichkeit an die Projekte. Allgemein herrschende Meinung ist, dass die Stärken des Controllings in seiner Unterstützungsfunktion liegen. Die gestalterischen Elemente des Controllings sind eher gering.

7.7.1
Dimensionen des Projektcontrollings

Projektcontrolling impliziert die Grundfunktionen Planung, Überwachung und Steuerung. Die Aufgaben des Projektcontrollings liegen in der Informationsbeschaffungsfunktion für die Grundfunktionen und seiner Nachweisfunktion. Projekte lassen sich zwar auch ohne Projektcontrolling erfolgreich zu Ende bringen, aber die erfolgreiche Bewältigung der Projektmanagement-Aufgaben lässt sich nur mit Hilfe des Controllings nachweisen. Indem dem Projektcontrolling die Aufgabe zugewiesen wird, die Grundsätze für die Planungs-, Überwachungs- und Steuerungsprozesse bereitzustellen, wird seine Führungsfunktion betont.

Die Dimensionen bzw. Ebenen des Projektcontrollings sind mannigfaltig und in der Literatur durchaus unterschiedlich[64].

Hier wird ein Zwei-Ebenen-Modell präferiert. Danach wird unterschieden in[65]

- strategisches Projektcontrolling und
- operatives Projektcontrolling.

Die Aufteilung des Projektcontrollings in zwei Ebenen ordnet das Controlling aufgabenorientiert den unterschiedlichen Ebenen zu. Das strategische Projektcontrolling gehört zu den Führungsaufgaben des Informationsmanagements[66]. Es ist eine Unterstützungsfunktion des strategischen Informationsmanagements. Das strategische Projektcontrolling befasst sich mit Fragen, die strategischen Charakter haben.

Seine Unterstützungsfunktion wird hervorgehoben, indem es das strategische Informationsmanagement z.B. bei folgenden konkreten Aufgaben unterstützt:

---

[64] vgl. Stahlknecht, Peter, Hasenkamp, Ulrich: Einführung in die Wirtschaftsinformatik, 2002, S. 471, und Heinrich Lutz J.: Management von Informatik-Projekten, 1997, S.448

[65] vgl. Heinrich, Lutz J.: Management von Informatik-Projekten, 1997, S. 448 ff.

[66] vgl. Krcmar, Helmut: Informationsmanagement, 2003, S. 46

7 Führung von IT-Projekten

- Installation eines Mitarbeitersymposiums zur Generierung von Projektideen
- Schaffung der Voraussetzungen für ein effizientes Projektmanagement
- Beurteilung des Projektportfolios in Bezug auf seinen Beitrag zur Erreichung der Unternehmensziele
- Definition der Grundsätze zur Umsetzung von Projektideen
- Entwicklung eines Projektmanagementhandbuches

Das operative Projektcontrolling ist auf der Administrations- bzw. Durchführungsebene des Projektmanagements angesiedelt. Auch hier überwiegt die Unterstützungsfunktion. Überwiegend sollen die Lenkungs- und Steuerungsgremien und die Projektleitung bei ihren Tätigkeiten unterstützt werden. Der Schwerpunkt der Unterstützung liegt bei Planungs-, Koordinations- und Analyseaufgaben. Eine besondere Unterstützungsfunktion liegt in der aufwändigen Koordinationsaufgabe des Projektleiters mehrerer parallel laufender Projekte, dem so genannten Multi-Projektmanagement.

Ein weiteres unterstützendes Element richtet sich auf die Projektmitarbeiter, indem ein Tableau der Plan- und Ist-Werte der Zielerreichung bereitgestellt wird. Es handelt sich also um einen Statusbericht des Zielerreichungsgrades hinsichtlich der definierten Controlling-Ziele. Dies ist zweifellos eine Schwerpunktaufgabe des Projektcontrollings.

Durch die Betonung der Unterstützungsfunktion wird noch einmal hervorgehoben, dass das Projektcontrolling keinen direkten Einfluss auf das Projekt nehmen kann. Die Kompetenz und Verantwortung liegt allein bei der Projektleitung. Nicht in allen Projekten ist ein Projektcontrolling installiert, auch Lenkungsausschüsse existieren häufig nicht. Dann fallen diese Aufgaben der Projektleitung zu.

7.7.2
Wirkungskreislauf des Projektcontrollings

In Kap. 12.2.3 wird der Regelkreis des Projektmanagements als Referenzmodell vorgestellt. Dieses Modell kann auf das hier vorgestellte Modell des Wirkungskreislaufs des Controllings übertragen werden. Bezogen auf die Dimensionen des Projektcontrollings ist das Modell neutral, d.h. seine Grundkonzeption ist auf jeder Ebene anwendbar. Die zentralen Aufgaben sind mit geringen Abweichungen immer identisch. Das sind das Setzen von Zielen, Festlegung der Plangrößen, Überwachung der Plangrößen (Soll-/Ist-Vergleich) und Aktivierung der Steuerungselemente bei Abweichung.

Die Abb. 7-5 zeigt die Einzelschritte des Wirkungskreislaufs des Controllings. Das Modell ist selbsterklärend, deshalb wird hier nur noch einmal die

Notation des Grundmodells des kybernetischen Regelkreises auf die modellspezifischen Begriffe angewandt.

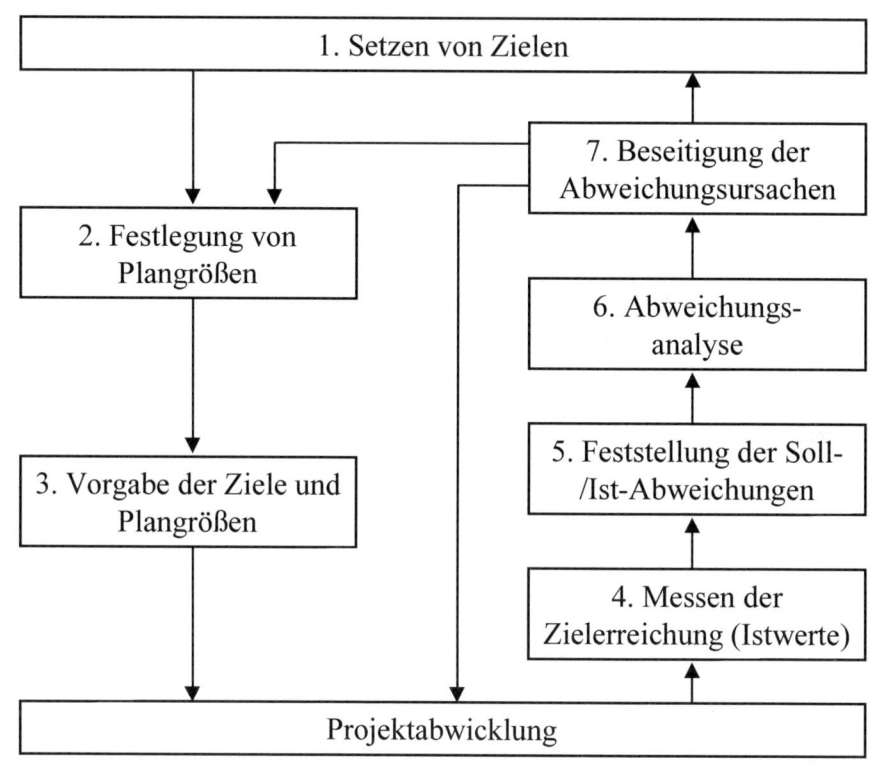

```
┌─────────────────────────────────────────────┐
│           1. Setzen von Zielen              │
└─────────────────────────────────────────────┘
       │         │                  ▲
       ▼         ▼            ┌─────────────┐
┌──────────────┐              │ 7. Beseitigung der│
│ 2. Festlegung von │         │ Abweichungsursachen│
│   Plangrößen │              └─────────────┘
└──────────────┘                    ▲
       │                    ┌─────────────┐
       │                    │ 6. Abweichungs-│
       │                    │   analyse    │
       │                    └─────────────┘
       ▼                          ▲
┌──────────────┐              ┌─────────────┐
│ 3. Vorgabe der Ziele und │   │ 5. Feststellung der Soll-│
│   Plangrößen │              │ /Ist-Abweichungen │
└──────────────┘              └─────────────┘
       │                          ▲
       │                    ┌─────────────┐
       │                    │ 4. Messen der│
       │                    │ Zielerreichung (Istwerte)│
       │                    └─────────────┘
       ▼                          ▲
┌─────────────────────────────────────────────┐
│           Projektabwicklung                 │
└─────────────────────────────────────────────┘
```

Abb. 7-5: Wirkungskreislauf des Controllings[67]

Die Regelstrecke in diesem System ist das Projekt bzw. die Projektabwicklung. Messgrößen sind die im Projekt erzielten Ist-Ergebnisse. Die Führungsgrößen sind die vorgegebenen Plangrößen. Externe bzw. interne Einflüsse wirken auf das System Projektabwicklung ein und beeinflussen die Ist-Größen. In der Vergleichsstelle, hier Abweichungsanalyse, Festlegung der Soll-/Ist-Abweichungen und Messen der Ist-Werte, wird der Soll-/Ist-Vergleich durchgeführt. Ein Regler nimmt das Ergebnis entgegen und bei Abweichungen werden über die Stellgröße, hier Beseitigung der Abweichungsursachen, die entsprechenden Aktivitäten ausgelöst. Die Aktivitäten können u.a. Maßnahmen der direkten Projektsteuerung sein. Ziel ist es die Ist-Größen wieder den Soll-Größen anzugleichen.

---

[67] vgl. Heinrich, Lutz J.: Management von Informatik-Projekten, 1997, S. 450

In diesem System Projektabwicklung gibt es eine Besonderheit, die auf der Unsicherheit der Plangrößen beruht. Mit zunehmendem Projektfortschritt wächst die Informationsbasis, so dass eine Präzisierung der Plangrößen möglich ist. Eine Abweichungsanalyse kann also auch ergeben, dass die Plangrößen korrigiert werden müssen.

Deswegen wird deutlich, dass die Beseitigung der Abweichungsursachen sowohl auf die Zielsetzung und die Festlegung der Plangrößen als auch direkt auf die Projektabwicklung Einfluss haben kann. Je früher Divergenzen durch die regelmäßige Abweichungsanalyse aufgedeckt werden, desto einfacher und kostengünstiger sind sie zu korrigieren. Deswegen ist auch die Etablierung eines Frühwarnsystems sinnvoll.

Zu klären ist noch, wann und in welchen Zeitabständen eine Abweichungsanalyse durchzuführen ist und wann Korrekturmaßnahmen auszulösen sind. Generelle Aussagen sind schwierig, aber Korrekturmaßnahmen müssen immer dann sofort ergriffen werden, wenn das Projektziel, z.B. der Endtermin, gefährdet ist. Das sind alle Aktivitäten, die auf dem kritischen Weg des Netzplanes liegen. Der Zeitpunkt der Abweichungsanalyse orientiert sich an den Projektphasen. Generell ist zu sagen, dass in der Realisierungsphase häufiger kontrolliert werden muss. Eine wöchentliche Überprüfung hat sich in der Praxis bewährt. Kürzere Intervalle bringen lediglich Unruhe in das Projekt.

7.7.3
Setzen von Zielen

Die Zielsetzung ist kein autonomer deklaratorischer Akt, sondern die Projektziele müssen in ein Unternehmenszielbündel eingebettet werden. Aus diesem Grund muss die Zielsetzung Top-down erfolgen. Die Projektziele müssen abgestimmt sein mit den Unternehmenszielen. Dies hört sich kompliziert und bedeutungsvoll an, ist in der Praxis aber nicht schwierig. Den Autoren ist in ihrer langjährigen Projektpraxis niemals ein Projekt untergekommen, das diese Bedingungen nicht erfüllt hat. Diese Aussage wird klar, wenn man sich den Prozess der Projektentstehung noch einmal vor Augen hält. Projektideen, die den Unternehmenszielen entgegenstehen, werden schon im Vorfeld eliminiert.

Selbst ein so obskures Projekt wie das Schaffen einer Welt AG des DaimlerChrysler-Konzerns ist mit dem Unternehmensziel Maximierung des Marktwertes (Shareholder-Value-Konzept) vereinbar.

Die Planungsziele müssen in das Planungssystem des Unternehmens integriert werden. Eine Abstimmung mit der Unternehmensplanung und den anderen Planungsstufen ist vorzunehmen. Die Notwendigkeit der Abstimmung ergibt sich allein aus der Konkurrenz um Ressourcen zwischen den geplanten Projekten und den Planvorhaben der Linie.

Die Ressourcen sind eben limitiert und können nur einmal verplant werden. In größeren Unternehmen werden die Abstimmungs- und Koordinationsprozesse von einer eigenen Instanz durchgeführt.

Die vorgegebenen Planungsziele werden in Projektziele und weiter in Teil- bzw. Unterziele heruntergebrochen. Intern verfolgt die Projektplanung nicht nur ein separates Ziel, sondern ein Zielbündel. Das Zielbündel besteht aus den Einzelzielen Termin, Qualität, Quantität und Kosten. Wie immer bei Verfolgung eines Zielbündels gibt es Abhängigkeiten zwischen den Teilzielen. Die Schwierigkeit, die sich daraus ergibt ist, dass die autonome Zielerreichung eines Einzelzieles nicht möglich ist, da dann andere Ziele u.U. nicht erreicht werden. Hier muss eine Balance gefunden werden, um die Zielkonflikte auszugleichen. Diese Balance zu finden ist in der Praxis oft schwierig und manchmal sogar unmöglich. Aber völlig gleichwertige Teilziele sind in der Realität eher die Ausnahme. Meist existiert ein Präferenztableau für die Einzelziele. Dann wird verstärkt das Ziel mit dem höchsten Präferenzwert verfolgt. Häufig sind das Terminziele. Die oben genannten Teilziele werden auch als Controlling-Ziele bezeichnet.

Ein straffes Controlling-Netz erfordert eine feine Skalierung der Teilziele (z.B. Wochen- statt Monatsziele). Allerdings gilt es zu berücksichtigen, dass ein straffes Controlling einen überproportionalen Aufwand und z.T. auch Probleme mit der Messgenauigkeit ergibt.

Als gravierendster Nachteil ist jedoch die Einschränkung des Handlungsspielraums der Projektmitarbeiter zu nennen. Des Weiteren kann es passieren, dass die Mitarbeiter lediglich das Erreichen des nächsten Teilziel-Abschnittes anstreben und das Gesamtziel aus den Augen verlieren. Controlling ist in der Praxis für die Projektmitarbeiter schon etwas Unangenehmes, ein zu enges Controlling-Netz verstärkt dieses Gefühl noch. Das kann den Projektfortschritt hemmen.

Die Praxis zeigt, dass das Controlling zwar flexibel, aber eher straff gehandhabt werden sollte. Denn Ziele erreicht man nur, indem man den Zielerreichungsgrad permanent kontrolliert. Außerdem muss sich der Projektleiter jederzeit zum Projektstatus gegenüber höheren Instanzen verbindlich äußern können.

7.7.4
Messen der Zielerreichung

Ziele müssen gesetzt und die Zielerreichung muss gemessen werden. Die allgemeinen Anforderungen an Ziele, insbesondere die Messbarkeit, gilt auch für Controlling-Ziele. Im Vordergrund steht die Frage: Was?, Wie viel?, Wann?, Womit? zu messen ist. Jedes Controlling-Ziel muss eine operationale und quantitative Erfassung der Ist-Werte ermöglichen. Das Messen erstreckt sich insofern lediglich auf die Ist-Werte. Qualitative Ziele, wie z.B. Nutzenziele, sind nicht messbar. Die Soll-Werte dienen als Vergleichswert.

Das Messen der Zielerreichung lässt sich ebenfalls als Prozess darstellen. In der Praxis werden die einzelnen Prozessschritte häufig überhaupt nicht wahrgenommen, da ihr Inhalt und ihre Begrifflichkeit offensichtlich sind. In der Praxis sind Controlling-Ziel und Messziel häufig identisch. Ist das nicht der Fall, wird das Controlling-Ziel in ein Messziel überführt. Der nächste Schritt ist die Ableitung aus dem Inhalt des Messziels in ein Messobjekt. Danach werden dem Messobjekt Messgrößen und die erforderliche Messgenauigkeit zugeordnet. Darauf folgt die Festlegung der Messpunkte zur Erfassung der Messgrößen und die Festlegung der Messinstrumente.

Durch das Definieren der Messgrößentransformation wird der Controlling-Zyklus vom gemessenen Ist-Wert zum vorgegebenen Soll-Wert geschlossen. Die meisten dieser Prozessschritte werden in der Praxis nicht durchlaufen oder sind dem Controller überhaupt nicht bewusst. Termine werden immer kalendarisch gemessen, Zeitaufwand in Personentagen ermittelt usw.

7.7.5
Kontrolle der Formalziele

Analog zu der in der Betriebswirtschaft gebräuchlichen Unterscheidung der Unternehmensziele in Sach- und Formalziele lassen sich auch die Projektziele aufteilen. Zu den Formalzielen gehören die Aufwands-/Kostenziele und die Terminziele. Zu den Sachzielen zählen die Sachfortschrittsziele, die Qualitätsziele und die Dokumentations- und Informationsziele. Aus der angeführten Zieldifferenzierung ergibt sich unmittelbar die Aufteilung des Kontrollraumes der Projektkontrolle in Sach- bzw. Formalzielkontrolle.

Aus der Aufzählung der genannten Zielsetzungen wird offensichtlich, dass die Ziele nicht gleichbedeutend sind. Eine generelle Zielhierarchie gibt es sicher nicht, aber in der Praxis dominieren meist Termin- bzw. Aufwandsziele. Insofern kommt der Kontrolle dieser Ziele größte Bedeutung zu. Dokumentations- bzw. Informationsziele haben eher nachrangige Bedeutung.

Qualitätsstandards haben die Eigenschaft einer Querschnittsfunktion, d.h. an alle Ziele sind diese Standards anzulegen. Sachfortschrittsziele reflektieren auf die Terminziele. Insofern ist die Sachfortschrittskontrolle Voraussetzung für die Terminkontrolle.

Die Wahrnehmung der Formalzielkontrolle obliegt dem Projektauftraggeber oder einem Gremium. In der Praxis wird diese Tätigkeit häufig vom Projektleiter wahrgenommen. Er hat dann lediglich eine Informationspflicht an die entsprechenden Instanzen. Der Kontrollprozess sollte strukturiert und formalisiert werden. Oft wird Unterstützung durch Tools gewährt. Dadurch wird die

Prüfung auf Vollständigkeit und korrekte Zuordnung, z.B. der Kosten, zu den entsprechenden Kostenstellen gewährleistet. Zunächst werden die direkt zurechenbaren Kosten bzw. Aufwände erfasst und weiterverrechnet. Der größte Teil der direkten Kosten besteht aus den Personalkosten. Informationen über indirekte Kosten fließen in die Verrechnung ein.

Die Kontrolle des Sachfortschritts und von Terminen erfolgt in einem Schritt. Hier sei noch einmal auf das „90%-fertig"-Problem hingewiesen. Im nächsten Schritt erfolgt der Soll-/Ist-Vergleich und die Feststellung der Abweichungen. Aus der Analyse der Abweichungen sind die entsprechenden Schlüsse zu ziehen und u.U. Steuerungsmaßnahmen einzuleiten. Aus dieser Darstellung wird noch einmal ersichtlich, wie wichtig die Installation und Funktion eines aussagefähigen maschinellen Berichtssystems ist.

Wegen der dominierenden Bedeutung der Termine wird im Folgenden am Beispiel der Terminkontrolle der Formalziel-Kontrollprozess dargestellt.

Die Projektmitarbeiter müssen permanent den Fortschritt der ihnen übertragenen Aktivitäten fortschreiben. Das Ergebnis ist eine terminierte Statusmeldung über abgeschlossene und nicht abgeschlossene Arbeiten. Zu den nicht abgeschlossenen Arbeiten muss der Fertigstellungsgrad angegeben werden. Aus diesen Informationen kann geschlossen werden, ob der geplante Termin gehalten wird, gefährdet ist, nicht gehalten wird oder sogar vorverlegt werden kann.

Diese Phase der Kontrolle funktioniert nur, wenn die Sachfortschritte von den Mitarbeitern korrekt gemeldet werden. Arbeiten werden erst als abgeschlossen akzeptiert, wenn die Arbeitsergebnisse überprüft worden sind. Das sind z.B. die Ergebnisse eines qualifizierten Abschlusstests, d.h. eines Tests mit zertifizierten Testdaten. Auf das Einhalten von Qualitätsstandards ist zu achten.

Die Termine werden an das Controlling weitergeleitet und in das Projektplanungswerkzeug eingegeben. Eventuell muss danach das gesamte Projekt oder doch zumindest Teile davon neu durchterminiert werden. Terminverschiebungen werden gut sichtbar gemacht, vielleicht durch ein Ampelsystem. Grüne Ampel heißt „alles in Ordnung", gelbe Ampel bedeutet „Termin gefährdet" und rote Ampel „Termin kann wahrscheinlich nicht gehalten werden".

Die eigentliche Kontrolle der Plantermine mit den voraussichtlichen Fertigstellungstermine erfolgt maschinell. Ergebnisse sind Terminübersichten, in denen die terminlich kritischen Teilaufgaben deutlich hervorgehoben werden.

Aus der Analyse der Terminübersichten müssen die Projektverantwortlichen ihre Handlungen ableiten. Wenn in einem Projekt viele Aktivitäten, mit dem Hinweis „Termin gefährdet" bzw. „kann wahrscheinlich nicht gehalten werden" (gelbe bzw. rote Ampel), auftreten und diese Meldungen von verschiedenen Mitarbeitern stammen, ist das ein Indiz, dass u.U. die Schätzungen zu optimistisch waren.

7.7.6
Kontrolle der Sachziele

„The system works as designed", diese aus dem Bereich der Anwendungsentwicklung stammende Aussage ist das Synonym für ein funktionierendes System. Diese Aussage ist aber frühestens nach erfolgreichem Abschluss des Gesamtsystemtests möglich. Auch das Prüfen der Testergebnisse muss positiv ausgefallen sein.

Daraus wird aber auch das Dilemma des Projektcontrollings sichtbar. Alle dazwischen liegenden Kontrollstufen sind lediglich Interimskontrollen, die auf Aufzeichnungen von Gedanken, Planungen, Konzeptionen, Schätzungen usw. beruhen. Im Prinzip alles visualisierte gedankliche Modelle des Systems. Echte, einer harten Überprüfung standhaltende Ergebnisse des entwickelten Mensch-Maschine-Systems liefert erst der Abschlusstest auf dem Rechner. Daraus den Schluss zu ziehen, auf die Interimskontrollstufen zu verzichten, wäre der falsche Weg. Denn die korrekte Darstellung der einzelnen Phasen der Systementwicklung und deren Kontrolle trägt in optimaler Form zu einem System der genannten Qualität bei.

Die Kontrolle der Sachziele durchzieht alle Stufen des Vorgehensmodells der Systementwicklung. Im Folgenden soll im Bereich Qualitätskontrolle die Prüfung des Elementes „Modulqualität" dargestellt werden. In diesem Bereich werden die erstellten Software-Module überprüft, ob sie z.B. den definierten Qualitätsstandards entsprechen. Der Prozess der Qualitätskontrolle wird in die Funktionen Vollständigkeit, Aktualität und Richtigkeit unterteilt[68]. Der Prozess kann kaum generalisiert werden, da seine Ausgestaltung sehr vom zu prüfenden Objekt abhängt.

7.7.6.1
Vollständigkeit

In einem ersten Schritt wird eine Vollständigkeitskontrolle des Moduls durchgeführt. Nur wenn alle definierten Funktionen in dem Modul vorhanden sind, sind die restlichen Prüfschritte durchzuführen. Die Prüfung der Vollständigkeit zieht folgenden Fragenkomplex nach sich:

- Sind alle benötigten Funktionen in dem Modul vorhanden?
- Ist der Test vollständig?
- Sind die Schnittstellen vollständig integriert?

---

[68] vgl. Jenny, Bruno: Projektmanagement in der Wirtschaft: 2003, S. 310

- Sind die erforderlichen Standardfunktionen integriert?
- Entspricht das Coding dem definierten Qualitätsstandard?
- Entspricht die Dokumentation den Anforderungen?
- Wurden Standardfunktionen umgangen?
- Sind standardisierte Checkpoint-/Restart Funktionen integriert?
- usw.

7.7.6.2
Aktualität

Des Weiteren ist zu prüfen, ob die aktuelle Version des Moduls herangezogen wurde. Das gilt auch für alle benötigten Serviceroutinen. Beispielhaft könnten folgende Fragen anfallen:

- Stimmt die Testversion mit der aktuellen Version des Releasemanagements überein?
- Wurden alle Serviceroutinen aus den aktuellen Bibliotheken geladen?
- Wurden die aktuellen Bibliotheken herangezogen?
- Sind alle Änderungswünsche eingearbeitet?
- Wurde mit aktuellen freigegebenen Testdaten getestet?
- usw.

7.7.6.3
Richtigkeit

Die Überprüfung der Richtigkeit kann erst nach den angeführten Vorprüfungen durchgeführt werden. Diese sind Voraussetzung für die Richtigkeit der Ergebnisse. Die Prüfung der Richtigkeit ist die Ergebniskontrolle. Zur Prüfung der Richtigkeit stehen z.B. folgende Fragen an:

- Stimmen die Testergebnisse mit den dokumentierten erwarteten Ergebnissen überein?
- Entsprechen die Layouts den Anforderungen, z.B. hinsichtlich der Bildschirmaufbereitung?
- Entsprechen die Dialoge den Anforderungen, z.B. hinsichtlich der Bedienerfreundlichkeit?
- Ist die Orthographie des visualisierten Outputs korrekt?

- Wurden die Tests in einer Systemumgebung durchgeführt, die der späteren Produktionsumgebung entspricht?
- usw.

Eine weitere wesentliche Komponente der Sachzielkontrolle ist die Sachfortschrittskontrolle. Wie die Bezeichnung sagt, soll mit dieser Art der Kontrolle überprüft werden, wie weit die Sache fortgeschritten ist. Unter Sache wird das gesamte Projekt, die Planung, die Systementwicklung bzw. einzelne Elemente der Systementwicklung verstanden. Gemessen wird der Zielerreichungsgrad einer Tätigkeit in Relation zum geplanten Arbeitsvolumen.

Die Sachfortschrittskontrolle ist die zentrale Kontrollaufgabe des Projektmanagements. Sie liegt wie ein Netz über allen Aktivitäten des Projektmanagements. Ihre Bedeutung begründet sich daraus, dass sie unmittelbar die Formalziele beeinflusst. Wenn eine Aktivität erst zu 50% fertig ist, obwohl sie laut Plan zu 100% fertig sein sollte, hat das unmittelbaren Einfluss auf den Termin dieser Tätigkeit, möglicherweise sogar auf den Endtermin des Projektes.

Der Sachfortschritt kann kaum global für das gesamte Projekt Top-down ermittelt werden. Es muss Bottom-up vorgegangen werden. Zunächst ist die Produktfortschrittskontrolle durchzuführen und danach die Projektfortschrittskontrolle.

In der Phase Systementwicklung ist der Fertigstellungsgrad jedes einzelnen Moduls zu ermitteln. Daraus lässt sich dann der noch zu leistende „Restaufwand" ermitteln. Dieser Restaufwand wird dann auf die jeweils nächst höhere Stufe aggregiert, bis der Projektfortschritt des Gesamtprojektes ermittelt wird. Folgende Fragen lassen sich dann beantworten:

- Wie hoch sind die zu erwartenden Kosten für den „Entwicklungsrest"?
- Wie verhält sich der „Entwicklungsrest" zu den geplanten Terminen?
- Wie groß ist der Arbeitsaufwand bis zur endgültigen Fertigstellung?

7.7.7
Prüfzeitpunkte

Die Kontrolle ist eine wesentliche Führungsaufgabe des Projektleiters. Da Führung ein permanenter Prozess ist, ist auch der Kontrollprozess auf die gesamte Laufzeit des Projektes zu beziehen. Es zeichnet einen guten Projektleiter aus, dass er sich permanent um den Fortschritt der Tätigkeiten kümmert, Engpässe erkennt und dafür sorgt, dass sie überwunden werden. Es ist nicht außergewöhnlich, dass z.B. ein Mitarbeiter bei einer schwierigen Passage der Systementwicklung mehr Zeit braucht als geplant. Hier unterstützend und vielleicht sogar helfend einzugreifen, ist Aufgabe des Projektleiters. Das ist praktische Projektarbeit.

„Offizielle" Prüfzeitpunkte können kaum standardisiert werden, aber ein grober Rahmen kann angegeben werden. Die projektspezifischen Prüfzeitpunkte werden durch so genannte Meilensteine gekennzeichnet. Die Praxis zeigt, dass die Prüfzeitpunkte in der Phase Systementwicklung eng gesetzt werden sollten. Unter Umständen sollte im Wochenrhythmus kontrolliert werden.

Da eine frühe Fehlererkennung die Kosten und Zeiten der Fehlerkorrektur minimiert, ist das Kontrollnetz eng zu knüpfen. In der Literatur werden häufig drei Indikatoren für die Projektkontrolle herangezogen[69]:

- Phasenende
- Zeitdauer (maximal drei Monate)
- Kontrollvolumen (maximal 180-200 Arbeitstage)

Zum Abschluss jeder Projektphase muss auf jeden Fall ein Projektreview durchgeführt werden. In diesem Review wird ein Projektstatusbericht erstellt. In Großprojekten können die Phasen sehr lang sein. Phasen von einem Jahr und wesentlich mehr sind nicht selten. Dass in diesem Fall die Aufteilung in Teilprojekte sinnvoll ist, sei hier noch einmal erwähnt.

Sofern eine Phase länger als drei Monate dauert und das Kontrollvolumen 200 Tage überschreitet, ist es sinnvoll aufgrund der Menge und des Überblicks Zwischenkontrollen durchzuführen.

Die genannten Indikatoren für die Projektkontrolle definieren Rahmenkontrollintervalle. Spätestens zu diesen Terminen ist eine Kontrolle obligatorisch. Kürzere Intervalle sind jederzeit möglich. Es liegt im Ermessen des Projektleiters, kürzere Intervalle festzulegen. Wenn in dem Projekt sehr erfahrene Mitarbeiter kooperativ zusammenarbeiten, kann u.U. die maximale Intervallgrenze ausreichen.

7.7.8
Aufgabenträger des Projektcontrollings

Die Frage wer, und in welcher Form das Projektcontrolling durchführen soll, wird kontrovers diskutiert. Hier sei noch einmal auf die Unterstützungsfunktion des Controllings verwiesen.

Stabsstellen nehmen in der Regel das Projektcontrolling wahr. Zur Ausführung ihrer Arbeiten sind sie mit zusätzlichen Kompetenzen ausgestattet. Diese

---

[69] vgl. Jenny, Bruno: Projektmanagement in der Wirtschaft, 2001, S. 332

Stabsstellen werden dem Projekt zugeordnet. Es ist sinnvoll, jedem größeren Projekt eine Controllinginstanz zuzuordnen. Diese Instanz ist Teil der temporären Projektorganisation. Im Finanzdienstleistungssektor nimmt diese Aufgaben meist die Stabsstelle Innenrevision wahr. In der Praxis werden den Projektcontrollern häufig gewisse Weisungskompetenzen eingeräumt. Dies kann sich natürlich nicht auf die fachliche Durchführung von Projektmanagement-Aufgaben beziehen. In der Praxis hat sich bewährt, das Projektcontrolling bei der Erstellung der Daten für den Gesamtsystemtest heranzuziehen. Dies ist sinnvoll, da durch die Controllinginstanz getestet werden muss, dass die Testdaten vollständig und repräsentativ sind.

Bei Projekten mit einer Laufzeit von maximal einem Jahr kann der Projektleiter auch die Controlling-Aufgaben wahrnehmen.

Die organisatorische Eingliederung des Controllings in die Unternehmensstruktur orientiert sich an der Unternehmensgröße und Organisationsform. Insofern gelten die allgemeinen Regeln der Unternehmensorganisation. Organisatorische Konflikte ergeben sich daraus, dass die Controllinginstanz einerseits unabhängig sein soll, andererseits in die Unternehmensstruktur integriert werden soll.

In Konzernen gibt es i.d.R. die Instanz Konzern-Controlling auf Vorstandsebene. In Banken existiert häufig die Instanz Zentral-Controlling. Oft wird die Controlling-Instanz auch auf der zweiten Führungsebene angesiedelt. Bei funktionaler Organisation ist eine Trennung in Beschaffungs-, Produktions-, Vertriebs- und Verwaltungscontrolling denkbar. Bei divisionaler oder Profit-Center-Organisation ist eine Controllinginstanz für jeden einzelnen Bereich sinnvoll, ein so genanntes Bereichscontrolling.

Die Autonomie der Controllinginstanz wird durch ihr Unterstellungsverhältnis bewahrt. Die allgemeine fachliche und disziplinarische Unterstellung unter die Zentral-Controllinginstanz stärkt ihre Unabhängigkeit. Oft werden auch Mehrfachunterstellungen praktiziert. Die Controllinginstanz wird häufig auch noch dem Fachbereich bzw. der Abteilung unterstellt.

7.8 Zusammenfassung

Das komplexe Problem der Führung allgemein und der Projektführung speziell lässt sich in die Komponenten Führungsfunktions-Prozess, Führungsstile, Führungsverhalten, Motivation und soziologische Führungsmittel aufteilen.

Das vorherrschende Bild des Führers stellt sich in diesem Spektrum nicht als das eines autoritären Herrschers, sondern eines „primus inter pares" dar – eine Person, die Führen als eine Form der kooperativen Zusammenarbeit versteht und auch lebt. Die theoretischen Kenntnisse über Führungsmodelle und Führungsstile unterstützen den Führenden zwar bei seiner Führungsaufgabe, in der Praxis sind sie der Führungsperson aber häufig gar nicht bewusst.

Auf welche Art geführt wird, autoritär, kooperativ oder gar nicht (Laisser-faire) zeigt sich im individuellen Führungsverhalten. In der Praxis sind Führungsstile und das daraus abgeleitete Führungsverhalten selten in der definierten Reinform anzutreffen. Sinnvoll ist eine situationsadäquate Mixtur des Führungsverhaltens, wobei eine Grundtendenz auf dem kooperativen Führungsstil beruhen sollte. Der Laisser-faire-Führungsstil hat in der Wirtschaft keine Bedeutung.

Führung und Motivation gehören zusammen. Alle Theorien zur Motivation basieren auf dem Erklärungsansatz, dass Motivation dann entsteht, wenn ein Mangel zu beheben ist. Motivierend wirkt in jedem Fall ein permanenter Projektfortschritt. In der Literatur wird propagiert, dass monetäre Anreize kaum motivierend wirken. Diese Aussage ist so nicht akzeptabel. Eine leistungsgerechte Bezahlung und auch die Aussicht auf finanzielle Prämien für den Projekterfolg sind ein nicht zu unterschätzender Motivator.

Projektarbeit per se ist dynamisch und das Ziel aller Projekte ist, Veränderungen zu bewirken. Veränderungen erzeugen oft Verunsicherungen und Unbehangen, daraus ergibt sich ein hohes Konfliktpotenzial. Deshalb ist das Konfliktmanagement für das Projektmanagement von großer Bedeutung. Dass Konflikte auch Positives bewirken können ist zwar wünschenswert, aber nicht die Regel. Dass aus einer Konfliktsituation alle Kontrahenten als Gewinner hervorgehen, ist zwar ein theoretisch bestechender Ansatz, aber kaum praxisrelevant. Immer sollten Konflikte zügig aufgelöst werden, da sie die Leistungen der Projektgruppe negativ beeinflussen. Auch hier ist situationsgerechtes Handeln des Projektleiters gefordert.

Projekte haben oft Innovationscharakter und auch die Verfahren, Methoden usw. sind häufig neu. Insofern erwächst aus dieser Situation das Bedürfnis der Mitarbeiterförderung, hier speziell der gezielten Mitarbeiterschulung und der Mitarbeiterausbildung.

Eine Führungskraft sollte für ihre Mitarbeiter grundsätzlich immer gesprächsbereit sein. Oft werden aber in Unternehmen Mitarbeitergespräche als Leistungsbeurteilungsgespräche in periodischen Intervallen abgehalten. Diese Gespräche sollten in sachlicher Atmosphäre in Form des Dialoges gehalten werden.

Im weiteren Verlauf dieses Kap. wurden Methoden und Verfahren der Projektsteuerung und -kontrolle dargestellt. Ein allgemein gebräuchliches Steuerungsinstrument in der gesamten Wirtschaft ist die Budgetierung. Da die Budgetierung für die Projektarbeit grundlegende Bedeutung hat – in der Praxis werden fast alle Projekte über Budgets gesteuert – wird dieses Verfahren auch anhand eines Beispiels erläutert.

Die Projektsteuerung bildet die Brücke zwischen Projektplanung und Projektdurchführung. Sie ist notwendig, weil zwischen Planung und Durchführung meist erhebliche Abweichungen auftreten. Die notwendige Kontrollfunktion ist der klassische Soll-/Ist-Vergleich. Die daraus eventuell einzuleitenden Korrekturmaßnahmen direkter oder indirekter Art sind Aufgaben der Führungskräfte.

Im weiteren Verlauf des Kap. wurden die Aufgaben des Projektcontrollings vorgestellt, die wesentlich mehr umfassen als den mechanischen Soll-/Ist-Vergleich. Diese Aufgaben sind das Setzen von Zielen, Festlegung der Plangrößen, Überwachung von Plan-/Ist-Werten und u.U. Auslösen von Korrekturmaßnahmen. Diese Abfolge beschreibt einen kybernetischen Regelkreis.

Projektcontrolling läuft parallel zu allen Phasen der Systementwicklung und entfaltet so eine psychologische Wirkung auf die Arbeitsqualität der Mitarbeiter. Sie werden durch die Existenz eines Kontrollsystems motiviert, effektiv und sorgfältig zu arbeiten. In diesem Sinn entfaltet ein Kontrollsystem ein indirektes Wirkungsspektrum.

Zeitpunktbezogene regelmäßige Kontrollen sollen Fehlentwicklungen aufdecken. Eine rechtzeitige Entdeckung solcher Fehlentwicklungen reduziert die Folgekosten. Aus diesem Grunde ist die Installation eines so genannten Frühwarnsystems sinnvoll. Die Bereiche der Projektkontrolle sind die Kontrolle der Formalziele und die Kontrolle der Sachziele. Formalziele sind Aufwands-, Kosten- und Terminziele. Sachziele sind Sachfortschritts-, Qualitäts- und Dokumentationsziele.

Die verschiedenen Kontrollverfahren wurden vorgestellt. Dies sind im wesentlichen Tests als wichtigste Komponente, Reviews usw.

In weiteren Verlauf des Abschnitts wurden Anregungen für die Setzung der Kontrollintervalle gegeben. Die dort offerierten Prüfzeitpunkte sind als die obligatorisch spätesten Termine der Prüfung anzusehen. Kürzere Prüfintervalle sind möglich.

Die organisatorische Eingliederung der Controllinginstanzen in ein Unternehmen richtet sich nach der Unternehmensgröße und der Organisationsstruktur des Unternehmens. Darauf aufbauend wurde eine mögliche Eingliederung dargestellt.

8 Aufwandsschätzung in IT-Projekten

Aufwandsschätzungen in IT-Projekten erfolgen, um die zu erwartenden Aufwände, eines IT-Projektes im Vorfeld der Durchführung bereits vorherzusagen. Die voraussichtlichen Aufwände sollen bereits zu einem möglichst frühen Projekttermin erhoben werden. Die Durchführung einer Aufwandsschätzung erfolgt im Laufe eines Projektes mehrmals mit unterschiedlichen Detailierungsgraden. Die erhaltenen Ergebnisse werden zu späteren Zeitpunkten überprüft und verfeinert.

Eine erste Aufwandsschätzung erfolgt im Vorfeld der Durchführung eines Projektes, in der so genannten Initialisierungsphase. Zur Abgrenzung einzelner Lösungsmöglichkeiten gegeneinander werden die zu erwartenden Aufwände einem späteren Projektnutzen gegenübergestellt, um die Lösung auszuwählen, deren Wirtschaftlichkeit am größten ist. Darüber hinaus stellen die erhobenen Aufwände die Basis für die Aufstellung eines Projektbudgets dar.

Während der Durchführung eines Projektes erfolgt die Aufwandsschätzung im Rahmen der Kostenplanung, dem 6. Planungsschritt einer Projektplanung. Zu dem Zeitpunkt erfolgt eine detailliertere Erhebung der Aufwände, bezogen auf den zu planenden Projektabschnitt.

Zur Durchführung einer Aufwandsschätzung können unterschiedliche Schätzverfahren herangezogen werden, die auf einer Kombination mehrerer Schätzmethoden basieren. Der separate Einsatz lediglich einer Schätzmethode zur Ermittlung der zu erwartenden Projektaufwände ist wenig sinnvoll, da eine Methode für sich genommen keine zuverlässige Aufwandsschätzung erlaubt. Schätzmethoden weisen jeweils individuelle Vor- und Nachteile auf, die sich Schätzverfahren durch die Kombination mehrerer Schätzmethoden zu Nutze machen. Schätzverfahren wurden mit dem Ziel entwickelt, die Vorteile verschiedener Methoden zu berücksichtigen und deren Schwächen zu vermeiden.

Trotz aller Bemühungen resultieren aus dem Einsatz jedes Verfahrens zur Ermittlung der Projektaufwände lediglich Schätzungen. Grundsätzlich weist jedes Schätzergebnis eine gewisse Ungenauigkeit auf. Ein Projektleiter sollte sich vor so genannten Scheingenauigkeiten hüten. Erfahrungen aus der Praxis

8 Aufwandsschätzung in IT-Projekten

zeigen beispielsweise, dass eine Schätzung nicht bis auf einzelne Stunden heruntergebrochen werden kann. Ein Verharren auf solch detaillierten Werten gaukelt einem Projektleiter eine nicht vorhandene Genauigkeit vor.

Der Grad der Genauigkeit ist vom Zeitpunkt der Schätztätigkeit abhängig. Zu Beginn eines Projektes durchgeführte Aufwandsschätzungen weisen im Vergleich zu späteren Schätzungen eine große Ungenauigkeit auf. In Abb. 8-1 ist der Grad der Abweichung der Aufwandsschätzung bei Nutzung eines 5-Phasen-Wasserfallmodells aufgezeigt. Je später der Schätztermin, desto genauere Ergebnisse können erarbeitet werden.

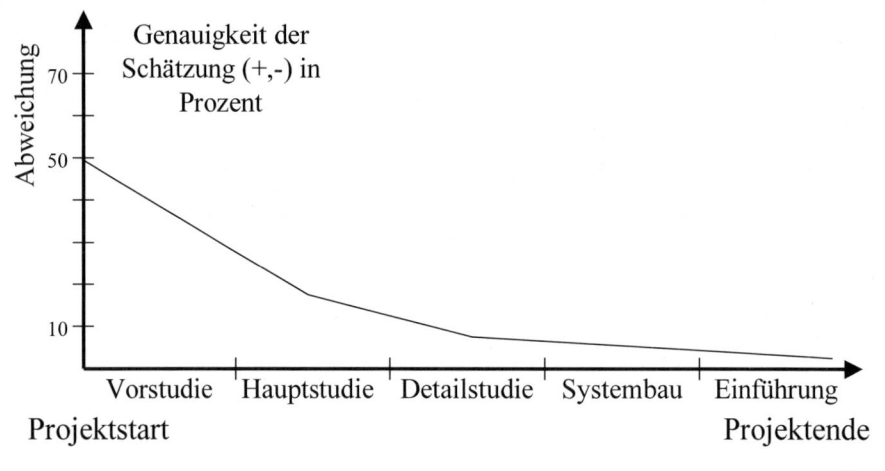

Abb. 8-1: Schätzgenauigkeit bei Einsatz eines 5-Phasen-Wasserfallmodells[70]

Zur Überprüfung der Ergebnisse der Aufwandsschätzung ist es empfehlenswert, in einem Unternehmen möglichst nur eine begrenzte Anzahl von Schätzverfahren zu verwenden. Vor dem Einsatz eines zusätzlichen Verfahrens sollte bedacht werden, dass ein Einsatz in jedem Fall detaillierte Kenntnisse und Erfahrungen bzgl. der Verfahrensnutzung voraussetzt. Ein fehlerhafter Einsatz eines Verfahrens sollte in jedem Fall vermieden werden.

Sinnvoll ist es, zur Verifikation der Ergebnisse zwei Schätzverfahren parallel von zwei erfahrenen Projektplanern anwenden zu lassen, um die erhaltenen Ergebnisse anschließend auf Übereinstimmung zu vergleichen. Liegen große Abweichungen vor, sollte nicht lediglich ein Mittelwert gezogen werden. Vielmehr sollte ergründet werden, worin die Ursache der Nichtübereinstimmung liegt. Mögliche Ursachen können bereits in der Wahl eines Verfahrens begründet sein. Nicht alle Schätzverfahren können sinnvoll für jedes Projekt eingesetzt werden.

---

[70] vgl. Jenny, Bruno: Projektmanagement in der Wirtschaft, 2001, S. 352

8.1 Einflussfaktoren auf die Aufwände eines IT-Projektes

Eine Aufwandsschätzung eines Projektes erfolgt auf der Basis von Erfahrungswerten bereits abgeschlossener ähnlicher Projekte. Ein Hauptkennzeichen eines Projektes ist dessen Einmaligkeit in einem Unternehmen. Dennoch wurden in der Regel im eigenen Unternehmen oder in der gleichen Branche entsprechende Projekte mit einer vergleichbaren Charakteristik bereits in der Vergangenheit durchgeführt.

Zur Bildung einer Wissensbasis in Bezug auf die Korrelation der Charakteristik und der Aufwände eines Projektes sind Informationen bereits abgeschlossener Projekte des eigenen Unternehmens beziehungsweise der gleichen Branche zu erheben und auszuwerten. Hierzu sind die erhaltenen Projektinformationen zu analysieren, um herauszuarbeiten, welche Einflussfaktoren maßgeblich den Aufwand zur Durchführung eines Projektes bestimmen.

Der Aufwand eines Projektes wird unmittelbar von den gesetzten Projektzielen bestimmt, die in Ergebnis- und Abwicklungsziele untergliedert werden können. Anhand der Ergebnisziele erfolgt eine Vorgabe für die Resultate eines Projektes. Abwicklungsziele bestimmen den Weg zur Erreichung der gesetzten Systemziele. Mit Blick auf die Projektziele kann allgemein in Bezug auf die Aufwände eines IT-Projektes in

- ergebnisbezogene und
- abwicklungsbezogene Einflussfaktoren

unterschieden werden.

8.1.1 Ergebnisbezogene Einflussfaktoren

Die ergebnisbezogenen Einflussfaktoren auf die Aufwände eines Projektes werden maßgeblich von den festgelegten Ergebniszielen bestimmt. Bei der Bestimmung einzelner Einflussfaktoren ist der Fokus eines IT-Projektes zu berücksichtigen. Zu klären ist, ob beispielsweise ein IT-System oder neue Unternehmensprozesse projektiert werden sollen.

Generell werden zu den wichtigsten ergebnisbezogenen Einflussfaktoren die Quantität, die Komplexität und auch die Qualität der erwarteten Resultate eines Projektes gezählt:

- Mittels der Quantität wird der Umfang der erwarteten Projektergebnisse dargestellt.
  Wird ein neues IT-System projektiert, so wird die Quantität durch die Art und Anzahl der Funktionalitäten des neuen IT-Systems bestimmt. Der Aufwand zur Umsetzung der erwarteten Funktionalitäten wird maßgeblich von einer zu nutzenden Programmiersprache und Entwicklungsumgebung beeinflusst, die im Rahmen der abwicklungsorientierten Einflussfaktoren Berücksichtigung finden. Bei Einsatz prozeduraler Programmiersprachen wurde in der Vergangenheit häufig die Quantität mit der Anzahl von Programmzeilen oder Anweisungen gleichgesetzt. Dies ist nicht sinnvoll, da hierbei lediglich die Programmierung im Vordergrund steht, andere Projekttätigkeiten hingegen nicht betrachtet werden. Zielführender ist eine Betrachtung der Funktionalitäten.
  Steht ein neuer Unternehmensprozess im Fokus eines Projektes, so wird die Quantität durch die Anzahl der Prozessschritte und -beteiligten bestimmt.
- Die Komplexität resultiert daraus, wie umfassend, kompliziert, vielschichtig und verzweigt die Projektaufgaben sind.
- Die Qualität wird durch Anforderungen an die Zuverlässigkeit, die Übertragbarkeit, die Benutzerfreundlichkeit, die Wartbarkeit oder auch die Wirtschaftlichkeit der Projektergebnisse bestimmt.

Die zu erwartenden Projektaufwände steigen in der Regel überproportional mit einer Erhöhung der Qualität, der Komplexität und der Qualität der Ergebnisziele an.

8.1.2
Abwicklungsbezogene Einflussfaktoren

Neben den ergebnisbezogenen Einflussfaktoren sind bei einer Aufwandsschätzung die abwicklungsbezogenen Faktoren zu berücksichtigen, die auf den Abwicklungszielen gründen. Die abwicklungsbezogenen Einflussfaktoren werden von den gesetzten Rahmenbedingungen eines Projektes bestimmt. Hierzu zählen in erster Linie der Kenntnis- und der Erfahrungsstand der Projektbeteiligten, die einzusetzenden Tools zur Modellierung, Entwicklung etc., die zu verwendenden Modellierungs- und Programmiersprachen und die veranschlagte zur Verfügung stehende Projektdauer:

- Der Wissensstand der eingesetzten Projektmitarbeiter bestimmt unmittelbar den zu erwartenden Projektaufwand. Erfahrene Projektmitarbeiter mit erforderlichen fachlichen Kenntnissen und Projekterfahrungen benötigen für die Umsetzung von Arbeitspaketen weniger Zeit als schlecht qualifizierte Mitarbeiter.

- Einzusetzende Tools haben gerade bei IT-Projekten einen entscheidenden Einfluss auf die zu erwartenden Projektaufwände. Benutzerfreundliche, stabile, integrierte und bereits im Unternehmen erfolgreich verwendete Werkzeuge erlauben eine schnellere Umsetzung von Modellierungs- und Entwicklungsaufgaben. Soll eine Werkzeugauswahl erst im Rahmen des Projektes erfolgen, so sind zusätzlich Aufwände insbesondere für die Personalweiterbildung zu erwarten.
Werden in einem Unternehmen spezielle eigenentwickelte Werkzeuge eingesetzt oder erfolgt der Einsatz von Werkzeugen entsprechend spezieller Unternehmenskonventionen, so sind höhere Aufwände zu erwarten. In diesen Fällen sind externe Projektmitarbeiter und neu eingestellte Personen zunächst intensiv bezüglich der individuellen Umgebung zu schulen, um ein effektives Arbeiten zu gewährleisten.
- Zu verwendende Modellierungs- und Programmiersprachen bestimmen direkt die Projektaufwände. Moderne und bereits erfolgreich verwendete Sprachen erlauben ein effektiveres Arbeiten als veraltete Sprachen. An einer Nutzung der Unified Modeling Language™ (UML) und objektorientierten Sprachen führt heute in der Praxis kein Weg mehr vorbei. Die Verwendung einer Sprache hat einen unmittelbaren Einfluss auf die Wahl eines Vorgehensmodells. Die obige Kombination verlangt den Einsatz eines inkrementellen Vorgehensmodells.
- Die Dauer eines Projektes steht in Korrelation zu den obigen Einflussfaktoren. Sie ist antiproportional zu der Menge der einzusetzenden Einsatzmittel. Eine Verkürzung der Projektdauer verlangt, dass eine größere Anzahl von Einsatzmitteln parallel im Vergleich zu einer längeren Projektdauer eingesetzt werden muss. In Bezug auf das einzusetzende Personal ist zu berücksichtigen, dass eine kürzere Projektdauer einen überproportionalen Personalaufwand erfordert.
Arbeitsgruppen haben die Eigenschaft, dass mit zunehmender Größe der erforderliche Koordinierungs- und Kommunikationsaufwand überproportional ansteigt. Auf diesen Sachstand bezieht sich das Brook'sche Gesetz. Es besagt, dass ab einer bestimmten Projektmitarbeiteranzahl der Leistungsbeitrag eines zusätzlichen Projektmitarbeiters geringer ist als die Erhöhung des erforderlichen Koordinierungs- und Kommunikationsaufwandes sein kann; die Projektdauer kann in Einzelfällen durch einen zusätzlichen Projektmitarbeiter sogar ansteigen.

8.2
Methoden zur Aufwandsschätzung

Alle Verfahren zur Aufwandsschätzung basieren auf Methoden zur Aufwandsschätzung. Sie vereinen jeweils die Vorteile mehrerer Methoden, um möglichst zutreffende Ergebnisse liefern zu können. Für den Einsatz aller Schätzmethoden gilt, dass jeweils die erarbeiteten Resultate in Hinblick auf ihre Plausibilität gecheckt werden müssen. Brauchbare Ergebnisse können durch einen kombinierten Einsatz verschiedener Methoden im Rahmen eines Verfahrens zur Aufwandsschätzung erhalten werden. Schätzmethoden können

- in Vergleichsmethoden,
- in algorithmische Methoden sowie
- in Kennzahlenmethoden

untergliedert werden.

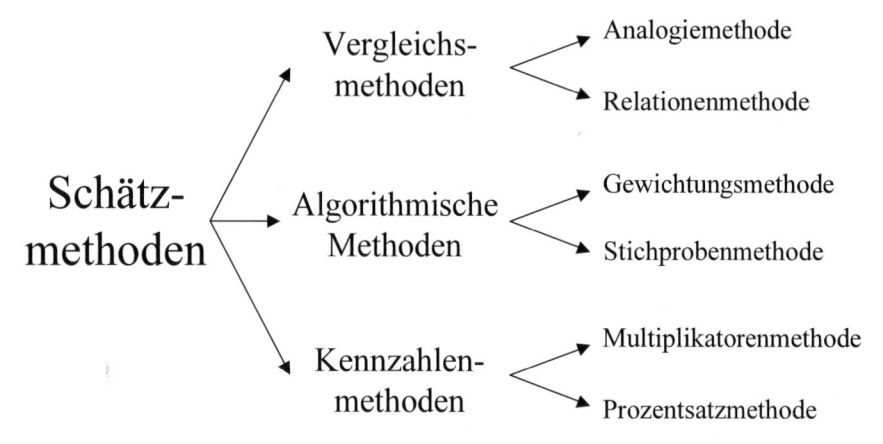

Abb. 8-2: Untergliederung der Schätzmethoden

Eine weitere Separierung von Vergleichsmethoden erfolgt in die Analogie- und in die Relationenmethode, von algorithmischen in die Gewichtungs- und in die Stichprobenmethode und schließlich von den Kennzahlenmethoden in die Multiplikatoren- sowie in die Prozentsatzmethode[71] (s. Abb. 8-2).

8.2.1
Vergleichsmethoden

Ihrem Namen entsprechend basieren Vergleichsmethoden darauf, dass auf Basis bereits durchgeführter ähnlicher Projekte auf die zu erwartenden Aufwände des aktuellen Projektes geschlossen wird. Hierzu werden in der Vergangenheit durchgeführte Projekte des eigenen Unternehmens bzw. der gleichen Branche analysiert. Es werden die Projekte für die Vergleichsbetrachtungen herangezo-

---

[71] vgl. Heinrich, Lutz, J.: Management von Informatik-Projekten, 1997, S. 214–216

gen, die bzgl. ihrer Einflussfaktoren Ähnlichkeiten zu dem neuen Projekt aufweisen. Auf Basis der tatsächlich angefallenen Aufwände der ausgewählten Projekte werden die Aufwände des aktuellen Projektes geschätzt. Bei den Vergleichsbetrachtungen wird zwischen den folgenden zwei Vergleichsmethoden unterschieden.

8.2.1.1
Analogiemethode

Die Anwendung der Analogiemethode erfolgt in vier Schritten. Zunächst wird das neue Projekt analysiert, um dessen Einflussfaktoren und deren Ausprägungen herauszuarbeiten. Auf Basis dieser Erhebung wird ein bereits abgeschlossenes Projekt ermittelt, dessen Einflussfaktoren und Ausprägungen dem neuen Projekt im Vergleich zu anderen vergangenen Projekten am ähnlichsten ist. Hierbei sind nur die Projekte zu betrachten, deren tatsächliche Aufwände vorliegen.

In der Praxis weist ein ermitteltes Analogieprojekt in der Regel nicht die identischen Einflussfaktoren und Ausprägungen wie das neue Projekt auf. Diese absolute Übereinstimmung ist für eine Aufwandsschätzung nach der Analogiemethode auch nicht erforderlich. Die Abweichungen beider Projekte sind jedoch herauszuarbeiten.

Aufgrund der festgestellten Unterschiede zwischen den Projekten kann nicht direkt der tatsächliche Aufwand des Analogieprojektes auf das neue Projekt übertragen werden. Vielmehr sind die Abweichungen im letzten Arbeitsschritt zu berücksichtigen, um auf der Grundlage der Aufwände des Analogieprojektes auf die zu erwartenden Aufwände des neuen Projektes zu schließen.

8.2.1.2
Relationenmethode

Leistungsfähiger als die Analogiemethode ist die Relationenmethode, sie verlangt jedoch mehr Vorarbeiten. Zur Ermittlung von Vergleichswerten werden mehrere bereits abgeschlossene Projekte herangezogen, deren tatsächliche Aufwände bekannt sind. Bei jedem betrachteten Projekt wird geklärt, welche Korrelationen zwischen den Einflussfaktoren und dem Gesamtaufwand vorliegen. Ziel der Betrachtungen ist es, einen Zusammenhang zwischen einem einzelnen Einflussfaktor und dem Aufwand von Projekten herzuleiten.

Hierzu werden die Projekte ausgewählt, die sich bis auf den betrachteten Einflussfaktor ähneln. Die Herleitung einer formalisierten Korrelation zwischen dem Einflussfaktor und dem späteren Aufwand erfolgt durch eine Mittelwertsberechnung aller relevanten Projekte. Entsprechende Relationen sind für alle Einflussfaktoren zu entwickeln. Entsprechend ihrer Bedeutung sind die einzelnen Einflussfaktoren zu gewichten, um eine Gesamtkorrelation aller Einflussfaktoren zu einem erwarteten Projektaufwand zu ermitteln.

Auf Basis der Gesamtkorrelation erfolgt schließlich die Aufwandsschätzung eines neuen Projektes unter Berücksichtigung der tatsächlichen Ausprägungen der Einflussfaktoren des Projektes. Da die Herleitung einer Gesamtkorrelation aller Einflussfaktoren zu einem erwarteten Projektaufwand sehr aufwändig ist, kann dies nicht für jedes Projekt aufs neue geschehen. Vielmehr muss dies zentral für alle zukünftigen Projekte unternehmensübergreifend erfolgen.

Das im Unterkap. 8.4 vorgestellte Function-Point-Verfahren basiert auf der Relationenmethode.

8.2.2
Algorithmische Methoden

Ein zu erwartender Projektaufwand wird im Rahmen algorithmischer Methoden mittels einer geschlossenen Formel berechnet. Die Entwicklung der mathematischen Formel erfolgt auf der Basis empirischer Aufwandserhebungen bereits abgeschlossener Projekte oder auf der Grundlage mathematischer Modelle. Bei der Relationenmethode kann die Herleitung einer geschlossenen Formel zur Berechnung der Projektaufwände nicht im Vorfeld jedes Projektes erfolgen. Vielmehr muss sie möglichst zentral unternehmensübergreifend aufgestellt werden, um eine Vielzahl bereits beendeter Projekte berücksichtigen zu können.

Die Gewichtungs- und die Stichprobenmethode als Ausprägungen der algorithmischen Methoden unterscheiden sich in ihrer Anwendung. Für beide Methoden gilt jedoch, dass die Genauigkeit der berechneten Aufwände in erster Linie von der Exaktheit der erhobenen Ausprägungen der Einflussfaktoren bzw. der Wahl von repräsentativen Stichproben abhängig ist.

8.2.2.1
Gewichtungsmethode

Die vorliegenden Ausprägungen der Einflussfaktoren des durchzuführenden Projektes fließen als Parameter in die geschlossene Formel zur Berechnung der Projektaufwände ein. Die Anwendung der Gewichtungsmethode erfolgt zweistufig. Zunächst werden die Ausprägungen aller Einflussfaktoren ermittelt und bewertet. In einem zweiten Schritt wird die allgemeine Formel zur Kalkulation des Gesamtaufwandes eines Projektes herangezogen.

Neben der Relationenmethode nutzt das Function-Point-Verfahren die Gewichtungsmethode.

8.2.2.2
Stichprobenmethode

Die Berechnung der Projektaufwände erfolgt bei der Stichprobenmethode ebenfalls mittels einer geschlossenen Formel, wobei deren Einsatz gegenüber der Gewichtungsmethode differiert. Die Ermittlung des Projektaufwandes erfolgt auf der Basis einer oder mehrerer Stichproben und nicht auf den Ausprägungen der Einflussfaktoren.

Bei der Stichprobenmethode wird auf der Grundlage tatsächlich ermittelter Aufwände von Umsetzungen einzelner Teilfunktionalitäten auf den Gesamtaufwand eines Projektes geschlossen. Zunächst werden beispielhaft eine oder mehrere Funktionalitäten des Projektes umgesetzt. Hierbei werden die tatsächlichen Aufwände objektiv festgehalten. Auf den Gesamtaufwand wird geschlossen, indem aufgrund des erhobenen Aufwandes der Stichprobe oder eines Mittelwertes mehrerer Stichproben der Gesamtaufwand des Projektes berechnet wird. Hierzu wird der Stichprobenaufwand mit dem Verhältnis der Stichprobe zum gesamten Projekt multipliziert.

8.2.3
Kennzahlenmodelle

Kennzahlenmodelle werden bzgl. ihres Einsatzes unterschieden. Einerseits wird auf der Basis von Leistungseinheiten im Rahmen der Multiplikatorenmethode auf den Gesamtaufwand eines Projektes geschlossen. Andererseits werden bei der Prozentsatzmethode unter Nutzung des Aufwandes einer Projektphase die Aufwände der folgenden Phasen berechnet.

8.2.3.1
Multiplikatorenmethode

Im Gegensatz zu den übrigen Methoden zur Schätzung eines Projektaufwandes werden mit der Multiplikatorenmethode die Projektkosten und nicht der Projektaufwand ermittelt. Die zu ermittelnden Projektkosten werden hierbei in unterschiedliche Kostenarten, wie beispielsweise Personalkosten oder Betriebsmittelkosten, untergliedert.

Man legt fest, wie hoch die Kosten, untergliedert in einzelne Kostenarten, in Bezug auf eine festgelegte Leistungseinheit sind. Hierbei wird mittels einer Kennzahl das Verhältnis zwischen Kostenart und Leistungseinheit fixiert. Zur Erhebung der zu erwartenden Kosten wird die ermittelte Kennzahl je Kostenart und Leistungseinheit mit der Anzahl der einheitlichen Leistungseinheiten multipliziert.

Im Vorfeld der Durchführung der Multiplikatorenmethode müssen Kennzahlen für repräsentative, sich häufig wiederholende Leistungseinheiten berechnet werden, die ständig aktualisiert werden müssen. Am sinnvollsten wird die Multiplikatorenmethode bei Projekten eingesetzt, bei denen stark vereinheitlichte Leistungseinheiten umgesetzt werden sollen. Zu dieser Gruppe zählen beispielsweise Projekte zur Einführung einer betriebswirtschaftlichen Standardanwendung.

8.2.3.2 Prozentsatzmethode

Bei allen Projekten können sowohl Kosten als auch Aufwände einzelnen Projektphasen zugeordnet werden. Bei der Betrachtung von Projekten, zu deren Durchführung ein identisches Vorgehensmodell herangezogen wird, ist auffällig, dass sie eine ähnliche Verteilung der Kosten und Aufwände bezogen auf einzelne Phasen aufweisen. Diese Eigenschaft macht sich die Prozentsatzmethode zunutze.

Unter Berücksichtigung unterschiedlicher Vorgehensmodelle wird eine prozentuale durchschnittliche Verteilung von Kosten und Aufwände bezogen auf einzelne Phasen ermittelt. Die prozentuale Verteilung findet auf zwei Wegen im Rahmen der Prozentsatzmethode Anwendung. Einerseits kann nach der Beendigung einer Phase auf Basis der ermittelten Kosten und Aufwände auf die zu erwartenden Kosten und Aufwände der folgenden Phasen geschlossen werden. Andererseits kann man nach der Schätzung der Aufwände einer Phase mittels einer anderen Schätzmethode die Kosten und Aufwände der übrigen Phasen berechnen.

8.3 Verfahren zur Aufwandsschätzung

Zur Ermittlung der zu erwartenden Aufwände eines IT-Projektes werden in der Praxis verschiedene Schätzverfahren verwandt, die jeweils auf einer oder auf mehreren der zuvor vorgestellten Schätzmethoden basieren. Zu den am weitesten verbreiteten Verfahren gehören

- das Function-Point-Verfahren,
- das Object-Point-Verfahren,
- das Constructive-Cost-Model (COCOMO),
- das SHELL-Verfahren,
- das EGW-Vefahren,

- das IFA-PASS-Verfahren und
- das integrierte Verfahren zur Aufwandsschätzung (INVAS).

Die einzelnen Schätzverfahren unterscheiden sich bzgl. der zu Grunde liegenden Schätzmethoden, ihrer Anwendung und in der Berücksichtigung der Ausprägungen von Einflussfaktoren. Darüber hinaus berücksichtigen die einzelnen Verfahren unterschiedliche Entwicklungsparadigmen. Das Function-Point-Verfahren stellt beispielsweise die angestrebten Funktionalitäten eines IT-Systems in den Fokus der Betrachtungen. Hingegen betrachtet das Object-Point-Verfahren die Objekte eines späteren IT-Systems und deren Beziehungen untereinander.

8.4 Function-Point-Verfahren

Im Folgenden wird das in der Software-Entwicklung häufig verwendete Function-Point-Verfahren behandelt. Es wurde bei der IBM USA von A.J. Albrecht im Jahre 1981 entworfen. Das Verfahren basiert sowohl auf Vergleichs- als auch auf algorithmischen Methoden zur Aufwandsschätzung. Im Einzelnen werden die Relationen- und die Gewichtungsmethode verwandt.

Das Function-Point-Verfahren fokussiert hauptsächlich auf Aufwandsschätzungen im Rahmen der Anwendungsentwicklung. Hierzu werden die im Unterkap. 8.1 beschriebenen ergebnis- und abwicklungsbezogenen Einflussfaktoren berücksichtigt. Im Einzelnen fließen neben der Quantität, der Komplexität und der Qualität des zu entwickelnden Anwendungssystems die Produktivität in das Verfahren ein. Hierbei wird die Produktivität in erster Linie durch den Wissensstand der Projektmitarbeiter, eine zu nutzende Entwicklungsumgebung und die zu verwendenden Modellierungs- und Programmiersprachen bestimmt.

In Bezug auf die Art und Anzahl der Einflussfaktoren und deren Ausprägungen bestehen mehrere Varianten des Function-Point-Verfahrens, die eine Abstimmung auf die jeweils umzusetzende Aufgabe des Projektes erlauben. Hier wird die Anwendung des Verfahrens bezogen auf die Software-Entwicklung dargestellt. Es wird in fünf Schritten durchgeführt[72]:

1. Analyse der Funktionen der einzelnen Komponenten
2. Bewertung der Funktionskategorien

---

[72] vgl. Jenny, Bruno: Projektmanagement in der Wirtschaft, 2001, S. 361–365 und Heinrich, Lutz, J.: Management von Informatik-Projekten, 1997, S.218–224

3. Berücksichtigung der situationsbezogenen Einflussfaktoren
4. Bestimmung der Total Function Points
5. Berechnung des Entwicklungsaufwandes

8.4.1
Analyse der Funktionen der einzelnen Komponenten

Ziel des ersten Schrittes ist es, die Projektaufgabe bis auf die Ebene einzelner Komponenten zu zerlegen. Die ermittelten Komponenten werden anschließend daraufhin analysiert, wie viele Funktionen durch eine Umsetzung der jeweiligen Komponenten erforderlich sind. Hierbei wird in die fünf Funktionskategorien

- Eingabedaten,
- Ausgabedaten,
- Abfragen,
- Datenbestände und
- Referenzdaten

separiert.

Zu der Funktionskategorie der Eingabedaten werden alle Arten von Dateneingaben gezählt. Sowohl Bildschirm- und Formulareingaben als auch Eingabeströme aus externen Systemen, die von einer Komponente benötigt werden, gehören zu den Eingabedaten. Alle Eingaben, die eine eigene Verarbeitung zur Folge haben oder ein eigenes Format aufweisen, werden gezählt. Somit werden Eingabedaten für Transaktionen wie das Einfügen, Modifizieren und Löschen mehrfach gezählt, da jeweils eine abweichende Verarbeitung aus ihnen resultiert. Weisen Eingaben bei einer Transaktion eine identische Logik auf, so werden diese hingegen nur einmal hinzugerechnet.

Ausgabedaten werden analog zu Eingabedaten behandelt. Zu klären ist wiederum, ob Ausgabedaten aufgrund einer eigenen Verarbeitung erstellt werden oder durch ein eigenes Format gekennzeichnet sind. Zu berücksichtigen sind Bildschirmausgaben, Listenausgaben und Datenübergaben an externe Programme. Identische Ausgaben bei einer Transaktion werden nicht mehrfach gezählt. Wird durch eine Transaktion eine Eingabe ohne jegliche Verarbeitung direkt wieder ausgegeben, so wird lediglich die Eingabe gezählt.

Zur Funktionskategorie der Abfragen werden alle Suchabfragen in Datenbeständen gezählt, deren Resultate einem Anwender auf einem Bildschirm dargestellt werden. Hierbei weisen Abfragen generell keinerlei Datenänderungen auf. Verlangt die Anwendungs-Logik, dass aus einer Abfrage eine zusätzliche Datenänderung resultieren soll, so ist der kombinierte Vorgang für die Aufwandsschätzung zu separieren. Weitere Ein- und Ausgabedaten wären zu berücksichtigen. Mittels einer Abfragesprache formulierte Suchanweisungen werden nicht einbezogen, da diese nicht zur Funktionskategorie der Abfragen gezählt werden. Berücksichtigt werden alle Abfragen, die durch individuelle Suchmasken, Auswahlmasken und Abfragemasken abgesetzt werden.

Zur Kategorie der Datenbestände werden alle Dateien und Datenbanken gerechnet, die durch eine zu implementierende Komponente erstellt, modifiziert und gesichert werden. Hiervon unbenommen sind alle temporären Datenbestände, die verarbeitungstechnisch erforderlich sind. Diese werden nicht berücksichtigt.

Als Referenzdaten werden alle Datenbestände angesehen, die von einer Komponente lediglich gelesen werden, ohne dass sie abgeändert werden. Betrachtung finden somit alle Input-Dateien und Input-Datenbanken. Hierbei findet das Einlesen temporärer Datenbestände jeweils keine Berücksichtigung.

Nachdem die einzelnen Komponenten bzgl. ihrer Funktionskategorien analysiert wurden, kann die Anzahl der Funktionen separiert auf die einzelnen Kategorien über alle Komponenten hinweg aufkumuliert werden. Eine zahlenmäßige Trennung in die betrachteten Funktionskategorien ist erforderlich, da ein Umsetzungsaufwand direkt von der jeweiligen Kategorie abhängig ist. Die Realisierung einer Änderung eines Datenbestandes erfordert beispielsweise einen größeren Aufwand als die einer Abfrage.

8.4.2
Bewertung der Funktionskategorien

Die einzelnen Funktionskategorien weisen eine unterschiedliche Komplexität auf. Den generellen Schwierigkeitsgrad zur Umsetzung der Kategorien und die vorliegende Projektsituation werden im zweiten Schritt einbezogen.

Allgemein gilt, dass die Umsetzung von Funktionen, die den Kategorien Eingabedaten und Abfragen zugeordnet sind, am wenigsten Aufwand erfordern. Komplexer sind Realisierungen bzgl. Ausgabedaten und Referenzdaten. Generell am aufwändigsten ist die Verarbeitung von Datenbeständen.

Darüber hinaus muss der Schwierigkeitsgrad der umzusetzenden Aufgaben des jeweiligen Projektes individuell einkalkuliert werden. Beispielsweise stellt es einen erheblichen Realisierungsunterschied dar, ob bei einer Komponente aus einem Referenzdatenbestand 20 oder lediglich 5 Datenelemente gelesen werden sollen. Weiterhin ist die Art der verwendeten Datenbank bzw. eines Datenbestandes von großem Einfluss. Die Verarbeitung von sequentiellen Dateien, relationalen, hierarchischen oder objektorientierten Datenbanken ist von der jeweiligen Projektsituation abhängig und tangiert die erforderlichen Aufwände.

Dem unterschiedlichen Komplexitätsgrad jeder Funktionskategorie wird Rechnung getragen, indem Funktionen jeder Kategorie einer Komplexitätsstufe zugeordnet werden. Separiert wird zwischen den Stufen einfach, mittel und komplex (s. Tabelle 8-1).

Bei der Zuordnung der Komplexitätsstufen in Bezug auf das zu schätzende Projekt geben die folgenden Merkmale Anhaltspunkte. Bei der Beurteilung von Funktionen einer Kategorie ist in erster Linie die Anzahl der Datenelemente bzw. der Listenspalten zu berücksichtigen. Bei den Eingabe- und Ausgabedaten ist darüber hinaus zu bewerten, in wie weit Prüfungen, Bedienerführungen und Gruppenwechsel vorliegen.

Tabelle 8-1: Funktionspunkte der einzelnen Funktionskategorien

Funktionskategorie	einfach	mittel	komplex
Eingabedaten	3	4	6
Ausgabedaten	4	5	7
Abfragen	3	4	6
Datenbestände	7	10	15
Referenzdaten	5	7	10

Bei Abfragen ist beispielsweise die Anzahl der Suchbegriffe zu beurteilen, und ob eine Eingabeprüfung oder eine Bedienerführung erfolgen soll. Datenbestände und Referenzdaten sind in Bezug auf die Struktur der verwendeten Dateien und Datenbanken einzuschätzen.

Entsprechend jeder Komplexitätsstufe und jeder Funktionskategorie sieht das Function-Point-Verfahren einen Funktionspunkt vor (s. Tabelle 8-1). Es ist nicht erforderlich, dass die ermittelten Funktionen einer Kategorie lediglich einer Komplexitätsstufe zugeordnet werden. Vielmehr ist es sinnvoll die Funktionen je Kategorie in die Stufen einfach, mittel und komplex zu unterteilen.

Resultat des zweiten Schrittes ist schließlich eine Summe S1. Hierzu wird jeweils die Anzahl der Funktionen je Funktionskategorie und Komplexitätsstufe mit dem jeweiligen Funktionspunkt multipliziert. Anschließend werden die berechneten Produkte zur Summe S1 aufkumuliert.

8.4.3
Berücksichtigung der situationsbezogenen Einflussfaktoren

Das Function-Point-Verfahren kann zur Aufwandsschätzung verschiedener Projekte eingesetzt werden. Neben den im ersten Schritt betrachteten Funktionskategorien werden im dritten Schritt die so genannten Einflussfaktoren des jeweiligen Anwendungsfeldes einkalkuliert. Unter Berücksichtigung der

8.4 Function-Point-Verfahren

Projektsituation werden unterschiedliche Einflussfaktoren bestimmt. Für die Software-Entwicklung werden beispielsweise die folgenden Einflussfaktoren einbezogen[73]:

- Schwierigkeit und Komplexität der Rechenoperationen (doppelte Bewertung)
- Anzahl der Ausnahmeregelungen (doppelte Bewertung)
- Verflechtungen mit anderen IT-Systemen
- Dezentrale Verarbeitung und Datenhaltung
- erforderliche Maßnahmen der IT-Sicherheit
- Performance des umzusetzenden IT-Systems
- Datenbestandskonvertierungen
- Benutzer- und Änderungsfreundlichkeit
- Komplexität und Schwierigkeit der Logik
- Wiederverwendbarkeit von einzelnen Komponenten

Bis auf die ersten zwei Einflussfaktoren, die doppelt bewertet werden, erfolgt das Einbeziehen aller übrigen Faktoren in einfacher Form. Je nach ihrem Einfluss wird den obigen Faktoren ein Wert zwischen 0 und 5 zugeordnet:

- 0 = kein Einfluss
- 1 = gelegentlicher Einfluss
- 2 = mäßiger Einfluss
- 3 = mittlerer Einfluss
- 4 = bedeutender Einfluss
- 5 = starker Einfluss

Ein Wert S2 zwischen 0 und 60 wird durch Kumulation der obigen zehn Einflussfaktoren berechnet, wobei der Wert zweier Faktoren doppelt zu zählen ist. Mit dem Wert S2 wird der Einfluss auf die zu erwartenden Aufwände ausgedrückt. Der Wert S2 soll zu einer 30-prozentigen Auf- bzw. Abwertung der Summe S1 herangezogen werden. Hierzu wird S3 als Faktor der Einflussbewertung bestimmt. Die Berechnungsvorschrift für S3 lautet:

$$S3 = 0{,}7 + S2/100$$

---

[73] vgl. Jenny, Bruno: Projektmanagement in der Wirtschaft, 2001, S. 363

8.4.4
Bestimmung der Total Function Points

Im vierten Schritt werden die so genannten Total Function Points (TFP) berechnet. Die TFP berücksichtigen die Anzahl der zuvor ermittelten Funktionen einschließlich ihrer Komplexität und die Einflussfaktoren der jeweiligen Projektsituation. Die Total Function Points werden bezogen auf alle betrachteten Komponenten durch Multiplikation der Werte S1 und S3 kalkuliert.

Total Function Points: TFP = S1 * S3

8.4.5
Berechnung des Entwicklungsaufwandes

Ziel des abschließenden fünften Schrittes des Function-Point-Verfahrens ist es, die Projektaufwände in Personenmonaten auf Basis der errechneten Total Function Points auszuweisen. Aufgrund von Kalkulationen der Projektaufwände bereits abgeschlossener Projekte wurde eine Relation zwischen TFP und erforderlichen Personenmonaten ermittelt. Bei der Relation handelt es sich nicht um eine lineare Funktion. Empirische Untersuchungen bereits abgeschlossener Projekte haben gezeigt, dass die erforderlichen Aufwände überproportional mit der Anzahl der TFP ansteigen.

Tabelle 8-2: Korrelation der Anzahl der Total Function Points (TFP) und der erforderlichen Personenmonate[74]

TFP	PM	TFP	PM	TFP	PM
150	5	500	33	850	61
200	9	550	37	900	65
250	13	600	41	950	70
300	17	650	45	1000	75
350	21	700	49	1050	84
400	25	750	53	1100	93
450	29	800	57	...	...

Diese Korrelation ist nicht verwunderlich, da eine umfassendere Aufgabe, ausgedrückt durch eine hohe Anzahl an TFP, mehr Koordinations- und Kommunikationsbedarf verlangt als ein weniger umfangreiches Projektvorhaben. Das Verhältnis zwischen TFP und erforderlichen Personenmonaten ist in der Tabelle 8-2 dargestellt.

---

[74] vgl. Jenny, Bruno: Projektmanagement in der Wirtschaft, 2001, S. 364

8.4.6
Anwendungsbeispiel des Function-Point-Verfahrens

Im Folgenden wird die Anwendung des Verfahrens an einem Beispiel verdeutlicht. In der Tabelle 8-3 ist die Kalkulation der Gesamtsumme S1, der Anzahl der gewichteten Funktionen, aufgezeigt. Die projektindividuellen Informationen sind in der Tabelle grau hinterlegt. Untergliedert ist die Anzahl der Funktionen je Funktionskategorie und Klassifizierungsstufe aufgeführt. Die Berechnung erfolgt durch zeilenweise Multiplikationen und spaltenweise Akkumulation.

Tabelle 8-3: Bildung der Gesamtsumme S1, der Anzahl der gewichteten Funktionen

Funktionskategorie	Klassifizierung	Anzahl der Funktionen		Funktionspunkte	Ergebnis
Eingabedaten	einfach	4	x	3	12
	mittel	19	x	4	76
	komplex	14	x	6	84
Ausgabedaten	einfach	3	x	4	12
	mittel	22	x	5	110
	komplex	16	x	7	112
Abfragen	einfach	3	x	3	9
	mittel	6	x	4	24
	komplex	5	x	6	30
Datenbestände	einfach	4	x	7	28
	mittel	7	x	10	70
	komplex	3	x	15	45
Referenzdaten	einfach	13	x	5	65
	mittel	7	x	7	49
	komplex	3	x	10	30
				Summe S1	756

Die Resultate der Bewertung der Einflussfaktoren in Bezug auf die Projektsituation ist in der Tabelle 8-4 dargestellt. Jedem Einflussfaktor ist ein Wert zwischen 0 und 5 zugeordnet worden. Die spaltenweise Aufaddierung der Wertungen führt zur Summe S2.

Mittels der Berechnungsvorschrift $S3 = 0{,}7 + S2/100$ kann der Einflussfaktor S3 mit dem Wert 1,07 berechnet werden. Mit der Formel $TFP = S1 * S3$ werden in diesem Beispiel 809 Total Function Points kalkuliert. Unter Einsatz der Tabelle 8-2 folgt für die Umsetzung des Projektes ein zu erwartender Aufwand von 58 Personentagen.

Tabelle 8-4: Exemplarische Berechnung der Summe S2

Einflussfaktor		Wertung
Schwierigkeit und Komplexität der Rechenoperationen (doppelte Bewertung)	=	6
Anzahl der Ausnahmeregelungen (doppelte Bewertung)	=	4
Verflechtung mit anderen IT-Systemen	=	3
Dezentrale Verarbeitung und Datenhaltung	=	2
erforderliche Maßnahmen der IT-Sicherheit	=	5
Performance des umzusetzenden IT-Systems	=	4
Datenbestandskonvertierungen	=	3
Benutzer- und Änderungsfreundlichkeit	=	1
Komplexität und Schwierigkeit der Logik	=	4
Wiederverwendbarkeit von Komponenten	=	5
Summe S2	=	37

8.5 Zusammenfassung

Die Höhe der zu erwartenden Projektaufwände wird von ergebnisbezogenen und abwicklungsbezogenen Einflussfaktoren in Abhängigkeit der gesetzten Ergebnis- und Abwicklungsziele bestimmt. Zu den wichtigsten ergebnisbezogenen Einflussfaktoren zählen Quantität, Komplexität und Qualität in Bezug auf die erwarteten Resultate eines Projektes.

Die abwicklungsbezogenen Einflussfaktoren werden von den gesetzten Rahmenbedingungen eines Projektes bestimmt. Dies schließt den Kenntnis- und den Erfahrungsstand der Projektbeteiligten, die einzusetzenden Tools zur Modellierung, Entwicklung etc., die zu verwendenden Modellierungs- und Programmiersprachen und die veranschlagte zur Verfügung stehende Projektdauer ein.

Schätzverfahren zur Aufwandsschätzung basieren auf einer Kombination mehrerer Schätzmethoden. Unterschieden wird in Vergleichsmethoden, algorithmische Methoden sowie Kennzahlenmethoden. Eine weitere Separierung von Vergleichsmethoden erfolgt in die Analogie- und in die Relationenmethode, von algorithmischen in die Gewichtungs- und in die Stichprobenmethode und schließlich von den Kennzahlenmethoden in die Multiplikatoren- sowie in die Prozentsatzmethode.

8.5 Zusammenfassung

In der Software-Entwicklung wird häufig das von A.J. Albrecht entwickelte Function-Point-Verfahren verwendet. Es basiert sowohl auf der Relationen- als auch auf der Gewichtungsmethode. Es wird in fünf Schritten durchgeführt.

9 Wirtschaftlichkeit von IT-Projekten

Am Anfang eines IT-Projektes steht die Frage nach der Wirtschaftlichkeit. Vor dem Hintergrund knapper Investitionsbudgets für die IT stellt sich diese Frage immer vehementer. Die Berechtigung dieser Frage leitet sich daraus ab, dass man die Schaffung eines IT-Systems als Investition begreift. Diese Investitionen haben oft die markanten Merkmale eines hohen Kapitalbedarfs und auch einer langfristigen Kapitalbindung. Die Einzahlungen (Kosten) sind gewiss, nur ihre Höhe ist noch unbekannt. Da sich Kosten allein in einem ökonomischen System im Allgemeinen nicht rechtfertigen lassen, müssen ihnen entsprechende Auszahlungen (Erträge) gegenüberstehen. Die Auszahlungen sind in zweifacher Weise ungewiss. Es ist unsicher, ob überhaupt Auszahlungen stattfinden, und ihre Höhe ist unsicher.

Eine Investition ist wirtschaftlich, wenn die Summe der Auszahlungen die Summe der Einzahlungen übersteigt.

Dieses Kap. befasst sich mit der Ermittlung der Wirtschaftlichkeit einer Investition unter besonderer Berücksichtigung IT-spezifischer Modalitäten. Ein besonderes Problem ist die Messung der Erträge von IT-Systemen, da sie häufig nicht monetär quantifizierbar sind. Die Probleme der monetären Quantifizierung von IT-Systemen liegen vor allem in der Darstellung dieser Erträge in Nutzengrößen. Diese Größen entziehen sich einer einfachen monetären Bewertung. Dazu bedarf es spezieller Verfahren. Ein Verfahren zur Nutzenbewertung wird in diesem Kap. vorgestellt.

Ein IT-Projekt kann als Investition bezeichnet werden. Die Wirtschaftlichkeit einer Investition misst sich an den erhaltenen Aus- und den getätigten Einzahlungen. Projekte generieren Auszahlungen, das sind i.d.R. Nutzengrößen. Auf der Gegenseite stehen die Einzahlungen, das sind die Investitionskosten. Die Wirtschaftlichkeitsanalyse eines Projektes hat die Aufgabe, die Relationen zwischen den angeführten Größen aufzuzeigen.

Die Kostenarten, die in die Wirtschaftlichkeitsanalyse eines IT-Projektes einfließen, sind zunächst die Entwicklungs- und Einführungskosten. Die oft separat aufgeführten Planungskosten werden hier als Teil der Entwicklungskosten angesehen. Des Weiteren sind es die Betriebskosten und die während der geplanten Betriebsdauer anfallenden Wartungskosten.

Als Wirtschaftlichkeitskriterium gilt, dass die Summe der angeführten Kostengrößen unter dem zu erwartenden Nutzen liegt[75].

Diese Definition der Kosten- und Nutzenkategorien zeigt die allgemeine Problematik. Projektnutzen kann sowieso nur qualitativ erfasst werden. Aber auch auf Wartungskosten trifft das häufig zu. Aus ihrer Kategorisierung als Schätzgrößen ergeben sich weitere bekannte Probleme. Basis der Wirtschaftlichkeitsanalyse eines Projektes ist eine Schätzung des gesamten Projektaufwands. Pagatorische Kosten sind zu dieser Zeit noch gar nicht angefallen. Eine monetäre Bewertung wird umso schwieriger, je weiter die erwarteten Kosten- oder Nutzengrößen in der Zukunft liegen. Kostendimensionen sind leichter zu erfassen als Nutzendimensionen. Demzufolge ist die Genauigkeit von Kostenprognosen höher als die von Nutzenprognosen. Direkt zurechenbare Kosten, wie Projektentwicklungskosten, sind präziser prognostizierbar als nur indirekt zurechenbare, wie Betriebs- und Wartungskosten. Diese Darstellung zeigt die auftretenden Probleme bei der Beurteilung eines IT-Projektes.

Die in der Betriebswirtschaft herrschende Meinung, dass die exakte Beurteilung der Wirtschaftlichkeit einer Investition erst nach dem Ablauf der ökonomischen bzw. technischen Nutzungsdauer möglich ist, erhebt uns nicht der Notwendigkeit einer Bewertung ex ante.

9.1
Kostenanalyse eines IT-Projektes

Ein Projekt lässt sich in zwei zeitliche Perioden aufteilen, denen eindeutig Kosten- und Nutzengrößen zugeordnet werden können. Projektdurchführungskosten entfallen lediglich auf die Periode des Projektstarts bis zur Systemeinführung. Nutzengrößen (Erträge) fallen in dieser Periode nicht an. In der Periode von der Systemeinführung bis zum Ende der ökonomischen bzw. technischen Nutzungsdauer des Systems fallen Betriebs- und Wartungskosten an. Im Grundmodell der Systementwicklung ist das die Wartungsphase. Allein in dieser Periode erbringt das System Nutzen.

Wie jede Investition durchläuft auch ein Projekt zuerst eine u.U. lange nutzenfreie Periode, um dann eine Zeit lang Erträge zu generieren.

Nach allgemeinem Verständnis gehen in die Aufwandsschätzung eines Projektes lediglich die Projektdurchführungskosten ein. Auf dieser Kostenbasis werden häufig auch die Projektdurchführungsentscheidungen getroffen. Die

---

[75] vgl. Heinrich, Lutz J.: Management von Informatik-Projekten, 1997, S. 302

auch als Folgekosten bezeichneten Betriebs- und Wartungskosten sind ein separater Kostenblock. Die Projektdurchführungskosten repräsentieren die eigentlichen Investitionskosten.

Die separaten Betriebs- und Wartungskosten sind davon unabhängige Folgekosten. Basis der Kostenerfassung ist der betriebliche Kostenstellen- und Kostenartenplan. Dieser bietet die Grundlage für die Strukturierung der Kosten unter den Aspekten Transparenz und Übersichtlichkeit.

Eine mögliche, vom jeweiligen Projekt abhängige Kostenstrukturierung ist in der Tabelle 9-1 aufgeführt.

Tabelle 9-1: Durchführungs- und Folgekosten eines IT-Projektes[76]

Investitionen (einmalige Projektdurchführungskosten)	Betriebs- und Wartungskosten (wiederkehrend)
Personalkosten für Planung, Entwicklung, Einführung etc.	Personalkosten für Betriebsaufrechterhaltung und Wartungstätigkeiten
Hardwarekosten	Amortisation der Hardwarekosten
Infrastrukturkosten	Kosten für Qualitätssicherstellung
Unterhaltskosten bis zur Inbetriebnahme	Hilfs- und Betriebsmittelkosten während der Betriebsphase
Softwarekosten	Software-Support
Erweiterungsinvestitionen	kalkulatorische Zinsen für Investionen
Materialkosten	Mietkosten, Versicherungskosten
Datenübertragungskosten während der Projektdurchführung	laufende Datenübertragungskosten während des Betriebes
externe Dienstleistungen für Entwicklung, Einführung etc.	externe Dienstleistungen u.a. für Wartung

9.2
Nutzenanalyse eines IT-Projektes

Im vorherigen Kap. wurden die Kosten als die eine Seite der Wirtschaftlichkeitsrechnung behandelt. Jetzt wenden wir uns der anderen Seite zu, der Nutzengröße. Zuerst wollen wir uns der Frage zuwenden, ob es auch Projekte gibt, deren Wirtschaftlichkeit sich ohne den Umweg über die Nutzengrößen ermitteln lässt. Die gibt es in der Tat, wenn in den Projekten IT-Systeme erstellt werden, die über den Markt gehandelt werden. In diesem Fall gibt es Marktpreise und damit Ertrags- und Umsatzgrößen. Als Beispiel seien die Unterneh-

---

[76] vgl. Jenny, Bruno: Projektmanagement in der Wirtschaft, 2001, S. 375

men Microsoft, IBM, SAP usw. genannt. Die erwarteten Umsatz- oder Ertragsgrößen sind bei diesen Unternehmen die Basis ihrer Wirtschaftlichkeitsrechnungen.

Muss man mit Nutzenkategorien agieren, wird oft die Unterscheidung in direkt monetär messbaren Nutzen, indirekt monetär messbaren Nutzen und nicht monetär messbaren Nutzen gewählt. Diese Aufteilung offeriert zunächst begriffliche Klarheit, hat aber dennoch ihre Tücken. Sie wird im Folgenden vorgestellt, um eine einheitliche Kategorisierung zu erhalten[77]:

a) Generell wird der direkt monetär messbare Nutzen als eine negative Kostengröße interpretiert. Diese negativen Kosten zeigen sich als Kostensenkungen bzw. Kosteneinsparungen. Sie müssen exakt lokalisierbar sein. Das gelingt annähernd, wenn ein altes IT-System durch ein neues ersetzt wird. Diese möglichen Kosteneinsparungen haben den Charakter von Opportunitätskosten. Konkret messbare Kosteneinsparungen können auftreten, wenn ein bestehendes IT-System durch ein neues ersetzt wird. Dieses neue System kann Rationalisierungseffekte auslösen, die zu Kostensenkungen im Personalbereich und Hard- und Softwaresektor führen. Der real messbare Nutzen kann z.B. mittels einer Kostenvergleichsrechnung durchgeführt werden. Die Kosten des aktuellen Systems werden mit den erwarteten Kosten des zukünftigen Systems verglichen. Dieses Verfahren versagt, wenn kein altes System vorhanden ist.

b) Allgemein wird angenommen, dass der Nutzen der IT im Wesentlichen darin besteht, Unternehmensprozesse effektiver gestalten zu können. Der Einsatz der IT soll dazu beitragen, Produktivitätssteigerungen hervorzurufen. Sie können dazu beitragen Kostensteigerungen zu vermeiden, u.U. lösen sie degressive Kosteneffekte aus. Diese Effekte werden als indirekt monetär messbare Nutzeneffekte bezeichnet.

c) Nicht monetär messbare Nutzeneffekte identifizieren das gesamte Spektrum nicht quantifizierbarer Nutzengrößen. Im Prinzip sind das Effekte, die den oft zitierten Synergien entsprechen. Der Einsatz der IT als Querschnittstechnologie strahlt auf fast alle Unternehmensbereiche aus. Im Wesentlichen ist das beispielsweise eine höhere Qualität der Entscheidungen, da durch die IT die Informationsbasis verbessert wird, des Weiteren eine Verbesserung der Kommunikationswege, eine Erhöhung der Fachkompetenz der Mitarbeiter usw.

Die Aufteilung in die genannten Nutzenkategorien hilft bei der Quantifizierung von Nutzengrößen nicht wirklich weiter. Eine reale monetäre Quantifizierung gelingt nur, wenn ein altes Verfahren durch ein neues ersetzt wird. In

---

[77] vgl. Heinrich, Lutz J.: Management von Informatik-Projekten, 1997, S. 305

diesem Fall kann man durch eine Kostenvergleichsrechnung die Kostendifferenzen ermitteln.

9.2.1
Problematik der Nutzenbewertung

Dem Begriff Nutzen kommt in diesem Buch große Bedeutung zu, so dass es angebracht erscheint, sich näher mit diesem Begriff zu befassen. Als besonderes Problem erweist sich meist die Quantifizierung von Nutzengrößen. Daher wurde schon im vorherigen Kap. versucht, eine abgrenzende Klassifizierung zu erhalten. Eine Quantifizierung ist aber häufig notwendig, um eine geeignete Messgröße als Vergleich für andere betriebswirtschaftliche Größen, z.B. Kosten, zu ermitteln.

Allgemein wird der Vorteil, der sich z.B. aus dem Gebrauch eines Gutes ergibt, als Nutzen bezeichnet. In der Produktpolitik[78] unterscheidet man zwischen einem objektiven Grundnutzen und einem subjektiven Zusatznutzen. Diese Begriffe sollen am Beispiel eines Autokaufs erklärt werden (s. Abb. 9-1).

Der Grundnutzen eines IT-Systems zeigt sich in der technischen Funktionalität, indem das System die gewünschten Funktionen zufrieden stellend erfüllt. Dem Zusatznutzen sind andere Werte zuzuordnen, wie Schnelligkeit, Rationalisierungseffekte usw.

Grundnutzen	Zusatznutzen
Schaffung einer individuellen Fortbewegungsmöglichkeit	Befriedigung eines Bedürfnisses nach - Prestige - Sicherheit - Komfort - Bedienungsfreundlichkeit - Umweltfreundlichkeit usw.

Abb. 9-1: Grundnutzen und Zusatznutzen am Beispiel Autokauf[79]

Diese Differenzierung und Kategorisierung ist sicher für das Marketing und für das Erarbeiten von Marketingstrategien wichtig, hilft aber z.B. bei der

---

[78] vgl. Wöhe, Günter: Einführung allgemeine Betriebswirtschaftslehre, 2002, S. 501

[79] vgl. Wöhe, Günter: Einführung allgemeine Betriebswirtschaftslehre, 2002, S. 501

Ermittlung der Wirtschaftlichkeit eines IT-Systems, eines Projektes, nicht wesentlich weiter. Die Wirtschaftlichkeit aber muss ermittelt werden, denn der Einsatz und Betrieb eines IT-Systems ist ein ökonomisches Entscheidungsproblem[80].

Dieses Entscheidungsproblem lässt sich mit den allgemein bekannten Verfahren der betriebswirtschaftlichen Investitionstheorie nur unbefriedigend lösen. Grundsätzlich ist jede Investitionsentscheidung ein Auswahlproblem. Die Auswahl kann in der Selektion eines ganz bestimmten Projektes aus einer Vielzahl von Alternativen oder aus einer Auswahl, die auf eine Durchführungsentscheidung ausgerichtet ist, bestehen. Diese Durchführungsentscheidung wird auf eine Ja/Nein-Entscheidung zurückgeführt, d.h. auf die Frage, ob investiert werden soll oder nicht.

Des Weiteren muss festgelegt werden, mit welchen Mitteln die Aufgabe gelöst werden soll. Letztlich geht es um die Bestimmung des Ressourceneinsatzes. Zwei Probleme stehen im Vordergrund: zunächst das Entscheidungsproblem, ob die Aufgaben überhaupt durch IT-Einsatz gelöst werden sollen, d.h. ob die Investition durchgeführt werden soll, und die Durchführungsdimension, d.h. wie die Aufgabe gelöst werden soll.

Das Problem ist, dass die Auswahlverfahren der betriebswirtschaftlichen Investitionstheorie i.d.R. alle monetären Größen als Auswahlkriterium voraussetzen, die sich aus erwarteten Ein- bzw. Auszahlungen bestimmen. Da es sich um Erwartungsgrößen handelt, ist eine Investitionsentscheidung immer eine Risikoentscheidung. Die Einzahlungen bestimmen die Kosten einer Investition, während die Auszahlungen den Nutzen bestimmen.

Diese Argumentation führt zu der Forderung des betriebswirtschaftlichen Vergleichs von Kosten und Nutzen. Die Kosten eines Projektes lassen sich noch relativ einfach ermitteln, während es mit dem Nutzen weitaus schwieriger ist. Im Vordergrund bei der Bewertung des Einsatzes eines IT-Systems sollten immer ökonomische Kriterien und Zielsetzungen stehen.

Die Möglichkeit des Technikeinsatzes zweier alternativer Systeme orientiert sich bei gleicher Funktionalität immer an betriebswirtschaftlichen Parametern, wie z.B. Kundennutzen oder Deckungsbeitrag. Technische Brillanz eines Systems sollte niemals betriebswirtschaftliche Größen überlagern. Zum Thema Nutzen von IT-Systemen bzw. Projekten gibt es umfangreiche und mannigfache Untersuchungen[81].

Eine in der Praxis verbreitete Vorgehensweise ist der Versuch, den Beitrag der Informatik zum Unternehmenserfolg den IT-Kosten gegenüberzustellen.

---

[80] vgl. Krcmar, Helmut: Informationsmanagement, 2003, S. 330

[81] vgl. Potthoff, I.: Empirische Studien zum wirtschaftlichen Erfolg der Informationsverarbeitung, In: Wirtschaftsinformatik, Heft 40, 1998, S. 54 ff.

Dabei werden je nach Zielsetzung der Unternehmensgewinn, die Rentabilität, z.B. des eingesetzten Kapitals, der Umsatz usw. herangezogen. Probleme macht dabei u.a. die Isolierung der IT-spezifischen Größen, denn zu allen diesen Werten trägt das Unternehmen als Ganzes bei. Die isolierte Darstellung des ökonomischen Beitrages der IT zum Gesamterfolg eines Unternehmens erweist sich als äußerst schwieriges Unterfangen.

Das Problem der Transformation des IT-Nutzens in eine ökonomische monetäre Größe wird durch diese Hilfskonstruktion lediglich näherungsweise gelöst. Eine realistische IT-Nutzengröße ersetzt sie nur unvollkommen. Auch eine weitere Skalierung, d.h. das Herunterbrechen auf einzelne Komponenten der IT, behebt diesen Mangel nicht.

Aus der Investition in ein IT-System entstehen als Input-Größe Kosten und auf der Output-Seite Nutzen. Das Gegenüberstellen von Input zu Output lässt eine Aussage über den Erfolg dieser Investition zu.

Die Problematik der Kostenermittlung und ihrer Zuordnung wird als allgemeines betriebswirtschaftliches Problem im Rahmen des betrieblichen Rechnungswesens gelöst. Hierzu gehören z.B. die Kostenarten- und die Kostenstellenrechnung. Die IT-Kosten sind lediglich eine separate Kostenart und die IT-Kostenstellen sind lediglich zusätzliche Kostenstellen im gesamten Kostenstellenplan. Somit reduziert sich das Kostenproblem auf ein Erfassungsproblem. An die Genauigkeit der Kostenerfassung sind hohe Anforderungen zu stellen.

Die Erfassung und Bewertung von IT-Nutzengrößen ist weitaus problematischer. Von diesen ist nur ein geringer Teil direkt monetär messbarer Nutzen. Der überwiegende Teil ist qualitativer Nutzen und entzieht sich so einer unmittelbar monetären Bewertung. Deswegen müssen Verfahren eingesetzt werden, die diesen Mangel beheben. Eingesetzt für die Bewertung werden z.B. Scoring-Verfahren, wie Punktbewertungen, Kriteriensysteme usw.

Anzumerken ist, dass das Problem der Nutzenbewertung in der Betriebswirtschaftslehre nicht neu ist und auch ein umfangreiches Verfahrenstableau existiert. Aber in der Informatik gibt es diesbezüglich einige Spezifika, die hier erörtert werden sollen.

Da die IT früher überwiegend dazu eingesetzt wurde, die Routinetätigkeiten der Unternehmen rationeller zu gestalten, waren die Nutzeneffekte der IT relativ leicht in Kosteneinsparungen zu transformieren. Meistens handelte es sich beim IT-Einsatz um Rationalisierungsinvestitionen (Ersatzinvestitionen), d.h. eine Funktion des Unternehmens, wie z.B. das Rechnungswesen, wurde nun durch die IT abgewickelt. Die Rationalisierungseffekte waren offenkundig, sie zeigten sich z.B. in Personaleinsparungen.

9 Wirtschaftlichkeit von IT-Projekten

Tabelle 9-2: Nutzenkategorien[82]

Nutzenkategorien /Kriterien	strategische Wettbewerbsvorteile	Produktivitätsverbesserung	Kostenersparnis
Zuordnung zu Unternehmensebenen	strategische Ebene	taktische Ebene	operative Ebene
Anwendungen	innovative Anwendungen	komplementäre Anwendungen	substitutive Anwendungen
Bewertbarkeit	entscheidbar	kalkulierbar	rechenbar
Methodeneinsatz	neuere Verfahren	mehrdimensionale neuere Verfahren	wenig-dimensionale Verfahren

Nun ist der Einsatz der IT aber zunehmend strategischer Art, indem die strategischen Zielsetzungen der Unternehmen unterstützt werden. Es ist klar, dass der Nutzenbeitrag zu strategischen Zielen schwieriger zu quantifizieren ist als zu operationalen Zielen. Insofern sind die Nutzeneffekte der IT nicht mehr leicht in Kosteneinsparungen auszudrücken (s. Tabelle 9-2).

Diese Tendenz zeigt sich deutlich in der Praxis, indem die Schwierigkeit, Investitionen in die IT gegenüber den Entscheidungsträgern zu rechtfertigen, enorm zugenommen hat.

Die Problematik der Nutzenbewertung zeigt sich in vier Punkten[83]:

- Nutzenbewertung ist obligatorisch, da sich Kosten allein nicht rechtfertigen lassen.
- IT-Nutzen ist überwiegend qualitativer Art. Kosten sind monetäre Größen, d.h. sie sind relativ leicht erfassbar und messbar. Nutzen muss anders ermittelt werden, z.B. über Hilfskonstruktionen.
- Je strategischer eine Investition ist, desto schwieriger bewertbar wird sie. Das ist ein allgemeines betriebswirtschaftliches Problem und erstreckt sich nicht nur auf Investitionen in die IT.
- Der Charakter der IT ist der einer Querschnittsfunktion, d.h. sie wirkt und beeinflusst alle Unternehmensbereiche. Das erschwert die Ermittlung des IT-Nutzens zusätzlich. Die Leistung der IT zeigt sich überwiegend indirekt unterstützend und wird i.d.R. nicht über den Markt gehandelt.

---

[82] vgl. Krcmar, Helmut: Informationsmanagement, 2003, S. 331

[83] vgl. Krcmar, Helmut: Informationsmanagement, 2003, S. 332

Auch vor dem Hintergrund des angespannten Investitionsklimas wäre es wünschenswert, bessere Methoden zur Nutzenbewertung zur Verfügung zu haben. Denn dadurch werden die Entscheidungen des Managements verbessert. Aber auch Nutzenvergleiche alternativer Investitionsmöglichkeiten in die IT würden erleichtert, mit dem Ziel, die nutzenoptimale Alternative auszuwählen.

9.2.2
Nutzenkategorisierung

Die Bewertung des Gesamtnutzens eines komplexen Projektes ist nahezu unmöglich. Daher ist es unabdingbar, den Gesamtnutzen in einzelne Teilnutzensegmente aufzugliedern. Diese einzelnen Teilnutzen sind dann zu bewerten und zu einem Gesamtnutzenwert zu kumulieren.

Diese Kategorisierung kann individuell nach verschiedenen Kriterien erfolgen. Handelt es sich um arbeitsteilige Systeme auf der Basis von Austauschbeziehungen, kann der Transaktionskostenansatz zur Bewertung herangezogen werden[84]. Aus Sicht der Wertschöpfung lassen sich die Nutzeneffekte den einzelnen wertschaffenden Faktoren zuordnen.

Eine weitere Kategorisierung ist die nach Zielkriterien. Eine Investition soll zum Erreichen des Unternehmensziels beitragen. Deshalb ist es sinnvoll alle Faktoren eines IT-Systems zu erfassen, die zum Unternehmensziel, z.B. der Gewinnmaximierung, beitragen.

So gewinnt man eine Kategorisierung nach Zielkriterien. Zielkriterien sind für die Projektbeurteilung relevante Determinanten in qualitativer oder quantitativer Sicht. An die Zielkriterien sind gewisse Anforderungen zu stellen:

- Zielkriterien sind operational zu formulieren.
- Projekteigenschaften sind nicht mehrfach zu erfassen.
- Nach Möglichkeit ist Nutzenunabhängigkeit anzustreben, d.h. das Kriterium sollte nicht von anderen Kriterien hinsichtlich seiner Nutzenausprägung beeinflusst werden.

9.2.3
Eine Übersicht über Nutzenbewertungsverfahren

Im Anschluss an die Erfassung und Kategorisierung der Nutzentypen müssen sie bewertet werden. Die folgende Abb. 9-2 gibt einen Überblick über die gebräuchlichen Verfahren.

---

[84] vgl. Krcmar, Helmut: Informationsmanagement, 2003, S. 332

9 Wirtschaftlichkeit von IT-Projekten

Häufig anzutreffen bei der Nutzenbewertung von IT-Systemen sind die aus der allgemeinen Betriebswirtschaftslehre bekannten klassischen Verfahren der statischen und dynamischen Investitionsrechnung[85]. Die Einschränkungen dieser Verfahren sind hinlänglich diskutiert, besonders für die qualitative Nutzenbewertung sind sie nur bedingt geeignet.

Geeigneter sind die so genannten mehrdimensionalen Verfahren, wie die Nutzwertanalyse oder die Scoring-Verfahren, mit denen qualitative Nutzenbewertungen, wenn auch auf subjektiver Basis, möglich sind. Die Einschränkungen dieser Verfahren liegen in ihrer Anwendbarkeit, die sich im Wesentlichen auf die Alternativenauswahl beschränkt.

Es gibt des Weiteren eine Anzahl an neueren Verfahren, wie das Ebenenmodell der Wirtschaftlichkeitsanalyse und das Performance Measurement, die hier lediglich der Vollständigkeit halber erwähnt werden.

Methoden zur Nutzenanalyse

klassische Verfahren
- ein- und wenigdimensionale Verfahren
  - statische Verfahren: Kostenvergleichsrechnung, Gewinnvergleichsrechnung, Rentabilitätsrechnung, Amortisationsrechnung
  - dynam. Verfahren: Kapitalwertmethode, Methode des int. Zinsfußes, Annuitätenmethode
- mehrdimensionale Verfahren
  - speziell nutzenorientiert: Nutzenanalyse
  - Auswahl der besten Alternative: Nutzwertanalyse

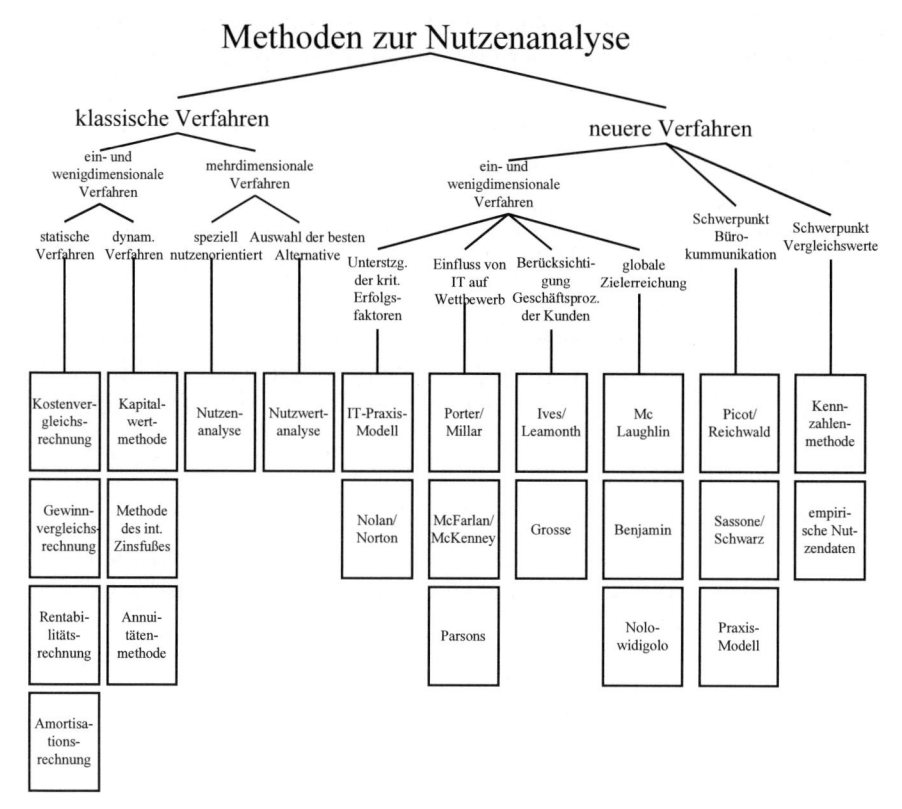

neuere Verfahren
- ein- und wenigdimensionale Verfahren
  - Unterstzg. der krit. Erfolgsfaktoren: IT-Praxis-Modell, Nolan/Norton
  - Einfluss von IT auf Wettbewerb: Porter/Millar, McFarlan/McKenney, Parsons
  - Berücksichtigung Geschäftsproz. der Kunden: Ives/Leamonth, Grosse
  - globale Zielerreichung: Mc Laughlin, Benjamin, Nolowidigolo
- Schwerpunkt Bürokommunikation: Picot/Reichwald, Sassone/Schwarz, Praxis-Modell
- Schwerpunkt Vergleichswerte: Kennzahlenmethode, empirische Nutzendaten

Abb. 9-2: Nutzenbewertungsverfahren, eine Übersicht[86]

---

[85] vgl. Wöhe, Günter: Einführung allgemeine Betriebswirtschaftslehre, 2002, S. 604 ff.

[86] vgl. Krcmar, Helmut: Informationsmanagement, 2003, S. 335

9.2.4
Beispielhafte Durchführung einer Nutzwertanalyse

Scoring-Modelle oder auch die Nutzwertanalyse gehören zu den so genannten mehrdimensionalen Verfahren der Nutzenbewertung. Viele Verfahren der Investitionsrechnung setzen voraus, dass die Konsequenzen der zur Disposition stehenden Investitionsprojekte durch Zeitreihen der mit ihnen verbundenen Ein- und Auszahlungen dargestellt werden können. Ihre Grenzen finden diese Verfahren, wenn Projekte beurteilt werden müssen, die so komplex und in ihren Konsequenzen so wenig überschaubar sind, dass die benötigten Zahlungsströme nicht mehr abschätzbar sind. Bei vielen IT-Projekten ist das der Fall.

Der resignierenden Möglichkeit in einem solchen Fall die Entscheidung der Intuition zu überlassen, steht z.B. die Möglichkeit des Einsatzes von so genannten Scoring-Modellen entgegen. Der Ansatz der Scoring-Modelle wird im Folgenden in seinen wichtigsten Grundprinzipien anhand eines vereinfachten Beispiels dargestellt.

Zunächst eine kurze grafische Darstellung der Verfahrensschritte bei der Anwendung von Scoring-Modellen (s. Abb. 9-3).

```
┌─────────────────────────────────────┐
│  1. Bestimmung der Zielkriterien    │
└─────────────────────────────────────┘
                  ↓
┌─────────────────────────────────────┐
│  2. Bestimmung der Ausprägungen     │
└─────────────────────────────────────┘
                  ↓
┌─────────────────────────────────────┐
│  3. Bestimmung der Teilnutzenwerte  │
└─────────────────────────────────────┘
                  ↓
┌─────────────────────────────────────┐
│  4. Bestimmung der Nutzwerte        │
└─────────────────────────────────────┘
                  ↓
┌─────────────────────────────────────┐
│  5. Beurteilung der Vorteilhaftigkeit│
└─────────────────────────────────────┘
```

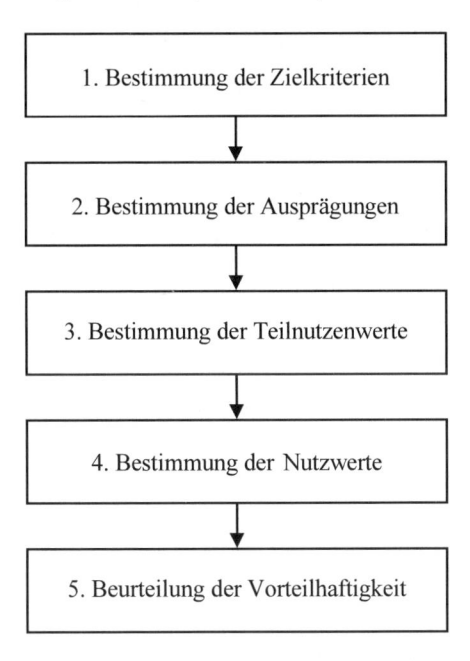

Abb. 9-3: Verfahrensablauf bei der Anwendung von Scoring-Modellen

9 Wirtschaftlichkeit von IT-Projekten

Beispiel:
Ein Kreditinstitut möchte in einem bestimmten Stadtteil eine kleine Filiale eröffnen. Der geplante Finanzaufwand soll 3 Mio. Euro betragen.

Drei Standorte X_1, X_2, X_3 stehen zu Auswahl. Die Standortentscheidung soll mit Hilfe der Scoring-Methode vorbereitet werden, da die Prognose der Zahlungsströme aus dem Aktiv- und Passivgeschäft für die drei Alternativen zu aufwändig und komplex erscheint.

Vorgehensweise:

1. Zielkriterienbestimmung: Es wird festgelegt, welche quantitativen bzw. qualitativen Beurteilungskriterien B_k ($k = 1, 2, ...$ i) für die Beurteilung der zur Auswahl stehenden Projekte maßgeblich sind. Hier sollen drei Kriterien herangezogen werden.
   B_1: Finanzaufwand für die Errichtung der Filiale
   B_2: Konkurrenzsituation
   B_3: Kundensituation

2. Bestimmung der Ausprägungen der einzelnen Beurteilungskriterien: Für jede der zur Auswahl anstehenden Alternativen werden die jeweiligen Ausprägungen der einzelnen Beurteilungskriterien mittels geeigneter Schätzverfahren ermittelt. Dabei ist zu beachten, dass die Ausprägungen der Beurteilungskriterien oft nur ordinal skalierbar sind. Sie müssen in kardinal skalierbare Kriterien transformiert werden.

   In dem angeführten Beispiel repräsentiert B_1 die Finanzaufwendungen für die Geschäftsräume und die sonstige Betriebs- und Geschäftsausstattung der Zweigstelle. Diese Größe ist monetär und kardinal skalierbar.

   Die Konkurrenzsituation B_2 soll von einer kompetenten Instanz in eine Ordinalskala mit den Kategorien „sehr stark", „stark", „mittel", „schwach" und „sehr schwach" eingereiht werden. Diese Größe ist qualitativer Art und lediglich ordinal skalierbar.

   Die Kundensituation B_3 wird an den im Einzugsbereich der Zweigstelle wohnenden Personen gemessen. Als Einzugsbereich wird ein Fußweg von ca. 15 Minuten angesehen. Diese Größe ist quantifizierbar.

   Das folgende Schaubild zeigt die Bewertungsmatrix (s. Tabelle 9-3).

Tabelle 9-3: Darstellung der Beurteilungskriterien

Beurteilungs- kriterien/ Standorte	Finanzaufwand B_1	Konkurrenz- situation B_2	Kundensituation B_3
X_1	2,4 Mio. Euro	schwach	8.000
X_2	2,1 Mio. Euro	mittel	9.000
X_3	2,7 Mio. Euro	sehr schwach	7.000

3. Teilnutzenbestimmung: Um die Ausprägungen der Beurteilungskriterien vergleichbar zu machen, müssen sie „gleichnamig" gemacht werden, d.h. sie müssen durch Werte auf einer einheitlichen Bewertungsskala ausgedrückt werden. Die verschiedenen Alternativen werden quasi „benotet". Diese „Noten" werden häufig auch als „Teilnutzen" oder „Scores" bezeichnet. Diese „Scores" werden im Allgemeinen durch Punkte auf einer einheitlich vorgegebenen Skala ausgedrückt, wobei die Höchstpunktzahl jeweils den bestmöglichen Ausprägungsgrad des betrachteten Kriteriums angeben soll. Bezeichnet man diese „Scores" mit s, so ist das Ergebnis dieses Teilschrittes durch einen Vektor (s_{i1}, s_{i2}, ..., s_{ik}) von k verschiedenen Scorepunkten gekennzeichnet.

Beispiel:
Gewählt wird eine Punkteskala von 1 bis 5, wobei im Einzelnen folgende Zuordnungsvorschriften gelten:

B_1: Der Maximalwert von 5 wird für die absolute Untergrenze der geschätzten Finanzaufwendungen vergeben. Die geschätzte Untergrenze beträgt 1,8 Mio. Euro. Der budgetierte Höchstbetrag von 3 Mio. Euro erhält die Minimalpunktzahl von 1. Den Zwischenwerten (von 1,8 – 3) wird proportional eine Punktzahl zwischen 5 und 1 zugeordnet.

B_2: Die Ausprägung „sehr schwach" erhält die Maximalpunktzahl von 5; die übrigen Ausprägungen werden stufenweise mit einem Punkt weniger benotet.

B_3: Die im zweiten Schritt geschätzte Bevölkerungszahl wird durch 2000 dividiert, um sie in das Punktetableau einordnen zu können.

Das Ergebnis zeigt die folgende Tabelle 9-4.

Tabelle 9-4: Bewertete Beurteilungskriterien

Beurteilungs-kriterien/ Standorte	Finanzaufwand B_1	Konkurrenz-situation B_2	Kundensituation B_3
X_1	3	4	4
X_2	4	3	4,5
X_3	2	5	3,5

4. Nutzwertermittlung: Es gibt verschiedene Möglichkeiten der Nutzwertermittlung, d.h. die Zusammenfassung der „Einzelnoten" zu einer „Gesamtnote". Eine häufig angewandte Möglichkeit ist die Bildung eines gewogenen Durchschnitts.

Die „Gewichte" g_k, deren Summen für alle k = 1, 2,.... k genau 1 betragen, repräsentieren die relative Bedeutung der einzelnen Beurteilungskriterien B_k. Der für die Beurteilung einer Alternative X_i maßgebliche Präferenzwert P_i ergibt sich demnach durch:

$P_i = \Sigma\ g_k * s_{ik}$

Beispiel: Festlegung der Gewichte g_k: $g_1 = 0{,}3$, $g_2 = 0{,}2$, $g_3 = 0{,}5$. Das ergibt folgende Präferenzwerte für die drei Standorte
$P_1 = 0{,}3 * 3 + 0{,}2 * 4 + 0{,}5 * 4\ \ = 3{,}70$ für X_1
$P_2 = 0{,}3 * 4 + 0{,}2 * 3 + 0{,}5 * 4{,}5 = 4{,}05$ für X_2
$P_3 = 0{,}3 * 2 + 0{,}2 * 5 + 0{,}5 * 3{,}5 = 3{,}35$ für X_3

5. Beurteilung der Vorteilhaftigkeit: Dazu werden die den einzelnen Alternativen zugeordneten Gesamtnutzenwerte verglichen. Die Alternative mit dem höchsten Gesamtnutzenwert erscheint den Entscheidungsträgern als die Beste.
In unserem Beispiel ist das die Alternative mit dem Standort X2.

9.3
Wirtschaftlichkeitsrechnung

Die Beurteilung der Wirtschaftlichkeit eines IT-Projektes wird häufig mit den Methoden der aus der Betriebswirtschaft bekannten Investitionsrechnungen vorgenommen. Eine Optimierung von Investitionsentscheidungen ist möglich, wenn die Investitionsdauer, die Höhe und der Zeitpunkt aller investitionsrelevanten Ein- und Auszahlungen prognostiziert werden können[87].

Tabelle 9-5: Statische Verfahren der Investitionsrechnung[88]

statische Verfahren	Rechengrößen	Anzahl der Planungsperioden
Kostenvergleichsrechnung	Kosten	eine
Gewinnvergleichsrechnung	Kosten und Leistungen	eine
Rentabilitätsvergleichsrechnung	Kosten und Leistungen	eine
Amortisationsrechnung	Einzahlungen und Auszahlungen	mehrere

Um diesen erheblichen Prognoseaufwand zu verringern, sind einige praktische vereinfachte Rechenverfahren entwickelt worden. Das sind die Verfahren der statischen bzw. der dynamischen Investitionsrechnung. Der generelle Unterschied dieser Verfahren ist, dass die statischen Verfahren nicht den Zeitpunkt der Ein- bzw. Auszahlungen beachten, während die dynamischen Verfahren dies tun.

---

[87] vgl. Wöhe, Günter: Einführung allgemeine Betriebswirtschaftslehre, 2002, S. 610 ff.

[88] vgl. Wöhe, Günter: Einführung allgemeine Betriebswirtschaftslehre, 2002, S. 611

Die statischen Verfahren haben das Ziel die Auswahl der Investitionsentscheidung zu optimieren. Es soll herausgefunden werden, ob die zu beurteilende Investition günstiger ist als die Unterlassensalternative.

Zu den statischen Verfahren zählen Kostenvergleichs-, Gewinnvergleichs-, Rentabilitätsvergleichs- und Amortisationsrechnung.

Das so genannte Dean-Modell, ein einfaches finanzmathematisches Modell, wird dargestellt. Trotz seiner Restriktionen erfreut es sich in der Praxis großer Beliebtheit und gehört zum Standardrepertoire jeder Abhandlung über Investitions- und Finanzierungsrechnung.

9.3.1
Die Kostenvergleichsrechnung

Sie beurteilt die Frage nach der Vorziehenswürdigkeit einer Ersatzinvestition. Beurteilungskriterium sind allein die Kosten. Die Investition mit den minimalen Kosten wird präferiert. Die Gegenseite, die Erlöse, sind für die Entscheidung irrelevant. Die Erlöse aller Alternativen werden als gleich unterstellt.

9.3.2
Die Gewinnvergleichsrechnung

Differieren die zu bewertenden Investitionsobjekte in Bezug auf die Erlösseite, findet die Kostenvergleichsrechnung ihre Grenzen. Die Berücksichtigung der Erlösseite sieht die Gewinnvergleichsrechnung vor. Entscheidungskriterium sind die Gewinne einer repräsentativen Periode. Der Gewinn wird definiert als Erlöse – Kosten. Wenn lediglich ein Projekt beurteilt wird, entscheidet ein positiver Gewinn bzw. eine bestimmte Mindesthöhe des Gewinns. Bei mehreren Alternativen wird die Möglichkeit mit dem höchsten positiven Gewinn ausgewählt.

9.3.3
Die Rentabilitätsvergleichsrechnung

Auch die Gewinnvergleichsrechnung findet ihre Grenzen, wenn die verschiedenen Gewinngrößen mit unterschiedlichem Kapitaleinsatz erzielt werden. Beurteilungsgröße der Rentabilitätsvergleichsrechnung ist daher eine Rentabilitätskennziffer, in der der Gewinn einer repräsentativen Periode in Relation zum gebunden Kapital gesetzt wird. In der Regel wird mit Durchschnittsgrößen gerechnet. Bei einer Alternative ist das Beurteilungskriterium eine gewünschte

Mindestverzinsung. Bei mehreren Alternativen wird diejenige mit der höchsten Rentabilität ausgewählt.

9.3.4
Die Amortisationsrechnung

Die Limitierung der bisher vorgestellten Verfahren auf eine repräsentative Einzelperiode wird mit der Amortisationsrechnung aufgehoben. Die Amortisationsrechnung will feststellen, wie viele Perioden es dauert, bis sich die Investitionssumme durch Kapitalrückflüsse amortisiert. Ziel ist es, den so genannten „break even point" möglichst schnell zu erreichen, um mit der Investition in die Gewinnzone zu gelangen. Auswahlkriterium ist also die Investition mit der geringsten Amortisationsdauer.

Die dynamischen Verfahren der Investitionsrechnung haben die gleiche Zielsetzung wie die statischen Verfahren: Es sollen Aussagen über die Vorteilhaftigkeit einer anstehenden Investitionsentscheidung getroffen werden.

Dabei wird beachtet, dass man Zahlungen, die zu unterschiedlichen Zeitpunkten anfallen, nicht einfach addieren bzw. subtrahieren kann. Um diese Zahlungen vergleichbar zu machen, werden sie auf einen einheitlichen Zeitpunkt auf- oder abgezinst. Die Wahl des Zinsfußes orientiert sich an der gewünschten Mindestverzinsung des Investors.

9.3.5
Die Kapitalwertmethode

Die zu den unterschiedlichen Zeitpunkten anfallenden Zahlungen werden gleichnamig gemacht, indem sie auf den Zeitpunkt der ersten Anschaffungsauszahlung abgezinst werden. Durch diese Berechnungen erhält man den so genannten Kapitalwert einer Investition. Je höher der Kalkulationszinsfuß gewählt wird, desto stärker wird eine künftige Zahlung diskontiert. Die Vorteilhaftigkeit orientiert sich also am diskontierten Kapitalwert. Als Entscheidungsregel gilt, dass ein positiver Kapitalwert die Investition als vorteilhaft ansieht. Ist der Kapitalwert null, kann man keine Investitionsentscheidung treffen, ist der Kapitalwert negativ, ist die Investition unvorteilhaft. Werden mehrere Investitionen bewertet, wird die mit dem größten positiven Kapitalwert ausgewählt.

9.3.6
Die Annuitätenmethode

Bei dieser Methode wird ein auf den ersten Auszahlungszeitpunkt bezogener Betrag in eine gleich bleibende Periodenzahlung aufgeteilt. Diese Zahlung wird auch als Annuität oder Rente bezeichnet. Eine Investition gilt als vorteilhaft, wenn die Annuität positiv ist. Dieses Vorteilhaftigkeitsindiz vorausgesetzt, ergibt die Annuitätenmethode ceteris paribus die gleichen Ergebnisse wie die Kapitalwertmethode. Als vorteilhaft angesehen wird diejenige Investition, welche die höchste Annuität aufweist.

9.3.7
Die Methode des internen Zinsfußes

Den internen Zinsfuß kann man auch als „Rendite" einer Investition bezeichnen. Eine Investition mit einem Kapitalwert von null verzinst sich gerade zum Kalkulationszinsfuß. Vermögenszuwächse fallen nicht an. Ist der Kapitalwert positiv, verzinst sich das Kapital zu einem Zinsfuß, der über dem Kalkulationszinsfuß liegt. Ein negativer Kapitalwert deutet auf eine interne Verzinsung hin, die unter dem Kalkulationszinsfuß liegt. Die Ermittlung des internen Zinsfußes ist mathematisch recht anspruchsvoll. Sie lässt sich nur über Näherungsrechnungen lösen.

Die Entscheidungsregel zur Beurteilung der Vorteilhaftigkeit einer Investition lautet: Eine Investition ist vorteilhaft, wenn die interne Verzinsung größer ist als der Kalkulationszinsfuß, bei Gleichheit ist keine Entscheidung möglich, und wenn die interne Verzinsung kleiner ist als der Kalkulationszinsfuß, ist die Investition unvorteilhaft.

9.3.8
Ein simultaner finanzmathematischer Ansatz: Das Dean-Modell

Am Anfang der 50er-Jahre des vorherigen Jahrhunderts wurde von Joel Dean das erste finanzmathematische Modell entwickelt, das die Möglichkeiten schaffte, Investitions- und Finanzierungsplanung in einem simultanen Ansatz zu vereinigen. Dieses Modell gehört inzwischen als Standardmodell zum Grundmodell der Finanzierungs- und Investitionstheorie. Auf Grund seiner relativ einfachen Handhabung erfreut es sich auch in der praktischen Anwendung großer Akzeptanz. Diese einfache Handhabung wird, wie bei allen Modellen, mit einigen Prämissen und restriktiven Annahmen erkauft, auf die wir im weiteren Verlauf dieses Kapitels zurückkommen werden.[89]

Die Grundidee des Dean-Modells schließt allerdings die vielen Methoden der Investitionsrechnung implizierte realitätsferne Prämisse eines einheitlichen Kalkulationszinsfußes aus. Auf diese Prämisse kann im Dean-Modell verzichtet werden, da es die Planung eines kompletten Investitionsprogramms umfasst.

Beim Dean-Modell handelt es sich um ein einperiodisches Modell unter der realistischen Prämisse der Kapitalknappheit. Daraus folgt, dass Finanzierungs- und Investitionsentscheidungen simultan getroffen werden müssen, wobei Renditeerwartungen im Vordergrund stehen müssen. Auf diese unabwendbare betriebswirtschaftliche Notwendigkeit haben die Verfasser dieses Buches schon mehrfach im Kap. 9.3 hingewiesen. Der beste Investitionsplan ist Makulatur, wenn diesem nicht eine adäquate Finanzierung gegenübersteht.

Das Dean-Modell fußt auf der Idee der Konstruktion einer Kapitalbedarfskurve, einer grafischen Darstellung der möglichen Investitionen und einer Kapitalangebotskurve zur Veranschaulichung der Finanzierungsmöglichkeiten. Der Schnittpunkt beider Kurven manifestiert die simultan durchzuführenden Investitionen und Finanzierungen sowie einen endogenen Kalkulationszinsfuß.

In diesem Modell werden folgende Annahmen getroffen: Es existiert kein vollkommener Kapitalmarkt, das heißt es existieren verschiedene nicht korrelierte Finanzierungsquellen. Die gegebenen Finanzierungsmöglichkeiten, wie z.B. Kredite, werden zu unterschiedlichen Zinssätzen angeboten. Des Weiteren sind die Finanzierungsmöglichkeiten beliebig skalierbar.

Zwischen der Höhe der Kreditzinsen und dem Investitionsprogramm besteht kein Zusammenhang. Diese Annahme ist konsistent mit dem Modell, da Sicherheit über die Höhe der Rückflüsse besteht. Da zum Zeitpunkt t_0 eine der Höhe nach bekannte Auszahlung erfolgt und nach einer Periode t_1 eine Einzahlung (Kapitalrückfluss), ist jedem Investitionsobjekt ein eindeutiger interner Zinssatz zuzuordnen.

Der interne Zinssatz errechnet sich nach der folgenden Formel:

- i^* = (Einzahlung in t_1 / Auszahlung in t_0) -1
  Beispiel:
  Einzahlung in t_1 = 103,5, Auszahlung in t_0 = 90
  $i^* = (103,5 / 90) -1 = 15\%$

Das Prinzip des Dean-Modells ist im Wesentlichen die Darstellung einer Rangordnung. Die Investitions- und die Finanzierungsobjekte werden nach ihrer Vorteilhaftigkeit geordnet. Die Logik ist einfach. Zunächst werden die Investi-

---

[89] vgl. Breuer, Wolfgang: Investition 1: Entscheidungen bei Sicherheit, 2007, S. 329–367

tionsprojekte realisiert, die die höchste interne Rendite versprechen. D.h. die Sortierung erfolgt nach fallender Rendite. Umgekehrt ist es mit den in Anspruch zu nehmenden Krediten, die nach den zu zahlenden Kreditzinsen aufsteigend sortiert werden, da logischerweise zuerst die Kredite beansprucht werden, welche die niedrigsten Kapitalkosten verursachen. Die nach ihrer Rendite sortierten Investitionsprojekte ergeben die Kapitalbedarfskurve oder auch Kapitalnachfragekurve. Demzufolge besteht die Kapitalangebotskurve aus den nach steigenden Kapitalkosten sortierten Finanzierungsalternativen.

Eine weitere Prämisse des Modells ist, dass ein Investitionsprojekt nur vollständig und nicht nur anteilig durchgeführt werden kann, während Kredite auch partiell in Anspruch genommen werden können. Wird ein Projekt ganz oder teilweise aus Eigenkapital finanziert, wird nach dem Opportunitätsprinzip entschieden, wenn u.U. kodifizierte geschäftspolitische Prinzipien außer Acht gelassen werden. So könnte eine geschäftspolitische Maxime sein, grundsätzlich keine Fremdmittel aufzunehmen. Im Folgenden wird die Konstruktion der beiden Kurven an einem Beispiel demonstriert.

Tabelle 9-6: Zahlenbeispiel zur Ermittlung des optimalen Kapitalbudgets im Dean-Modell

Investitionsobjekt	Investitionsbetrag	Interner Zinsfuß
1	300 TEUR	21 %
2	200 TEUR	18 %
3	300 TEUR	16 %
4	300 TEUR	14 %
5	500 TEUR	10 %
Finanzierungsmöglichkeiten	Finanzierungsbetrag	Kapitalkosten
A	800 TEUR	9 %
B	600 TEUR	12 %
C	400 TEUR	18 %

Der endogene Kalkulationszinssatz ergibt sich folgerichtig als Schnittpunkt der beiden Kurven. Alle Projekte links des cut-off-points sind rentabel und sollten durchgeführt werden. In der Abb. 9-4 ist auf der X–Achse der benötigte Kapitaleinsatz und auf der Y-Achse der Zinssatz abgetragen.

Wie schon erwähnt ist das Dean-Modell ein Einperioden-Modell, d.h. man betrachtet lediglich die Investitions- und Finanzierungsalternativen einer Periode. Die für diese Periode ermittelte cut-off-rate wird implizit als konstant angesehen. Insofern kann eine Investition, die mit diesem Modell bewertet wird, abgelehnt werden, weil sie unterhalb der cut-off-rate liegt. Es ist aber nicht auszuschließen, dass diese Investition in einer der nächsten Perioden vorteilhaft ist.

Problematisch ist das Verschieben von Investitionen, da sich ihre künftige Rentabilität nicht beurteilen lässt. Der Grund liegt in der fehlenden Kenntnis der cut-off-rates der zukünftigen Perioden, die von der Kapitalbedarfskurve abhängen.

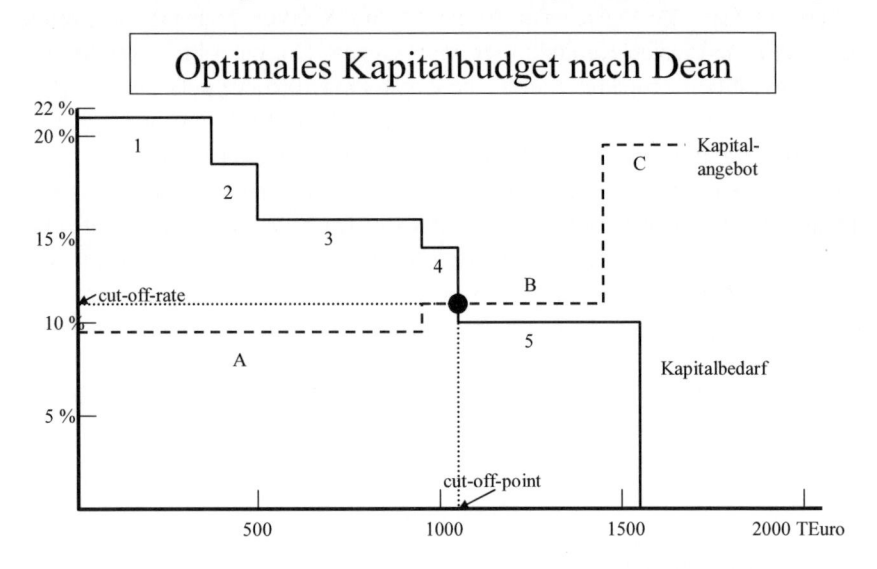

Abb. 9-4: Kapitalangebots- und Kapitalbedarfskurve

9.4 Zusammenfassung

Die Notwendigkeit der Berechnung der Wirtschaftlichkeit eines IT-Systems ergibt sich aus der Definition als Investition. Denn es ist eine betriebswirtschaftliche Notwendigkeit, die Wirtschaftlichkeit einer Investition zu ermitteln. Kosten allein lassen sich in einem marktwirtschaftlichen System nicht rechtfertigen. Neben dem allgemeinen Problem, das sich bei Wirtschaftlichkeitsberechnungen als Zukunftsrechnungen ergibt, bestehen einige IT-spezifische Probleme.

Die Quantifizierung von Output-Größen einer Querschnitts-Technologie, wie es die IT ist, erweist sich als das zentrale Problem. Die klassischen Verfahren der betriebswirtschaftlichen Investitionsrechnungen, die hier vorgestellt wurden, sind nur bedingt geeignet. Sie lösen nicht das Problem, wie Nutzen quantifiziert werden soll. Nutzengrößen sind immer nur subjektiv zu beurteilen.

Diese Problematik umgeht das Dean-Modell, indem es die Ein- bzw. Auszahlungen für ein Investitionsszenario simultan mit unterschiedlichen

Zinssätzen bewertet. Das Dean-Modell stellt die einperiodische Planung eines kompletten Investitionsprogramms dar.

Ein Verfahren zur subjektiven Nutzenbewertung, die so genannte Nutzwertanalyse, wurde hier vorgestellt. Anhand eines fiktiven Beispiels wurde die Vorteilhaftigkeit einer Investition bewertet.

10 Tipps und Tricks für Leiter von IT-Projekten

In der Praxis gibt es kaum Projekte, die ohne Probleme durchgeführt werden. Im Abschnitt Krisen- und Konfliktmanagement wurde ein Projektverlauf aufgezeigt, der durch einige unschöne Ereignisse gekennzeichnet war. Eine typische Krisensituation ist dadurch gekennzeichnet, dass der Projektleiter bzw. die Projektmitarbeiter ausgetauscht werden. Solche Situationen sind für alle Beteiligten belastend und der Erfolg solcher Aktionen ist mitnichten gesichert.

Im folgenden Abschnitt werden einige Tipps gegeben, die auf der praktischen Projektarbeit der Verfasser dieses Buches beruhen. Dabei ist die Reihenfolge der Tipps keiner speziellen Ordnung unterworfen. Einige dieser Hinweise wurden bereits im Verlaufe des Buches erörtert. Es ist doch frappierend, wie immer wieder auch gegen Grundregeln des Managements verstoßen wird. Die Versäumnisse, die zu den Irritationen führen, liegen bei weitem nicht immer beim Projektleiter. Häufig liegen auch gravierende Versäumnisse der Linieninstanzen vor.

10.1 Generelle Gründe für das Scheitern von IT-Projekten

Zwischen dem Management von Ingenieurleistungen und dem Management von Anwendungssystemen gibt es viele Ähnlichkeiten, aber auch einige gravierende Unterschiede. Neben vielen anderen möglichen Gründen ist das Scheitern großer IT-Projekte vor allem darauf zurückzuführen, dass diese Projekte nicht professionell durchgeführt wurden. Die Erfahrungen aus kleinen und damit überschaubaren Projekten lassen sich eben nicht ohne weiteres auf große Projekte übertragen. Bei kleinen Projekten kann man auf das Setzen von „Meilensteinen" u.U. verzichten, bei großen führt das ins Chaos. *Krcmar* gibt drei Unterschiede an, die das Management von Anwendungssystemen im Vergleich zu anderen Ingenieursleistungen erschweren[90]:

- Die Immaterialität von Software: Der Projektfortschritt ist lange Zeit nicht exakt nachvollziehbar, da er nur auf erstellten Dokumentationen beruht („Papier ist geduldig"). Erst in der Realisierungsphase lässt sich der Projektfortschritt anhand vorliegender Testergebnisse exakt messen.
- Es fehlt ein klares Verständnis der Anwendungsentwicklung: Die Entwicklung von Anwendungssystemen existiert erst seit ca. 30 Jahren. Die Basis des Faches ist nicht stabil, permanente Änderungen sind die Regel. Man denke nur an die verschiedenen Modellierungskonzepte.
- Die Einmaligkeit großer Anwendungsprojekte: Dies schränkt natürlich den Rückgriff auf bewährte Konzepte ein. Oft behindern sogar Erfahrungen mit alten Techniken die Anwendungsentwicklung.

Ein weiterer Punkt ist der Mangel an qualifiziertem Personal, besonders gute, erfahrene Projektleiter sind rar. Das liegt zum Teil an einer in vielen Unternehmen gängigen Praxis; aus umfangreichen Projekten wird nach erfolgreichem Abschluss häufig eine Linieninstanz gebildet. Die Rekrutierung für das Wartungsteam wird dann i.d.R. aus dem ehemaligen Projektteam vorgenommen. Dabei wird dem Projektleiter die Leitung dieser Instanz übertragen und die qualifiziertesten Mitarbeiter werden in das Wartungsteam integriert. Diese Vorgehensweise stärkt zwar die Linieninstanz, verhindert aber die Bildung eines qualifizierten erfahrenen freien Mitarbeiterpools für künftige Projekte. Die gesammelten Erfahrungen und Kenntnisse liegen dann zum Teil brach.

Auf die Anfälligkeit von IT-Projekten gegenüber einem Mitarbeiterwechsel wurde bereits in Kap. 2.2 hingewiesen. Diese Risiken steigen mit der Projektdauer überproportional. Der Ausfall eines kompetenten Mitarbeiters in der Realisierungsphase ist meist nicht zu kompensieren. Die Möglichkeiten, für diese Situation realistische Vorkehrungen zu treffen, sind außerordentlich gering. Idealtypische Hinweise, wie z.B. das Fordern einer projektbegleitenden Dokumentation, helfen nicht weiter. Besonders in der Realisierungsphase ist der Kenntnisstand einiger Mitarbeiter häufig extrem exklusiv.

Dies sind einige Gründe, weshalb oft strategische innovative Projekte die geplanten Kosten und Termine überschreiten und die in sie gesetzten Erwartungen nicht erfüllen. Dies sind noch einmal in komprimierter Form die allgemein bekannten Gründe für das Scheitern von IT-Projekten. Im Folgenden werden dezidierte Hinweise für kritische Projektphasen gegeben.

---

[90] vgl. Krcmar, Helmut: Informationsmanagement, 2003, S. 145

10.2 Projektgesamtplan und Projektstrukturplan

Der Gesamtprojektplan ist meist das erste Dokument eines Projektes, das einem größeren Personenkreis zur Kenntnis gebracht wird. Bei umfangreichen Projekten sollte dies in Form einer Präsentation erfolgen, die der Projektleiter zu leiten hat. Es ist unabdingbar, dass ein Vertreter des Top Managements an dieser Veranstaltung teilnimmt. Dadurch wird ihre Bedeutung dokumentiert. Auch die Integration in die so genannte Kick-off-Veranstaltung ist möglich.

Allen Beteiligten der Veranstaltung wird unmissverständlich klar gemacht, dass in dieser frühen Aufwands- und Terminschätzung der Finanz- und Zeitrahmen für das gesamte Projekt abgesteckt wird. Auf dieser Basis wird das Projektbudget ermittelt und von der Geschäftsführung genehmigt. Den Verfassern sind aus der Praxis kaum Projekte bekannt, in denen das genehmigte Budget unterschritten wurde. Häufiger werden die Budgets überschritten. Dabei ist die Toleranzgrenze bei Budgetüberschreitungen mit wachsendem Kostendruck permanent gesunken. Natürlich ist ein Budget nicht sakrosankt und gewisse Abweichungen nach oben sind nachvollziehbar und werden auch akzeptiert. Budgetüberschreitungen von 100 Prozent und mehr sind jedoch auf keinen Fall tolerierbar.

Das Einholen von Budgeterhöhungen ist für den Projektleiter häufig ein Gang nach Canossa. Hier sind auch die Linienverantwortlichen aufgefordert, Realismus walten zu lassen. Wohlbegründete und nachvollziehbare Budgetüberschreitungen sollten angemessen beurteilt werden.

Gleichzeitig werden auch die geschätzten zeitlichen Dimensionen des Projektes präsentiert. Diese Problematik ist oft noch heikler als der Finanzaufwand und in der Praxis ein permanentes Problem in IT-Projekten. Denn natürlich soll alles möglichst sofort fertig sein und Termine sind immer zu großzügig ausgelegt. Aber die Aufgaben sind vorhanden und müssen erledigt werden. Terminüberschreitungen haben meist Außenwirkung, d.h. sie reflektieren eventuell auf die Kunden usw. Mehrfache Terminüberschreitungen und damit verbundene Verschiebungen des Einführungstermins sind der häufigste Grund für die Ablösung des Projektleiters.

Wenn der vom Projektleiter präsentierte Gesamtprojektplan von der Geschäftsführung akzeptiert wurde, hat der Projektleiter eine wichtige Hürde überwunden.

Interne Nachverhandlungen hinter verschlossenen Türen zwischen dem Projektleiter und der Entscheidungsinstanz (Geschäftsführung) mit dem Ziel, das Budget und die Termine quasi intern zu kürzen, müssen unterbleiben und vom Projektleiter abgelehnt werden. Leider treten solche Situationen nicht selten auf, manchmal existiert sogar ein offizielles bzw. inoffizielles Budget oder ein offizieller bzw. inoffizieller Zeitplan. Hier muss der Projektleiter seine Standhaftigkeit als Führungskraft beweisen. Denn es ist keine Frage, dass er seine Schätzungen nach bestem Wissen und Gewissen durchgeführt hat.

Die Erwartungshaltung an den Projektleiter hinsichtlich der für das Projekt benötigten Ressourcen und des Projektumfangs ist hoch. Von einem professionellen IT-Projektleiter wird auf jeden Fall erwartet, dass er auch in einem frühen Stadium den wahrscheinlichen Umfang des Projektes abschätzen kann. Des Weiteren sollte er die voraussichtlichen Aufwandsschwerpunkte beurteilen können und Auskunft über die Termine von wichtigen Projektabschnitten (Meilensteinen) geben können. Über diese Komponenten muss sich der Projektleiter nach einer gründlichen Vorstudie im Klaren sein. Die Zeitaufwandsschätzung ist immer ein Geschäft mit hohem Risiko. Ein unerfahrener Projektleiter liegt mit seinen Schätzungen immer gewaltig daneben, weil er unbewusst einen nahezu optimalen Projektverlauf annimmt.

Deshalb sollte der Projektleiter veranlassen, dass eine Parallelschätzung von einem unabhängigen erfahrenen Schätzer durchgeführt wird. Bei komplexen Projekten sollte immer eine Parallelschätzung vorgenommen werden.

Basis des Projektstrukturplans ist der definierte Projektinhalt. Wie die Bezeichnung besagt, wird die Projektgesamtaufgabe strukturiert, d.h. in Teilaufgaben zerlegt. Über den Detaillierungsgrad des Projektstrukturplanes gibt es unterschiedliche Meinungen. In jedem Fall muss der Detaillierungsgrad so hoch sein, dass sich Aufwände und Risiken mit den bekannten Methoden der Aufwandsschätzungen ermitteln lassen. Erfahrene Projektleiter neigen dazu, lediglich grobe Strukturpläne zu entwickeln; damit steigt das Risiko zu optimistischer Aufwandsschätzungen. Ein detaillierter Projektstrukturplan fokussiert die Schwierigkeiten des Projektes und zeigt auch den Umfang der Aufgaben.

Oft zerfällt die Projektaufgabe in Teilaufgaben unterschiedlichsten Schwierigkeitsgrades. Manche Teilaufgaben haben den Charakter von Routinetätigkeiten, weil sie z.B. in ähnlicher Form schon mehrfach gelöst wurden. Andere Teilaufgaben sind schwierig, z.B. weil völlig neue Lösungsansätze gefunden werden müssen. Es ist selbstverständlich, dass der Schwierigkeitsgrad einer Aufgabe bei der Aufwandsschätzung berücksichtigt werden muss. Das tun die Schätzverfahren auch.

Schwierige Aufgaben erzeugen Unsicherheit, da der eigentlichen Problemlösung eine oft intellektuell herausfordernde Phase der Lösungssuche vorausgeht. Daher besteht die Gefahr, dass schwierige Aufgaben unvollständig gelöst werden und der Mitarbeiter zu früh in die nächste Phase z.B. der Realisierung übergeht. Im weiteren Verlauf des Projektes werden sich dann schon Lösungen ergeben. Das ist auch manchmal so. Ist es aber nicht der Fall, was leider die Regel ist, wird dann häufig bei steigendem Termindruck improvisiert. Das in

Kap. 7.4.1 dargestellte so genannte „90%-fertig"-Dilemma fällt in diese Kategorie.

Das Problem kann entschärft werden, indem schwierige Aufgaben in Teamarbeit gelöst werden. Die Initiative sollte vom Projektleiter ausgehen. Eventuell müssen für schwierige Passagen einer Aufgabe auch Spezialisten herangezogen werden, die im Projekt nicht vorhanden sind. Ein Mathematiker kann z.B. bei der Aufstellung einer komplexen Berechnung hilfreich sein.

Das gegenteilige Phänomen ist, dass Aufgaben, die man glaubt sicher lösen zu können, weil man das schon x-mal gemacht hat, exzessiv detailliert werden. Ein Teil des Projektinhaltes wird quasi in eine „Musterlösung" überführt.

10.3 Projekttermine und -aufwand

Der gewünschte und geschätzte Fertigstellungstermin ist das wichtigste Datum eines Projektes. Während der gesamten Projektlaufzeit steht immer wieder die Frage im Mittelpunkt: Wird der geplante Endtermin gehalten?

Dabei ist einiges zu beachten. In gewissen Grenzen ist die Projektlaufzeit manipulierbar, aber das Gesetz vom abnehmenden Grenznutzen gilt auch hier; d.h. mit zunehmendem Mitarbeitereinsatz sinkt die Produktivität. Es ist klar, dass der Aufwand für Steuerung und Koordination eines großen Projektteams überproportional zum Projektfortschritt steigt.

Ein variabler Einsatz von Mitarbeitern ist gerade bei langer Projektdauer sinnvoll und notwendig. In den Vorbereitungsphasen, wie Planung und Design, werden meist weniger Mitarbeiter benötigt als in der Realisierungsphase.

Wenn auch das oben genannte Gesetz grundsätzlich gilt, so können doch zeitkritische Projekte kurz vor Abschluss durch erhöhten Mitarbeitereinsatz „gerettet" werden. Das gelingt i.d.R. aber nur, wenn einiges beachtet wird.

Die zusätzlichen Mitarbeiter müssen erfahren sein. Die Aufgaben müssen so abgegrenzt sein, dass ein Gesamtüberblick über das Projekt nicht notwendig ist. In diesem Fall wird die notwendige Einarbeitungszeit der neuen Mitarbeiter minimiert, sie beschränkt sich auf die zu lösende Partialaufgabe. In der Phase der Realisierung ist diese Vorgehensweise durchaus üblich. Der Projektleiter muss durch geschickte Planung und Aufgabenseparierung diese Vorgehensweise unterstützen. Umfangreiche Programmpassagen in überschaubare und, was wichtig ist, in separat lösbare und testbare Teilaufgaben (Module) aufzuteilen, ist Aufgabe des Projektleiters und wird durch entsprechende Verfahren des Projektmanagements unterstützt.

Werden Mitarbeiter zugeführt, die unerfahren sind, oder sind die Aufgaben nicht abgrenzbar, müssen sie oft von den übrigen erst eingewiesen werden. In diesem Fall wird der Projektfortschritt gehemmt. Es kommt zu der in Tabelle

7-1 dargestellten Situation: „Das Projekt dümpelt". Erfahrene Projektleiter wissen das zu verhindern.

Das Aufteilen in Teilaufgaben und das Setzen von Zwischenzielen und -terminen erstreckt sich nicht nur auf die Realisierungsphase, sondern auf alle Projektphasen. Realistische Zwischenziele, die auch erreicht werden, dokumentieren den Projektfortschritt und wirken auf das gesamte Projektteam motivierend. Der Projektleiter sollte sich nicht scheuen, erreichte Zwischenergebnisse auch bei höheren Instanzen zu präsentieren oder vom verantwortlichen Mitarbeiter präsentieren zu lassen. Das motiviert für die noch anstehenden Aufgaben.

Häufig sind Projektendtermine fest terminiert. Die Gründe dafür sollen hier nicht diskutiert werden. In diesem Fall ist eine retrograde Terminierung vonnöten. Unter Umständen erstreckt sich die Planung auf die Festlegung des spätesten möglichen Starttermins, der natürlich vom verfügbaren Mitteleinsatz bestimmt wird. Dass Termine so gesetzt werden, dass sie realistisch und damit erreichbar sind, wenn auch mit Anstrengungen, ist herrschende Praxis. Unrealistische Termine gefährden den Projekterfolg. Häufig wird die Meinung vertreten, dass nur genügend Druck auf die Mitarbeiter ausgeübt werden muss, dann werden auch unrealistische Termine haltbar. Wie Mitarbeiter unter Druck reagieren, ist sicherlich unterschiedlich und schwer vorhersehbar. Auf jeden Fall aber führt exzessiver Druck zur Verweigerung der Mitarbeiter und ist dem Projektfortschritt kontraproduktiv.

Eine Projektplanung grundsätzlich auf der Basis von Mehrarbeit durchzuführen ist vom Projektleiter abzulehnen. Dennoch lässt es sich häufig nicht vermeiden, dass in der Endphase eines Projektes Mehrarbeit anfällt. Diese lässt sich leichter verkraften, wenn z.B. in der Testphase jeder durchgeführte Test sichtbare Projektfortschritte bringt. Der Umfang der Mehrarbeit muss zeitlich begrenzt sein. Oft setzt dem auch das Betriebsverfassungsgesetz bzw. der Betriebsrat Grenzen.

Der Projektfortschritt der Einzelaufgaben muss vom Projektleiter kontrolliert werden. Im Rahmen des Projektcontrolling geschieht das durch die so genannte Sachfortschrittskontrolle. Dazu muss der Projektleiter ein Rückmeldesystem installieren, in dem die Mitarbeiter den Fortschritt ihrer Aufgaben melden. Die Auswertung aller Rückmeldungen gibt einen Überblick über den terminlichen Projektstatus. Abweichungen sollten immer die Alarmglocke schrillen lassen, denn einmalige Ausreißer, die sich im weiteren Projektverlauf wieder einholen lassen, sind eher die Ausnahme. Mehrere Abweichungen werden sich erfahrungsgemäß im Projektverlauf wiederholen, kumulieren und verstärken. Gründe können in der mangelnden Kompetenz eines oder mehrerer Mitarbeiter liegen oder auch in mangelhafter Planung. Das schon erwähnte „90%-fertig"-Problem ist auch hier evident. Das muss der Projektleiter schnellstens herausfinden und entsprechend reagieren.

10.4 Personalpolitik

Der Projektleiter ist für alles verantwortlich, was mit dem Projekt zusammenhängt. Die Kompetenz des Projektleiters kann mit der eines Prokuristen verglichen werden. Die so genannte Prokura ist laut HGB umfassend, es gibt wenig Einschränkungen. Der Projektleiter ist für die Projektergebnisse verantwortlich, demzufolge sind seine Entscheidungsbefugnisse auszulegen. Das ist besonders wichtig für den u.U. installierten Lenkungsausschuss als Vorgesetzteninstanz des Projektleiters. Seine Funktionen beschränken sich auf elementare Projektlenkungsaufgaben. Auf das operative Geschäft des Projektes hat er keinen Einfluss.

Die Unterstützungsfunktion des Managements und der Fachabteilungen, die auch offen gezeigt werden sollte, wurde schon erwähnt. Das Gleiche trifft für den Lenkungsausschuss zu. Abwartendes Beobachten reicht nicht aus, negative Reaktionen sind kontraproduktiv. Besonders hilfreich ist, wenn ein Mitglied des Top Managements das Projekt als Mentor unterstützend begleitet.

Über Organisationsformen der Projekte wurde hinreichend diskutiert. In der Praxis sollte bei umfangreichen Projekten die reine Projektorganisation, bei kleineren Projekten die Matrixorganisation eingesetzt werden.

Die Projektmitarbeiter werden voll in das Projektteam integriert. Das oft praktizierte Aufgabensharing, d.h. der Mitarbeiter arbeitet in definiertem prozentualen Anteil in seiner Linienfunktion, den Rest im Projekt, ist abzulehnen. Projektarbeit ist ein Fulltime-Job. Darauf muss der Projektleiter bestehen.

Der Projektleiter hat für den zügigen Projektfortschritt und für das Erreichen der Projektziele zu sorgen. Leider gibt es immer wieder Situationen, in denen die Aufgabenerfüllung auf personellen Problemen beruht. Kurz gesagt, der Mitarbeiter ist der Aufgabe nicht gewachsen. Manchmal eskaliert die Situation dermaßen, dass nach Ausschöpfung aller Möglichkeiten, wie z.B. fachliche Unterstützung, Coaching usw., keine andere Möglichkeit bleibt als den Mitarbeiter von seinen Aufgaben zu entbinden. Handlungsoptionen für diese Situation sollen hier nicht gegeben werden. Eine gute Führungskraft handelt schnell und diskret, d.h. ein offenes Vier-Augen-Gespräch und schnelle Entscheidung. Danach ist das Thema erledigt. Es sind keinerlei weitere Kommentare vonnöten. Auch externe Mitarbeiter sollten mit der gleichen Sensibilität und Fairness behandelt werden.

Die Auswirkungen des Projektabbruchs auf das Projekt und das Umfeld wurden schon intensiv diskutiert. Eine wichtige Frage ist noch, wie soll der

Neustart des Projektes personalpolitisch durchgeführt werden? Soll das Personal des abgebrochenen Projektes am neuen Projekt mitarbeiten? Es ist klar, dass die Motivation der Mitarbeiter gering ist. Hier muss man pragmatisch vorgehen, da man auf die Fachkenntnisse eines „Kernteams" kaum verzichten kann. Dieses Team sollte auch am Neubeginn beteiligt sein. Auf jeden Fall sollte ein neuer unbefangener Projektleiter eingesetzt werden.

Auch Projekte, die mit Mühe und vielen Anstrengungen, aber schließlich doch erfolgreich zu Ende geführt wurden, reflektieren auf das Personal. Es kann passieren, dass die Mitarbeiter und vor allem der Projektleiter sehr schwer oder überhaupt nicht motiviert werden können, in einem neuen Projekt mitzuarbeiten oder dieses zu leiten. Ein endgültiger Rückzug auf ihre Linienfunktion ist nicht auszuschließen. Erfolglose Projekte lassen oft psychologische Wunden beim Projektteam zurück.

10.5
Terminüberschreitungen

Die Gründe für Terminüberschreitungen sind mannigfach und sollen hier nicht näher erörtert werden, da auf viele Probleme schon im Verlauf des Buches hingewiesen wurde. Hier soll vielmehr auf einige Verhaltensweisen und Risiken hingewiesen werden, auf die der Projektleiter achten muss. Auf keinen Fall darf unter dem Eindruck der unangenehmen Situation und der vielleicht berechtigten Annahme etwas falsch gemacht zu haben, z.B. zu optimistische Schätzung usw., ein neuer Termin offeriert werden, der schon wieder gefährdet ist. Dieser Fehler wird sehr häufig gemacht. Als aktuelles Beispiel kann das Projekt LKW-Maut der Firma Toll Collect genannt werden. Nachdem der erste Termin geplatzt war, der offensichtlich viel zu optimistisch geschätzt war, wurde – auch unter dem Druck der Politik – sofort ein neuer Termin nachgeschoben, der ebenso völlig illusorisch war. Das ist vollkommen unprofessionell.

Der neue Termin soll auch dazu beitragen, etwas den Druck von den Projektmitarbeitern zu nehmen. Durch einen unrealistischen neuen Termin wird der Druck noch verstärkt.

Für den Teilbereich des Projektes, in dem der Terminverzug lokalisiert ist, muss eine Aufnahme des Status durchgeführt werden und auf dieser Basis muss eine völlig neue Schätzung erfolgen. Es kann sinnvoll sein, für diese Aufgabe eine sachverständige dritte Person hinzuzuziehen.

Soll das Projekt nach einem Projektabbruch wieder neu aufgenommen werden, ist immer eine völlige Neubewertung durchzuführen. Ermittelt werden muss, was definitiv erledigt ist, unter Berücksichtigung aller Anforderungen, wie z.B. der Qualität und der Restaktivitäten. Auf dieser Basis ist dann eine völlig neue Aufwands- und Terminschätzung vorzunehmen.

10.6 Ablösung des Projektleiters

Auch auf diese unangenehme Situation soll hier eingegangen werden. Manchmal lässt sich diese extreme personalpolitische Entscheidung nicht vermeiden. Tabelle 7-1 zeigt einen typischen Projektverlauf, der auf eine solche Maßnahme hinsteuert. In der Regel sind es viele Ereignisse und Versäumnisse, die zu einer solchen Eskalation führen. Die Entscheidung zu dieser Maßnahme muss das Management treffen. Das Dilemma ist, dass möglicherweise eine Ursache für die Probleme des Projektes beseitigt wurde, aber noch keinerlei Basis für eine Projektfortführung gelegt wurde. Oft macht auch die Installation eines neuen Projektleiters Probleme, da die Bereitschaft ein möglicherweise verfahrenes Projekt weiterzuführen naturgemäß gering ist. Eine diktatorische Entscheidung des Managements hilft nicht weiter. Auch finanzielle Anreize sind problematisch.

Im Prinzip ist das Gleiche zu tun wie bei einem Projektabbruch, d.h. Projektstatusaufnahme und völlige Neubewertung. Dies muss der potentielle neue Projektleiter tun. Dass für die Projektleitung nur eine erfahrene Person in Frage kommt, versteht sich von selbst.

10.7 Zusammenfassung

In diesem Kap. wurden einige Gründe für die Schwierigkeiten in IT-Projekten und daraus mögliche Handelsoptionen dargelegt. Generelle Gründe liegen in den grundsätzlichen Unterschieden zwischen „normalen" Projekten und IT-Projekten. Diese Unterschiede bergen offensichtlich ein so hohes Risikopotenzial für die Durchführung von IT-Projekten, dass sich daraus immer wieder spezielle Schwierigkeiten ergeben. In diesem Kap. wurden einige in der Praxis häufig anzutreffende Konfliktsituationen herausgearbeitet. Zu diesen Situationen wurden aus Sicht des Projektleiters Hinweise gegeben, um diese Problemsituationen erfolgreich zu managen.

Die häufigsten Probleme sind Terminprobleme, des Weiteren Budgetprobleme und Personalprobleme.

Die Idealssituation, solche Probleme durch Präventivmaßnahmen zu verhindern, wäre wünschenswert, ist aber nicht immer machbar. In diesem Sinn ist der Projektleiter immer auch Problem- und Konfliktmanager.

Die Darstellung der Problemsituationen ist auf keinen Fall repräsentativ. Und nicht alle Probleme treten in jedem Projekt in komprimierter Form auf. Die in diesem Kap. angebotene Darstellung skizziert Problemsituationen, die iterativ die Projektarbeit kennzeichnen.

11 Subsysteme des Projektmanagements

In diesem Kap. werden entscheidende Bausteine des Projektmanagements dargestellt. Hierzu zählen die Dokumentation von IT-Projekten und der Einsatz eines Pflichtenheftes insbesondere bei Nutzung eines evaluativen Vorgehensmodells. Darüber hinaus werden Systemeinführung, Einführungsstrategien und Release-, Change- und Problemmanagement näher betrachtet.

11.1 Dokumentation von IT-Projekten

Jedes Projekt sollte grundsätzlich eine aktuelle, durchgängige und komplette Dokumentation aufweisen. Häufig wird eine Projektdokumentation von Projektteammitgliedern und teilweise sogar vom Projektleiter lediglich als eine aufwändige unnötige Tätigkeit angesehen. So ist es nicht. Eine Projektdokumentation stellt eine Informationsbasis für alle Projektbeteiligten während und nach der Beendigung eines Projektes dar. Sie ist die Voraussetzung für eine Erfahrungssicherung für nachfolgende Projekte. Entsprechend der DIN 69 901 ist sie eine Zusammenstellung ausgewählter, entscheidender Daten über die Konfiguration, die Organisation, den Mitteleinsatz, die Lösungswege, den Ablauf und die erreichten Ziele des Projektes.

Um einen einheitlichen Qualitätsstandard für die Projektdokumentation zu garantieren, sollten innerhalb eines Unternehmens einheitliche Anforderungen an die Qualität einer Dokumentation gestellt werden. Darüber hinaus ist der Zeitpunkt einer Projektdokumentation von entscheidender Wichtigkeit[91].

Es sollte Wert auf die Einhaltung folgender Qualitätskriterien gelegt werden:

- Vollständigkeit
- Einheitlichkeit, Strukturiertheit und Übersichtlichkeit

---

[91] vgl. Heinrich, Lutz, J.: Management von Informatik-Projekten, 1997, S. 282 f.

- Benutzbarkeit und Anschaulichkeit
- Änderbarkeit und Anpassungsfähigkeit
- Widerspruchsfreiheit
- Aktualität
- Wirtschaftlichkeit der Erstellung

In Bezug auf den Zeitpunkt der Erstellung einer Projektdokumentation wird zwischen einer Vorwärts-, einer Simultan- und einer nachträglichen Dokumentation unterschieden. Im Rahmen einer Vorwärtsdokumentation erfolgt die Beschreibung einzelner Projekttätigkeiten bereits vor ihrer eigentlichen Durchführung auf der Basis der Projektplanung, von Richtlinien und Begriffsdefinitionen. Bei der Simultandokumentation werden einzelne Projektarbeiten während ihrer Durchführung festgehalten. Dagegen erfolgt die Beschreibung von Projekttätigkeiten bei einer nachträglichen Dokumentation erst nach deren Umsetzung.

Bei einer Entscheidung zwischen den obigen drei Zeitpunkten einer Projektdokumentation sollte der Simultandokumentation klar der Vorzug gegeben werden. Gegenüber den anderen Zeitpunkten weist sie die Vorzüge auf, dass sie weniger Zeitaufwand benötigt, aktueller ist und im Vergleich zu den anderen Dokumentationen weniger Widersprüche produziert.

Der Einsatz einer Vorwärtsdokumentation ist im Rahmen einer Projektdokumentation auszuschließen, da in der Praxis die Projektdurchführung häufig von der Projektplanung abweicht. Eine Projektplanung stellt kein statisches Ergebnis dar, sondern muss vielmehr den aktuellen Umsetzungsstand und die veränderten Projektrahmenbedingungen berücksichtigen. Somit stehen Projektergebnisse im Voraus noch nicht fest.

Eine erst nachträgliche Projektdokumentation sollte möglichst vermieden werden. Kennzeichnend für diesen Zeitpunkt ist, dass bereits vollendete Tätigkeiten und Ergebnisse erneut betrachtet werden müssen. Neben erhöhten Aufwendungen für die Dokumentationserstellung sind Abweichungen in der Beschreibung die Folge, da die Durchführung einzelner Arbeiten zum Teil nur noch eingeschränkt rekapituliert werden kann.

Eine Projektdokumentation kann in eine Dokumentation der Projektergebnisse und eine Dokumentation der Projektabwicklung separiert werden. In ihrer Gesamtheit fließen alle Beschreibungen in die Projektdokumentation ein.

11.1.1
Dokumentation der Projektergebnisse und des Projektverlaufes

Die Art des vorliegenden Projektes bestimmt maßgeblich die Zusammensetzung der Ergebnisdokumentation eines IT-Projektes. Liegt die Erstellung eines IT-Systems im Fokus des Projektes, so sind die Ergebnisse des Entwicklungsprojektes in Form einer IT-Systemdokumentation, eines Operatorhandbuches und einer Benutzerdokumentation festzuhalten[92].

Sowohl eine IT-Systemdokumentation als auch ein Operatorhandbuch wenden sich an das IT-technische Personal eines Unternehmens. In der IT-Systemdokumentation wird die Beschaffenheit und die Ausprägung des erstellten IT-Systems beschrieben. Im Einzelnen gibt sie Aufschluss über

- Aufgaben, die von dem IT-System unterstützt werden,
- Programmabläufe,
- Untergliederung und Aufbau der einzelnen Komponenten des IT-Systems,
- Programme, Programmmodule und Tabellen des IT-Systems,
- benötigte Hardware und Fremd-Software,
- Installation des IT-Systems,
- zur Verfügung stehende Schnittstellen zu anderen IT-Systemen,
- Möglichkeiten zur Änderung beziehungsweise Erweiterung des IT-Systems und
- Testmöglichkeiten nach der Durchführung von Änderungen und Erweiterungen.

Ergänzend zu der IT-Systemdokumentation enthält das Operatorhandbuch Informationen, die die Administration eines IT-Systems ermöglichen. Aufgeführt werden die Bedeutung und die Anwendung der einzelnen Steueranweisungen des IT-Systems. Mögliche Konsolenmeldungen einschließlich möglicher Ursachen und einzuleitender Maßnahmen werden beschrieben. Die erforderlichen Administrationstätigkeiten und deren Periodizität werden aufgeführt. Für Datensicherungsmaßnahmen und die Wiederherstellung von Datenbeständen werden Empfehlungen und Leitfäden gegeben. Mögliche Report- und Analyse-Werkzeuge des IT-Systems werden besprochen.

Die Benutzer des IT-Systems stehen im Fokus einer Benutzerdokumentation. Mit deren Einsatz soll das IT-System von späteren Benutzern zielgerichtet

---

[92] vgl. Heinrich, Lutz, J.: Management von Informatik-Projekten, 1997, S. 280 f.

verwandt werden können. Folgende Inhalte sollten in einem Benutzerhandbuch enthalten sein:

- Eine komplette und anschauliche Beschreibung der einzelnen Funktionalitäten und ihrer Zusammenhänge untereinander.
- Aussagekräftige Beispiele für alle Funktionalitäten des IT-Systems sollen deren Anwendung erleichtern.
- Die erforderlichen Voraussetzungen für die Nutzung des IT-Systems sollen aufgeführt werden. Hierzu zählen unter anderem organisatorische Voraussetzungen, Aufbewahrungsfristen, Terminpläne etc.
- Lösungsmöglichkeiten zur Behebung von Störungen bzw. ein unerwartetes Verhalten des IT-Systems direkt durch den Benutzer sollen gegeben werden.
- Darüber hinaus sollen alle Fehlermeldungen einschließlich ihrer Bedeutung und mögliche Maßnahmen zur Fehlerbeseitigung beschrieben werden.

Das Operatorhandbuch und die Benutzerdokumentation bilden in Summe die Dokumentation des Systembetriebes.

Neben der Aufführung der Projektergebnisse ist der Verlauf eines IT-Projektes festzuhalten. Im Einzelnen sind bzgl. der Projektabwicklung

- die Projektziele vor und während der Projektdurchführung,
- die gesamte Projektplanung einschließlich der Phasenplanung,
- die Unterlagen einzelner Projektphasen,
- die Projektphasen- und die Meilensteinberichte,
- die Entscheidungen einschließlich ihrer Begründung,
- die vergebenen Aufträge und deren Umsetzung,
- die Besprechungsprotokolle und
- die Testspezifikationen und deren Testergebnisse

zusammenzustellen.

11.1.2
Projektmanagementhandbuch

Der Begriff des Projektmanagementhandbuches ist doppelt besetzt. Er wird hauptsächlich verwandt für ein allgemeines Projektmanagementhandbuch, das für alle Projekte eines Unternehmens Gültigkeit besitzt. Darüber hinaus wird er für ein individuelles Handbuch, in dem die Durchführung eines Einzelprojektes beschrieben wird, benutzt. Hier wird der Begriff für die erste Alternative herangezogen.

Mit Hilfe eines allgemeinen Projektmanagementhandbuches werden allen Projekten eines Unternehmens Vorgaben für ihre Abwicklung gemacht. Dies bezieht sich unter anderem auf:

- Projektgrundsätze einschließlich Begriffsdefinitionen
- Bestandteile eines Projektauftrages
- präferierte Projektorganisationsform
- Stellung des Projektleiters und der Projektmitarbeiter
- Auswahl möglicher Vorgehensmodelle
- Aufgaben innerhalb der einzelnen Projektphasen in Bezug auf Vorgehensmodelle
- Stufen der Projektplanung
- Führungsstile innerhalb von Projekten
- Projektverfolgungsmaßnahmen
- Struktur und Umfang der zu erstellenden projektindividuellen Dokumentationen

Entsprechend den Vorgaben des unternehmensweiten Projektmanagementhandbuches erfolgt die Dokumentation eines einzelnen Projektes. Schon zu Anfang eines Projektes sollte ein Projektleiter auf Grundlage des Projektmanagementhandbuches seinen Projektmitarbeitern Vorgaben für die Erstellung der Dokumentation machen. Nach Möglichkeit sollten der Verlauf und die Ergebnisse parallel zu ihrer Durchführung dokumentiert werden, eine Simultandokumentation sollte herangezogen werden.

11.2 Pflichtenheft

Bei der Durchführung eines Projektes insbesondere anhand eines evaluativen Vorgehensmodells (vgl. Kap. 4.3.3) ist ein Pflichtenheft von entscheidender Wichtigkeit. Mit Hilfe eines Pflichtenheftes werden Anforderungen, die an ein neues IT-System gestellt werden, schriftlich fixiert. Es nimmt die Rolle eines Bezugsmodells zwischen den späteren Nutzern und den Lieferanten des zu projektierenden IT-Systems ein. Die Erarbeitung eines Pflichtenheftes erfolgt bei der Nutzung eines evaluativen Vorgehensmodells zu Beginn der Hauptstudie.

Soll die Implementierung eines Teils oder sogar des gesamten IT-Systems durch einen externen Dienstleister erfolgen, so stellt es die Basis für die Erstellung eines Umsetzungsangebotes dar. Ein Pflichtenheft ist ein fester Bestandteil der Ausschreibungsunterlagen bzgl. der extern zu vergebenen Komponenten des IT-Systems. Zur Annahme eines Umsetzungsangebots eines Dienstleisters werden die Angebote der verschiedenen Auftragnehmer objektiv bewertet und miteinander verglichen. Eine unbeeinflusste Entscheidung kann getroffen werden, indem parallel zu der Erstellung eines Pflichtenheftes ein zugehöriger Kriterienkatalog und Bewertungsrahmen erstellt wird.

Die für die Erstellung eines Pflichtenheftes erforderlichen Aufwendungen stellen eine gute Investition dar. Durch die schriftliche Fixierung von Leistungen und Terminen werden bereits im Vorfeld einer Vertragsbeziehung mögliche Konflikte, die auf unterschiedliche Erwartungen zurückzuführen sind, zwischen den Anwendern und dem Lieferanten vermieden. Sowohl den Anwendern als auch dem Lieferanten soll bei Einsatz eines Pflichtenheftes möglichst wenig Ermessensspielraum gelassen werden.

Die Ausweisung eines realistischen Festpreises im Rahmen eines Angebotes ist für einen Auftragnehmer nur dann möglich, wenn die erwarteten Leistungen und Termine von vornherein bekannt sind und als fest angesehen werden können. Für die nicht fixierten Felder muss ein Auftragnehmer einen Sicherheitszuschlag vorsehen, der möglichst alle Eventualitäten abdeckt. In der Praxis tritt häufig die Situation ein, dass der Anwender weitergehende Anforderungen hat und somit die Umsetzung der Aufgabe komplexer als zunächst angenommen ist. Erhöhte Aufwendungen seitens des Lieferanten wären die Folge.

Ohne ein zugrunde liegendes aussagekräftiges Pflichtenheft kann folglich ein renommierter Lieferant kein sachliches Festpreisangebot abgeben. Er kann die Aufwände nur ohne eine betragliche Begrenzung nach oben grob abschätzen. Ein Auftraggeber sollte einem Vertrag ohne eine preisliche Fixierung nicht zustimmen, da dies aus finanzieller Sicht einem Abenteuer entspricht. Einem externen Dienstleister würde ein Freischein zum Geldverdienen erteilt. Sehr häufig werden die budgetierten Beträge zur Fertigstellung des Systems bei weitem überschritten. Bei Konflikten kann sich ein Lieferant auf den Standpunkt stellen, dass ein höherer Aufwand lediglich auf neu spezifizierte Anforderungen zurückzuführen ist.

Somit sollte auf die Erstellung eines Pflichtenheftes speziell im Rahmen eines evaluativen Vorgehensmodells keinesfalls verzichtet werden. Im Folgenden werden die Inhalte, ein Kriterienkatalog und ein Bewertungsrahmen eines Pflichtenheftes näher betrachtet.

11.2.1
Inhalt eines Pflichtenheftes

Aufgabe eines Pflichtenheftes ist es, die Leistungen und Termine eines umzusetzenden IT-Systems schriftlich zu fixieren. Im Einzelnen soll ein Pflichtenheft die folgenden Informationen umfassen[93]:

- Beschreibung des Unternehmens
- Festlegung der Ziele des Projektes
- Darstellung der Entwürfe des IT-Systems
- Aufstellung der zu unterstützenden Aufgaben des neuen IT-Systems
- Abgrenzung der technischen Rahmenbedingungen

Die Beschreibung des Anwenderunternehmens ist für einen potenziellen Lieferanten wichtig, um im Voraus das Umfeld und die Tragweite des Vorhabens abzuschätzen. Eine Korrelation zwischen der Größe des auftraggebenden Unternehmens und des Lieferanten ist nicht von der Hand zu weisen. Über das Anwenderunternehmen sollten nachstehende Angaben gemacht werden:

- Art, Größe, Branche und Struktur des Unternehmens
- interne Organisation des Unternehmens
- Korrelationen zu Kunden und Lieferanten
- bisherige Unterstützung der Geschäftsprozesse mittels IT-Technologie
- IT-technische Ausstattung des Unternehmens
- Umsysteme des umzusetzenden IT-Systems

Allgemein können die Ziele eines Projektes in Sach- und Formalziele untergliedert werden. Mittels Sachzielen wird festgelegt, welche Leistungen das zukünftige IT-System ab welchem Termin bieten soll. Die Formalziele beziehen sich auf die erwartete Produkt- und Prozessqualität des IT-Systems. Für die angegebenen Sachziele wird festgelegt, welche betrieblichen Prozesse unterstützt und welche Qualitätsanforderungen dabei eingehalten werden sollen.

Sind in einem Vorprojekt bereits verbindliche Systementwürfe entwickelt worden, so sind diese im Pflichtenheft mit aufzuführen. Darüber hinaus sind Integrationsanforderungen und Schnittstellen zu den Umsystemen darzustellen. Einem möglichen Auftraggeber sind alle Anforderungen schriftlich darzulegen.

---

[93] vgl. Heinrich, Lutz, J.: Management von Informatik-Projekten, 1997, S. 441 f.

Erfahrungen aus der Praxis zeigen, dass die Umsetzung von Integrationsanforderungen und die Unterstützung von Schnittstellen einen Großteil der Aufwände für die Umsetzung eines IT-Systems ausmachen. Ihr Gewicht darf somit nicht unterschätzt werden.

Ein angestrebtes IT-System soll keine Insellösung darstellen, vielmehr soll es sich in die bestehende Infrastruktur des Unternehmens nahtlos integrieren. Ein neues IT-System soll die IT-Strategie und die IT-Planung des Unternehmens für die nächsten Jahre berücksichtigen. Um dies sicherzustellen, müssen Anforderungen an die einzusetzende Hard- und Software angegeben werden. Weiterhin sind eventuelle Einschränkungen bei der Netzwerkkapazität, den Rechnersystemen, dem Betriebssystem oder auch den eingesetzten Datenbanksystemen aufzuführen.

Trotz aller Vorgaben soll ein Pflichtenheft keinen Aufschluss über die explizite Realisierung der gesetzten Ziele geben. Die Entscheidung diesbezüglich wird einem potentiellen Auftraggeber zugestanden.

Sowohl die Sach- als auch die Formalziele können in so genannte Muss- und Kann-Anforderungen unterschieden werden. In einem Angebot müssen die verlangten Muss-Anforderungen zwingend erfüllt sein. Hingegen beschreiben die Kann-Anforderungen Eigenschaften, die zur Erreichung der geforderten Funktionen und Leistungen nicht unbedingt erforderlich, jedoch wünschenswert sind. Im Pflichtenheft sollten sowohl die Muss- als auch die Kann-Anforderungen klar erkennbar sein.

11.2.2
Kriterienkatalog und Bewertungsrahmen eines Pflichtenheftes

Frei von subjektiven Eindrücken soll die Wahl des günstigsten Angebotes zur Umsetzung des im Pflichtenheft beschriebenen IT-Systems erfolgen. Hierzu werden systematisch die einzelnen Angebote in Bezug auf ihre Leistung und ihren Preis analysiert und bewertet. Objektive Bewertungskriterien bzgl. der definierten Projektziele werden in einem Kriterienkatalog zusammengestellt[94].

Ein Kriterienkatalog soll möglichst die gesamte Anforderungsbandbreite des neuen IT-Systems abdecken. Darüber hinaus findet auch die Qualität des Dienstleisters Eingang in den Katalog. Beispielsweise können die nachstehenden Bewertungskriterien in einem Kriterienkatalog aufgeführt sein:

---

[94] vgl. Heinrich, Lutz, J.: Management von Informatik-Projekten, 1997, S. 443–445

- Erfüllung der einzelnen Projektziele
- Nutzenrealisierung
- Ergonomie des IT-Systems
- Technologiekonzept
- Sicherungskonzept
- Anschaffungskosten beziehungsweise Mietkosten/Leasingkosten des IT-Systems
- laufende Betriebskosten des IT-Systems
- Qualitätssicherungsmaßnahmen während der Projektdurchführung
- Unterstützung des Dienstleisters während der Betriebsphase
- Erfahrung und Qualifikation des Dienstleisters

Ein Kriterienkatalog sollte parallel zu der Entwicklung eines Pflichtenheftes aufgestellt werden. Um subjektive Einflüsse von vornherein auszuschließen, sollte vermieden werden, dass der Kriterienkatalog erst im Zuge der Analyse und Bewertung eines einzelnen Angebotes abgefasst wird. Ansonsten besteht die Gefahr, dass unbewusst oder teilweise sogar gezielt die Bewertungskriterien so gesetzt werden, dass ein subjektiv günstiges Angebot beziehungsweise ein gewünschter Dienstleister bevorzugt werden. Aus diesem Grunde sollte ein Kriterienkatalog vor der eigentlichen Ausschreibung als Maßstab für die Analyse und Bewertung von Angeboten gesetzt werden.

Ein Kriterienkatalog ist ein rein internes Dokument. Im Gegensatz zum Pflichtenheft sollte es bewusst nicht an mögliche Dienstleister gegeben werden, um Manipulationen von vornherein auszuschließen. Ist einem Anbieter der Inhalt des Kriterienkatalogs bekannt, so ist zu erwarten, dass der Anbieter sein Angebot direkt so abfasst, dass die Bewertungskriterien möglichst gut abgedeckt sind.

Für alle Bewertungskriterien müssen die erwarteten Zielinhalte bestimmt werden. Hierzu wird für jedes Kriterium ein zugehöriger qualitativer beziehungsweise quantitativer Maßstab festgelegt. Im Rahmen der Bewertung eines Angebotes muss berücksichtigt werden, dass die einzelnen Kriterien einen unterschiedlichen Einfluss auf die Gesamtentscheidung haben. Dies kann jeweils mittels einer Faktorisierung ausgedrückt werden.

Muss- und Kann-Anforderungen finden mittels Muss- und Kann-Kriterien Berücksichtigung im Kriterienkatalog. Sie sind bei der Bewertung eines Angebotes abweichend zu beurteilen. Zur effektiveren Handhabbarkeit sollten die einzelnen Bewertungskriterien entsprechend ihrer Relevanz und nach Muss- und Kann-Kriterien getrennt im Kriterienkatalog aufgeführt werden.

Die eigentliche Herausarbeitung des effektivsten Angebotes erfolgt am günstigsten in zwei Schritten. In einem ersten Schritt wird begutachtet, ob die entscheidenden Muss-Kriterien in einem Angebot erfüllt sind. Hierdurch können schnell nicht zutreffende Angebote herausgefiltert werden. Daraufhin werden in einem zweiten Schritt die Kann-Kriterien herangezogen, um eine Entscheidung zwischen den Angeboten herbeizuführen, die die Muss-Kriterien gleichermaßen abdecken.

11.3 Systemeinführung

Der Schritt der Einführung eines neuen Systems ist auch für erfahrene Anwendungsentwickler immer wieder eine spannende und auch aufregende Angelegenheit. Bei großen Projekten mit einer Entwicklungszeit von mehreren Jahren und Millionen Euro Entwicklungskosten ist der Produktionsstart des Systems durchaus vergleichbar mit dem Jungfernflug eines neuen Flugzeuges. Mit der erfolgreichen Einführung wird der Schlusspunkt unter eine u.U. aufreibende und oft auch schwierige Entwicklungsphase gesetzt. Ein laufendes neues System dokumentiert, dass im Prinzip alles richtig gemacht wurde. Die Außenwirkung einer erfolgreichen Einführung auf die Benutzer ist enorm und strahlt während der gesamten Laufzeit der Anwendung positiv auf diese ab. Alle mit hoher Wahrscheinlichkeit später noch auftretenden Probleme und Fehler werden in einem milderen Licht gesehen.

Nichts ist schlimmer für eine Projektcrew, als einen Produktionsstart wegen auftretender Probleme wieder rückgängig zu machen, um es später noch einmal zu versuchen. Diesen Makel wird das System nie wieder los.

Anzumerken und zu beachten ist ferner, dass der Schritt der Systemeinführung über eine rein technische Integration in die bestehende Systemlandschaft hinausgeht[95]. Meist strahlt sie auf die soziale Komponente des Gesamtsystems, hier des Unternehmens, aus. Denn es ist klar, dass sich Implementierungsprozesse nicht in leblosen und menschenleeren Strukturen vollziehen. Von den Implementierungsaktivitäten sind immer Menschen direkt oder indirekt betroffen. Implementierungsinduzierte Veränderungen werden häufig von den betroffenen Personen nicht problemlos adaptiert. Negative Reaktionen und Widerstände sind vorprogrammiert.

---

[95] vgl. Krcmar, Helmut: Informationsmanagement, 2003, S. 165

11.4 Einführungsstrategien

Es gibt mehrere Möglichkeiten ein neues System in die Produktionslandschaft einzuführen. Die Art der Einführung kann auf folgende Weise erfolgen:

- „Soforteinführung", „schlagartige Einführung" (Big Bang): Hier handelt es sich um eine stichtagsbezogene Einführung des Gesamtsystems. Das neue System wird stichtagsbezogen in die Produktionslandschaft überführt. Ein großer Vorteil dieser Art der Einführung ist die kurze Einführungsdauer. Allerdings ist bei dieser Einführungsstrategie das Misserfolgsrisiko besonders hoch. Meist ist der Einsatz eines neuen IT-Systems auch mit einem hohen Risiko für das Unternehmen verbunden. So hat z.B. ein gescheiterter Soforteinsatz eines neuen Systems zur Abbildung des Zahlungsverkehrs für ein Kreditinstitut gravierende Auswirkungen auf den Geschäftsbetrieb. Die Strategie des Soforteinsatzes erfordert einen erhöhten Planungsaufwand und umfangreiche Einführungserfahrung. Wer sich für die Soforteinführung entscheidet, sollte sicher sein, dass die Einführung funktioniert, d.h. die eventuell auftretenden Schwierigkeiten müssen beherrschbar sein.

- Stufenweise Einführung bzw. Pilotierung: Bei der stufenweisen Einführung werden einzelne Teile des Gesamtsystems nacheinander eingeführt. Voraussetzung ist natürlich, dass eine Aufteilung des Gesamtsystems möglich ist. Pilotierung bedeutet, dass das Gesamtsystem sofort eingeführt wird, aber nur bei einigen Benutzern. Bei einem Filialkreditinstitut könnte man z.B. ein neues System nur bei einer oder mehreren ausgewählten Filialen starten, bei einem Verbund nur bei einigen Geschäftspartnern. Unabdingbare Voraussetzung ist hier, dass sich der Gesamtbenutzerkreis sinnvoll aufteilen lässt und die Kooperation der „Pilotnutzer" gewährleistet ist.

- Paralleleinführung: Diese Art ist nur dann möglich, wenn schon ein produktives Altsystem existiert, das ersetzt werden soll. Das Altverfahren wird eine begrenzte Zeit weitergefahren. Das Verfahren bedingt einen hohen Koordinations- und Arbeitsaufwand.

Die Entscheidung über die zweckmäßigste Form der Einführung lässt sich nur projektindividuell treffen. Aus der praktischen Erfahrung der Verfasser dieses Buches sind jedoch einige Regeln wichtig.

Grundsätzlich sollte immer angestrebt werden, das Gesamtrisiko der Einführung zu minimieren, d.h. wenn eine Einführungsalternative besteht, ist die Strategie der Soforteinführung abzulehnen.

```
                    ┌─────────────────────────┐
                    │  Einführungsstrategien  │
                    └─────────────────────────┘
           ┌───────────────┬──────────────────┐
           ▼               ▼                  ▼
  ┌─────────────┐  ┌─────────────┐  ┌─────────────┐
  │Soforteinfüh-│  │ stufenweise │  │Parellellein-│
  │rung         │  │ Einführung/ │  │führung      │
  │ „Big Bang"  │  │ Pilotierung │  │             │
  └─────────────┘  └─────────────┘  └─────────────┘
```

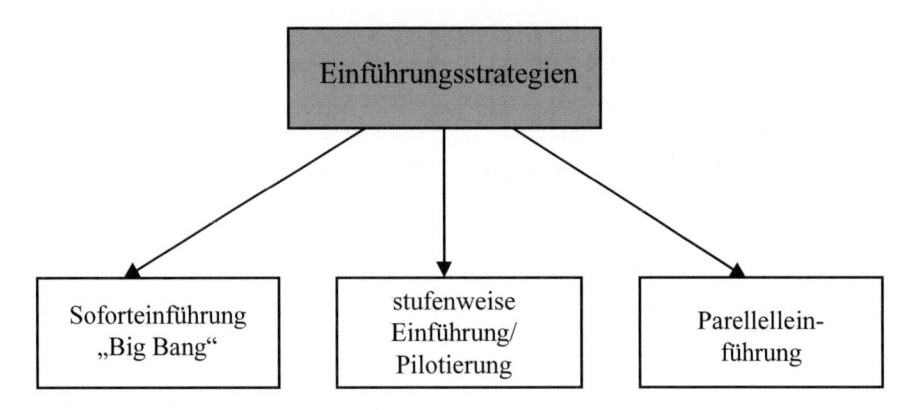

Abb. 11-1: Drei generische Einführungsstrategien

Bewährt hat sich in der Praxis die „Piloteinführung". Komplexe Systeme sollten immer pilotiert werden. Neben vielen anderen Voraussetzungen sind an den „Piloten" einige Anforderungen zu stellen und vertragsmäßig zu fixieren. Grundsätzliche Bereitschaft des „Piloten" die Aufgabe zu übernehmen muss natürlich vorhanden sein. Dem „Piloten" kommt nämlich u.a. eine Kontrollfunktion zu, d.h. er muss die Ergebnisse des Systems kontrollieren und eventuelle Mängel dokumentieren und dem Auftraggeber mitteilen. Der Auftraggeber muss die Mängel beseitigen und dies dem Piloten mitteilen. So wird ein Regelkreislauf (Feedback) aufgebaut. Ziel muss es sein, nach Ablauf der Pilotierungsphase ein fast fehlerfreies und stabil laufendes System zur Verfügung zu haben. Diese Darstellung zeigt, dass die Pilotierung eine kooperative Zusammenarbeit zwischen Benutzer oder Kunden und dem Projektmanagement voraussetzt.

11.5
Releasemanagement

Die Einführungsphase im Rahmen der Systementwicklung beinhaltet u.a. die technische Integration neuer Versionen eines IT-Systems in die IT-Infrastruktur[96]. Die neue Version kann in der Erstinstallation eines neuen Systems und in der Ersatzinstallation eines schon existierenden Systems bestehen. Insofern sind die Einführung von Systemen, das Changemanagement und das Releasemanagement im Zusammenhang zu sehen. Das Releasemanagement beschäftigt sich mit der Durchführung von technischen Änderungen der IT-Infrastruktur.

---

[96] vgl. Kess DV-Beratung GmbH: IT Service Management – Eine Einführung, 2002, S. 107–118

11.5 Releasemanagement

Alle Änderungen werden durch Request for Change (RfC) beschrieben und in einem Arbeitspaket zusammengefasst. Der Request for Change bildet die Verbindung zum Changemanagement, das für die kontrollierte Änderung der Infrastruktur zuständig ist. Ein Release beschreibt eine Anzahl von neuen bzw. geänderten Konfigurationselementen. Releasemanagement bezieht sich auch auf Hardware-Änderungen, im Vordergrund stehen aber Software-Änderungen. Hier bezieht sich Releasemanagement ausschließlich auf Software.

Aufgabe des Releasemanagements ist die Implementierung neuer Softwareversionen durch den Einsatz formalisierter Verfahren. Dabei darf die aktuelle Produktionsumgebung durch Implementierungsprozesse nicht destabilisiert werden.

Das Releasemanagement nutzt Projektmanagement-Methoden, z.B. Vorgehensmodelle.

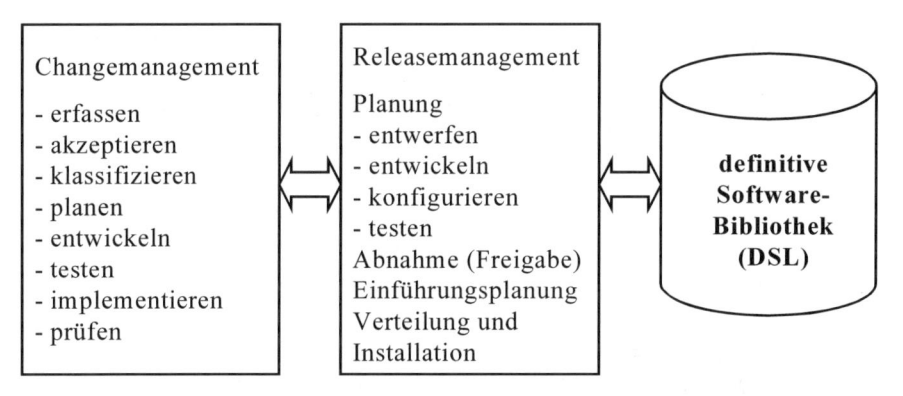

Changemanagement	Releasemanagement	definitive Software-Bibliothek (DSL)
- erfassen - akzeptieren - klassifizieren - planen - entwickeln - testen - implementieren - prüfen	Planung - entwerfen - entwickeln - konfigurieren - testen Abnahme (Freigabe) Einführungsplanung Verteilung und Installation	

Abb. 11-2: Integration des Releasemanagements[97]

Die Aktivitätenabfolge des Releasemanagements ist beispielhaft folgende:

- Planung des Releases anhand definierter Release-Grundsätze
- Entwurf, Aufbau und Zusammenstellung des Releases
- Test und Abnahme des Releases
- Einführungsplanung (Roll-Out)
- Verteilung und Installation

Da das Releasemanagement am Schluss der Einführungsphase der Systementwicklung steht, ist es stark von den Vorleistungen der Voraktivitäten abhängig.

---

[97] vgl. Kess DV-Beratung GmbH: IT Service Management – Eine Einführung, 2002, S. 112

11.5.1
Planung des Releases

Grundsätzlich muss festgelegt werden, nach welchen Prinzipien Releases gebildet werden. Ein Release kann aus einer oder mehreren Softwarekomponenten bestehen. Releases wie auch Einzelkomponenten werden im Rahmen eines festgelegten Freigabeverfahrens für die Produktion freigegeben. Oft gibt es logische oder physische Abhängigkeiten für den Einsatz neuer Softwarekomponenten. Ein gezielter Einsatz verschiedener Softwarepakete lässt sich durch die Releasetechnik besser koordinieren und steuern als die separate Freigabe mehrerer Einzelkomponenten. Besonders bewährt hat sich die Releasetechnik beim Verteilen von Software in verteilten Systemen, z.B. Client-Server-Systemen. Für die Releaseplanung ist der Einsatz von Tools zu empfehlen.

11.5.2
Entwurf, Aufbau und Zusammenstellung

Für diese Aktivitäten wird i.d.R. Standardsoftware eingesetzt. Welche Komponenten in einem Release zusammengefasst werden, entscheidet der verantwortliche Projektmanager. In das Release werden grundsätzlich nur ausführbare Softwarekomponenten (Programme, Makros usw.) eingestellt, die in einer separaten Bibliothek vorgehalten werden.

Der standardisierte Prozess der Releasebildung besteht also im Wesentlichen darin, die Module aus der Testumgebung in die Releasebibliotheken zu übertragen. Im Freigabeprozess wird dann die gesamte Releasebibliothek in die Produktionsbibliotheken übertragen.

11.5.3
Roll-Back-Verfahren

In einem Roll-Back-Plan wird festgelegt, welche Maßnahmen vor Freigabe des Releases zu ergreifen sind und welche Maßnahmen ergriffen werden sollen, wenn Fehler z.B. in der Produktion auftreten, die aus dem Einsatz des neuen Releases resultieren.

Im Roll-Back-Plan wird u.a. festgelegt, welche Komponenten vor Releasefreigabe zu sichern sind, ob im Fehlerfall das Gesamtrelease auf den gesicherten Zustand zurückzusetzen ist oder nur Teile usw. Der Roll-Back-Plan ist zeitlich zu terminieren, d.h. es ist festzulegen, bis zu welchem Zeitpunkt die Releaseintegration vollständig abgeschlossen sein muss.

11.5.4
Testen und Abnahme

Voraussetzungen für erfolgreiche Änderungen sind umfangreiche Tests. Dazu gehören Einzeltests der Softwarekomponenten wie auch Systemtests. In so genannten Integrationstests wird festgestellt, wie sich das neue System unter Produktionsbedingungen verhält. Zu klären ist, welche Auswirkungen es auf die Gesamtperformance hat.

Eine formale Abnahme des Releases ist Aufgabe des Changemanagements. Für die Durchführung der Tests sind die Entwickler verantwortlich. Nach positiver Abnahme beginnt das Releasemanagement mit der terminierten Einführung (Roll-Out).

Der Aufbau einer Testumgebung für ein Release ist oft sehr aufwändig und kann durchaus mehrere Personenmonate in Anspruch nehmen. Große Unternehmen mit großen Entwicklungsabteilungen stellen dazu oft eine separate Infrastruktur (Hard- und Software) bereit.

11.5.5
Einführungsplanung

Für den Einsatz eines Releases wird ein exakter Zeit-, Ressourcen- und Aktivitätenplan erstellt mit folgenden Angaben:

- einer Zeitplanung
- einer Aktivitätenplanung
- einer Ressourcenplanung, z.B. Hauptspeicher
- einem Installationsplan: einer Aufstellung aller zu installierenden Softwarekomponenten

11.5.6
Verteilen und Installation

Das Verteilen der Softwarekomponenten auf die einzelnen Rechnerstandorte und als letzter Schritt die technische Installation wird über standardisierte Verfahren durchgeführt. Der Einsatz von Werkzeugen erleichtert auch die Erfolgskontrolle.

11.6
Changemanagement

Eine IT-Infrastruktur ist ein dynamisches System, das einem permanenten Änderungsprozess unterliegt. Das Changemanagement hat die Aufgabe den Änderungsprozess der IT-Infrastruktur so zu gestalten, dass er höchsten Anforderungen an die Stabilität und Sicherheit der Infrastruktur standhält[98]. Dabei soll ein ausgewogenes Verhältnis zwischen Flexibilität und Stabilität gewahrt bleiben. Aus den durchgeführten Änderungen dürfen keine strukturellen Probleme der IT-Infrastruktur resultieren. Dies bezieht sich lediglich auf den Änderungsprozess, nicht jedoch auf den Inhalt. Das heißt ein funktionierendes Changemanagement bietet keine Gewähr, dass nicht doch fehlerhafte Systeme oder Systemkomponenten installiert werden. Fehlerhafte Systeme oder Systemkomponenten führen u.U. zu akuten Fehlern in der IT-Infrastruktur. Strukturelle Fehler sind z.B. Systeme, die nicht miteinander harmonisieren, fehlende aber benötigte Systemkomponenten usw.

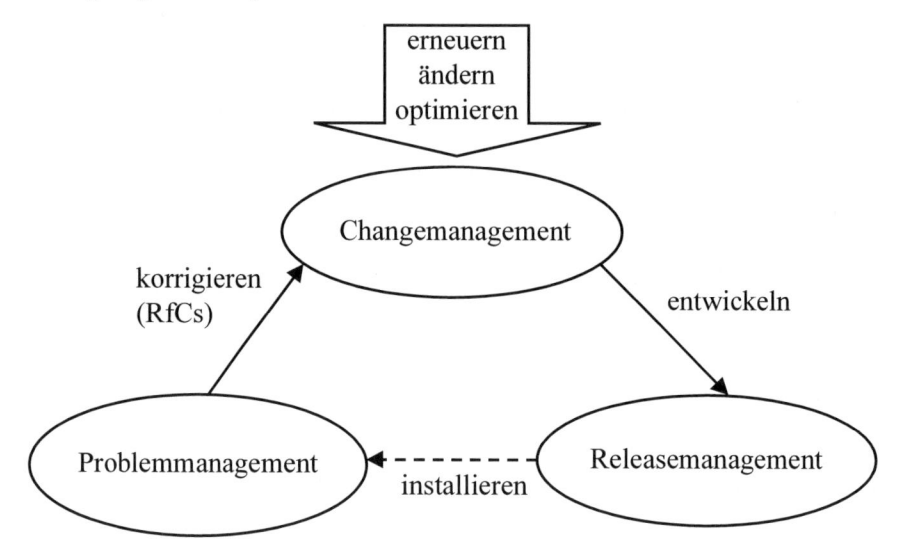

Abb. 11-3: Regelkreis Problem-, Change- und Releasemanagement[99]

Die Änderungswünsche an die IT-Infrastruktur fließen durch das Problemmanagement oder andere Servicefunktionen über Request for Change in das Changemanagement ein. Dies sind im Wesentlichen:

---

[98] vgl. Kess DV-Beratung GmbH: IT Service Management – Eine Einführung, 2002, S. 91–104

[99] vgl. Kess DV-Beratung GmbH: IT Service Management – Eine Einführung, 2002, S. 91

11.6 Changemanagement

- Neuerungen und Verbesserungen: Neue Anwendungssysteme, neue Services und technische Adaptionen können zu strukturellen Problemen der Infrastruktur führen.
- Änderungen: Unabhängig vom Umfang der Änderungen dürfen sie nicht zu strukturellen Problemen führen.
- Korrekturen: Sie beheben strukturelle und andere Fehler.

Um den Anforderungen an Sicherheit, Stabilität und Schnelligkeit des Änderungsprozesses gerecht zu werden, bedient sich das Changemanagement standardisierter Prozesse, Verfahren und Methoden. Die Vorteile des Einsatzes eines Changemanagement-Prozesses sind z.B.:

- Risikominimierung des Änderungsdienstes
- Möglichkeit, eine Vielzahl von Änderungen koordiniert durchzuführen, ohne negative Auswirkungen auf die Stabilität der IT-Infrastruktur
- Produktivitätssteigerung des Personals durch Minimierung ungeplanter Änderungen
- Möglichkeiten, Änderungen problemlos rückgängig zu machen

Die Funktionen des Changemanagement-Prozesses sind beispielhaft folgende:

- Einreichen und Erfassen
- Akzeptieren (Prüfen)
- Klassifizieren
- Planen
- Ändern
- Koordinieren
- Erfolgskontrolle

11.6.1 Einreichen und Erfassen

Zuerst müssen alle durch Request for Change (RfC) beschriebenen Änderungen erfasst werden. Die Praxis zeigt, dass dieser Vorgang normiert und formalisiert durchgeführt werden sollte. Die Erfassung sollte z.B. anhand eines Musterchanges erfolgen, damit alle relevanten Daten auch vollständig aufgenommen werden.

Erfolgt der Change wegen einer Fehlerkorrektur, sollte eine Referenz zum aufgetretenen Fehler hergestellt werden.

11.6.2
Akzeptieren (Prüfen)

Im Wesentlichen geht es darum, die Durchführbarkeit der Changes zu überprüfen. Die Durchführbarkeit orientiert sich u.a. an technischen Gegebenheiten, aber auch an der Terminierung. Changes sollten, wenn möglich, auf Zeiten terminiert werden, in denen die Auslastung der Infrastruktur gering ist. Dabei ist zu beachten, dass u.U. Abhängigkeiten bestehen, die durch die Umterminierung eines Changes nicht verändert werden dürfen.

Der Auftraggeber muss über die Annahme, Ablehnung und Durchführung des Changes informiert werden.

11.6.3
Klassifizieren

Jeder Change wird mit einer Priorität versehen. Die Einstufung nach Prioritäten ist unternehmensindividuell. In der Praxis werden häufig folgende Prioritätsstufen verwendet:

- Höchste Priorität: Äußerst dringlich, der Change muss sofort ausgeführt werden. Eine Voraussetzung für die Vergabe dieser höchsten Prioritätsstufe ist z.B. eine akute Störung der IT-Infrastruktur. Diese Störungen bewirken im Extremfall einen Ausfall der Produktion. Zu nennen sind hier die Changes, die aus „Notlösungen" stammen. Diese Prioritätsstufe sollte also nur für Changes verwendet werden, die dazu dienen die Funktionsfähigkeit der Infrastruktur wiederherzustellen. In diesem Fall sind die benötigten Ressourcen sofort und unbedingt zur Verfügung zu stellen. Alle weiteren Planungen sind hinten anzustellen.

- Hohe Priorität: Hier handelt es sich z.B. um einen Change, der aufgrund einer schwerwiegenden Störung der Infrastruktur erstellt wurde, die allerdings noch nicht zum Produktionsausfall führt. Dieser Change ist zwar nicht umgehend, aber innerhalb eines engen Zeitlimits durchzuführen. Eine Verschiebung ist ohne Konsequenzen nicht möglich.

- Normale Priorität: Der Change hat keine besondere Dringlichkeit, muss aber in dem vorgegebenen Terminrahmen durchgeführt werden. Diese Changes resultieren nicht aus Störungen, sondern z.B. aus dem Einsatz eines neuen oder geänderten Releases. Insofern resultieren die meisten dieser Changes aus der normalen Releaseeinsatzplanung.

Die Klassifizierung dient dazu den Aufwand der Durchführung und die Auswirkungen auf die IT-Infrastruktur zu bezeichnen. Es ist klar, dass der Einsatz eines völlig neuen Anwendungssystems einen erheblichen Einsatz an Ressourcen erfordert und u.U. völlig neue Abläufe in der IT-Infrastruktur entstehen lässt. Die Klassifizierung umreißt die Bandbreite von geringen bis weit reichenden Auswirkungen.

11.6.4
Planen

Alle Änderungen müssen vom Changemanagement geplant werden. Das Spektrum der Planung umfasst die Ressourcenplanung, die Planung der benötigten IT-Infrastruktur usw. Der Umfang der Planung orientiert sich an den Auswirkungen der Änderung. Der Einsatz eines neuen Anwendungssystems benötigt mehr Planungsaufwand als die Änderung einer einzelnen kleinen Softwarekomponente.

11.6.5
Ändern

Es ist herrschende Praxis, Änderungen konzentriert nur zu bestimmten Terminen durchzuführen. Dazu werden die Änderungen zu einem so genannten „Änderungsrelease" zusammengefasst. Ein permanenter unkoordinierter Änderungsdienst, der u.U. Störungen der Infrastruktur hervorruft, wird dadurch vermieden. Durch die Konzentration der Änderungen vom Umfang und vom Termin wird die Transparenz erhöht und die Kundenakzeptanz erhöht.

Allerdings wird durch die Konzentration auch das Fehlerrisiko erhöht. Komplexe Anforderungen an die Sicherheit sind unabdingbar. So kann es notwendig sein, wenn z.B. nicht sofort lösbare Probleme wegen der Änderungen auftreten, alle Änderungen wieder rückgängig zu machen. Dazu bedarf es umfangreicher Sicherungs- und Roll-Back-Verfahren.

11.6.6
Koordinieren

Der Koordinationsaufwand erwächst aus der Komplexität der Änderung. Die Notwendigkeit der Koordination ergibt sich u.a. daraus, dass an manchen Änderungen viele Spezialisten arbeitsteilig tätig sind. Die Koordinationsaufgabe obliegt dem Changemanagement. Für die Einführung eines neuen Anwendungssystems benötigen die Anwendungsentwickler, die das System entwickelt haben, weitere Spezialisten. Sie sind dafür verantwortlich, dass das System in der Produktionsumgebung optimal funktioniert. Dazu gehört z.B. das Bereitstellen und Initialisieren von Datenbanken und das Erarbeiten von Sicherungsverfahren (Roll-Backs). Auch wenn es sich hier um Standardverfahren handelt, müssen sie getestet werden. Alle diese Aktivitäten müssen in einem Einführungsplan festgehalten werden. Der Einsatz neuer Verfahren hat meist Auswirkungen auf die Kunden, d.h. die Kunden müssen informiert und geschult werden. Die Koordination all dieser Aktivitäten ist dem Changemanagement zugeordnet.

11.6.7
Erfolgskontrolle

Meist zeigt sich der Erfolg einer Änderung sofort nach Produktionsstart, d.h. es stellt sich heraus, ob die Änderung das angestrebte Ziel erreicht hat. Handelt es sich bei der Änderung um die Beseitigung eines Fehlers, darf der Fehler nicht mehr auftreten. In diesem Fall handelt es sich um eine situative Erfolgskontrolle. Bei komplexen Änderungen ist es sinnvoll, nach einer gewissen Zeit eine geplante Erfolgskontrolle durchzuführen. Dies wird auch aus dem Grunde gemacht, um eventuell vorhandene Defizite aufzudecken und im Hinblick auf künftige Änderungen abzustellen (Präventivfunktion).

Die geplante Erfolgskontrolle wird in Form eines Reviews, einer Manöverkontrolle, durchgeführt. Folgende Punkte werden abgehandelt:

- War die Änderung generell ein Erfolg?
- Wie war die Außenwirkung, sind die Nutzer mit dem Ergebnis zufrieden?
- Welche generellen Probleme gab es?
- Gab es Probleme bei Planung oder Durchführung?

Das Ergebnis der Erfolgskontrolle ist zu bewerten und zu protokollieren. Dabei ist es wichtig, die eventuell aufgetretenen Probleme realistisch zu bewerten, d.h. in den Kontext des Gesamtumfangs der Änderung zu stellen.

Die positive Bewertung einer umfangreichen Änderung, z.B. Implementierung einer komplexen Anwendung, darf nicht wegen des Auftretens kleiner Probleme relativiert werden.

11.6.8
Durchführen von dringlichen Änderungen

Ziel sollte es sein, diese Form von Änderungen auf ein Minimum zu beschränken. Dennoch ist es manchmal notwendig, dass eine Änderung unverzüglich durchgeführt wird. Das sind insbesondere Änderungen, die auf produktionsgefährdenden Störungen der IT-Infrastruktur beruhen. Auch diese Änderungsprozesse sollen geordnet unter der Kontrolle des Changemanagements ablaufen.

Für diese Änderungen ist ein gesondertes Verfahren bereitzustellen. Oft muss bei derartigen Änderungen aus Zeitgründen sogar auf die erforderlichen Tests verzichtet werden. Demzufolge ist das Risiko solcher Änderungen extrem hoch. Deshalb muss zumindest gewährleistet sein, dass so genannte Nebenwirkungen vermieden werden.

Die Möglichkeit des Roll-Backs muss auch in diesem Fall vorhanden sein, auf sie kann keinesfalls verzichtet werden.

11.7
Problemmanagement

Das Problemmanagement hat die Aufgabe Störungen und Probleme der Informationsinfrastruktur entgegenzunehmen, zu lokalisieren und die Fehlerbehebung zu verfolgen und zu überwachen[100]. Es ist integriert in die Wartungsphase der Systementwicklung. Es handelt sich um eine standardisierte Vorgehensweise.

Fehler und Probleme können in allen Segmenten der Informationsinfrastruktur auftreten, sowohl im Hardware- als auch im Softwarebereich. Im Fokus steht die Suche nach der Fehlerursache. Die Behebung der Fehlerursache wird u.U. über einen so genannten Request for Change (RfC) gesteuert. Der Request for Change bildet die Verbindung zum Changemanagement, das für die kontrollierte Änderung der Infrastruktur zuständig ist. Denn i.d.R. bedingt die Fehlerbehebung eine Änderung der Infrastruktur, wenn etwa die korrigierte Softwarekomponente in der Infrastruktur ausgetauscht werden muss.

Die Fehlerbehebung wird verursachergerecht durchgeführt, d.h. die Instanz, die für die fehlerhafte Applikation verantwortlich ist, muss den Fehler beheben. Insofern ist eine instanzenübergreifende Kooperation notwendig. Die Institution des Changemanagements ist nicht für die Fehlerbehebung zuständig. Ihre Aufgabe ist die der Koordination.

---

[100] vgl. Kess DV-Beratung GmbH: IT Service Management – Eine Einführung, 2002, S. 59–70

> **Problem**
> Eine Störung zeigt sich eventuell als Problem. Ein Problem ist eine unerwünschte Situation, meistens in der Produktion. Die Ursache der Störung ist zunächst unbekannt.

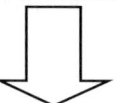

⇩

> **Bekannter Fehler**
> Wenn die Ursache der Störung erfolgreich ergründet wurde, wird das Problem zum bekannten Fehler deklariert.

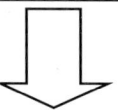

⇩

> **Request for Change (RfC)**
> Eine Information an das Changemanagement, in der z.B. ein bekannter Fehler in Verbindung mit einer Änderungsanforderung gemeldet wird.

Abb. 11-4: Zusammenhang zwischen Problemen und Fehler[101]

Im Softwarelebenszyklus treten Fehler in der Wartungsphase (s. Abb. 13-9) auf, diese Fehler betreffen dann direkt die Produktionsumgebung. Alle Informationen über behobene Fehler werden dokumentiert und in einer Datenbank abgelegt.

Idealtypisch hat das Problemmanagement die Zielsetzung, Störungen in der IT-Infrastruktur zu vermeiden. Diese Präventivfunktion des Problemmanagements ist zwar erwähnenswert, aber in der Praxis wegen der beschränkten Möglichkeiten zur Zeit eher sekundär.

Sie besteht im Wesentlichen in der Überwachung der Infrastruktur, indem z.B. dafür gesorgt wird, dass genügend interner und externer Speicherplatz zur Verfügung steht. Des Weiteren werden durch Systemmessungen Jobprofile erstellt, um eine optimale Jobsteuerung zu erreichen.

Wichtiger ist jedoch die reaktive Funktion des Problemmanagements, nämlich die Reaktion auf eingetretene Fehler und Störungen, denn akute Fehler und Probleme z.B. in der Anwendungssoftware sind kaum im Vorfeld zu erkennen. Diese sind aber oft produktionsgefährdend. Das Aufgabenspektrum des Problemmanagements umreißt folgende Aufzählung:

- Akute Fehler und Probleme beheben.
- Strukturelle Fehler lokalisieren, dokumentieren und verfolgen.

---

[101] vgl. Kess DV-Beratung GmbH: IT Service Management – Eine Einführung, 2002, S. 59

11.7 Problemmanagement

- Request for Change zur Anpassung der Infrastruktur erstellen.
- Präventivfunktion zur Störungsvermeidung bieten.

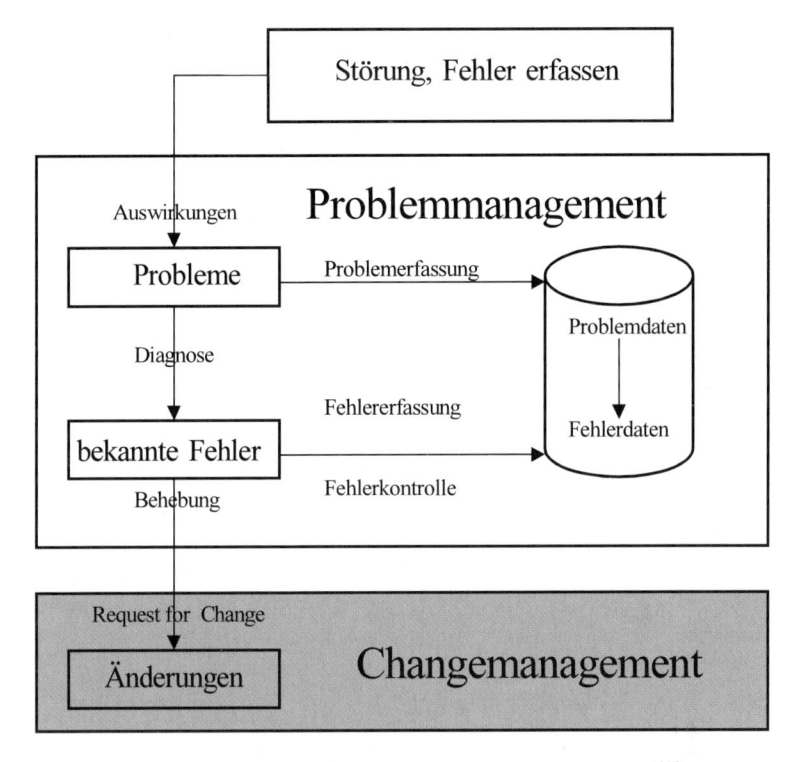

```
                    ┌─────────────────────────────┐
                    │  Störung, Fehler erfassen   │
                    └─────────────────────────────┘
        ┌─────────────────────────────────────────────────┐
        │  Auswirkungen        Problemmanagement           │
        │     ┌──────────┐   Problemerfassung              │
        │     │ Probleme │ ──────────────────►  ╔═══════╗  │
        │     └──────────┘                      ║Problem║  │
        │     Diagnose                          ║ daten ║  │
        │         │         Fehlererfassung     ╠═══════╣  │
        │         ▼       ──────────────────►   ║Fehler ║  │
        │  ┌──────────────┐                     ║ daten ║  │
        │  │bekannte Fehler│                    ╚═══════╝  │
        │  └──────────────┘  Fehlerkontrolle               │
        │     Behebung                                     │
        └─────────────────────────────────────────────────┘
        ┌─────────────────────────────────────────────────┐
        │  Request for Change                             │
        │  ┌──────────┐      Changemanagement             │
        │  │Änderungen│                                   │
        │  └──────────┘                                   │
        └─────────────────────────────────────────────────┘
```

Abb. 11-5: Integration des Problemmanagements[102]

Ein gut organisiertes und effizientes Problemmanagement soll eine spürbare Verbesserung der IT-Infrastruktur, d.h. eine Erhöhung der Servicequalität und eine Erhöhung der Verfügbarkeit, angestrebt werden 100%, herbeiführen. Folgende interne und externe Effekte treten auf:

- Erhöhung des Kundennutzens und der Kundenzufriedenheit. Dieser externe Effekt ist besonders wichtig, denn eine stabile IT-Infrastruktur erhöht die Qualität und Anmutung der Dienstleistungen.
- Steigerung der Servicefunktionen durch Dokumentation und Behebung von Fehlern.

---

[102] vgl. Kess DV-Beratung GmbH: IT Service Management – Eine Einführung, 2002, S. 60

280 11 Subsysteme des Projektmanagements

- Erhöhung der Produktivität der Anwendungsentwickler, weil „unproduktive" Aktivitäten zur Fehleranalyse und Fehlerbehebung minimiert werden.
- Erfahrungssicherung, dadurch wird die Analogiefunktion bei der präventiven Problemmanagementfunktion unterstützt.

Der Ablauf und das Vorgehen der Problembehandlung ist unternehmensindividuell zu regeln; hier wird ein Ablauf vorgestellt, der sich in der Praxis bewährt hat.

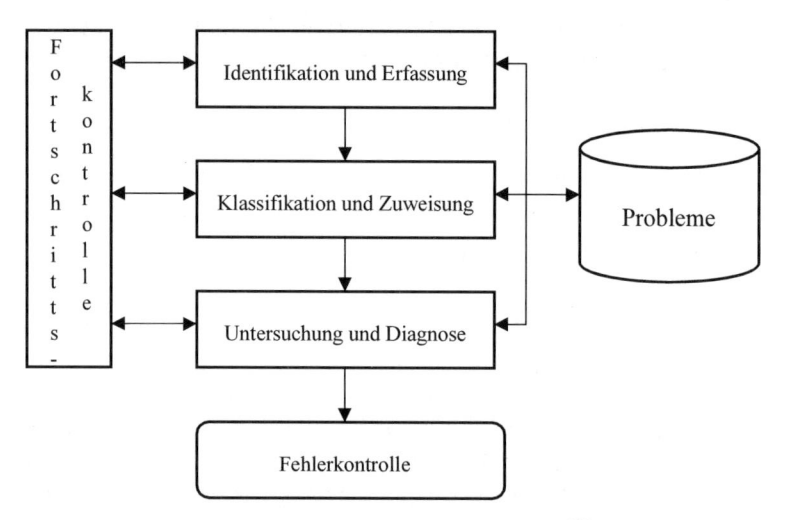

Abb. 11-6: Vorgang der Problembehandlung[103]

Zwischen Störung und Problem ist abzugrenzen. Als Störung wird der akute Störungsfall bezeichnet, der zu einer Beeinträchtigung der IT-Infrastruktur führt. Aber nicht jede Störung wird zu einem Problem. So führt ein Blitzeinschlag in ein Rechenzentrum sicher zu einer Störung, aber nicht zu einem Problem. Das Problemmanagement wird hier als ein Instrument verstanden, das der Verfolgung interner Probleme dient. Dabei handelt es sich um Probleme, bei denen die Problemlösungskompetenz bei den Institutionen des Unternehmens liegt.

Auftretende Probleme müssen zunächst identifiziert werden. Die Identifikation und Erfassung der Probleme geschehen „vor Ort", d.h. da wo das Problem auftritt, z.B. in der Produktionssteuerung. Der Beschreibung des Problems werden Daten zur Lösung hinzugefügt, bei Fehlern in der Anwendungssoftware ist das z.B. ein Hauptspeicherauszug (Dump). Generell sollten dem potentiellen Problemlöser so viele Informationen wie möglich zur Verfügung gestellt werden, um die oft sehr schwierige Problembehebung zu unterstützen.

---

[103] vgl. Kess DV-Beratung GmbH: IT Service Management – Eine Einführung, 2002, S. 64

Eine schwerpunktmäßige Klassifizierung der Probleme schafft eine Problemstruktur. Zur realen Problembehebung benötigt man die unterste Ebene der problemverursachenden IT-Infrastruktur. Bei Softwareproblemen z.B. ist das exakt die Softwarekomponente (Programm), die das Problem verursacht.

Entsprechend den Auswirkungen des Problems auf die Servicequalität wird die Dringlichkeit und die Priorität des Problems zugewiesen.

Im nächsten Schritt werden die Ressourcen zugeordnet, d.h. welche Instanz oder Person das Problem lösen muss. Aus der Dringlichkeit und der Priorität ergibt sich unmittelbar der Zeitrahmen für die Lösung des Problems.

Die Klassifizierung und Zuweisung umfasst beispielhaft folgende Kriterien:

- Auswirkungen auf die Geschäftsprozesse
- Dringlichkeit, z.B. aufschiebbar, muss sofort gelöst werden usw.
- Priorität, ergibt sich aus Dringlichkeit und Auswirkungen
- Status, z.B. Problem, Lösung bis, gelöst usw.

Die Klassifizierung kann sich ändern, wenn z.B. für ein Problem eine provisorische aber gangbare Ad-hoc-Lösung (Umgehungslösung) gefunden wurde. Die Priorität und Dringlichkeit kann u.U. herabgesetzt werden.

Der eigentliche Problemlösungsprozess beginnt mit einer Analyse- und einer Diagnosephase. Auf der Basis der zur Verfügung stehenden Daten muss die Ursache des Problems identifiziert werden. Analyse und Diagnose sind ein höchst individueller und oft komplizierter Prozess. Entscheidend ist hier die Kompetenz und Erfahrung des Analysten. Besonders problematisch sind so genannte intermittierende Fehler, d.h. Fehler, die sporadisch auftreten und in einer Testumgebung oft nicht reproduzierbar sind. Solche Fehler treten in einer komplexen IT-Infrastruktur oft aus dem mannigfachen Zusammenspiel der Einzelkomponenten auf. Oft können die Probleme nur fachgebietsübergreifend gelöst werden.

Wenn die Fehlerursache bekannt ist, wird von der verursachenden Stelle die Fehlerbehebung durchgeführt.

Im Folgenden werden die Schritte der Fehlerbehandlung im System des Problemmanagements dargestellt.

11.7.1
Identifizierung und Erfassung

Wenn die Ursache des Problems festgestellt wurde, ist auch fast immer die verursachende Komponente der Infrastruktur bekannt. Nur in wenigen Fällen macht die Lokalisierung des Fehlers Probleme.

Die Fehlerbehandlung beginnt mit der Untersuchung der Fehlerhistorie. Wenn es sich um einen Fehler handelt, der schon einmal aufgetreten ist, ist meist auch schon die Lösung dokumentiert, die dann herangezogen werden kann. Bei Fehlern, die aus der Anwendungsentwicklung stammen, ist i.d.R. keine Fehlerhistorie vorhanden, weil die Fehler in dieser Form das erste Mal auftreten. Fehler in Anwendungssoftware müssen also immer einer intensiven Lösungssuche unterzogen werden.

11.7.2
Lösungssuche

Die Möglichkeiten zur Behebung eines Fehlers werden von kompetenter Stelle festgelegt. Dabei ist besonders die Auswirkung auf die Servicequalität zu beachten, denn diese hat unmittelbar Auswirkungen auf die Dringlichkeit und Priorität. Als Ergebnis der Untersuchungen wird ein Request for Change erstellt.

11.7.3
Notlösungen

In vielen Unternehmen ist die IT inzwischen für den Geschäftsbetrieb unabdingbar, ja der Geschäftsbetrieb wird von der IT sogar bestimmt. Für diese Unternehmen muss die IT-Infrastruktur an 365 Tagen im Jahr 24 Stunden am Tag zur Verfügung stehen. Zu nennen sei da die Produktionssteuerung von Industrieunternehmen oder mehr noch der gesamte Online-Verkehr des Finanzdienstleistungssektors (z.B. Geldausgabeautomaten). Treten in diesen Systemen Fehler auf, müssen sie sofort behoben werden. In diesen Fällen muss es abgesicherte Verfahren geben, die eine sofortige Änderung der Infrastruktur zulassen.

11.7.4
Bestimmen der Lösungsalternative

Unter den Aspekten Aufwand, Zeit, Stabilität und Sicherheit wird die adäquate Lösung ausgewählt. Oft bestehen keine Alternativen, d.h. es wird nur ein Lösungsweg gefunden, der auch eingeschlagen wird.

Die gefundene Lösung wird dokumentiert und mittels eines Request for Change an das Changemanagement weitergeleitet.

11.7.5
Review (Nachlese)

Eine erfolgreiche Änderung zeigt sich darin, dass das Problem nicht wieder auftritt. Dann kann es den Status „gelöst" (solved) erhalten. Die Störungen, die mit dem Problem verbunden waren, dürften auch nicht wieder auftreten.

11.7.6
Fortschrittskontrolle

Die Fortschrittskontrolle läuft parallel zum Prozess der Fehler- und Problembehandlung. Im Wesentlichen hat die Fortschrittskontrolle folgende Aufgaben:

- Terminüberwachung, d.h. Prüfung, ob die Probleme termingerecht bearbeitet und gelöst werden.
- Prioritätenkontrolle, u.U. muss die Priorität eines Problems geändert werden. So kann ein Problem mit zunächst niedriger Priorität zu einem mit höchster werden, z.B. wenn der Fehler permanent auftritt.
- Kontrolle, ob der Request for Change korrekt durchgeführt wurde.

In der Praxis hat sich die Einrichtung eines leistungsfähigen Problemmanagements außerordentlich bewährt. In vielen Unternehmen ist es üblich, tägliche Problemmeetings in den Organisationseinheiten durchzuführen. Ziel dieser Meetings ist es, die Problembehebung zu forcieren und Strategien zu entwickeln, die Anzahl der Probleme zu minimieren. Im Rahmen des Projektmanagements wird das unterstützt durch ein effizientes Qualitätsmanagement.

11.8
Zusammenfassung

Laut DIN 69 901 ist eine Projektdokumentation eine Zusammenstellung ausgewählter, entscheidender Daten über die Konfiguration, die Organisation, den Mitteleinsatz, die Lösungswege, den Ablauf und die erreichten Ziele des Projektes. Sie legt eine Informationsbasis für alle Projektbeteiligten und ermöglicht eine Erfahrungssicherung für nachfolgende Projekte. Unterschieden werden kann in eine Dokumentation der Projektergebnisse und eine Dokumentation der Projektabwicklung, wobei am effektivsten die simultane Beschreibung des Projektfortschrittes ist.

Hat ein IT-Projekt die Erstellung eines IT-Systems zum Ziel, so sind die Ergebnisse in Form einer IT-Systemdokumentation, eines Operatorhandbuches und einer Benutzerdokumentation festzuhalten. Ein allgemeines Projektmanagementhandbuch macht allen Projekten eines Unternehmens Vorgaben für deren Abwicklung und Dokumentation.

Ein Pflichtenheft fixiert schriftlich die Anforderungen an ein neues IT-System. Bezüglich der Sach- und Formalziele werden so genannte Muss- und Kann-Kriterien festgelegt, die bei einer Bewertung eines Angebotes abweichend Berücksichtigung finden. Hierbei müssen die verlangten Muss-Kriterien in einem Angebot zwingend erfüllt sein.

Um eine objektive Entscheidung zwischen den Angeboten zu treffen, wird parallel zu der Erstellung eines Pflichtenheftes ein zugehöriger Kriterienkatalog und Bewertungsrahmen erstellt. Die Ermittlung des optimalen Angebotes erfolgt am effektivsten in zwei Schritten. Zunächst wird überprüft, ob die ausschlaggebenden Muss-Kriterien in einem Angebot erfüllt sind, um schnell nicht zutreffende Angebote herauszufiltern. Anschließend werden die Kann-Kriterien herangezogen, um zwischen den Angeboten abzuwägen, die die Muss-Kriterien in derselben Weise erfüllen.

Am Schluss der Entwicklung eines IT-Projektes steht die Einführung des Systems in die Produktion. In diesem Kap. wurden drei grundsätzliche Vorgehensweisen beschrieben, die das Projektmanagement in seinen Funktionen Systemeinführung und Systemwartung unterstützen. Bei der Auswahl der Strategien stehen z.B. betriebliche Notwendigkeiten, aber vor allem Aspekte wie Risiko und Sicherheit im Vordergrund. Hat man bei der Wahl der Strategie Handlungsfreiheit, sollte man die Strategie auswählen, die das geringste Risiko beinhaltet.

Das Releasemanagement hat die Aufgabe, die technische Integration des neuen Systems in die IT-Infrastruktur zu gestalten. Die Integration eines neuen IT-Systems darf nicht zur Destabilisierung der bestehenden IT-Infrastruktur führen.

Mit der Systemeinführung tritt das IT-System in die letzte Phase der Systementwicklung ein, die Wartungsphase. In dieser Phase unterliegt das System einem ständigen Prozess des Anpassens und des Änderns. Diesen Prozess so zu gestalten, dass er höchsten Anforderungen an Sicherheit und Stabilität der IT-Infrastruktur entspricht, ist Aufgabe des Changemanagements.

Fehler in IT-Systemen zu lokalisieren und ihre Behebung organisatorisch und technisch zu unterstützen, obliegt dem Problemmanagement. Probleme werden erfasst und kontrolliert an das Changemanagement weitergeleitet. Insofern besteht zwischen Systemwartung, Release-, Problem- und Changemanagement eine regelkreisartige Beziehung.

12 Ein Rahmen für das Projektmanagement

IT-Projektmanagement wurde als Führungskonzept definiert, welches unter Anwendung von Methoden, Verfahren usw. zur Realisierung von IT-Systemen eingesetzt wird. Dabei bedient man sich einer systematisierten festgelegten Arbeitsweise. Diese generelle Arbeitsweise wird auch als Methodik bezeichnet.

Die Methodik zur Realisierung von IT-Aufgaben regelt das systematische, wissenschaftlich basierte Vorgehen zur Planung und Realisierung von IT-Systemen[104].

Vor diesem Hintergrund kann man die hier angesprochene Methodik als Leitfaden zur systematischen Lösung von IT-Aufgaben bezeichnen. Diese Aufgaben bestehen darin, produktive, d.h. funktionsfähige IT-Systeme zu schaffen. Dabei ist der Anspruch an die Methodik umfassend. Sie soll alle Phasen der Systementwicklung vom Systementwurf bis zur Implementierung umfassen. Die Methodik soll alle Aufgabenelemente unterstützen. Diesem generellen Anspruch können die zur Zeit eingesetzten Methodiken nicht gerecht werden. Eine universelle Methodik gibt es momentan noch nicht und auch keine Methodik, die losgelöst vom Projektgegenstand einsetzbar ist.

Es ist also festzuhalten, dass es eine Vielzahl von speziellen Vorgehensweisen (Methodiken) zur Lösung von Projektmanagement-Aufgaben für IT-Systeme gibt. Im folgenden Abschnitt werden einige für die Praxis wichtige vorgestellt.

Der nachfolgend dargestellte Systemansatz hat für die Systementwicklung grundsätzliche Bedeutung. Das Denken in Modellen und das Arbeiten mit Modellen haben für die Informatik allgemein und das Projektmanagement speziell essentielle Bedeutung. Die zu lösenden Aufgaben sind so strukturiert, dass sie ohne abstrahierende Modelle nicht zu lösen sind. Daher werden die wichtigsten Grundmodelle in diesem Abschnitt dargestellt.

---

[104] vgl. Heinrich, Lutz J.: Management von Informatik-Projekten, 1997, S. 58

Das Umsystem des Projektmanagements und die Integrationsmöglichkeiten werden anhand einer möglichen Vorgehensweise erläutert. Weitere wichtige Komponenten für das Projektmanagement, wie strategische Ausrichtung und Planung, werden aufgegriffen.

12.1
Methodikansätze für Projektmanagement-Aufgaben

Projektmanagement-Aufgaben sind komplex. Wegen der Komplexität und der Spezialität der zu lösenden Aufgaben ist ein allumfassender genereller Methodikrahmen unmöglich. Vielmehr ist eine aufgabenorientierte Mischung der angebotenen Methodikansätze einzusetzen, d.h. der Benutzer muss sich für jede Aufgabe einen speziellen adäquaten Methoden-Mix heraussuchen.

Die wichtigsten Methodikansätze werden hier kurz vorgestellt[105]:

- systemtheoretischer Ansatz
- Phasenschema (Phasenmodell, Lebenszyklus-Modell)
- Ist-Zustandsorientierter/Soll-Zustandsorientierter Ansatz
- funktionen- bzw. datenorientierter Ansatz
- objektorientierter Ansatz
- modelltheoretischer Ansatz

Eine Erklärung der Methodikansätze erfolgt in den Passagen des Buches, an denen die jeweiligen Ansätze zum Einsatz kommen. Aus dieser Anmerkung geht klar hervor, dass auch hier kein genereller Methodikansatz präferiert wird, sondern dass eine sinnvolle Mischung der Methodiken eingesetzt wird. Dabei spielen persönliche Präferenzen, z.B. die Erfahrung des jeweiligen Projektmitarbeiters, aber vor allem die zu lösende Teilaufgabe die dominierende Rolle.

Die Projektmanagement-Aufgaben folgen einem Phasenschema, alle Methodikansätze lassen sich phasenorientiert einordnen, z.B. wird Prototyping überwiegend in der Phase Systembau eingesetzt usw.

Die angezeigte Übersicht über die Methodikansätze zeigt aber ein Weiteres; es dominiert das Denken in Modellen[106]. Modelle abstrahieren und vereinfachen die Realität. Dies ist auch notwendig, da die zu lösende Projektmanagement-Aufgabe i.d.R. zu komplex und vielschichtig ist, um sie ohne Simplifizierung zu

---

[105] vgl. Heinrich, Lutz J.: Management von Informatik-Projekten, 1997, S. 59

[106] vgl. Heinrich, Lutz J.: Management von Informatik-Projekten, 1997, S. 61

erfassen. Modelle sprechen eine einheitliche Sprache. In IT-Projekten arbeiten meist mehrere Personen, die unterschiedliche Sichtweisen auf denselben Sachverhalt und auch unterschiedliche Artikulierungsszenarien haben. Um diese Unterschiede auszugleichen, wird eine vereinfachende Sicht auf die Sachverhalte und Sprache in Modellen eingesetzt. Ein Datenflussdiagramm stellt eben einen komplexen Sachverhalt in einer für alle Beteiligten verständliche Weise sachorientiert und vereinfachend dar.

Modellorientierung ist also ein wichtiges Merkmal für alle Projektmanagement-Aufgaben.

Projektmanagement-Aufgaben werden ganzheitlich gelöst. Eine schrittweise präzisierende, Teilergebnisse (Meilensteine) bildende zyklische Vorgehensweise ist vorherrschende Methodik. Das Bilden von Teilergebnissen hat den Vorteil, dass das erzielte Teil-Ist-Ergebnis mit dem angestrebten Teil-Soll-Ergebnis abgeglichen werden kann und Korrekturzyklen durchlaufen werden können.

Insofern gleicht dieser Mechanismus einem kybernetischen Regelkreis (s. 12.2.3).

In der Praxis ist folgender Methodik-Mix Erfolg versprechend[107]:

- Phasenschema und Vorgehensmodell
- Entwurf der Grundkonzeption als Konzeptmodell und schrittweise Detaillierung
- Orientierung am Systemansatz
- situationsspezifischer Einsatz, entweder Datenorientierung oder Objektorientierung
- u.U. Einsatz von Prototyping

12.2 Systemtheorie

Der Systemansatz oder auch systemtechnische Ansatz orientiert sich am so genannten Systemdenken, dessen Grundphilosophie für Projektmanagement-Aufgaben besonders geeignet ist. Ein gegebener Untersuchungsgegenstand wird analysiert. Dieser Untersuchungsgegenstand wird dahingehend ausgeweitet, bis alle Ursachen von Wirkungen auf den Ursprungsgegenstand und alle Folgen von Wirkungen aus dem Ursprungsgegenstand erfasst worden sind[108].

---

[107] vgl. Heinrich, Lutz J.: Management von Informatik-Projekten, 1997, S. 62

[108] vgl. Heinrich, Lutz J.: Management von Informatik-Projekten, 1997, S. 59 ff.

Durch diese Vorgehensweise wird das gesamte Wirkungsgefüge eines Untersuchungsgegenstandes erfasst. Es ist klar, dass durch diese Vorgehensweise zwar eine gewisse Vollständigkeit gewährleistet, aber auch die Komplexität der Aufgabe wesentlich erhöht wird. Die so dargestellte Realität, die durch ein IT-System abgebildet werden soll, ist zu komplex.

Systemtechnik ist eine auf bestimmten Prinzipien beruhende Vorgehensweise zur Gestaltung komplexer Systeme. Ziel der Systemtechnik ist die Komplexitätsreduktion bei der Analyse, Konzeption und Realisierung solcher Systeme. In der Literatur werden häufig folgende vier Prinzipien genannt: das Prinzip der hierarchischen Strukturierung, das Prinzip des Schwarzen Kastens, das kybernetische Prinzip und das Modell-Prinzip.

12.2.1
Systemtheoretische Aspekte

In den folgenden Abschnitten werden die bisher in Kap. 12 formulierten Grundgedanken vertieft. Die Abb. 12-1 zeigt in groben Ansätzen die Systemtheorie und die Grundprinzipien der Kybernetik.

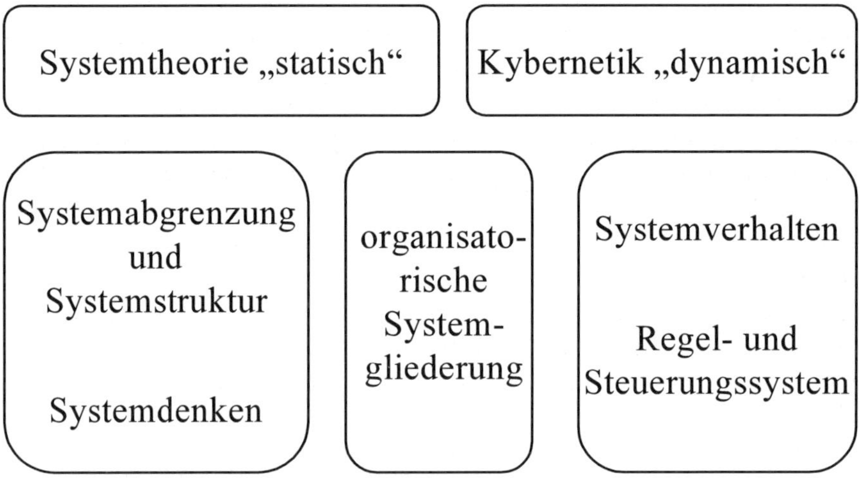

Systemtheorie „statisch"	Kybernetik „dynamisch"
Systemabgrenzung und Systemstruktur Systemdenken	organisatorische Systemgliederung	Systemverhalten Regel- und Steuerungssystem

Abb. 12-1: Systemtheorie und Kybernetik[109]

Einige Grundbegriffe der Systemtheorie zu kennen ist hilfreich, um folgende Aufgaben bewältigen zu können[110]:

---

[109] vgl. Jenny, Bruno: Projektmanagement in der Wirtschaft, 2001, S. 3

[110] vgl. Jenny, Bruno: Projektmanagement in der Wirtschaft, 2001, S. 3

- übersichtliche Gliederung und Strukturierung von komplexen Sachverhalten
- eindeutige Abgrenzung des zu bearbeitenden Problemfeldes
- Abstimmung der Teilfunktionen und der dynamischen Beziehungen auf die Anforderungen des Gesamtsystems, dadurch Förderung des ganzheitlichen Denkens

Diese drei aufgeführten Punkte werden unbedingt bei komplexen Projektmanagement-Aufgaben benötigt. Insofern sind diese systemtheoretischen Aspekte bei Projektmanagement-Aufgaben anwendbar.

12.2.2 Systembegriff

Unter einem System wird im Allgemeinen der ganzheitliche Zusammenhang von Teilen, Einzelheiten, Dingen oder Vorgängen, die voneinander abhängig sind, ineinander greifen oder zusammenwirken, verstanden[111]. Ein System besteht aus einer Menge von Elementen, die zueinander in Beziehung stehen. Aus organisatorischer Sicht betrachtet, besteht ein System aus den Bestandteilen Beziehungen, Elemente und Dimensionen[112], wobei der Beziehungszusammenhang zwischen den Elementen deutlich dichter ist als der zu anderen Elementen. Dadurch lassen sich Systemgrenzen definieren; was sich außerhalb der Systemgrenzen befindet, wird als Umsystem bezeichnet. Diese Umsysteme können in direkter Beziehung zu einem oder mehreren Untersystemen stehen oder zu einem oder mehreren Elementen des definierten Systems. Dies zeigt die Abb. 12-2.

Die Bestandteile, Beziehungen, Elemente und Dimensionen stehen i.d.R. in so enger Verbindung, dass eine Veränderung eines einzelnen Bestandteils, oft nicht beabsichtigt, auf die anderen Bestandteile reflektiert. Diese Reflexionen müssen erkannt und beachtet werden, um zu verhindern, dass z.B. bei der Entwicklung von Anwendungssystemen Lösungen realisiert werden, die nicht die Realität abbilden.

Oft befassen sich IT-Projekte mit dem Reengineering von komplexen Systemen, d.h. die Systeme werden oft völlig umstrukturiert, wobei die Basisstrukturen erhalten bleiben müssen. Werden auch die Basisstrukturen verändert, so ergibt sich eine völlig veränderte Sichtweise auf das System. In diesem Fall sollte eine völlige Neuentwicklung des Anwendungssystems präferiert werden.

---

[111] vgl. Heinrich, Lutz J.: Management von Informatik-Projekten, 1997, S. 11

[112] vgl. Jenny, Bruno: Projektmanagement in der Wirtschaft, 2001, S. 4

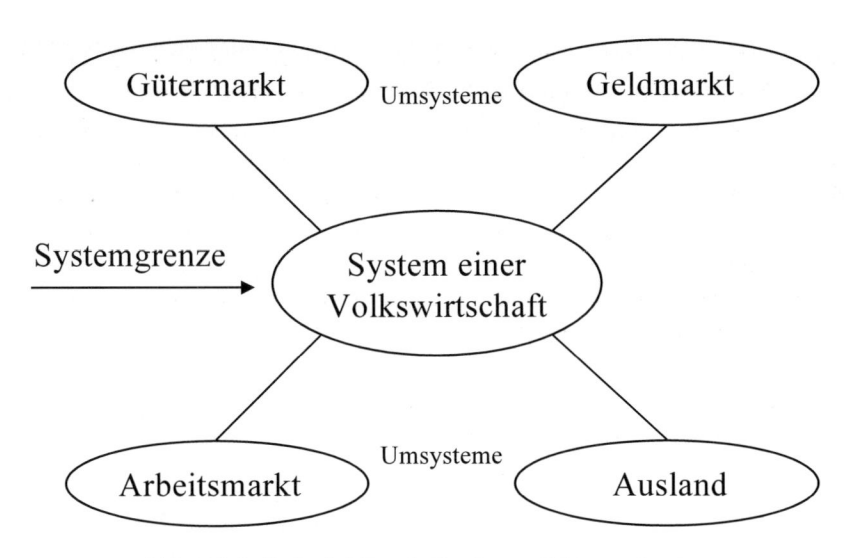

Abb. 12-2: Beispiel für ein System mit Umsystemen

Die Prinzipien des Projektmanagements sind sowohl für Reengineering-Vorhaben (z.B. so genannte Wartungsprojekte) als auch für Neuentwicklungen anwendbar.

12.2.3
Das Grundmodell eines kybernetischen Systems

Kybernetik ist die allgemeine formale Wissenschaft von der Struktur, den Relationen (Beziehungen) und dem Verhalten dynamischer Systeme[113].

Kybernetische Systeme zeichnen sich vor allem dadurch aus, dass sie nach Störungen, die ihr Gleichgewicht beeinträchtigen, unter bestimmten Bedingungen wieder in einen Gleichgewichtszustand zurückkehren bzw. einen neuen Gleichgewichtszustand anstreben. Ein bekanntes, in diesem Sinne agierendes System ist das System „Volkswirtschaft". Ein Marktungleichgewicht ruft im Idealfall Änderungen anderer Parameter hervor. Dadurch wird bewirkt, dass sich die Volkswirtschaft wieder auf einen neuen Gleichgewichtszustand zu bewegt und auf diesem verharrt, bis wiederum eine Störung eintritt. Ein System, das auf exogene Störungen dahingehend reagiert, dass interne Anpassungsprozesse ausgelöst werden, die wiederum zu einem Gleichgewichtszustand führen, wird als stabiles System bezeichnet.

Von Bedeutung für ein kybernetisches System ist das Prinzip der Rückkoppelung. Darunter versteht man ein Prinzip, nach dem das Ergebnis eines Prozes-

---

[113] vgl. Jenny, Bruno: Projektmanagement in der Wirtschaft, 2001, S.12

ses gemessen und mit dem gewünschten Zustand (Soll-Zustand) verglichen wird. Soll-Ist-Abweichungen lösen eine oder mehrere Korrekturmaßnahmen aus. Dieser Vorgang ist in vielen Variationen in natürlichen Organismen verwirklicht. Diese werden trotz Störungen am Leben erhalten. Ein markantes Beispiel ist der menschliche Organismus, der auf Störungen (z.B. Infektionen) sofort mit Abwehrmaßnahmen (z.B. Erhöhung der Körpertemperatur, Fieber) reagiert. Insofern ist der menschliche Organismus ein kybernetisches System.

Das System der Regelkreise lässt sich am Beispiel eines Referenzmodells des Projektmanagements zeigen.

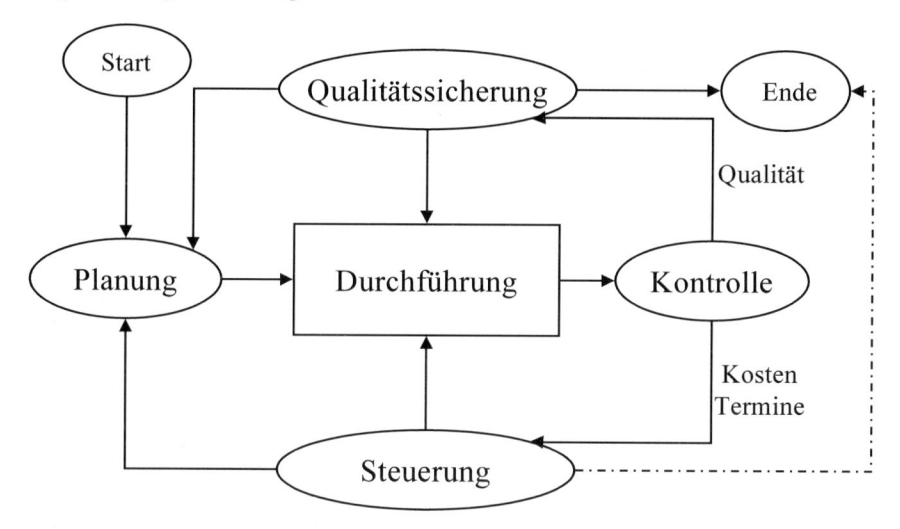

Abb. 12-3: Der Regelkreis des Projektmanagements[114]

Die Regelstrecke ist die Durchführungsebene der Projektmanagement-Aufgaben. Sie liefert als Output die Messgrößen. Das sind die Ist-Daten. Die Plandaten liefern die Führungsgrößen. Aufgabe der Steuerung ist es, die Projektdurchführung so zu steuern, dass zu definierten Prüfzeitpunkten, z.B. Meilensteinen, eine Gleichheit von Soll/Ist erreicht wird.

Die Kontrolle hat die Aufgabe die Soll-/Ist-Vergleiche durchzuführen. Insofern übernimmt die Kontrollinstanz die Aufgabe eines Vergleichselementes und die Reglerfunktion.

Bei Übereinstimmung von Soll/Ist erfolgen keine Aktivitäten. Wenn die Vergleichsstelle eine Abweichung feststellt, wird das an den Regler gemeldet. Welche Aktivitäten ausgelöst werden, wird in der Abweichungsanalyse festgestellt. Die Stellgröße initiiert die Beseitigung der Abweichungsursachen.

---

[114] vgl. Pohl, Michael: Management für IT-Architekten (aus Internet), Business 4 Enterprise GmbH, 2000–2001

Dieses Beispiel zeigt drei Merkmale kybernetischer Systeme auf:

1. Die Elemente des Systems sind durch Informationswege verbunden. Über diese Informationswege werden die benötigten Informationen an die Kontrollstelle geliefert.
2. Das System besteht aus zwei Ebenen, der operativen oder Durchführungsebene und der Kontroll- bzw. Steuerungsebene. Diese haben die Aufgabe, die Durchführungsebene zu steuern und zu überwachen.
3. Das Gleichgewicht des Systems ist ein labiles, d.h. nur unter gewissen Bedingungen erreicht das System wieder das definierte Gleichgewicht. Ob der definierte Gleichgewichtszustand bei Abweichungen erreichbar ist, hängt vom Volumen der ausgelösten Anpassungsprozesse ab. Die Anpassungsprozesse laufen über die Variation der Ist-Daten ab. Müssen die Soll-Daten angepasst werden, wird zwar u.U. auch ein neues Gleichgewicht erreicht. Dieser Gleichgewichtszustand liegt aber außerhalb des ursprünglich definierten Systemrahmens.

12.2.4
Informationssysteme

Der Begriff System wurde bereits in Kap. 12.2.2 definiert. Der Zweck eines Systems wird durch die Hinzufügung eines adjektivischen Anhanges definiert[115], zu nennen sind z.B. Verkehrssystem, Zahlensystem usw. Informations- bzw. Kommunikationssysteme befassen sich mit dem Bereitstellen von Information und deren Kommunikation. Die beiden Grundbegriffe werden im Folgenden kurz erklärt.

- Information ist handlungsbestimmendes Wissen über historische, gegenwärtige oder zukünftige Zustände in der Wirklichkeit. Zweck eines Informationssystems ist es, diese Handlungsmöglichkeiten durch die Abbildung der Wirklichkeit dem Handelnden bereitzustellen.
- Kommunikation ist der Austausch von Informationen zwischen den Elementen eines Systems und zwischen den Systemen. Der Zweck eines Kommunikationssystems ist der Austausch von Informationen zwischen den Elementen eines Systems und zwischen dem System und seinen Umsystemen.

In diesem Buch wird nicht unterschieden zwischen Informations- und Kommunikationssystem, es wird für beide der Begriff Informationssystem gebraucht.

---

[115] vgl. Heinrich, Lutz J.: Management von Informatik-Projekten, 1997, S. 11

12.3
Umsysteme des Projektmanagements

Wie jedes System besitzt auch das System Projektmanagement so genannte Umsysteme bzw. externe Systeme, zu denen es in Beziehungen steht. Das wichtigste Umsystem des Projektmanagements ist das sozio-technische System Unternehmen, da Projektmanagement-Aufgaben überwiegend in Unternehmen durchgeführt werden.

Die Beziehungen zu diesem System werden im Folgenden intensiver betrachtet. Das System des Projektmanagements ist in das System Unternehmung zu integrieren. Die Integration eines Systems des Projektmanagements geschieht nicht isoliert. Daher sind funktionale und prozessuale Anpassungsprozesse in seinem Umsystem notwendig.

Die Reichweiten des Projektmanagements sind im Wesentlichen[116]:

- das direkte Projektumfeld, das ist die funktionale und prozessuale strukturierte Gliederung des Unternehmens (Geschäftsprozesse, Aufbau- und Ablauforganisation)
- andere Projekte
- das indirekte Projektumfeld, das Unternehmensumfeld (Markt, Kunden, Konkurrenz, Staat usw.)
- das originäre Projekt
- die Leitung des Projektes

Die Abb. 12-4 zeigt ein Szenario für das Umsystem des Projektmanagements.

Wie schon erwähnt identifiziert sich das direkte Projektumfeld durch die Aufbau- und Ablauforganisation des Unternehmens. Beim Projektmanagement treffen zwei Organisationsstrukturen aufeinander[117], die sich in Zielsetzung und Aufgaben grundsätzlich unterscheiden:

- Die Linienorganisation des Unternehmens mit ihren grundsätzlichen Regelungen, Methoden und Verfahren, die i.d.R. hierarchisch strukturiert ist und eine funktionale, d.h. verrichtungsorientierte, Gliederung aufweist mit der Zielsetzung der Stabilität.
- Die Projektstrukturen, die aufgrund ihres temporären Charakters einzig und allein zur Durchführung eines speziellen Projektes geschaffen wurden.

---

[116] vgl. Keßler, Heinrich, Winkelhofer, Georg: Projektmanagement, 2002, S. 11–12

[117] vgl. Keßler, Heinrich, Winkelhofer, Georg, Projektmanagement, 2002, S. 89

Diese Strukturen müssen für jedes Projekt immer wieder individuell geschaffen werden.

Die generellen Regelungen der unternehmensspeziellen Strukturen harmonisieren nicht mit der Dynamik der Projekte, die situative und pragmatische, manchmal auch improvisatorische Lösungen erfordern. Diese Einzelfalllösungen haben naturgemäß keinen generellen Ansatz.

Integrationsbedarf besteht im Wesentlichen in Bezug auf die Anforderungen der Projekte, speziell hinsichtlich des Ressourcenbedarfs (Personal und Sachmittel) gegenüber den Anforderungen des operativen Geschäftes. Zwischen den Organisationen Unternehmen und Projekt finden Austauschbeziehungen, wie z.B. Sachmittel, Personal und Informationen, statt. Diese Austauschbeziehungen sind zu organisieren und u.U. zu institutionalisieren. Die Integration des Projektmanagements in das Umsystem Unternehmen ist dann gelungen, wenn der Leistungs- und Arbeitsrhythmus der operativen Aufgaben durch die Projektarbeit nicht behindert wird. Die Funktionsfähigkeit des Systems Projektmanagement muss gewahrt bleiben.

Insofern sind die Eigengesetzlichkeit und die situativen Prioritäten der Projekte so abzustimmen, dass die handelnden Personen die Projektaktivitäten erbringen können ohne mit ihren originären Regeltätigkeiten zu kollidieren.

Alle Austauschbeziehungen zwischen dem System Projektmanagement und den Umsystemen finden über zu definierende Schnittstellen statt. Diese Schnittstellen unterliegen definierten organisatorischen Regeln. Insofern ist das System Projektmanagement ein offenes System. In einem offenen System finden alle Austauschbeziehungen nur über definierte Schnittstellen statt. Voraussetzung für diese kontrollierte Form des Austauschs ist, dass das System Projektmanagement modularisiert und gekapselt ist.

Um Reibungsverluste an den angeführten Schnittstellen zu vermeiden oder zumindest zu minimieren, ist projektspezifisch der Einsatz eines spezifischen „Schnittstellenmanagements" sinnvoll. Die Methoden hierfür sind im Wesentlichen die Organisationsform der Projekte und die Führungsgrundsätze des Projektmanagements, aber auch die weiteren Richtlinien und Handlungsanweisungen des Projektmanagements. Diese allgemeinen unternehmensspezifischen Handlungsanweisungen sollten in Form eines Projektmanagementhandbuches kodifiziert werden. Die Richtlinien dieses Handbuches sind verbindlich, Abweichungen bedürfen der Genehmigung einer höheren Instanz (z.B. der Geschäftsleitung).

12.3 Umsysteme des Projektmanagements

Umsystem des Unternehmens

funktionale und prozessuale Gliederung

Umsystem des Projektes

originäres Projekt

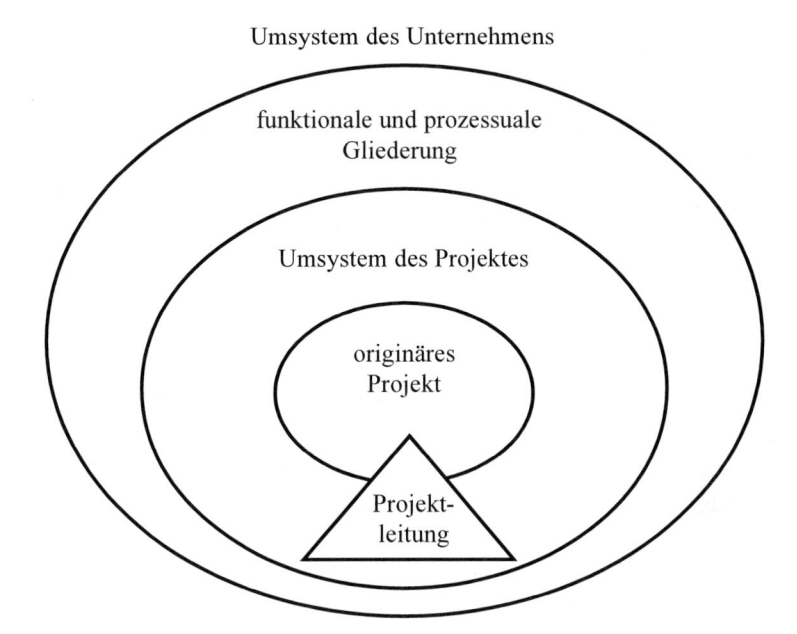

Projektleitung

Abb. 12-4: Umsystem des Projektmanagements[118]

Zusammenfassend ist festzuhalten, dass beim Einsatz eines Systems des Projektmanagements in das Umsystem Unternehmen Integrationsprobleme entstehen. Diese Probleme beruhen im Wesentlichen auf der statischen Organisation des Unternehmens und der dynamischen der Projekte. Der Anpassungsdruck und die Anpassungsmöglichkeiten lasten wegen der Flexibilität stärker auf den Projekten. Aber auch die Linieninstanzen müssen sich anpassen, z.B. aufgrund des Ressourcentransfers von den Linieninstanzen zu den Projekten.

Des Weiteren ist anzumerken, dass der Integrationsprozess ein zweistufiger ist, nämlich ein Prozess der Integration und der Desintegration.

Zu Beginn des Projektes sind die Organisationsstrukturen anzupassen und die benötigten Ressourcen, vor allem Personal, bereitzustellen. Nach Projektende ist die Organisation des Projektes aufzulösen und die nicht mehr benötigten, vor allem personellen Ressourcen zurück zu transferieren. Eventuell ist für die nun folgende Wartungsphase des Projektes eine angemessene Personalreserve bereitzustellen. Auch diese Prozesse müssen geordnet ablaufen.

Die Prozesse in einem Unternehmen laufen nicht isoliert ab, sondern werden miteinander verknüpft (Integration). Ein hoher Integrationsgrad bedingt hohe Abhängigkeiten zwischen den einzelnen Systemen bzw. zwischen den parallel durchgeführten Projekten. Diese integrativen Beziehungen müssen durch

---

[118] vgl. Keßler, Heinrich, Winkelhofer, Georg: Projektmanagement, 2002, S. 12

Beziehungsregeln definiert werden. Dies kann in Form eines kybernetischen Modells oder durch ein Schnittstellen- oder Prozessmanagement geschehen.

Geschieht dies nicht, ist die Integration des Projektes gefährdet oder die Integration führt zu einer so genannten Insellösung, d.h. das Projekt führt ein nicht mit den Unternehmensprozessen abgestimmtes Eigenleben.

In der Praxis definiert jedes System seine Beziehungen und Beziehungsregeln, indem es seine Input- und Outputparameter exakt bestimmt.

12.3.1
Das sozio-technische System Unternehmung

Das System des Projektmanagements agiert in einem Umsystem Unternehmen, das modellhaft als sozio-technisches System bezeichnet werden kann. Die generelle Funktionsweise eines solchen Systems wird im Folgenden kurz dargelegt.

Wenn man einen Überblick über die Funktionsweise von Unternehmen bzw. Produktionsunternehmen (Industriebetrieben) gewinnen will, ist es sinnvoll, die mannigfaltigen Zusammenhänge an einem Modell auf hohem Abstraktionsniveau aufzuzeigen[119]. Dieses Modell zeigt die allen Industriebetrieben gemeinsamen Merkmale. Es könnte insofern auch als generisches Modell bezeichnet werden. Reale industrielle Tatbestände und Prozesse lassen sich aus diesem Modell naturgemäß nicht ableiten. Hier wird als Beispiel der Systembegriff auf den Industriebetrieb angewendet.

Industrielle Organisationen sind dadurch gekennzeichnet, dass ihre Beziehungsstruktur nicht flüchtig, sondern von Dauer ist. Diese Beziehungsstruktur ist i.d.R. funktionenorientiert und hierarchisch strukturiert. Das System ist zielgerichtet auf die Erstellung und marktliche Verwertung von Sachleistungen, aus der sich die Offenheit des Systems gegenüber seinem Umsystem Umwelt ergibt. Mit seinem Umsystem Umwelt steht das Unternehmen in vielfältigen Austauschbeziehungen. Vom Umsystem wird Input in Form von Arbeit, Informationen, Rohstoffen, Maschinen und monetären Gütern (Kapital) geliefert. Diese Inputgüter werden im Allgemeinen als Produktionsfaktoren bezeichnet. Diese werden im industriellen Produktions- und Informationsverarbeitungsprozess kombiniert (Faktorkombination) und in veränderter Form als Output wieder an das Umfeld abgegeben.

Handlungsträger des Transformationsprozesses von Gütern und Informationen sind die im Unternehmen tätigen Menschen. In der Sprache der Systemtheorie sind Güter, Informationen und Menschen die Elemente des Systems. Daher

---

[119] vgl. Heinen, Edmund: Industriebetriebslehre, 1991, S. 39 ff.

12.3 Umsysteme des Projektmanagements

ist es sinnvoll den Industriebetrieb als sozio-technisches System zu bezeichnen, da ein Großteil der Problemstellungen des Industriebetriebes durch die Interaktionen von Mensch und Maschine bewirkt werden.

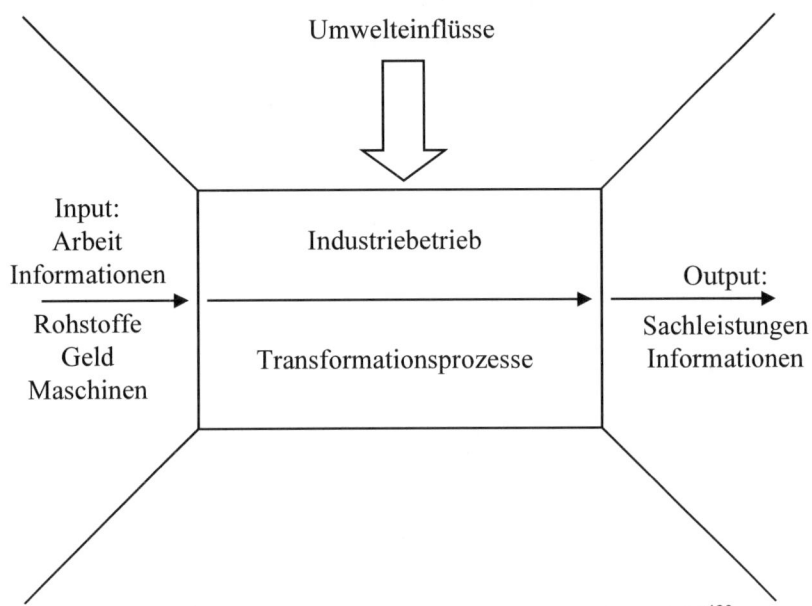

Abb. 12-5: Grundschema des Systems „Industriebetrieb"[120]

Der Industriebetrieb lässt sich in Subsysteme untergliedern, z.B. nach den Funktionen Beschaffung, Produktion, Absatz. Der Industriebetrieb ist ein offenes, sozio-technisches System, dessen Existenz und Überleben durch permanente Anpassungsprozesse an ein dynamisches Umsystem gesichert werden muss.

12.3.2
Einführung des Projektmanagements in Unternehmen

Projektmanagement muss professionell in Organisationen eingeführt werden. Professionalität wird vor allem dadurch erreicht, dass man die Vorgehensweise standardisiert und dokumentiert, z.B. im schon erwähnten Projektmanagementhandbuch.

Die Einführung von Projektmanagement kann in fünf Prozessschritte aufgeteilt werden[121] (s. Abb. 12-6):

---

[120] vgl. Heinen, Edmund: Industriebetriebslehre, 1991, S. 40

[121] vgl. Keßler, Heinrich, Winkelhofer, Georg: Projektmanagement, 2002, S. 22 ff.

1. Konzept-Entwicklung
Zu klärende Fragen für die Bearbeitung in dieser Phase sind z.B.:

- Wofür soll Projektmanagement eingesetzt werden?
- Welche Erfahrungen und welche Kenntnisse sind bereits vorhanden?
- Wie ist die Zielsetzung des Projektmanagement-Einsatzes?
- Wie ist die Arbeitsweise in einem Projekt?
- Welche Standards (Phasen, Methoden usw.) werden eingesetzt?
- Wie wird ein Projekt gestartet?
- Wie wird ein Projekt beendet?
- Wie werden Änderungen berücksichtigt?

usw.

2. Training und Schulung
Zur Vorbereitung der Trainingsphase sind folgende Fragen zu beantworten:

- Was wollen wir mit den Schulungen erreichen?
- In welcher Form soll die Schulung durchgeführt werden?
- Welche Zielgruppen sind anzusprechen?
- Wo findet die Schulung statt, intern oder extern?

usw.

3. Einführung (Implementierung) und Pilotierung
Abstimmung der Vorphasen mit der betrieblichen Realität. Zu klären sind:

- Gibt das Konzept und das Training das nötige Rüstzeug für den Start?
- Wo sind Schwachstellen, d.h. wo sind noch Erweiterungen bzw. Vertiefungen des Konzeptes nötig?
- Werden die geplanten Ziele erreicht?

usw.

4. Überprüfung
Weitere Anforderungen an das Konzept und eine weitere Detaillierung ergeben sich i.d.R. erst in der Praxis der Projektarbeit, d.h. Reflexion und Adaption des Konzeptes sind vorzusehen.

5. Standardisierung
Zum Schluss erfolgt die flächendeckende Einführung.

```
        ┌──────────────────────────┐
        │   5. Standardisierung    │
        └──────────────────────────┘
                   ↑
        ┌──────────────────────────┐
        │     4. Überprüfung       │
        └──────────────────────────┘
                ↑
    ┌──────────────────────────┐
    │   3. Einführung &        │
    │      Pilotierung         │
    └──────────────────────────┘
             ↑
  ┌──────────────────────────┐
  │   2. Training & Schulung │
  └──────────────────────────┘
          ↑
┌──────────────────────────┐
│  1. Konzept-Entwicklung  │
└──────────────────────────┘
```

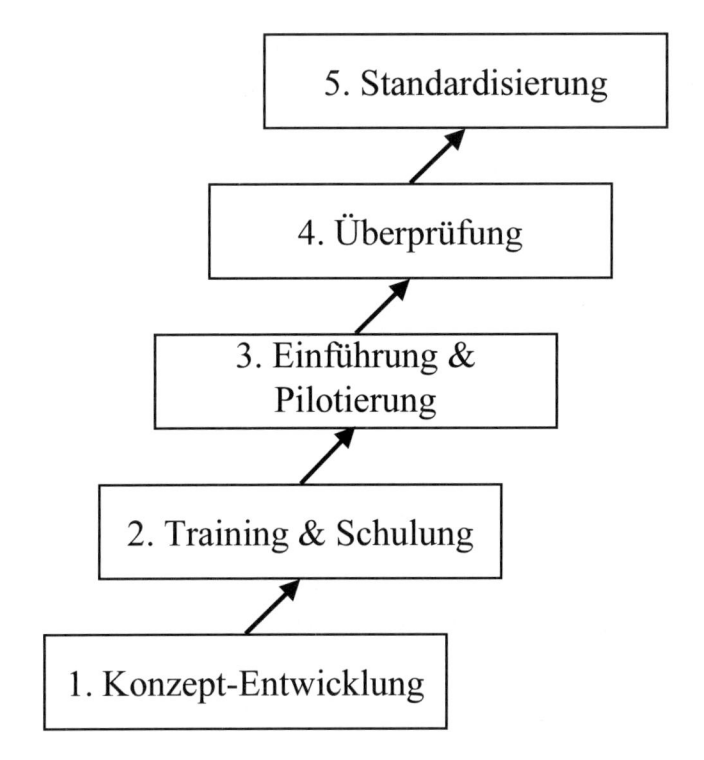

Abb. 12-6: Implementierungsprozess von Projektmanagement in Unternehmen[122]

Die Konzept-Entwicklung ist in der Praxis ein permanentes Fortschreiben der Erkenntnisse und Erfahrungen aus Training, Implementierungs- und Pilotprojekten. Das Konzept sollte in einem Projektmanagementhandbuch dokumentiert werden. Dieses Handbuch muss ebenfalls immer auf dem neuesten Stand gehalten werden. Es ist für alle Nutzer verbindlich.

Der Phase der Einführung von IT-Systemen und einigen daraus resultierenden Problemen ist in diesem Buch ein separates Kap. gewidmet (s. Kap. 11.3), aber dennoch soll an dieser Stelle auf ein immer wieder bei Einführung von Neuerungen auftretendes Phänomen hingewiesen werden.

Der Schritt der Einführung ist oft nicht nur die rein technische Integration in das Umsystem, sondern betrifft auch die soziale Komponente eines Gesamtsystems, hier das gesamte Unternehmen[123]. Denn Implementierungsprozesse voll-

---

[122] vgl. Keßler, Heinrich, Winkelhofer, Georg: Projektmanagement, 2002, S. 23

[123] vgl. Krcmar, Helmut: Informationsmanagement, 2003, S. 165

ziehen sich nicht in leblosen und menschenleeren Institutionen und Organisationsstrukturen, sondern sie verändern das sozio-technische System Unternehmen. Diese Veränderungsprozesse sind oft grundlegender Art, d.h. sie verändern beispielsweise die Unternehmenskultur und -strategie. Damit werden von solchen Prozessen immer direkt oder indirekt Personen betroffen, die sich nicht immer widerstandslos in das veränderte Umfeld einfügen. Die Formen des Widerstands sind mannigfaltig[124].

12.4 Modelle

Im Kap. 12.1 wurden einige Methodikansätze vorgestellt, die bei der Gestaltungsaufgabe „Schaffen leistungsfähiger IT-Systeme" zum Einsatz kommen. Dabei wurde festgestellt, dass den verschiedenen Methodikansätzen das Denken in Modellen zugrunde liegt, und dass demzufolge das Verwenden von Modellen typisch ist[125]. Das Denken in Modellen und deren Verwendung folgen aus der Tatsache, dass die betriebliche Wirklichkeit so kompliziert und komplex ist, dass sie ohne Vereinfachung nicht erfasst und gestaltet werden kann. Die Erfassung der betrieblichen Realität und ihre Abbildung und Gestaltung in IT-Systemen ist die originäre Projektmanagement-Aufgabe. Deshalb haben Modelle in der Wirtschaftsinformatik generell und speziell für das Projektmanagement grundlegende Bedeutung. In den folgenden Abschnitten werden daher die wichtigsten Grundmodelle vorgestellt.

12.4.1 Metamodelle, Referenzmodelle, generische Modelle

Im Folgenden wird ein Überblick über die Modelltypologie gegeben und die Bedeutung und die Zusammenhänge zwischen den oben angeführten Modelltypen werden aufgezeigt.

Den Zusammenhang zwischen Metamodell, Referenzmodell, generischem Modell und unternehmensspezifischem Modell gibt die Abb. 12-7 wieder.

Ein Metamodell definiert die Syntaktik der jeweils verwendeten Notation zwischen den Modellelementen[126]. Dies sind im Wesentlichen Objekte und deren Beziehungen. Ein Metamodell könnte u.U. auch als Legende zum

---

[124] vgl. Daniel, A.: Implementierungsmanagement, 2001, S. 3

[125] vgl. Heinrich, Lutz J.: Management von Informatik-Projekten, 1997, S. 61

[126] vgl. Leist, Susanne, Winter, Robert: Retail Banking im Informationszeitalter, 2002, S. 134

zugrunde liegenden Modell bezeichnet werden. Es erklärt dessen Symbole und deren Beziehungen und ist nicht auf einen bestimmten Modelltyp begrenzt. Für das Verständnis des entsprechenden Modells ist ein spezifisches Metamodell unerlässlich.

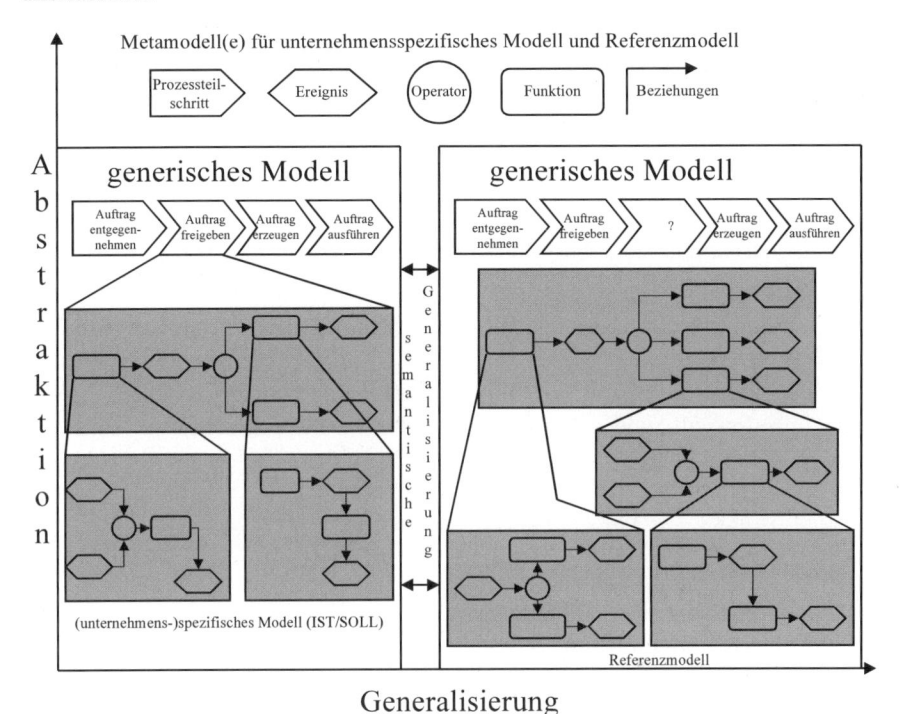

Abb. 12-7: Einordnung generisches Modell[127]

Ein spezifisches Modell zeichnet sich durch einen geringen semantischen Abstraktionsgrad, d.h. ein hohes Konkretisierungsniveau aus. Ein spezielles Unternehmensmodell z.B. zeigt reale Tatbestände, Funktionen und Geschäftsprozesse des modellierten Unternehmens auf. Ein spezifisches Unternehmensmodell ist z.B. das Organigramm des entsprechenden Unternehmens. Je stärker das spezifische Modell generalisiert wird, desto stärker nähert sich das Modell einem Referenzmodell an.

Unter einem Referenzmodell wird ein Modell verstanden, das als Ausgangspunkt für eine konkrete Problemlösung dienen kann. Referenzmodelle sind eine abstrahierende, modellhafte Beschreibung von Vorgehensweisen, Richtlinien, Empfehlungen oder Prozessen, die für einen bestimmten Problembereich

---

[127] vgl. Leist, Susanne, Winter, Robert: Retail Banking im Informationszeitalter, 2002, S. 134

gelten und in einer möglichst großen Anzahl von Einzelfällen anwendbar sind[128]. Als Arten von Referenzmodellen sind zu nennen:

- Unternehmensreferenzmodelle
- Vorgehensreferenzmodelle

Die wesentlichen Anforderungen an Referenzmodelle sind:

- syntaktische Vollständigkeit und Korrektheit
- semantische Vollständigkeit und Korrektheit
- Adaptierbarkeit, d.h. das Modell muss einfach an den speziellen Bedarf anzupassen sein
- Anwendbarkeit, d.h. das Modell muss übersichtlich und benutzerfreundlich sein

Die Aufgaben und Zielsetzungen von Referenzmodellen sind im Wesentlichen folgende:

- Reduzierung von Aufwand und Kosten
- Identifikation der relevanten Inhalte
- Begriffsklärung und Vereinheitlichung von Begriffen, dadurch Erleichterung der Kommunikation
- Standardisierung („Common Practice")
- Innovationen („Best Practice")

Eines der bekanntesten Beispiele ist das ARIS-Referenzmodell von *Scheer* für verschiedene Branchen.

Referenzmodelle müssen in einem separaten Individualisierungsprozess auf den jeweiligen individuellen Bedarf zugeschnitten werden. Dieser Vorgang wird auch als Modell-Tailoring bezeichnet.

Ein generisches Modell generalisiert die semantische Struktur eines Basismodells. Dieses Modell zeigt also lediglich Strukturen des modellierten Objektes, indem von konkreten Einflussfaktoren abstrahiert wird, wie z.B. den Dimensionen und konkreten Ausprägungen eines Geschäftsmodells. Es wird geprägt durch minimale Semantik und Abbildung einer Grobstruktur. Spezielle Zusammenhänge sind aus diesem Modelltyp zunächst nicht ableitbar.

---

[128] vgl. Stahlknecht, Peter, Hasenkamp, Ulrich: Einführung in die Wirtschaftsinformatik, 2002, S. 219

Darin liegen die Grenzen eines generischen Modells. Denn es erweist sich als außerordentlich schwierig, allein auf der Basis eines generischen Modells neue Objekte zu modellieren. Spezielle Fachkenntnisse des neu zu modellierenden Objekttyps sind unumgänglich.

Der Nutzen von generischen Modellen liegt vor allem in einer Erleichterung der Modellbildung und einer Vereinheitlichung der Terminologie. Die vorgegebenen Strukturen erleichtern die Modellierung neuer Objekte, z.B. das Modellieren neuer Geschäftsfelder und Geschäftsprozesse. Die einheitliche Terminologie erleichtert die Kommunikation aller Beteiligten. Des Weiteren können aufgrund eines generischen Modells betriebswirtschaftliche Konzepte leichter umgesetzt werden. Die Analyse von Potenzialen für das Referenzmodell und die Analyse von Schwachstellen wird erleichtert. Um diese Vorteile zu gewährleisten, müssen generische Modelle einige Anforderungen erfüllen. Die im Modell abstrahierten Aufgaben (Geschäftsfelder oder Geschäftsprozesse) müssen Referenzcharakter haben, d.h. sie müssen vom realen konkreten Objekt abstrahieren. Die dargestellten Strukturen des Modells müssen modular aufgebaut sein, um die Anforderung der Wiederverwendbarkeit zu erfüllen. Modularität beinhaltet standardisierte Strukturen und standardisierte Geschäftsprozesse sowie standardisierte Schnittstellen. Des Weiteren können durch den modularen Aufbau der Strukturen Teilstrukturen, wie z.B. Teilprozesse, gebildet werden. Die Strukturierung sollte hierarchisch aufgebaut sein, um eine Wiederauffindung zu erleichtern.

12.4.2
Unternehmensmodell

Ein Unternehmensmodell beschreibt die betriebliche Welt eines Unternehmens aus konzeptioneller Sicht[129]. Der Einsatz von Projektmanagement in einem Unternehmen schlägt sich auf vielen Ebenen der Institution nieder. Als zweckorientiertes Instrument der Unternehmensführung verändern sich die Führungsprozesse. Die organisatorische Integration erfordert Anpassungen der Aufbau- und Ablauforganisation, indem z.B. zusätzliche Organisationseinheiten gebildet werden. Projektmanagement als Prozess etabliert sich neben den anderen Linienprozessen im Unternehmen. Diese Aufzählung zeigt die Durchdringung des gesamten Unternehmens mit dem Projektmanagement. Daraus folgt, dass bei der Darstellung eines Unternehmensmodells das Projektmanagement mit einzubeziehen ist.

---

[129] vgl. Vossen, Gottfried: Geschäftsprozessmanagement und Workflowmanagement, 1996, S. 81

12 Ein Rahmen für das Projektmanagement

Essentiell ist, dass die konkrete Ausformulierung des Modells abhängig ist von der jeweiligen Sicht auf das Unternehmen. So fordert die Darstellung des Projektmanagements als Prozess die Sicht auf ein Unternehmensprozessmodell. Die Zwecke der Modellierung von Unternehmensmodellen sind mannigfaltig. Am häufigsten sind Modelle zur Definition des Geschäftszweckes, zur Gestaltung der Organisation bzw. zur Entwicklung von IT-Systemen[130].

Frank hat ein Konzept entwickelt, das eine multiperspektivische Betrachtungsweise für die Modellierung von Unternehmen definiert. Generell sind nach *Frank* folgende Sichten möglich[131]:

- Sach- und Funktionsweise aus der Betriebswirtschaftslehre (Beschaffung, Produktion, Finanzierung, Absatz), die klassische Betrachtungsweise der Betriebswirtschaftslehre
- zweckbezogene Gesamtsichten auf das Unternehmen (Marketing, Informationsmanagement, Ablauf- und Aufbauorganisation usw.)
- Sichten aufgrund einer speziellen Klassifikation, z.B. von Handlungen (Planung, Ausführung und Kontrolle)

Die Auswahl der jeweils relevanten Sicht orientiert sich an den Untersuchungsgegenständen und den Handlungszielen. Im Folgenden werden drei Sichten unterschieden[132]:

- Strategische Perspektive: Formulierung von Unternehmenszielen, Entwicklung und Bewertung von Strategien
- Organisatorische Perspektive: Gestaltung und Durchführung der kooperativen Handlungen im Unternehmen
- Informationssystem-Perspektive: Gestaltung von Informationssystemen

In der Literatur existieren viele generische und Referenzmodelle zur Gestaltung von Unternehmensmodellen. Einige sind so stark informatiklastig, dass sie zur Modellierung allgemeiner betriebswirtschaftlicher Aufgaben kaum geeignet sind.

Das hier vorgestellte „Semantische Objektmodell" wurde von *Ferstl* und *Sinz*[133] entwickelt. Analog zu den oben angeführten drei Perspektiven besteht das Modell aus einer Drei-Ebenen-Architektur (s. Abb. 12-8).

---

[130] ...anne, Winter, Robert: Retail Banking i... ...eitalter, 2002, S. 7

[131] vgl. Frank, U.: Multiperspektivische Unternehmensmodellierung, 1994, S. 167

[132] vgl. Frank, U.: Multiperspektivische Unternehmensmodellierung, 1994, S. 168

12.4 Modelle

```
           /\
          /  \
         / Unternehmensplan \
        /--------------------\
       /   Geschäftsprozesse  \
      /------------------------\
     /     Aufbauorganisation   \
    /    Anwendungssystem-Architektur \
   /        Anlagen-Architektur        \
  /_____\
```

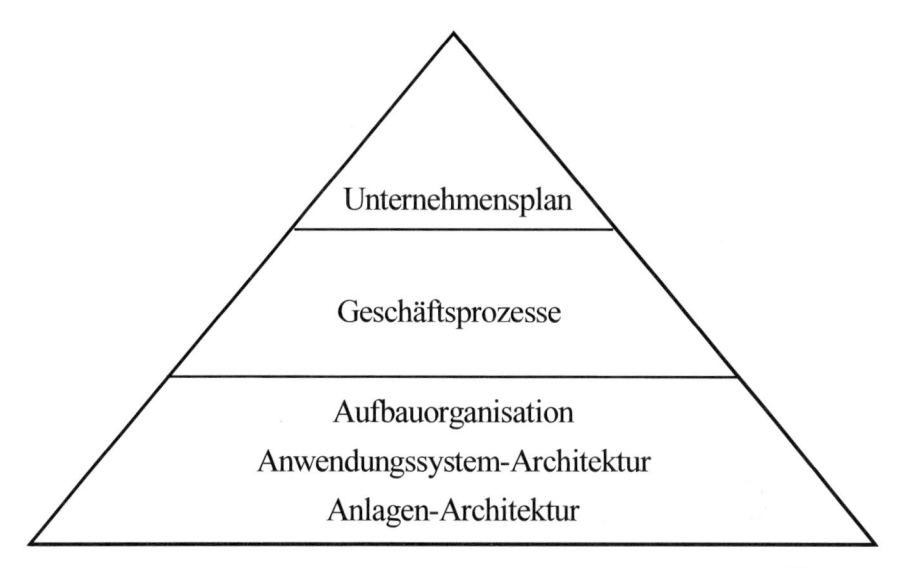

Abb. 12-8: Sichten entsprechend einer Drei-Ebenen-Architektur[134]

Von der Konstruktion ist das „Semantische Objektmodell" ein Meta-Modell zur Modellierung der Aufgabenebene einer Organisation[135]. In seiner Darstellung geht dieses Meta-Modell allerdings über die Funktionen eines solchen Modells wesentlich hinaus, denn es spezifiziert Grobstrukturen. Die Aufgabenebene muss weiter spezifiziert werden. Sie umfasst alle Teilaufgaben und deren Informationsbeziehungen.

Eine Aufgabe wiederum kann aufgeteilt werden in eine oder mehrere Lenkungsaufgaben, bestehend aus den Teilaufgaben Planung, Steuerung und Kontrolle sowie Durchführungsaufgaben. Neben der Aufgabenebene existiert eine Aufgabenträgerebene, die maschinelle und personelle Aufgabenträger unterscheidet. Aus der Zuordnung der Aufgaben zu den jeweiligen Aufgabenträgern ergibt sich, welche Aufgaben maschinell und welche manuell durchgeführt werden können. Die durchgeführte Darstellung zeigt die hierarchische Strukturierung der Aufgabenebenen. Die drei Modellebenen sind folgende:

- Unternehmensplan: Die Analyse erfolgt mittels exogener und endogener Erfolgsfaktoren. Exogene Faktoren werden in Chancen und Risiken aufge-

---

[133] vgl. Ferstl, O.K., Sinz, E.J.: Grundlagen der Wirtschaftsinformatik, 1993, S. 136

[134] vgl. Ferstl, O.K., Sinz, E.J.: Der Ansatz des Semantischen Objektmodells (SOM) zur Modellierung von Geschäftsprozessen, 1995, S. 212

[135] vgl. Leist, Susanne, Winter, Robert: Retail Banking im Informationszeitalter, 2002, S. 15 ff.

teilt. Endogene Faktoren zeigen die Stärken und Schwächen des Unternehmens. Aufbauend auf den Analyseergebnissen werden Unternehmens-, Markt- und Funktionalstrategien definiert. Die Unternehmensziele werden konkretisiert und der Umfang der Wertschöpfungsketten wird festgelegt. Überwiegend handelt es sich hier um konstitutive Unternehmensentscheidungen.

- Geschäftprozesse: Durch sie wird das vorher Geplante umgesetzt. Analog zum strategischen Geschäftsfeld ist für jeden Geschäftsprozess sein Beitrag zum Unternehmenserfolg ermittelbar. Der Beitrag eines Geschäftprozesses zu den Unternehmenssachzielen, Formalzielen und Strategien kann gemessen werden.

- Aufbauorganisation, Anwendungssysteme und Anlagen: Die Aufbauorganisation schafft den institutionellen Rahmen, in dem die Geschäftsprozesse ablaufen. Anwendungssysteme, Personal und Anlagen sind wesentliche Ressourcen zur Durchführung der Geschäftprozesse.

Vision, Strategie, Grundsätze (Kultur, Werte)
Führungsprozesse & Organisation

| Unternehmensführung | Key Account Management | Personalmanagement | Zusammenarbeit mit Partnern | Marketing & Kommunikation |

Leistungserstellungsprozesse

Projektvorbereitung
Anfrage
Angebot
Vertrag

Projektdurchführung
Projektmanagementprozesse Issue/ Risk Management
Moderation/Coaching
IT-Management Support

Projektabschluss
Abschlussbericht
Kontrolle
Abrechnung

Unterstützungsprozesse

| Knowledge Management | Rechnungswesen | Methoden Standards | Infrastruktur | Administration |

Abb. 12-9: Prozessmodell eines Consulting-Unternehmens[136]

---

[136] vgl. Leist, Susanne, Winter, Robert: Retail Banking im Informationszeitalter, 2002, S. 322

Ein Unternehmensmodell eines Consulting-Unternehmens, in dem der überwiegende Teil der betrieblichen Leistungserstellung in Projekten durchgeführt wird, zeigt Abb. 12-9.

Bei dem Unternehmen handelt es sich um ein Consulting-Unternehmen aus der Finanzdienstleistungs-Branche. In einem Unternehmen dieser Branche haben die Autoren überwiegend ihre beruflichen Erfahrungen gemacht. Dieses Unternehmen liefert seinen Kunden Projektmanagement-Support, insbesondere Unterstützung und Beratung bei IT-Projekten. Des Weiteren wird Beratung gewährt bei der Identifikation und Definition von Geschäftsprozessen. Die Kernkompetenzen des Unternehmens sind folgende[137]:

- Umfangreiche und fundierte Fachkenntnisse der Finanzdienstleistungs-Branche, Sachkenntnisse in Projektmanagement, umfangreiche generelle und spezielle Informatik-Kenntnisse, Erfahrung aus vielen Projekten. Des Weiteren gehört zum Aufgabenspektrum die Definition von Standards, auch von Standard-Geschäftprozessen, und Methoden.
- Strategieberatung, u.a. Entwicklung von Informatik-Strategien
- Sonstiges

Das Unternehmen hilft nicht nur bei der Entwicklung von Konzepten, sondern auch bei deren Umsetzung.

12.4.3
Datenmodelle

Datenmodelle sind die ältesten Modelltypen in der Informatik. Sie spezifizieren eine spezielle Sicht auf das Untersuchungsobjekt.

Ziel der Datenarchitektur als Teilbereich der Informationsinfrastruktur ist es, den Analysebereich hinsichtlich seiner informellen Zusammenhänge zu visualisieren[138]. Objekte der Datenarchitektur sind Entitäts- und Beziehungsmengen, d.h. die Realität wird auf der Basis von Mengen bzw. Typen und nicht auf der Basis von Elementen und Einzelfällen beschrieben.

Ziel der Datenmodellierung ist es immer, ein Abbild der Realität in einer datentechnisch darstellbaren Form zu schaffen. Aufgabe eines spezifischen unternehmensbezogenen Datenmodells ist es, die in einem Unternehmen relevanten Daten und ihre Beziehungen untereinander zu identifizieren, zu ordnen

---

[137] vgl. Leist, Susanne, Winter, Robert: Retail Banking im Informationszeitalter, 2002, S. 322

[138] vgl. Mertens, Peter, Wieczorrek, Hans Wilhelm: Data X Strategien, 2000, S. 44

und in grafischer Form darzustellen[139]. Ein Datenmodell sollte völlig losgelöst von hardware- und softwaremäßigen Aspekten auf der Grundlage der Datenarchitektur in logisch einwandfreier Darstellung modelliert werden. Aus dem Modell muss alles eindeutig abzulesen sein, was in der Realität als relevant für die Problemstellung anzusehen ist. Andererseits darf aus dem Modell nichts abgeleitet werden, das nicht der Wirklichkeit entspricht. Global normalisierte Relationen und deren Attribute bilden die Grundlage für ein konzeptionelles Datenmodell. Eine solche konzeptionelle Darstellung gewährt Flexibilität, wenn später Erweiterungen und Anpassungen nötig werden. Im Vordergrund der Erhebung stehen unternehmensspezifische Gesichtspunkte. Das Datenmodell sollte in einem Top-down-Ansatz entworfen werden.

Es existieren mehrere formale Beschreibungsverfahren für Datenmodelle, von denen zwei im Folgenden kurz erwähnt werden. Das Entity-Relationship-Model (ERM) wird für die Darstellung des relationalen Datenmodells verwendet. Objektorientierte Modellierung wird häufig mit der Unified Modeling Language (UML) durchgeführt. In der Praxis hat sich ERM aufgrund seiner benutzerfreundlichen graphischen Darstellungsweise als Beschreibungsverfahren für Datenstrukturen und Datensätze zur Erstellung von Datenmodellen für relationale Systemelemente bewährt.

Im Modellierungszyklus ist zu entscheiden, welcher Normalisierungsgrad für die Daten optimal ist, wie unscharfe und aggregierte Daten zu modellieren sind und wie die zeitliche Komponente zu berücksichtigen ist.

12.4.4
Prozessmodelle

Eine Funktion kennzeichnet einen Vorgang und beschreibt das „Was"[140]. Ein Vorgang ist ein zeitbeanspruchendes Geschehen, ausgelöst durch ein Startereignis und abgeschlossen von einem Endergebnis. Prozess wird hier als eine kausal verkettete Abfolge einer oder mehrerer Funktionen bzw. Vorgänge verstanden. Geschäftsprozesse orientieren sich an der betrieblichen Wertschöpfungskette.

Funktionen bzw. Vorgänge verändern die Daten und die Zustandsgrößen eines Systems. Ziel eines Prozessmodells ist es, alle Funktionen und Vorgänge eines Unternehmens konzeptionell, d.h. unabhängig von einer konkreten Organisation, nach dem Regelkreisprinzip hierarchisch aufzuzeichnen.

Prozessmodelle sind das Ergebnis eines Modellierungsprozesses. Der allgemeine Ablauf der Prozessmodellierung kann in einem Top-down-Ansatz erfol-

---

[139] vgl. Jenny, Bruno: Projektmanagement in der Wirtschaft, 2001, S. 23

[140] vgl. Scheer, August-Wilhelm: Wirtschaftsinformatik – Referenzmodelle, 1995, S. 19

12.4 Modelle

gen. Eine mögliche und in der Praxis gebräuchliche Vorgehensweise wird hier skizziert.

- Erhebung (Ist-Aufnahme): Ist-Prozesse verstehen, Ressourcennutzung ermitteln, Stärken/Schwächen und Chancen/Risiken analysieren
- Beschreibung der Funktionen
- Definition der gewünschten Soll-Prozesse
- Festlegung und Beschreibung der gewünschten Ressourcennutzung
- Implementierung (Dokumentation des Systems der Prozessressourcenzuordnung, Festlegung der Maßnahmen für die einzelnen Unternehmensbereiche)

Auf der Basis des Prozessmodells werden Funktionen bzw. Geschäftsfälle bestimmt. Eine Funktion definiert die hierarchische Struktur der Verarbeitungsregeln aus konzeptioneller Sicht. Sie transformiert den Prozessinput in den gewünschten Output. Komplexe Funktionen können in Teilfunktionen bzw. Elementarfunktionen aufgeteilt werden. Elementarfunktionen sind die unterste Ebene der Funktionshierarchie, sie werden oft auch als Elementargeschäftsfälle bezeichnet[141]. Auch die später noch diskutierten Vorgehensmodelle sind Prozessmodelle.

Die Methoden zur graphischen Darstellung von Prozessen sind mannigfaltig und häufig so informatikorientiert, dass sie sich nur bedingt zur Abbildung von allgemeinen betriebswirtschaftlichen Geschäftsprozessen eignen. Die bekanntesten sind Datenflussdiagramme, Ablaufdiagramme usw.

Spezielle Werkzeuge zur Modellierung betrieblicher Abläufe sind z.B. „ereignisgesteuerte Prozessketten". Nach Scheer[142] sind ereignisgesteuerte Prozessketten (EPKs) zeitlich-logische Abhängigkeiten von betrieblichen Funktionen. Funktionen werden in der Reihenfolge ihrer Ausführung modelliert[143]. Auslösungsmechanismus einer Funktion ist ein Ereignis, z.B. Mindestlagerbestand erreicht. Ein Ereignis ist das Ergebnis eines Zustandes, der u.U. eine bestimmte Folge auslösen kann. Ergebnis ist wiederum ein bestimmter Zustand. Dieser kann als Ereignis wiederum eine bestimmte Funktion initiieren. So entsteht eine Kette von Ereignissen und Funktionen. Diese kurze Darstellung zeigt, dass der Ausdruck „Ereignisgesteuerte Prozessketten" recht zutreffend ist.

---

[141] vgl. Jenny, Bruno: Projektmanage... Wirtschaft, 2001, S. 24

[142] vgl. Scheer, August-Wilhelm: Wirtschaftsinformatik - Referenzmodelle, 1997

[143] vgl. Krcmar, Helmut: Informationsmanagement, 2003, S. 102

12.5
Strategische Ausrichtung

12.5.1
Unternehmensziele

Der unternehmerischen Betätigung liegen gewisse Zielsetzungen zu Grunde. Denn warum sollte ein Unternehmer tätig werden, wenn er nicht klar definierte Ziele verfolgt? Die allgemeine Basis der Überlegungen über die Problematik der Unternehmenszielsetzung bildet ein nach dem erwerbswirtschaftlichen Prinzip im Privateigentum befindliches Unternehmen. Auch eine folgende differenzierte Betrachtungsweise fokussiert sich im Wesentlichen auf Gewinn- bzw. Rentabilitätsziele. Diese Zielsetzungen werden, wenn auch neuere Theorien der Unternehmung diese nicht als einzige ansehen, immer noch als Prioritätsziele angesehen. Im Folgenden soll diesen Problematiken nachgegangen werden.

Viele Wirtschaftseinheiten verfolgen nicht nur ein einziges Unternehmensziel, sondern, abhängig von der Branche, ein Zielsystem[144]. In diesem Fall ist es nicht möglich einzelne Ziele – z.B. die geschäftspolitischen Marketingziele – isoliert zu betrachten. Denn es ist einerseits die Beschaffenheit der Ziele, wie z.B. sachliche Charakteristik, unternehmenspolitische Gewichtung, andererseits jedoch die zwischen den Zielen bestehenden Beziehungsarten zu berücksichtigen. Dabei ist immer zu beachten, dass die einseitige Forcierung eines bestimmten Zieles ein anderes negativ beeinflussen kann. Zielkonflikte sind also systemimmanent.

Unbestritten ist, dass die allgemeine Unternehmenspolitik mit ihren Zielsetzungen einen bestimmten Einfluss auf die Arbeit und Zielsetzungen der einzelnen Unternehmensbereiche ausübt. Aus dieser Überlegung – der Dominanz der allgemeinen Unternehmensgrundsätze – ist es zu verstehen, wenn die strategischen Unternehmensziele als Oberziele und die Marketingziele als Zwischenziele verstanden werden. Diese Problematik wird im Folgenden erörtert.

Die Gewinnerzielung bzw. Gewinnmaximierung kann, obwohl in Wissenschaft und Praxis häufig diskutiert[145], als Ziel mit höchster Rangstufe angesehen werden. Allerdings ist die Bedeutung dieses Zieles innerhalb der Unternehmen unterschiedlich. So wird z.B. im genossenschaftlichen Kreditinstitutsektor diese Zielsetzung von anderen Zielsetzungen dominiert. Umsatz- und Marktanteils-

---

[144] vgl. Büschgen, Hans E.: Bankbetriebslehre, 1994, S. 509 ff

[145] vgl. Wöhe, Günter: Einführung allgemeine Betriebswirtschaftslehre, 2002, S. 44 ff.

ziele, wie z.B. eine Marktführerschaft, stellen eine weitere unternehmenspolitische Grundzielformulierung dar, wobei das Marktanteilsziel nur eine spezielle Ausformulierung des Umsatzziels darstellt. Im Bankensektor z.b. kommt einem Unternehmensziel eine hohe Bedeutung zu, der Sicherung und der Erweiterung des haftenden Eigenkapitals. Die besondere Bedeutung resultiert zum einem aus einem speziellen Sicherheitsverständnis, andererseits aus einer gesetzlichen Regelung, wonach das Kreditvolumen an das haftende Eigenkapital gekoppelt ist. Durch diese Bindung wird neben einer gewissen Kreditsicherung erreicht, dass einige Wachstumsziele nur über eine Erhöhung des Eigenkapitals erreicht werden können.

Die definierten möglichen Unternehmensziele strahlen auf alle Unternehmensbereiche ab. Aus der grundsätzlichen Beschreibung der Marketingzielrichtung mit den Ausprägungen Absatzvolumenausweitung, Absatzvolumenerhaltung, Absatzvolumeneinschränkung und Absatzvolumenumstrukturierung wird deutlich, dass diese Ziele insbesondere mit dem strategischen Unternehmensziel der Umsatz- und Marktanteilsentwicklung verbunden sind. Zur Erreichung dieser Oberziele sind alle unternehmensinternen und marktbezogenen, d.h. äußeren, Aktivitäten des Gesamtsystems Unternehmen einzusetzen.

Daraus ist abzuleiten, dass das System des Projektmanagements so in das Gesamtsystem Unternehmen zu integrieren ist, dass die Ergebnisse des Projektmanagements, d.h. letztlich die durchgeführten Projekte und deren Ziele, kompatibel sind mit den unternehmenspolitischen Zielsetzungen. Sie müssen dazu beitragen, die Unternehmensziele zu erreichen.

12.5.2
Unternehmensstrategie

Die Unternehmensstrategie gibt die strategische Ausrichtung und Vorgehensweise eines Unternehmens über einen längeren Zeitraum vor. Aus dem Facettenreichtum des Begriffs Strategie ergeben sich auch Probleme den Begriff Unternehmensstrategie zu präzisieren. Allgemein wird die Unternehmensstrategie der strategischen Unternehmensplanung zugeordnet. Der Erfolg eines Unternehmens hängt heute weniger z.B. von der Überlegenheit seiner Produktionstechnik als vielmehr von seiner Fähigkeit ab[146],

- künftige Nachfragebedürfnisse,
- Veränderungen der Marktbedingungen

---
[146] vgl. Wöhe, Günter: Einführung allgemeine Betriebswirtschaftslehre, 2002, S. 112 ff.

- Marktstrategien der Konkurrenten und
- technische Entwicklungsbedürfnisse

frühzeitig zu erkennen und aus den Erkenntnissen eine langfristige Unternehmensstrategie abzuleiten. Aus den Unternehmenszielen wird die Unternehmensstrategie abstrahiert. Dies kann z.B. die Planung der Übernahme der Marktführerschaft bis zu einem definierten Zeitpunkt sein. Der Planungszeitraum beträgt mindestens fünf Jahre, eher mehr. Die Festlegung der Maßnahmen, um diese Ziele zu erreichen ist u.a. Aufgabe der Exekutive, wie der Unternehmenspolitik. Die Langfristigkeit ist ein konstitutives Merkmal der Unternehmenspolitik. Hier liegt auch ein Abgrenzungsmerkmal zum Begriff Taktik. Wir verstehen hier unter Taktik kurzfristiges situatives Agieren oder Reagieren.

Die Entscheidung Methoden und Verfahren des Projektmanagements für bestimmte Vorhaben einzusetzen, hat aus folgenden Gründen strategischen Charakter. Zum einen verändert Projektmanagement als Führungssystem die Unternehmenskultur und hat u.a. auch Einfluss auf die Auswahl der Führungskräfte. Die weiteren strukturellen Einflüsse auf das Unternehmen ergeben sich aus der aufwändigen Implementierung des Projektmanagements. Indem das organisatorische Erscheinungsbild verändert wird, ändert sich die generelle Funktionsweise des Unternehmens.

12.5.3
Grundsätzliches zur Planung

Der Begriff und das Phänomen der Planung nehmen in diesem Buch einen großen Raum ein. Planung ist ein essentielles Problem des Projektmanagements. Deshalb erscheint es angebracht, zu diesem Begriff einige grundsätzliche Überlegungen anzustellen. Da Planung stets zukunftsbezogen ist, resultiert aus dieser Zukunftsbezogenheit das Problem der Ungewissheit. Die Ungewissheit wird oft auch als das Grundproblem der Planung bezeichnet[147].

Das Treffen von Planungsentscheidungen setzt Informationen, d.h. Wissen über mannigfache Daten vielfältigster Art voraus. Um das Phänomen der Planung näher zu identifizieren, sind zunächst die wichtigsten Formen der Information, des zweckbestimmten Wissens, einzugrenzen.

Bei vollkommener Information ist für Unsicherheit kein Platz, d.h. alle, auch die zukünftigen Daten, sind bekannt. In diesem Fall wären die Informationen über die Zukunft vom gleichen Wahrheitsgehalt wie die über die Gegenwart. Das andere Ende des Kontinuums ist die vollkommene Unsicherheit; in diesem

---

[147] vgl. Wöhe, Günter: Einführung allgemeine Betriebswirtschaftslehre, 2002, S. 119

Fall ist gar nichts bekannt, d.h. Planung unter vollkommener Unsicherheit bewegt sich im Spektrum der Wahrsagerei. Der Begriff der unvollkommenen Information besagt, dass zumindest Vorstellungen über zukünftige Datenkonstellationen bestehen. Mit diesem Informationsbegriff arbeitet die Planung. Der Planer ermittelt also die zukünftigen Datenkränze, von denen er erwartet, dass sie eintreffen. Damit ist das Dilemma der Planung nicht beseitigt, sondern nur eingeschränkt. Dies muss der Planer bei seiner Arbeit unbedingt beachten.

Der Begriff der Erwartung wurde im vorangegangenen Abschnitt schon erwähnt. Auch dieser hat mehrere Facetten. Sichere Erwartung liegt vor, wenn der Planer davon ausgeht, dass die Daten mit hundertprozentiger Sicherheit eintreffen. Sind Abweichungen möglich, was die Regel ist, spricht man von unsicherer Erwartung. Ist die Wahrscheinlichkeit der Abweichungen statistisch berechenbar, spricht man von Risikoerwartungen. Unsicherheit und Risiko sind also streng zu unterscheiden. Planung bedeutet demnach, Entscheidungen über die Zukunft zu treffen, wobei die Informationsbasis unvollkommen ist und die erwarteten Ergebnisse unsicher sind. Planung ist also auf keinen Fall unkontrolliertes Raten, sondern hat einen rationalen Hintergrund. Planung beinhaltet, dass das Individuum seine Entscheidungen bei unvollkommener Information treffen und realisieren muss. Wie unter konkreten Bedingungen Entscheidungen getroffen werden sollen, zeigt die Wissenschaft der Entscheidungstheorie.

Auch hier ist darauf hinzuweisen, dass jede Planung stark von subjektiven Erwägungen geprägt ist. Eine Planung liefert niemals objektive, überprüfbare Ergebnisse.

12.5.4
Unternehmensplanung

Die Unternehmensplanung ist eine wichtige Teilfunktion der Unternehmensführung, da zielgerechte Entscheidungen gedanklich vorbereitet werden müssen[148].

Die Unternehmensplanung, oft auch als strategische Planung bezeichnet, erfolgt auf der Basis der in der Unternehmensstrategie festgelegten langfristigen Unternehmensziele, gesteuert von einem Unternehmensleitbild. Der zur Erreichung dieser langfristigen Unternehmensziele benötigte Ressourceneinsatz, wie Kapital, Personal, usw., wird unternehmensweit geplant. Festzulegen wie diese Ressourcen akquiriert und disponiert werden, ist Aufgabe der Unternehmenspolitik. So kann z.B. als Grundsatzentscheidung verankert sein, dass bei notwendiger Aufnahme von Fremdkapital immer der Kapitalmarkt in Anspruch zu nehmen ist. Das Tableau der Grundsatzentscheidungen hat für Unternehmen

---

[148] vgl. Wöhe, Günter: Einführung allgemeine Betriebswirtschaftslehre, 2002, S. 103

die gleiche Bedeutung wie z.B. eine Verfassung für ein Land. Im Rahmen der strategischen Planung werden Vorhaben generiert, die Innovationscharakter haben. Insofern werden im Rahmen der strategischen Planung vor allem Innovations-Projektanträge erstellt[149]. Zielsetzung dieser Vorhaben ist es, die Marktposition des Unternehmens so zu verändern, bzw. zu festigen, dass daraus reale wirtschaftliche Vorteile resultieren.

Die strategische Planung erfolgt in enger Abstimmung mit der Unternehmensleitung, oft wird sie sogar von dieser durchgeführt. Daraus resultiert i.d.R. eine hohe Priorität dieser Vorhaben. Dennoch sollten diese Vorhaben den üblichen weiteren Bewertungen unterzogen werden, bevor sie in das endgültige Projektsortiment, die Projektpipeline, übernommen werden. Denn es ist durchaus möglich, dass eine konkretere Bewertung des Vorhabens zu Ergebnissen z.B. hinsichtlich Kosten, Risiko, Nutzen usw. kommt, die eine Realisierung ausschließen könnte.

12.5.5 Bereichsplanung

Aufgabe der Bereichs- oder auch operativen Planung ist es, die Vorhaben in einem detaillierten Jahresplan aufzulisten. Dieser Jahresplan ergibt sich zum Teil aus der Konfrontation der Unternehmensbereiche mit den operativen Aufgaben des Unternehmens. Häufig resultieren aus dieser Planung Wartungsvorhaben bzw. Reengineering-Aktivitäten für Anwendungssysteme, die sich schon längere Zeit in der Wartungsphase befinden. Diese Vorhaben sind oft konzeptionelle Wartungsvorhaben. Oft werden Systeme, die im Life-Cycle längere Zeit, in der Praxis oft mehr als zehn Jahre, in der letzten Phase oder der Betriebs- und Wartungsphase stehen, von zwei zusammenhängenden Phänomenen dominiert. Das sind permanent steigende Wartungskosten und parallel dazu ein steigendes Wartungsrisiko. Wenn partielle Anpassungen der Systeme nicht mehr ausreichen, sondern eine grundlegende konzeptionelle Überarbeitung notwendig ist, ist eine Neukonzipierung des laufenden Systems zu erwägen. Aus den Bereichsplanungen resultieren oft Neukonzepte für bestehende Systeme. In einer parallel dazu laufenden Abstimmungsplanung sollten die Führungskräfte der betroffenen Bereiche den benötigten Ressourceneinsatz im Rahmen einer Ressourcen-Bereitstellungsplanung konzipieren.

Das Initialisieren von Vorhaben ist die eine Aufgabe der Bereichsplanung, selbstverständlich ist sie aber auch verantwortlich für die Planung der laufenden Aufgaben und Projekte.

---

[149] vgl. Jenny, Bruno: Projektmanagement in der Wirtschaft, 2001, S. 28

Neukonzipierung von existierenden Anwendungen, die nicht mehr die Wirklichkeit abbilden und daher oft auch einen hohen Nutzerreklamationsanteil haben, genießen naturgemäß hohe Priorität. Dennoch sollten sie dem weiteren „normalen" Bewertungsverfahren unterzogen werden. Eventuell sollten diese Anwendungen im Priorisierungs-Verfahren mit einem Prioritätsbonus versehen werden.

12.5.6
Durchführungsplanung

Die Durchführungs- oder auch dispositive Planung beschäftigt sich mit der Steuerung der Regeltätigkeiten des Unternehmens. Sie ist kurzfristiger Natur. Der Zeithorizont umfasst maximal ein Jahr. Sie ist dafür verantwortlich, dass die im Unternehmen ablaufenden Transformationsprozesse organisatorisch und kostenoptimal umgesetzt werden. Zu nennen sind die kurzfristige Finanz- und Liquiditätsplanung, das Cash-Management, die Fertigungsplanung, die Personaleinsatzplanung usw.

Symptomatisch für diese Art der Planung ist, dass Vorhaben initiiert werden, die sich als Ergebnis aus der Konfrontation mit dem Tagesgeschäft ergeben. So resultieren z.B. aus dem Problem-Management Wartungsaufgaben, die geordnet und konzentriert in den Lebenszyklus des Softwaresystems integriert werden müssen. Gezielte Systemwartung, gesteuert durch ein professionelles Changemanagement, (s. Kap. 11.6) kann die Lebensdauer eines Systems wesentlich verlängern. Die Systemwartung wird i.d.R. von institutionalisierten Wartungsteams wahrgenommen. Insofern handelt es sich bei diesen Wartungsaufgaben um Regeltätigkeiten. Diese Aufgaben werden erst dann zu Projekten, wenn sie die unternehmensindividuellen Anforderungen an ein Projekt erfüllen. Die aus der kurzfristigen Planung resultierenden Vorhaben müssen dem weiteren Bewertungsprozess unterworfen werden.

Dabei sind bei den hoch integrierten Systemen höchste Anforderungen an Risikominimierung und Sicherheit zu stellen. Die Durchführung der Wartung von Systemen sollte gesteuert von einem Vorgehensmodell, einem institutionellen Change- bzw. Problemmanagement in Kombination mit einem intelligenten Releasemanagement durchgeführt werden.

12.5.7
Informatikstrategie

Die Unternehmensstrategie definiert den Aktionsraum eines Unternehmens als Ganzes[150]. Die Informatikstrategie definiert die Ausrichtung der Informationsinfrastruktur. Diese Problematik ist Forschungsaufgabe eines speziellen Gebietes der strategischen Planung, des Informationsmanagements.

Informatikstrategien sind das Bindeglied zwischen den strategischen Unternehmenszielen und der Informationsinfrastruktur. Insofern wird die Informationsinfrastruktur aus der Informatikstrategie abgeleitet.

Die Informatikstrategie umfasst die Handlungsrichtlinien und definiert ein Rahmenkonzept für die langfristige Planung der Informationsinfrastruktur. Die Informatikstrategie ist richtungweisend für die Verfolgung der strategischen Unternehmensziele. Sie muss sicherstellen, sich lang- bis mittelfristig evolutionär zu entwickeln, um die mit der Informationstechnologie verbundenen Investitionen und Organisationsprozesse geschäftspolitisch, organisatorisch, technisch und kostenoptimal umzusetzen. Mit der parallelen Erhöhung der Komplexität, in Verbindung mit der Dynamik von technologie- und marktbedingten Änderungen, besteht die Gefahr, dass die Gesamtsicht eines Informatikkonzeptes im Prozess der notwendigen Kurskorrekturen verloren geht und sich eine ungesteuerte Evolution einstellt. Dies kann nur verhindert werden, wenn das Gesamtkonzept konsequent dokumentiert wird und die Korrekturen kontinuierlich und zeitnah fortgeschrieben werden. Ansonsten besteht die Gefahr, dass Konzept, Architekturen und Leitideen erstarren und so ein realitätsfernes Eigenleben entfalten. Eine einmal, vielleicht noch mit der Unterstützung teurer externer Berater, erstellte Informatikstrategie, die nicht permanent gepflegt wird, ist wertlos.

Planerische Elemente sollten einen Ausblick auf das künftige IT-System enthalten. Eine Informatikstrategie orientiert sich am Unternehmenszweck und reflektiert diesen in die Zukunft.

Eine wichtige Zielsetzung einer Informatikstrategie ist, die Individualität eines Unternehmens, unter den Gesichtspunkten Funktionalität, Sicherheit und Wirtschaftlichkeit, angemessen zu berücksichtigen. Entscheidungen über eine Informatikstrategie sind immer konstitutive Grundsatzentscheidungen. Sie sind richtungweisend für die Entwicklung eines Unternehmens.

---

[150] vgl. Mertens, Peter, Wieczorrek Hans Wilhelm: Data X Strategien, 2000, S. 25 ff.

12.5 Strategische Ausrichtung

```
┌─────────────────────┐
│  Unternehmenszweck  │──┐
└─────────────────────┘  │
         ⇕               │
┌─────────────────────┐  │
│ Unternehmensstrategie│  │
└─────────────────────┘  │
         ⇕               │
┌─────────────────────┐  │
│  Informatikstrategie │◄─┘
└─────────────────────┘
```

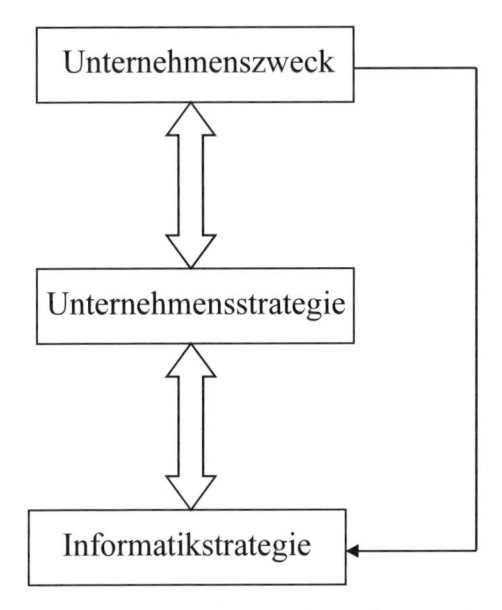

Abb. 12-10: Integration einer Informatikstrategie

Die Funktionsfähigkeit eines Unternehmens ist an definierte Strukturen und Verhaltensweisen gebunden. Der Begriff Verbindlichkeit ist als eine logische Folge gemeinsamen Handelns abzuleiten. Eine Informatikstrategie soll einen konsistenten und stabilen Status über die Zeit gewährleisten. Sie gibt insofern eine verbindliche Ausrichtung für alle internen und externen Elemente einer Organisation. Eine Strategie ist kein eindeutig abgrenzbares Objekt. Eine klare und vollständige Beschreibung hinsichtlich instrumentaler Verwendung oder Wirkung ist somit nicht möglich und auch nicht Zielsetzung. Traditionelle Merkmale, wie zukünftiger Plan, Absicht und Bewusstheit sowie Planmäßigkeit der Gestaltung und Realisation, verlieren somit ihre klaren Konturen. Daraus resultiert eine permanente Dynamik einer Informatikstrategie, die sich in andauernden Anpassungs- und Ergänzungsprozessen zeigt. Der Input für diese Prozesse muss von allen Beteiligten im Rahmen einer unternehmensweiten Kommunikation geliefert werden. Auf diese Weise werden notwendige Freiräume sowohl für eine rationale Planung als auch für notwendige kommunikative, intuitive und kreative Prozesse geschaffen.

12.5.8
Informationsmanagement

Das Informationsmanagement ist Teil der strategischen Unternehmensplanung. Definitionen orientieren sich an der speziellen Sichtweise beispielsweise der Unternehmensführung, der IT-Fachleute oder der Wissenschaft.

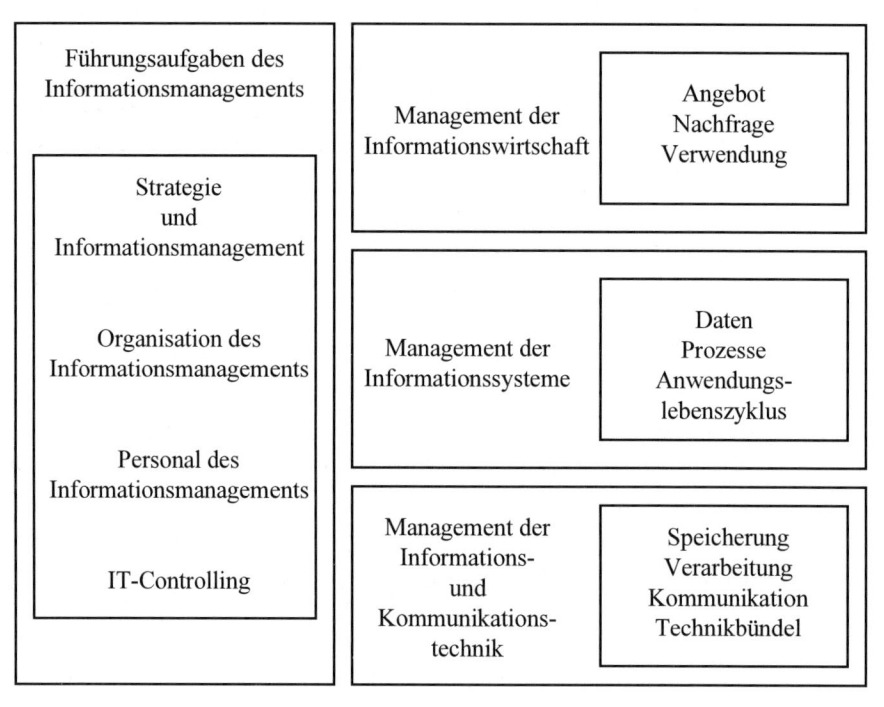

Führungsaufgaben des Informationsmanagements	Management der Informationswirtschaft	Angebot Nachfrage Verwendung
Strategie und Informationsmanagement		
Organisation des Informationsmanagements	Management der Informationssysteme	Daten Prozesse Anwendungslebenszyklus
Personal des Informationsmanagements		
IT-Controlling	Management der Informations- und Kommunikationstechnik	Speicherung Verarbeitung Kommunikation Technikbündel

Abb. 12-11: Ein Modell des Informationsmanagements[151]

Im Allgemeinen versteht man darunter[152]:

a) Primär die Aufgabe, den für das Unternehmen nach Kapital und Arbeit „dritten Produktionsfaktor" Information zu beschaffen und in einer geeigneten Informationsstruktur bereitzustellen, und

b) davon ausgehend die Aufgabe, die dafür erforderliche IT-Infrastruktur, d.h. die informationstechnischen und personellen Ressourcen langfristig zu planen und mittel- und kurzfristig zu beschaffen und einzusetzen.

---

[151] vgl. Krcmar, Helmut: Informationsmanagement, 2003, S. 46

[152] vgl. Stahlknecht, Peter, Hasenkamp, Ulrich: Einführung in die Wirtschaftsinformatik, 2002, S. 441

Krcmar[153] stellt ein aus drei Ebenen bestehendes Referenzmodell des Informationsmanagements vor, das die Eigenschaften von Informationen in differenzierter Weise für die Unternehmensführung berücksichtigt. Informationsmanagement wird in diesem Modell als dreistufige Managementaufgabe dargestellt. Der obersten Ebene ist die Information als solche zugeordnet, der mittleren die Anwendungen und der untersten die Technologie. Die Darstellung ist objektorientiert. Eine kurze Erläuterung wird das verdeutlichen.

- Ebene Informationswirtschaft: Objekt der Handlungen ist die Ressource Information und damit der Informationsbedarf und das Informationsangebot. Ziel ist es, Bedarf und Angebot zur Deckung zu bringen. Dazu bedarf es informationswirtschaftlicher Planung, Organisation und Kontrolle. Das Management umfasst alle Bereiche des Unternehmens. Das Management des Informationseinsatzes ist als Managementaufgabe den normalen betriebswirtschaftlichen Entscheidungsprozessen zuzuordnen. Wenn man einer viel vertretenen Meinung zustimmt, die Ressource Information als Produktionsfaktor zu bezeichnen, sind Analogien zum Management der originären Produktionsfaktoren zu erkennen. Dabei müssen die Besonderheiten der Information, wie z.B. Immaterialität usw., berücksichtigt werden. Die Anforderungen an die Produzenten der Ressource Information, die Informationssystemebene, müssen definiert werden.

- Ebene Informationssysteme: Diese wurden bereits in Kap. 12.2.4 definiert. Sie dienen der Deckung des Informationsbedarfs. Konkretes Handlungsobjekt dieser Ebene sind die IT-Anwendungen. Daten und Prozesse umreißen das Handlungsspektrum der IT-Anwendungen. Das Management der Daten und Prozesse (Funktionen) geschieht auf dieser Ebene. Das Management der Anwendungsentwicklung und damit als Teilobjekt das Projektmanagement vollzieht sich in diesem Bereich.

- Ebene Informationstechnik: Im Mittelpunkt des Interesses steht das gesamte Spektrum der Technologie. Im Wesentlichen geht es um das Bereitstellen und die Administration der Technologieinfrastruktur. Zur Administration der aktuellen Infrastruktur kommt noch das Planen der technischen Anpassung der im Einsatz befindlichen Systeme. Diese Systeme bestehen sowohl aus Hardware- als auch aus Software-Komponenten. Sie bilden insofern die Basis für den Einsatz und die Funktion der IT-Systeme.

- Querschnittsaufgaben: Diese durchziehen jede Ebene oder lassen sich nicht auf eine Ebene beschränken. Im Modell sind sie am linken Rand dargestellt und werden als Führungsaufgaben des Informationsmanagements bezeichnet. Handlungsobjekte der ebenenübergreifend dargestellten Führungsaufgaben sind die Bestimmung der Bedeutung des Informationsmanagements

---

[153] vgl. Krcmar, Helmut: Informationsmanagement, 2003, S. 45 ff.

für das Unternehmen und die Unternehmensstrategie. Informationsmanagement ist Teil der Unternehmensstrategie. Weitere Aufgaben sind die Gestaltung der Aufbauorganisation des Informationsmanagements, das Personalmanagement und Controlling als Steuerungsinstrument des Informationsmanagements[154]. Die allgemeinen Führungsaufgaben des Unternehmens und die Führungsaufgaben des Informationsmanagements sind zusammenhängend zu sehen. Alle Führungsaufgaben sind Bestandteile eines gesamtunternehmerischen Führungskonzeptes.

12.5.9
Informationsinfrastruktur

Lehner[155] definiert als Informationsinfrastruktur die Gesamtheit aller Einrichtungen, Mittel und Maßnahmen zur Produktion von Informationen und Kommunikation. Dazu gehören auch die Software-Applikationen, die im wesentlichen im Rahmen der Projektarbeit mittels der Verfahren und Methoden des Projektmanagements geschaffen werden. Die Informationsinfrastruktur überzieht ein Unternehmen wie ein Netz und kennzeichnet die informationswirtschaftliche Architektur. Diese Gesamtarchitektur kann je nach Sichtweise in verschiedene Teilarchitekturen gegliedert werden (s. Abb. 12-12).

Die Informationsarchitektur stellt die Sichtweise der unternehmensweiten Informationsnachfrage dar. Die Datenarchitektur beschreibt die Sicht der unternehmensweit benötigten Daten zur Deckung der Informationsnachfrage, während die Anwendungs- oder Methodenarchitektur die Sicht der Funktionen, Prozesse und deren Unterstützung darstellt. Die Kommunikationsarchitektur ist die Sicht der Transportwege der Informationen (Informationskanäle) zwischen Stellen des Angebots und der Nachfrage. Diese Teilarchitekturen repräsentieren logische bzw. konzeptuelle Sichten auf die Gesamtstruktur des Modells.

Die reale Ausprägung der Daten-, Methoden- und Kommunikationsarchitektur stellt die Technologie-Architektur dar, aus der die Informationssystemarchitektur abgeleitet wird. Das von *Krcmar*[156] entwickelte Modell (s. Abb. 12-12) stellt übersichtlich die Gesamtarchitektur der Informationsinfrastruktur und das Zusammenwirken der einzelnen Teilarchitekturen dar. Aus dem Modell geht das Beziehungsgefüge zwischen den strategischen Unternehmenszielen und der Aufbau- und Ablauforganisation hervor.

---

[154] vgl. Krcmar, Helmut: Informationsmanagement, 2003, S. 47

[155] vgl. Lehner, Franz: Informatik Strategien, 1993, S.10

[156] vgl. Krcmar, Helmut, Bedeutung und Ziele von Informationssystem-Architekturen, 1990, S. 395–402

12.5 Strategische Ausrichtung

```
          Strategische
       Unternehmensziele
      Struktur-      Ablauf-
    organisation  organisation
         Informationsarchitektur
   Datenarchitektur Anwendungssystemarchitektur
         Kommunikationsarchitektur
         Technologiearchitektur
          Informationssystem-
              architektur
```

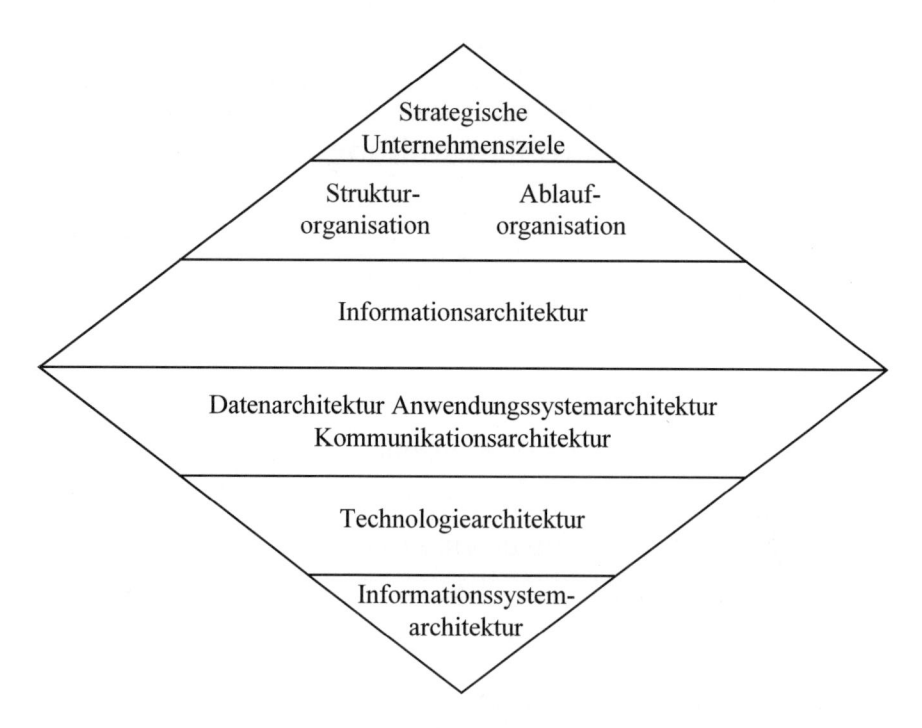

Abb. 12-12: Modell der Architektur der Informationsinfrastruktur

Jedes Unternehmen hat eine Informationsinfrastruktur, die aber häufig nicht das Ergebnis eines planerischen Gestaltungsprozesses ist, sondern durch Konstruktion und Implementierung einzelner oft nicht kompatibler Informationssysteme „historisch" gewachsen ist. Diese isolierten Informationssysteme werden in der Praxis oft auch als „Insellösungen" bezeichnet.

Ein wichtiges Architekturkonzept wurde von *Scheer*[157] entwickelt. Seine Relevanz für die Praxis wird u.a. durch das Vorliegen mehrerer konkreter Referenzmodelle z.B. für die wichtigsten industriellen Geschäftsprozesse von Industriebetrieben dokumentiert.

Die Konturen dieses Modells werden im Folgenden kurz skizziert. Das Konzept „Architektur integrierter Informationssysteme (ARIS)" strukturiert seine Informationssystemarchitektur primär in Sichten und sekundär in Modellebenen. Die Spezifikation unterschiedlicher Sichten z.B. auf der Basis eines generischen Architekturrahmens[158] wird von ARIS nicht genutzt. Diese Vorgehensweise macht es notwendig, auf allen Modellebenen gleiche Sichten zu positionieren. Dies unterscheidet ARIS von anderen Konzepten.

---

[157] vgl. Scheer, August-Wilhelm: Wirtschaftsinformatik – Referenzmodelle, 1995, S. 4 ff.

[158] vgl. Rechenberg, Peter, Pomberger, Gustav: Informatikhandbuch, 1997, S. 876

12 Ein Rahmen für das Projektmanagement

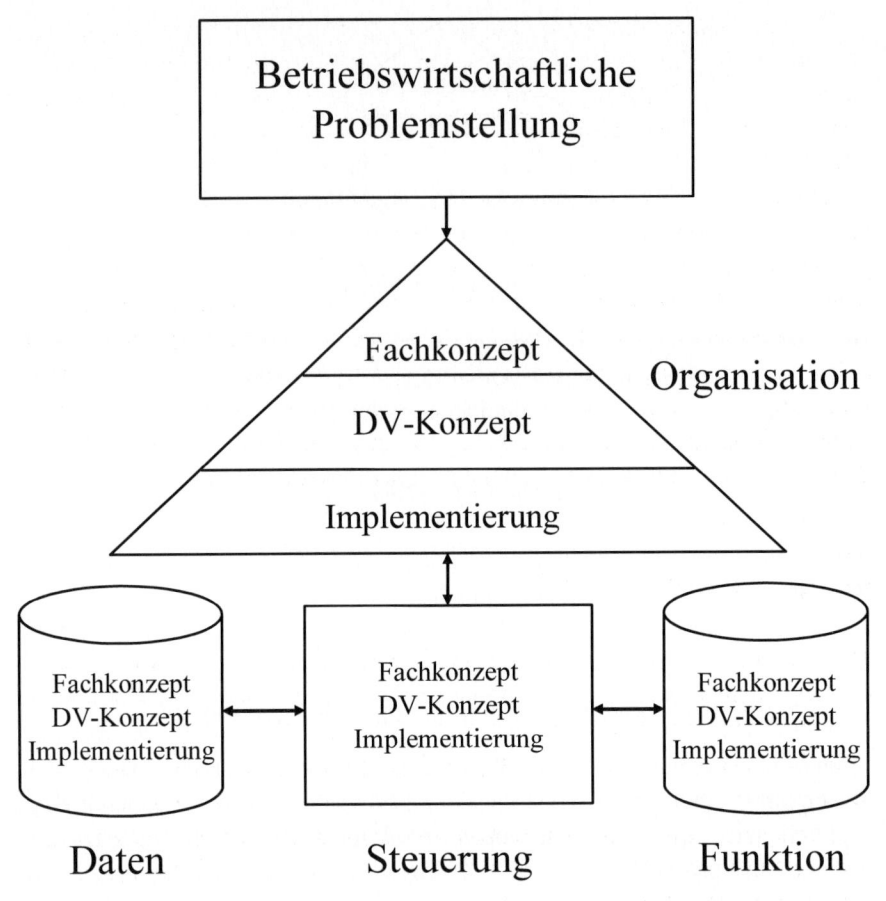

```
              Betriebswirtschaftliche
                 Problemstellung

                      Fachkonzept        Organisation
                       DV-Konzept
                     Implementierung

   Fachkonzept       Fachkonzept       Fachkonzept
   DV-Konzept        DV-Konzept        DV-Konzept
  Implementierung   Implementierung   Implementierung

      Daten           Steuerung          Funktion
```

Abb. 12-13: ARIS – Architektur integrierter Architekturmodelle[159]

Wie aus Abb. 12-13 ersichtlich ist, definiert ARIS drei Sichten: Datensicht, Funktionssicht und Organisationssicht, wobei das Zusammenwirken der drei Sichten durch eine vierte Sicht, die Steuerungssicht, hergestellt wird. ARIS folgt dem entwickelten Integrationspfad, indem es Geschäftsprozesse unterstützt[160].

Die Steuerungssicht ist eine weitere wesentliche und spezielle Komponente, die ARIS von anderen Konzepten unterscheidet. Sie ist aber notwendig, weil durch die Zerlegung des Ausgangsproblems in die einzelnen Sichten zwar die Komplexität reduziert wird, aber auch die Zusammenhänge zwischen den einzelnen Sichten aufgelöst werden. Die drei Sichten werden in jeweils zwei Beschreibungsebenen und eine Aufgabenebene bestehend aus Informationsver-

---

[159] vgl. Scheer, August-Wilhelm: Wirtschaftsinformatik - Referenzmodelle, 1995, S. 17

[160] vgl. Scheer, August-Wilhelm: Wirtschaftsinformatik - Referenzmodelle, 1995, S. 16

arbeitungsaufgaben, die durch Informationsbeziehungen verbunden sind, untergliedert. Die Auftraggeberebene besteht aus Menschen und maschinellen Systemen, wie z.B. Rechner- und Kommunikationssystemen, die untereinander kommunizieren und kooperativ Informationsverarbeitungsaktivitäten durchführen[161].

Daten-, Funktions- und Steuerungssicht gehören zur Aufgabenebene eines betrieblichen Informationssystems; die Organisationssicht gehört zur Auftraggeberebene. ARIS ist so flexibel, dass für die einzelnen Sichten und Ebenen unterschiedliche, konkrete Modellierungskonzepte eingesetzt werden können. Aus diesem Grund werden die einzelnen Sichten und Ebenen allgemein (universell) modelliert. So benutzt *Scheer* für die Datensicht ein erweitertes Entity-Relationship-Model, für die Steuerungssicht ereignisorientierte Prozessketten. Die Integration der sichten- und modellorientierten Metamodelle wird durch ein Metamodell über alle Sichten und Modellebenen konstruiert.

12.5.10
Integrationsproblematik

Die Unternehmensstrategie umreißt den Aktionskreis eines Unternehmens als Ganzes, während die Informatikstrategie für die allgemeine Ausrichtung der Informationsinfrastruktur verantwortlich ist[162]. Der Wissenschaftsbereich des Informationsmanagements beschäftigt sich u.a. mit dem Erforschen der Zusammenhänge zwischen Unternehmensstrategien und Informatikstrategien[163].

Informatikstrategien dienen dazu, die Übereinstimmung zwischen den strategischen Unternehmenszielen und der Informationsinfrastruktur herzustellen oder aufrechtzuerhalten[164].

Wie schon erwähnt, umfasst die Informationsinfrastruktur das gesamte Unternehmen. Der Gestaltungsprozess der unternehmensweiten Informationsinfrastruktur geschieht abgeleitet aus der Informatikstrategie im Rahmen des Informationsmanagements. Die reale Gestaltung der Informationsinfrastruktur erfolgt u.a. durch Informatik-Projekte, gesteuert durch das Projektmanagement. In diesen Projekten werden die Funktionen des Unternehmens, wie Vertrieb, Personal usw., bzw. Geschäftsprozesse, wie Logistiksysteme, durch die Schaffung von IT-Systemen realisiert.

---

[161] vgl. Rechenberg, Peter, Pomberger, Gustav: Informatikhandbuch, 1997, S. 875

[162] vgl. Mertens, Peter, Wieczorrek, Hans Wilhelm: Data X Strategien, 2000, S. 23

[163] vgl. Scheer, August-Wilhelm: Wirtschaftsinformatik – Referenzmodelle, 1995, S. 690

[164] vgl. Lehner, Franz: Informatik Strategien, 1993, S. 21

12 Ein Rahmen für das Projektmanagement

Insofern ist die Informationsinfrastruktur das Ergebnis von Planungs- und Realisationsprozessen. Das Informationsmanagement umreißt den Handlungsspielraum für die im Rahmen des Projektmanagements geplanten und realisierten Informatik-Projekte.

Zwischen dem strategischen Informationsmanagement und dem Projektmanagement sowie den Informatik-Projekten und der Informationsinfrastruktur sind Schnittstellen zu definieren[165].

- Schnittstelle Planungsziele: Ausgehend von den strategischen Zielen, wie den Unternehmenszielen usw., und der im Rahmen der Informatikstrategie geplanten Informationsinfrastruktur werden im Rahmen der strategischen Maßnahmenplanung Formalziele und Sachziele festgelegt und abgestimmt. Das geschieht in einem separaten Planungsschritt.
- Sachziele: Hier wird konkretisiert, was erstellt werden soll. Die zu erstellenden IT-Systeme, IT-Applikationen usw. werden definiert. Die Funktionen der Systeme, d.h. ihr Leistungsspektrum, wird festgelegt.
- Formalziele: Hier wird konkretisiert, nach welchen Regeln das Projektergebnis bzw. Produkt erstellt werden soll. Weitere vor allem betriebswirtschaftliche Ziele, wie Realisierungskosten, Termine und Qualität, aber auch schwieriger quantifizierbare Ziele, wie z.B. Nutzen und die Qualität des Systems, werden definiert.
- Schnittstelle Planungsergebnisse: Im Vordergrund stehen die Integration der realisierten Projektergebnisse, d.h. die neuen bzw. geänderten Anwendungen in die Informationsinfrastruktur, sowie die technische Integration in die Systemlandschaft. Diese Systeme stehen dann zur produktiven Nutzung bereit, sie sind damit Teil der Produktionsinfrastruktur.

Aus der Abb. 12-14 geht der enge Zusammenhang zwischen Projektmanagement und Informationsmanagement hervor. Dabei ist eine Abgrenzung zwischen den beiden Komponenten nicht immer einfach. So kann z.B. das Bewerten produktiver IT-Systeme nicht ohne das Heranziehen von kompetenten Aufgabenträgern des Informationsmanagements durchgeführt werden[166]. In diesem Buch wird eine Möglichkeit zur Bewertung von Applikationslandschaften vorgestellt (s. Kap. 13.11).

---

[165] vgl. Heinrich, Lutz J.: Management von Informatik-Projekten, 1997, S. 63

[166] vgl. Heinrich, Lutz J.: Management von Informatik-Projekten, 1997, S. 63

```
                    ┌─────────────────────────┐
                    │  Unternehmensstrategie  │
                    └───────────┬─────────────┘
                                ▼
                    ┌─────────────────────────┐
                    │  Informatikstrategie    │
                    └───────────┬─────────────┘
                                ▼
     Planungsziele   ┌─────────────────────────┐
                     │     Strategisches       │
                     │  Informationsmanagement │
                     └───────────┬─────────────┘
                                 ▼
  Projekt-
  manage-
  ment     ╱‾‾‾╲    ┌─────────────────────────┐
    ──►   │ IT-│    │  Informationsinfrastruktur │
          │Proj.│   └─────────────────────────┘
           ╲___╱                ▲
              │                 │
              └── Projektergebnisse ──┘
```

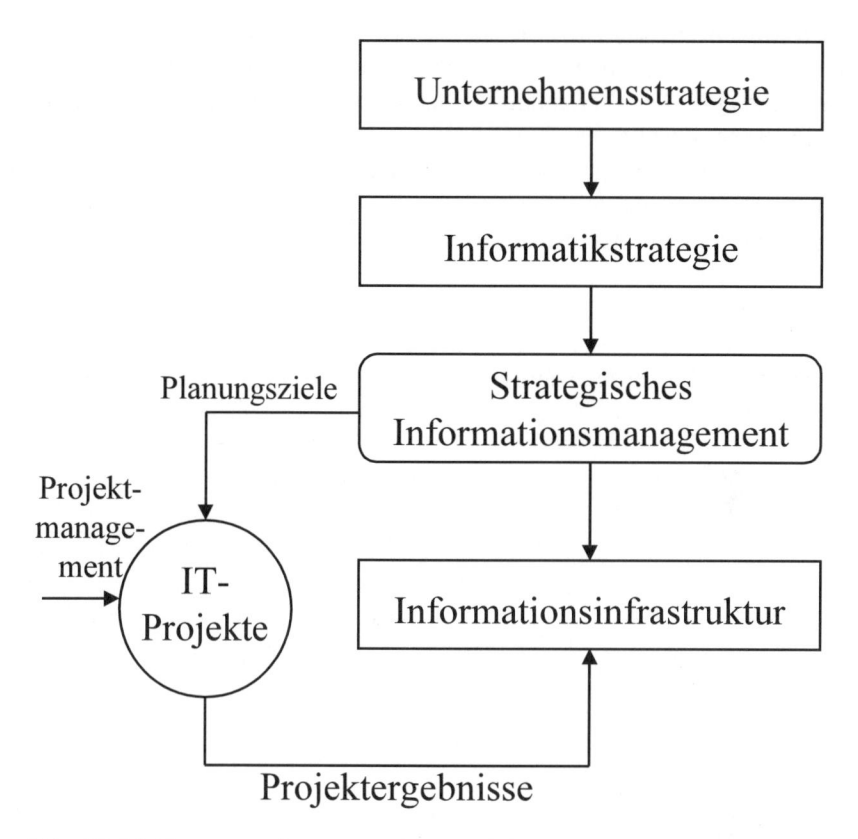

Abb. 12-14: Zusammenhang zwischen Projektmanagement und Informationsmanagement[167]

12.6 Zusammenfassung

Generelle Arbeitsweisen zur Lösung von Projektmanagement-Aufgaben, auch Methodiken genannt, wurden vorgestellt. Näher erläutert wurden der Systemansatz und der modelltheoretische Ansatz. Diese beiden Ansätze haben in der Informatik generell und im Projektmanagement speziell grundlegende Bedeutung. Ohne vereinfachende abstrahierende Modelle sind Projektmanagement-Probleme nicht befriedigend zu lösen. Die wichtigsten Modelle sind Daten- und Prozessmodelle. Totale Unternehmensmodelle existieren zwar auch, ihre Bedeutung ist für die praktische Projektarbeit jedoch zur Zeit noch gering.

---

[167] vgl. Heinrich, Lutz J.: Management von Informatik-Projekten, 1997, S. 63

12 Ein Rahmen für das Projektmanagement

Projektmanagement muss in ein Unternehmensgesamtkonzept eingebunden werden. Die Einzelprojekte müssen mit der Unternehmensstrategie und den Unternehmenszielen abgestimmt werden. Dies geschieht im Rahmen einer mit der Unternehmensplanung abgeglichenen Bereichs- und Durchführungsplanung. Das ist u.a. aus dem Grunde notwendig, weil die Projekte mit den Linieninstanzen um die verfügbaren knappen Ressourcen konkurrieren. Planung ist ein wichtiger Teil des Projektmanagements.

Im Rahmen des Projektmanagements werden Elemente für die Informationsinfrastruktur geschaffen. Das Management der Informationsinfrastruktur ist Aufgabe des Informationsmanagements. Insofern gibt es Zusammenhänge zwischen Projektmanagement, Informationsinfrastruktur und Informationsmanagement.

13 Projektpolitik

In Unternehmen werden umfangreiche Vorhaben in Form von Projekten umgesetzt. Deren zielgerichtete Durchführung verlangt einheitliche und konsistente Regelungen bzgl. des kompletten Lebenszyklus von Projekten – eine Projektpolitik ist erforderlich.

Zu einer Projektpolitik werden alle Entscheidungen und Vorgaben gezählt, die im unmittelbaren Zusammenhang mit Projekten stehen. Eine Projektpolitik steht nicht losgelöst für sich, vielmehr muss sie insbesondere eine gesetzte Unternehmenspolitik berücksichtigen.

Im allgemeinen Sprachgebrauch wird der Begriff der Projektpolitik zum Teil mit einer anderen Bedeutung verwendet. Entscheidungen von Führungskräften werden speziell von Projektmitarbeitern abwertend als Projektpolitik bezeichnet, wenn unterstellt wird, dass keine sachlichen Gründe sondern lediglich kurzfristige unternehmerische oder sogar persönliche Motive den Entscheidungsgrund darstellen. Andererseits wird unter Projektpolitik auch die Wahrnehmung der Aufgabe eines Projektsponsorings durch Auftraggeber oder Projektleiter zu Gunsten eines Projekterfolges verstanden. Mit diesen Bedeutungen wird der Begriff der Projektpolitik hier nicht besetzt.

Für die folgenden Betrachtungen stellt das ganzheitliche Modell für die Unternehmenspolitik[168] von Ulrich die Ausgangsbasis dar. Ein Ansatz für ein ganzheitliches Modell für die Projektpolitik in Korrelation zu einer Unternehmenspolitik und einem Unternehmensumfeld wird vorgestellt.

Zu einer Projektpolitik werden die folgenden Aufgabenfelder gezählt:[169]

- Die Realisierung und Unterstützung von gesetzten Unternehmenszielen mittels effektiver Projekte stellt das oberste Ziel dar, das durch die Projektpolitik sichergestellt werden soll.
- Die Projektpolitik umfasst die allgemeinen und mittelfristig wirksamen Entscheidungen, die den gesamten Lebenszyklus von Projekten eines

---

[168] vgl. Ulrich, Hans: Unternehmenspolitik, 1990, S. 31ff.

[169] vgl. Mertens, Peter: Ganzheitliches Modell für die Projektpolitik, 2006, S. 57

Unternehmens auf mittlere Sicht bestimmen. Entscheidungen und Vorgaben für die Durchführung von Projekten während ihres gesamten Lebenszyklus müssen gesetzt werden. Hierzu zählen u.a. Fragen bzgl. dem institutionellen und dem funktionellen Management von Projekten oder auch der Verwendung von Vorgehensmodellen.

- Projektpolitische Entscheidungen bestimmen die Art und Weise, wie die Projekte des Unternehmens, das Projektportfolio, seitens der Unternehmensführung gemanagt werden und welche Leistungspotenziale in Sachen Projekten erforderlich sind. Darüber hinaus legen Entscheidungen die zu verwendende Projektportfolio-Strategie im Rahmen des Projektportfolio-Managements fest.

- Die Umsetzungen von getroffenen projektpolitischen Entscheidungen müssen herbeigeführt werden und das Maß ihrer Umsetzungen gilt es zu überprüfen. Hierzu sind die projektpolitischen Führungsprozesse mit projektplanerischen und -dispositven Prozessen zu einem integrierten Projektführungssystem zu verschmelzen. Die operativen Abläufe werden festgelegt und gesteuert.

13.1
Kriterien für eine Projektpolitik

Projektpolitische Entscheidungen müssen die folgenden Kriterien erfüllen:

- Allgemeingültigkeit:
  Projektpolitische Entscheidungen sollen nicht auf bestimmte Einzelprojekte oder nur gelegentlich im Unternehmen durchzuführende Projektarten speziell zugeschnitten sein. Vielmehr sollen die gesetzten Entscheidungsregeln für viele zukünftige Projektsituationen Gültigkeit besitzen.
  Aufgrund der beabsichtigten Allgemeingültigkeit von projektpolitischen Entscheidungen ist es nicht möglich, dass der gesamte Lebenszyklus von Projekten des Unternehmens bereits in allen Phasen durch projektpolitische Entscheidungen festgelegt ist. Bewusst werden den jeweiligen Projektbeteiligten Freiheitsräume in der Projektumsetzung gelassen.

- Wesentlichkeit:
  Durch projektpolitische Entscheidungen soll das Wichtige, Bedeutende und Grundsätzliche von Projekten geregelt werden. Belanglosigkeiten oder Spezialitäten, die im Rahmen von Projekten auftreten können, sollen nicht mittels Entscheidungen geklärt werden. Der individuelle Entscheidungsrahmen der Projektbeteiligten soll nicht über Gebühr eingeschränkt werden, um eine gewisse erforderliche Flexibilität zu erlauben.

- Integrität:
  Projektpolitische Entscheidungen müssen Wertvorstellungen und die Ana-

lysen und Prognosen des Unternehmens und dessen Umwelt berücksichtigen. Eine Projektpolitik steht nicht separat für sich. Vielmehr gilt es, unternehmenspolitische Entscheidungen mittels projektpolitischer Entscheidungen zu unterstützen.

- Mittelfristige Gültigkeit:
Projektpolitische Entscheidungen sollen das Management von Projekten mittelfristig in den wesentlichen Punkten regeln.

- Vollständigkeit:
Projektpolitische Entscheidungen sollen in Ihrer Gänze vollständig sein. Dieses impliziert, dass alle Aufgaben der Projektpolitik mittels projektpolitischer Entscheidungen bestimmt werden sollen.

- Wahrheit:
Projektpolitische Entscheidungen müssen den wirklichen Auffassungen und Absichten der obersten Führungskräfte entsprechen und müssen durch deren eigene Entscheide und Handlungen sichtbar gebilligt werden. Die Projektbeteiligten sollen während des gesamten Lebenszyklus von Projekten, und gerade nicht nur in Krisensituationen, offene Unterstützung durch die obersten Führungskräfte des Unternehmens erfahren.

- Realisierbarkeit:
Projektpolitische Entscheidungen müssen den aktuellen Stand der Technik und die zur Verfügung stehenden unternehmenseigenen Ressourcen und Mittel berücksichtigen. Entsprechend den Dimensionen von Projektzielen ist deren grundsätzliche Realisierbarkeit eine entscheidende Voraussetzung. Unrealistische projektpolitische Vorgaben sind im vornherein auszuschließen. Hierbei sind ehrgeizige jedoch erreichbare Ziele durchaus gewollt.

- Konsistenz:
Die Projektpolitik eines Unternehmens besteht aus einer Vielzahl von projektpolitischen Entscheidungen, die aufeinander abgestimmt sein müssen. Inkonsistenzen, hervorgerufen durch sich gegenseitig widersprechende Entscheidungen, sind auszuschließen.

- Klarheit:
Projektpolitische Entscheidungen müssen von allen Projektbeteiligten gleichermaßen verstanden werden. Missverständnisse bei ihrer Interpretation und Umsetzung sind im vornherein auszuschließen. Hierzu ist eine grundlegende Voraussetzung, dass projektpolitische Entscheidungen klar und unmissverständlich formuliert werden. Weiterhin ist es durchaus sinnvoll, komplexe projektpolitische Entscheidungen mittels zielgerichteter Schulungsmaßnahmen zu vermitteln.

13.2
Ausgestaltung einer ganzheitlichen Projektpolitik

Die einzelnen Entscheidungen und Vorgaben einer Projektpolitik können in ein Projektmanagement-Leitbild, ein Projektkonzept und ein Projektportfolio-Konzept unterteilt werden. Das Projektkonzept untergliedert sich in die Teilkonzepte des Projektmanagementsystems, der Projektorganisation, der Projektmethodik, der Projektführung und des Projektpotenzials (siehe Abb. 13-1). Das Projektportfolio-Konzept segmentiert sich in die drei Komponenten Projektportfolio-Ziele, Projektportfolio-Potenzial und Projektportfolio-Strategie.[170]

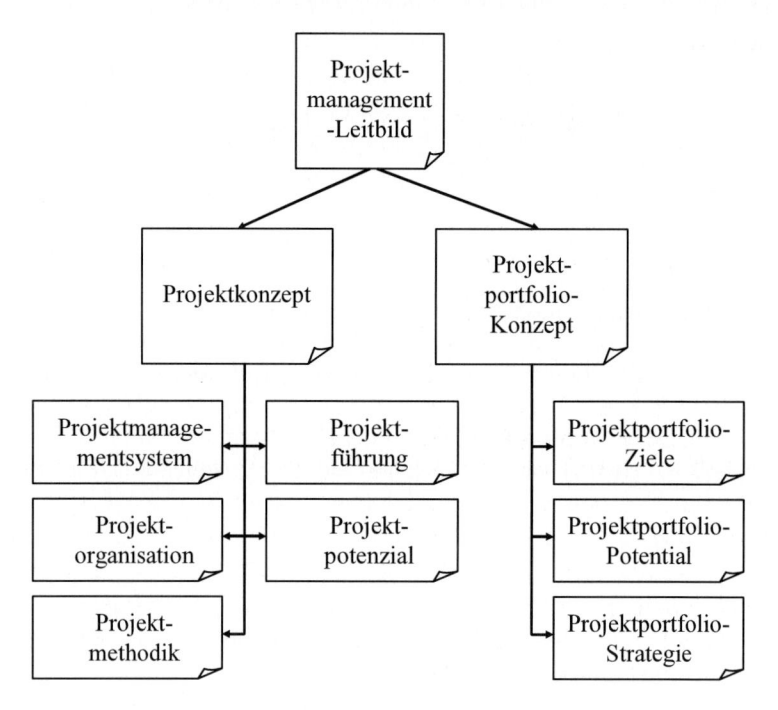

Abb. 13-1: Elemente einer Projektpolitik

13.3
Projektmanagement-Leitbild

Grundlegende Aussagen zu der Projektpolitik des Unternehmens werden im Projektmanagement-Leitbild zusammengefasst. Es beinhaltet eine integrierte Darstellung aller maßgeblichen projektpolitischen Entscheidungen, die in dem

---

[170] vgl. Mertens, Peter: Ganzheitliches Modell für die Projektpolitik, 2006, S. 57ff.

Projekt- und in dem Projektportfolio-Konzept konkretisiert werden. Mittels des Projektmanagement-Leitbildes wird die generelle Charakteristik und Zielsetzung von Projekten im Unternehmen wiedergegeben.

Projektgrundsätze sind Bestandteile eines Projektmanagement-Leitbildes. Hierzu zählen beispielsweise generelle Entscheidungen bzgl. der Abgrenzung von Projekten und Linienaktivitäten (vgl. Kapitel 2.1), verschiedenen Projektarten, der Einstufung von Projekten und dem Management von Projekten. Darüber hinaus bilden grundlegende Begriffsdefinitionen einen Part des Leitbildes.

13.4 Projektkonzept

Das Projektkonzept enthält alle konkreten Entscheidungen bezogen auf den gesamten Lebenszyklus von Projekten. Vorgaben entsprechend der Behandlung von Projektideen, der Einrichtung eines Projektes, dessen Umsetzung und schließlich dessen Beendigung sind für das Unternehmen festzulegen. Im Einzelnen sind Entscheidungen bzgl. Fragen des institutionellen und des funktionellen Projektmanagements zu treffen.

Entscheidungen bzgl. der obigen Felder können in Form eines Projekthandbuchs zusammengefasst und allen Projektbeteiligten zur Verfügung gestellt werden.

Entscheidungen sollen die zielgerichtete Abwicklung von Projekten sicherstellen. Hierbei gilt es zu vermeiden, durch eine Überreglementierung den erforderlichen Handlungsspielraum innerhalb von Projekten so weit einzuschränken, dass die sinnvolle Projektarbeit verhindert wird. Projekte werden gerade aus dem Grund durchgeführt, um neuartige entscheidende komplexe Vorhaben zum Erfolg zu führen. Die Neuartigkeit impliziert, dass teilweise neue Wege beschritten werden müssen. Dieses soll nicht durch zu enge Entscheidungen der Projektpolitik im Vornherein ausgeschlossen werden.

Ein Projektkonzept beinhaltet Aussagen bzgl. dem Projektmanagementsystem, der Projektorganisation, der Projektmethodik, der Projektführung und dem Projektpotenzial, die jeweils aufeinander abgestimmt sind (siehe Abb. 13-1). Im Folgenden werden diese einzelnen Teilkonzepte nacheinander beleuchtet.

13.4.1
Projektmanagementsystem

Die Projektpolitik eines Unternehmens wird maßgeblich von der Unternehmenspolitik und dem Unternehmensumfeld bestimmt. Sie muss folglich die Wertvorstellungen und die Ergebnisse einer Unternehmens- und einer Umweltanalyse berücksichtigen. Der Regelkreis einer Projektführung ist mit dem Regelkreis der Unternehmensführung zu verzahnen.

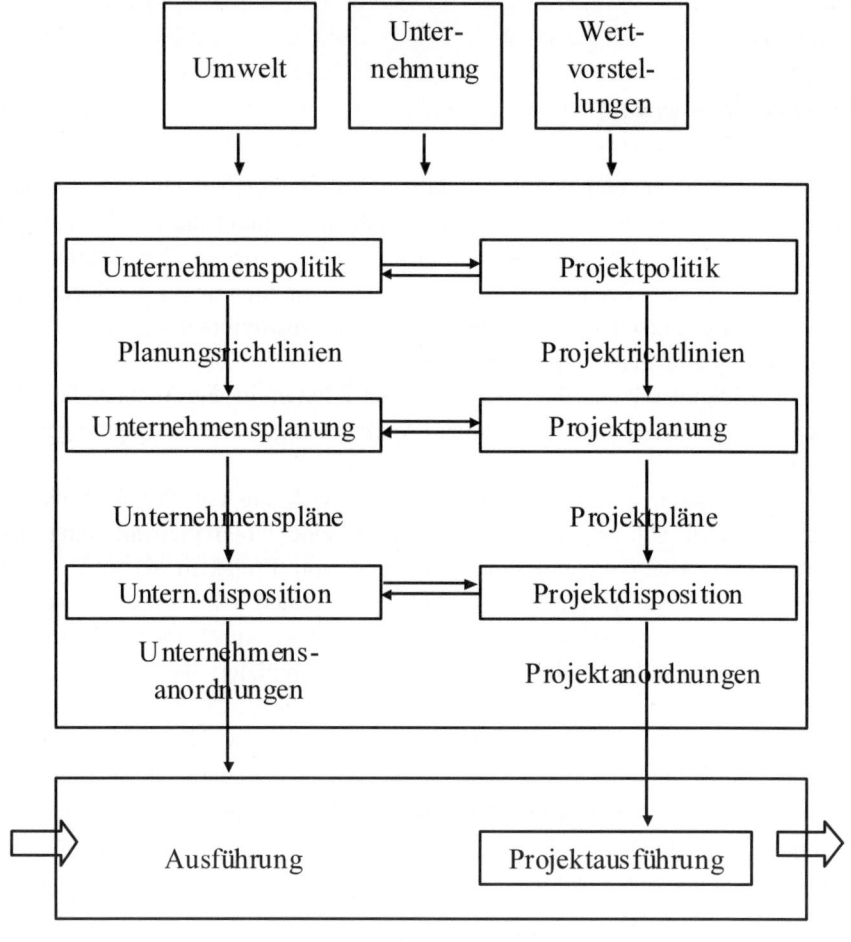

Abb. 13-2: Projektpolitik im Kontext der Unternehmenspolitik

In der Abb. 13-2 sind die gegenseitigen Abhängigkeiten von Unternehmens- und Projektpolitik dargestellt. Die Unternehmenspolitik stellt die Vorgaben dar, die mittels der Projektpolitik zu unterstützen sind. Im Gegenzug muss die Unternehmenspolitik Ausprägungen der Projektpolitik berücksichtigen. Unternehmens- und Projektpolitik müssen miteinander verzahnt werden. Eine Konsistenz gilt es herzustellen. Sie ergänzen und bedingen sich gegenseitig; Widersprüche sind in jedem Fall auszuschließen.

Zu beachten ist, dass die Unternehmenspolitik den Rahmen für die Projektpolitik setzt. Die Projektpolitik wird entsprechend der Unternehmenspolitik ausgerichtet und nicht umgekehrt.

Ergebnisse der Projektpolitik sind Projektrichtlinien für den nachgeordneten Regelkreis der Projektplanung, die einzuhalten sind. Hierzu zählen beispielsweise Vorgaben, in welcher Form Planungstechniken und -werkzeuge bei der Projektplanung zu verwenden sind. Eckpunkte der Planung des Unternehmens sind bei der Projektplanung zu beachten. Aufgabe von Projekten ist es gerade die gesetzten Unternehmensziele umzusetzen. In Abhängigkeit der gewählten Projektorganisationsform greifen sowohl Unternehmensplanungsprozesse als auch Projektplanungsprozesse auf zum Teil gleiche Ressourcen zurück.

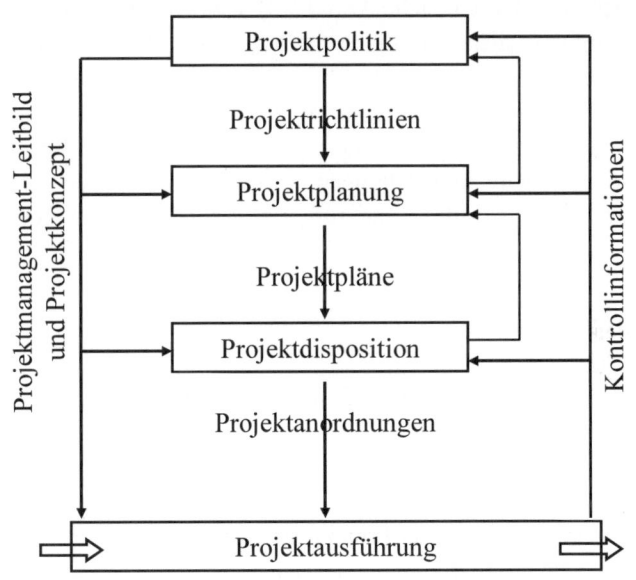

Abb. 13-3: Regelkreis der Projektpolitik

Gerade bei IT-Projekten stellen die Mitarbeiter häufig einen Engpass dar. Mitarbeiter werden sowohl zur Aufrechterhaltung von Unternehmensprozessen als auch für die Durchführung von Projekten benötigt. Gerade die leistungsfähigen Mitarbeiter stehen so in der Schnittmenge zwischen Unternehmens- und Projektplanung. Sachressourcen stellen bei IT-Projekten in der Regel keinen ausschlaggebenden Mangel dar. Mögliche Ressourcenkonflikte können nur durch gegenseitige Abstimmung der Regelkreise vermieden werden. Durch die hohe Bedeutung von Projekten für den Unternehmenserfolg sind die Regelkreise der Unternehmens- und der Projektplanung als gleichgewichtig anzusehen.

Unternehmens- und Projektpläne als Ergebnisse der Regelkreise Unternehmens- und Projektplanung stellen die Vorgaben für die Regelkreise der Unternehmens- bzw. der Projektdisposition dar. Analog zu den Regelkreisen der Planung können die Dispositionsregelkreise nicht separat voneinander betrachtet werden. Da zum Teil identische Ressourcen disponiert werden, sind intensive Abstimmungen zur Ressourcenkonfliktvermeidung erforderlich.

Unternehmens- und Projektanordnungen stellen schließlich die Vorgaben für den Regelkreis der Ausführung dar. Einen Teil der Ausführungen im Unternehmen stellen Projektausführungen dar.

Neben den zu berücksichtigen Korrelationen zu den Regelkreisen der Unternehmenspolitik, der Unternehmensplanung und der Unternehmensdisposition wird der Regelkreis der Projektpolitik durch Richtlinien und Kontrollinformationen geschlossen (siehe Abb. 13-3). Den nachgeordneten Regelkreisen Projektplanung und -disposition gibt die Projektpolitik ein Projektmanagement-Leitbild und ein Projektkonzept vor.

An die übergeordneten Regelkreise werden mittels Kontrollmitteilungen Rückmeldungen gegeben, in welchem Maße die Vorgaben bereits umgesetzt worden sind. Ermittelte Abweichungen bewirken in den jeweils übergeordneten Regelkreisen eine Überprüfung und ggfs. eine Abänderung der Vorgaben.

13.4.2
Projektorganisation

Im Rahmen des Projektkonzepts müssen in Bezug auf die Projektorganisation die folgenden Punkte für die durchzuführenden Projekte des Unternehmens geregelt werden:

- Aufgaben und Pflichten der Projektbeteiligten
- Verantwortungen der Projektbeteiligten
- Kompetenzen der Projektbeteiligten
- kurze effektive Entscheidungswege
- Einbindung in die bestehende Organisation des Unternehmens

Fragestellungen der Projektorganisation wurden bereits im Kapitel 3 behandelt.

13.4.3
Projektmethodik

Funktionelle, ablauftechnische und wirtschaftliche Themenstellungen stehen im Fokus der Projektmethodik. Hierzu zählen Tätigkeiten die bei der Abwicklung von Projekten von den Beteiligten durchzuführen sind. Im Einzelnen werden durch das Teilkonzept Projektmethodik Vorgaben bzgl.

- dem Vorgehen in Projekten,
- der Planung von Projekten,
- den einzusetzenden Projektplanungstechniken,
- der Projektüberwachung und -kontrolle,
- der Projektsteuerung und -koordination,
- den zu nutzenden Verfahren der Aufwandsschätzung,
- den Methoden zur Ermittlung der Wirtschaftlichkeit von Projekten und
- der Dokumentation von Projekten

getroffen. Die Facetten der obigen Thematiken wurden zuvor in den Kapiteln 4, 5, 6, 8, 9 und 11 ausführlich diskutiert.

13.4.4
Projektführung

Im Projektkonzept sind Fragen bzgl. der Projektführung zu klären. Vorgaben sind zu definieren, welche Führungsstile und -verhalten Führungskräfte in Projekten verwenden sollen. Nicht zu vernachlässigen ist hierbei die Korrelation zu der Motivation der Projektbeteiligten. Darüber hinaus ist zu klären, wie soziologische Führungsmittel zu nutzen sind.

Generelle Aussagen bzgl. der Projektführung wurden im Kapitel 7 getroffen.

13.4.5
Projektpotential

Projektarbeit stellt an alle Projektbeteiligten besondere Anforderungen bzgl. Methoden, Kenntnissen, Arbeitsbelastung und auch Eigenmotivation dar, die häufig weit über die Durchführung von Linientätigkeiten hinausgeht. Zur erfolgreichen Durchführung von Projekten ist es allein nicht ausreichend Vorgaben bzgl. des Projektmanagementsystems, der Projektorganisation, der Projektmethodik und der Projektführung zu machen. Vielmehr ist es erforderlich, dass auf allen Projektebenen kompetente Fachleute zur Verfügung stehen.

Den jeweiligen Anforderungen an Projektmitarbeiter und an Projektleiter aber auch an Mitarbeiter der Gremien und an Projektauftraggeber muss Rechnung getragen werden. Die Anforderungen an die Projektbeteiligten können untergliedert werden, in Wissen bzgl. der Aspekte der Projektorganisation, der Projektmethodik und der Projektführung. Darüber hinaus erleichtern enorm in der Praxis erworbene Projekterfahrungen die Durchführung der entsprechenden Projekttätigkeiten.

Ein erforderlicher Wissensstand kann am ehesten durch Seminar- oder Coaching-Maßnahmen erreicht werden. Weiterhin sind auch ein systematisches Studium der Projektmanagement-Literatur oder Erfahrungsaustausche mit Beteiligten anderer Projekte zielführend.

Schwieriger aber auch lösbar ist die Erlangung benötigter Projekterfahrungen. Dieses kann durch ein durchgängiges Personalauswahl- und -entwicklungskonzept für die Projektbeteiligten erreicht werden. Insbesondere Projektleiter stehen im Fokus dieser Konzepte. Für die Rolle eines Projektleiters sind Mitarbeiter vorzusehen, die einerseits über ein erforderliches Wissen – insbesondere bzgl. Projektführung – verfügen und weiterhin Projekterfahrungen aufweisen können.

Zur Auswahl geeigneter Projektleitercharaktere können Assessmentcenter zum Einsatz kommen. Geeignete Kandidaten sollten vor einer ersten Projektleitung unbedingt eigene Projekterfahrungen sammeln. Dieses kann beispielsweise durch die Mitarbeit an einem Projekt geschehen. Ein folgender Schritt auf dem Wege zu einem Projektleiter kann eine stellvertretende Projektleitertätigkeit sein. Wurden die Projekttätigkeiten erfolgreich umgesetzt, so steht einer ersten Projektleitung nichts mehr im Wege. Bei diesem ersten Projekt sollte es sich um ein Vorhaben handeln, das bzgl. seiner Relevanz und Tragweite nicht als unternehmenskritisch einzustufen ist.

Die ersten Projekte in denen der Kandidat mit Leitungstätigkeiten eingesetzt wird, sollten durch einen erfahrenen Projektmentor begleitet werden, der dem Projektleiter bei Fragestellungen zur Seite steht. Aufgrund erlangter Erfahrungen bieten sich im Folgenden Leitungen von Projekten mit einer höheren Relevanz für das Unternehmen an. Kompetente Projektleiter kann ein Unternehmen zielgerichtet entwickeln, indem Projektleitung als ein möglicher Karriereweg aufgefasst wird.

Entsprechende Entwicklungsmodelle sind für alle Projektbeteiligte in einem Unternehmen zu definieren. Im Rahmen des Projektkonzepts wird in Bezug auf das Projektpotential ein geeignetes Personalauswahl- und -entwicklungskonzept des Unternehmens definiert. Es fokussiert jeweils auf die einzelnen Rollen der Projektbeteiligten.

13.4.6
Projektart- und bereichsbezogene Entscheidungen

Bei der Entscheidungsfindung müssen die Belange und Anforderungen der unterschiedlichen Bereiche des Unternehmens an das Projektmanagement beachtet werden. In den einzelnen Bereichen werden häufig unterschiedliche Projektarten initiiert. Bzgl. Projekte des Marketings existieren beispielsweise andere Regelbereiche als bei so genannten IT-Projekten. Ein unternehmensweites Projektkonzept muss diese Unterschiede berücksichtigen, indem spezifische Entscheidungen für einzelne Projektarten und auch Unternehmensbereiche getroffen werden.

Exemplarisch sei hierbei die Thematik der Vorgehensmodelle genannt. Das Vorgehensmodell, das für alle Projektarten sinnvoll Anwendung finden kann, existiert leider nicht. Dennoch lassen sich für einzelne Projektarten sinnvolle Vorgehensmodelle identifizieren. Diese Modelle vorzuschreiben im Kontext bestimmter Projektarten ist gerade Aufgabe eines Projektkonzeptes.

Bei der Ausformulierung eines unternehmensweiten Projektkonzepts sind Entscheidungen zu fällen, die tatsächlich unternehmensweite Gültigkeit aufweisen. Entscheidungen, die lediglich eine bereichsmäßige Tragweite aufweisen, sollten nicht zentral sondern im jeweiligen Geschäftsbereich getroffen werden. Widersprüche im Kontext des unternehmensweiten Projektkonzepts und zu Entscheidungen anderer Unternehmensbereiche sind hierbei auszuschließen.

In einzelnen Unternehmensbereichen für einzelne Projektarten getroffene Entscheidungen sollen unternehmensweite Entscheidungen ergänzen und nicht ersetzen. Auf eine jeweilige Projektart bezogene Entscheidungen sollen ein unternehmensweites Projektkonzept nicht unterlaufen. Das Ziel, unternehmensweit Projekte entsprechend gleicher Vorgaben durchzuführen, darf nicht aus den Augen verloren werden. Fragen sind so weit wie möglich zentral zu klären.

Abweichende Entscheidungen bzgl. Fragen, die unternehmensweit zentral zu klären sind, sollten nicht projektart- oder bereichsbezogen getroffen werden. Hierzu zählen beispielsweise Themen in Bezug auf

- die Zielsetzung des Projektmanagements,
- Projektgrundsätze einschließlich Begriffsdefinitionen,
- die Bestandteile eines Projektauftrages,
- die präferierte Projektorganisationsform,
- die Aufgaben, die Stellung, die Pflichten und die Kompetenzen der einzelnen Projektrollen,
- den Führungsstil in Projekten,

13 Projektpolitik

- die Stufen und Aufgaben der (Multi-)Projektplanung,
- die Werkzeuge zur Unterstützung der Projektplanung,
- grundlegende Verfahren der Projektplanung,
- die Projektverfolgungsmaßnahmen oder auch
- die Struktur und den Umfang der zu erstellenden projektindividuellen Dokumentationen.

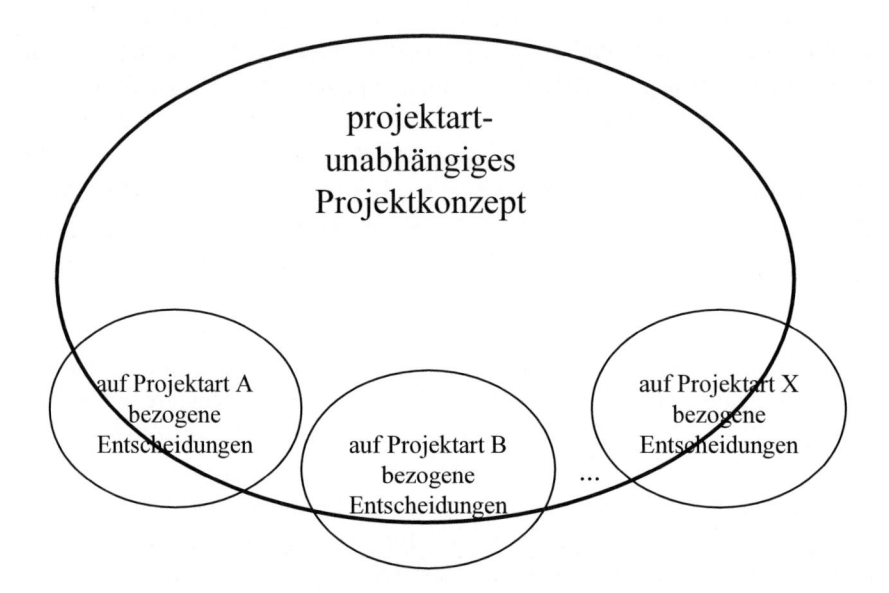

Abb. 13-4: Projektartspezifisches Projektkonzept

Nicht sinnvoll ist es, zentral Entscheidungen zu treffen, die unmittelbar im Zusammenhang mit einer jeweiligen Projektart stehen oder einen starken Bereichsbezug aufweisen. Hierzu zählen Fragen wie z.B.

- die Auswahl möglicher Vorgehensmodelle,
- Verfahren der Projektplanung bezogen auf ein gewähltes Vorgehensmodell,
- die Aufgaben innerhalb der einzelnen Projektphasen in Bezug auf ein gewähltes Vorgehensmodelle oder
- Methoden der Aufwandsschätzung

Die Grenze, welche Entscheidungen generell oder mit Projektart- oder Unternehmensbezug gefällt werden sollen, muss im Zuge der Bildung eines Projektkonzepts unternehmensindividuell geregelt werden.

In Abb. 13-4 ist die Korrelation zwischen generellen und projektartbezogenen Entscheidungen visualisiert. Bzgl. häufig im Unternehmen durchgeführter

Projektarten werden einerseits generelle Entscheidungen verfeinert, andererseits werden projektartindividuelle Fragen mittels Entscheidungen zusätzlich geregelt.

13.5 Projektportfolio-Konzept

Die Menge aller aktiven Projekte eines Unternehmens bilden das Projektportfolio. Mit Genehmigung des Antrages eines Projektes ist es Bestandteil und nach der ordentlichen Beendigung scheidet es aus dem Projektportfolio aus.

Mittels des Projektkonzepts werden Vorgaben für den gesamten Lebenszyklus einzelner Projekte gemacht. In Abgrenzung dazu werden im Rahmen des Projektportfolio-Konzepts Entscheidungen bzgl. des Managements des gesamten Projektportfolios des Unternehmens schriftlich fixiert.

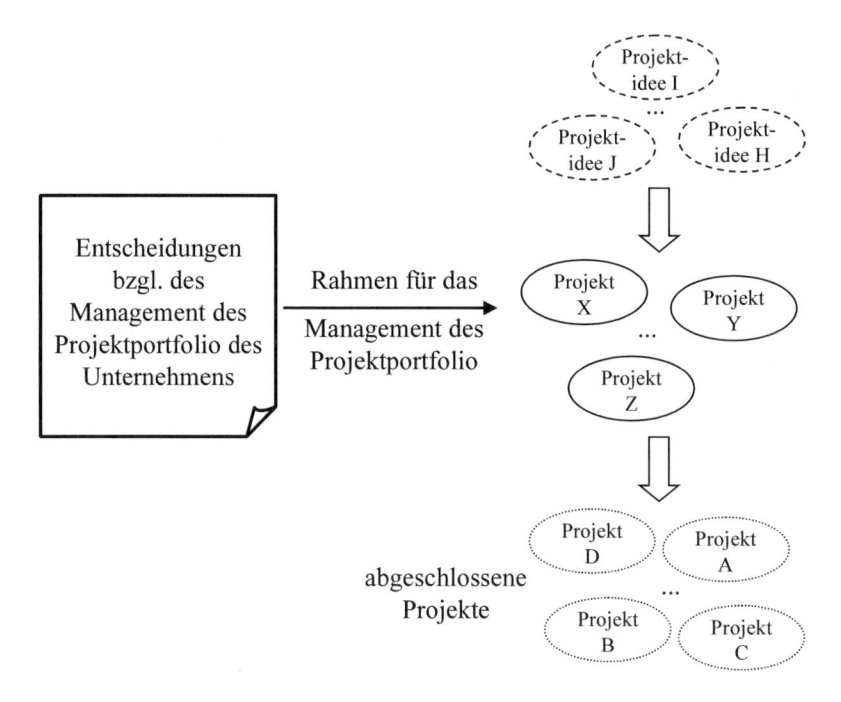

Abb. 13-5: Projekte im Fokus des Projektportfolio-Konzepts

Das Projektportfolio-Konzept fokussiert auf die zurzeit aktiven, auf zukünftige und auf bereits beendete Projekte des Unternehmens. Betrachtung finden auf einem übergeordneten Abstraktionsgrad die gesamten Lebenszyklen aller Projekte des Unternehmens. Insbesondere die Phase vor der Beauftragung einzelner Projekte, in der Projektideen zur Umsetzung von Unternehmenszielen gebildet werden, wird durch das Projektportfolio-Konzept geregelt. Darüber hinaus werden Korrelationen bereits abgeschlossener Projekte zu Projektideen und aktuellen Projekten geordnet.

Im Projektportfolio-Konzept werden generelle Entscheidungen bzgl. des Managements des Projektportfolios fixiert. Sie werden von der oberen Ebene der Geschäftsführung getroffen und turnusmäßig auf ihre Korrektheit und Aktualität geprüft. Die getroffenen Entscheidungen bzgl. des Managements des Projektportfolios bilden den Rahmen für dessen Durchführung. Das permanente Management des Projektportfolio ist Aufgabe der oberen Ebene der Unternehmensführung (siehe Abb. 13-5).

Das Projektportfolio-Konzept untergliedert sich in die drei Komponenten Projektportfolio-Ziele, Projektportfolio-Potenzial und Projektportfolio-Strategie. Darüber hinaus wird im Folgenden der Umgang mit Projektvorschlägen beleuchtet.

13.5.1
Projektportfolio-Ziele

Mit einem Projektportfolio wird die Zielsetzung verbunden, die Vorhaben zur Erreichung der Unternehmensziele im Rahmen von Projekten effektiv umzusetzen. Die Projektportfolio-Ziele stehen in direkter Abhängigkeit zu den Unternehmenszielen. Sie müssen sicherstellen, dass die Unternehmensziele durch Projekte Umsetzung finden. Entsprechend den Unternehmenszielen weisen die Projektportfolio-Ziele eine leistungswirtschaftliche, eine finanzwirtschaftliche und eine soziale Dimension auf, die untereinander zu verknüpfen sind.

In Bezug auf die leistungswirtschaftlichen Unternehmensziele, die generell in Markt- und in Produktziele untergliedert werden können, geben die Projektportfolio-Ziele vor, welche Markt- und Produktziele im Rahmen von Projekten umgesetzt werden sollen.

Die finanzwirtschaftlichen Unternehmensziele stellen Vorgaben für das Projektportfolio dar. Die Projekte eines Unternehmens und somit das Projektportfolio müssen eine Wirtschaftlichkeit aufweisen. Den Projekten sind die finanziellen Rahmenbedingungen vorzugeben.

Darüber hinaus müssen bei der Ausgestaltung der Projektportfolio-Ziele die sozialen Unternehmensziele, die in gesellschaftliche und in mitarbeiterbezogene Ziele unterschieden werden können, Berücksichtigung finden. Die Projektportfolio-Ziele dürfen den sozialen Unternehmenszielen nicht entgegen wirken, vielmehr sind die sozialen Unternehmensziele in den Projektportfolio-Zielen mit Bezug auf Projekte zu setzen.

13.5.2
Projektportfolio-Potenzial

Mittels Projektportfolio-Zielen werden Anforderungen an das Leistungspotenzial eines Unternehmens zur Durchführung der Projekte des Portfolios gestellt. Zur Erreichung der gesetzten Projektportfolio-Ziele sind im Unternehmen materielle und personelle Kapazitäten vorzuhalten, die eine effektive Abwicklung von Projekten erlauben. Finanzielle Mittel zur Beschaffung der materiellen und personellen Ressourcen sind bereit zu stellen. Der Rahmen für das Projektportfolio-Potenzial wird durch das Leistungspotenzial des Unternehmens gesetzt.

Zur Durchführung von Projekten sind erforderliche Sachmittel zur Verfügung zu stellen. Bezogen auf IT-Projekte sind beispielsweise Entwicklerarbeitsplätze und -werkzeuge aber auch Verbrauchsmaterialien und Besprechungsräume in erforderlicher Anzahl vorzuhalten.

Den Hauptengpass – gerade bei IT-Projekten – stellt jedoch ein leistungsfähiges Projektpersonal dar. Hierzu zählen insbesondere Projektleiter und Projektmitarbeiter. Bei der Einsetzung von Projekten ist neben der reinen Verfügbarkeit möglicher Projektbeteiligter deren jeweiliger Kenntnis- und Erfahrungsstand zu berücksichtigen.

Bei der personellen Ressourcenplanung ist es nicht ausreichend, lediglich anzahltechnisch genug Projektpersonal bereit zu stellen. Vielmehr ist das Anforderungsniveau der jeweiligen Projekte zu beachten. Projekte können nur mit Aussicht auf Erfolg gestartet werden, wenn ein geeignetes Projektpersonal zur Verfügung steht.

13.5.3
Projektportfolio-Strategie

Im Rahmen der Projektportfolio-Strategie werden die entscheidenden Verfahrensweisen zur Erreichung der Projektportfolio-Ziele und zur Bereitstellung des dafür notwendigen Projektportfolio-Potenzials bestimmt.

Die Projektportfolio-Strategie legt fest, welche Projekte unter marktstrategischen Gesichtspunkten in welcher Reihenfolge geplant und realisiert werden sollen. Sie bestimmt die zukünftige Zusammensetzung des Projektportfolios. Hierbei werden nicht nur die zukünftigen und die aktuellen Projekte des Unternehmens betrachtet, sondern auch die bereits abgeschlossenen Projekte aufgrund ihrer Korrelationen zu den zukünftigen und aktuellen Projekten. Die Projektportfolio-Strategie ist auf die Unternehmens-Strategie abzustimmen.

Zu entscheiden ist, welche Vorhaben, wann, in welchem Umfang mittels eines Projektes umgesetzt werden sollen. Sicherzustellen ist, dass bezogen auf die Unternehmensstrategie die richtigen Projekte zum bestmöglichen Zeitpunkt durchgeführt werden. Dieser bestmögliche Zeitpunkt sollte sich an marktstrategischen Zielen orientieren. Anzustreben ist, mittels eines Projektes einen Wettbewerbsvorteil vor der Konkurrenz zu erreichen. Ein Vorteil kann z.B. durch die Implementierung eines neuen IT-Systems bewirkt werden.

Weiterhin muss im Rahmen der Projektportfolio-Strategie entschieden werden, wie das erforderliche Projektportfolio-Potenzial bereitgestellt werden kann.

Entscheidungen der Projektportfolio-Strategie regeln, wie mit zukünftigen, aktuellen und bereits abgeschlossenen Projekten im Unternehmen verfahren wird. Zu klären ist der generelle Einsatz von und Umgang mit Verfahren zur Analyse und Bewertung (vgl. Kap. 13.8 – 13.12), wie

- Lebenszyklusanalysen,
- Portfolioanalysen,
- Profit Impact of Market Strategies (PIMS-Konzept) und
- Machbarkeitsanalysen.

Mittels der Projektportfolio-Strategie wird der Rahmen für das Management des Projektportfolios gesetzt. In Abgrenzung zur Projektportfolio-Strategie wird die konkrete Realisierungsreihenfolge der Projekte im Zuge der Entwicklungsplanung (vgl. Kap. 13.13), als Bestandteil der strategischen Unternehmensplanung, festgelegt. Ergebnis der Entwicklungsplanung ist die sogenannte Projektpipeline (vgl. Kap. 13.4).

Bezogen auf Vorhaben, die im Rahmen neuer Projekte Umsetzung finden sollen, sind die folgenden generellen Fragestellungen zu klären:

- Welche Vorgaben müssen zukünftige Projekte erfüllen?
- Wie sind neue Projekte zu initiieren?
- Wie sind Projektanträge bzgl. ihres Nutzens, ihrer Risiken und ihrer strategischen Bedeutung für das Unternehmen zu bewerten?
- Wie sind Projektanträge zu priorisieren?
- Wie sind Projektanträge zu genehmigen oder abzulehnen?

Bei zukünftigen Projekten ist zu beachten, dass manche Projekte nicht fakultativ sondern obligatorisch sind. Zu dieser Gruppe gehören Projekte, die aufgrund gesetzlicher Vorschriften zwingend durchzuführen sind, wie z.B. im Kreditgewerbe Projekte zur Umsetzung von Anforderungen aufgrund Basel II.

In Bezug zu laufenden Projekten sind die folgenden Punkte zu klären:

- Wie wird sichergestellt, dass das Projektportfolio auf die Bestandteile der Unternehmenspolitik ausgerichtet ist?
- Wie sind die laufenden Projekte untereinander in Bezug auf benötigte Ressourcen, zu erzielende Synergien und zu vermeidende Konflikte zu koordinieren?
- In welcher Form sind Korrelationen zwischen Projektideen, laufenden und beendeten Projekten und der Unternehmenssituation zu analysieren?
- Wie sind die zurzeit laufenden Projekte zu überwachen? Welche Werkzeuge sind hierzu einzusetzen?
- Wie sind die Projekte des Portfolios zu gruppieren?

Bei beendeten Projekten sind Entscheidungen bzgl. den nachstehenden Fragen zu fällen:

- In welcher Art und Weise werden beendete Projekte bewertet?
- Wie fließen Erfahrungswerte laufender und beendeter Projekte in das Projektportfolio-Konzept ein?

Aktive und reaktive Projektportfolio-Strategie
Zwischen einer reaktiven und einer aktiven Projektportfolio-Strategie kann unterschieden werden.

Eine reaktive Projektportfolio-Strategie impliziert ein passives Verhalten eines Unternehmens, d.h. Projekt-Aktivitäten werden erst dann gestartet, wenn die Umstände dies erfordern. Diese Unternehmen produzieren in den Projekten i.d.R. keine marktgängigen Produkte, sondern IT-Applikationen zur Verbesserung und Gestaltung der internen Infrastruktur, konkret zur Gestaltung und Unterstützung der unternehmensinternen Geschäftsprozesse. In der so geschaffenen Applikationslandschaft besitzen die einzelnen IT-Systeme aus betriebswirtschaftlicher Sicht den Charakter von Vermögenswerten des Anlagevermögens. Eine Bewertung der Komponenten der Applikationslandschaft erfolgt, wenn überhaupt, an Nutzengrößen wie: Wie gut unterstützen die Applikationen die Geschäftsprozesse, wie ist der technische Zustand usw.

Eine aktive Projektportfolio-Strategie wird vor allem von Unternehmen betrieben, die im Rahmen ihrer Projektarbeit Ergebnisse produzieren, die marktgängig sein müssen. Zu nennen sind hier z.B. SAP, IBM, IDS Scheer usw. Für diese professionellen Softwareentwicklungshäuser sind die Projektergebnisse marktgängige Produkte. Diese Produkte sind oft die einzige, in jedem Fall aber die wichtigste Einnahmequelle. Vom Markterfolg eines Produktes hängt manchmal die Existenz des Unternehmens ab.

Eine aktive Projektportfolio-Strategie hat das Ziel, Projekte so zu positionieren, dass daraus neue Produkte für etablierte oder neue Märkte entstehen. Damit werden aber auch der Zeitpunkt der Projektdurchführung und damit der Zeitpunkt der Markteinführung des neuen Produktes zum entscheidenden Faktor für die Beurteilung der ökonomischen Relevanz eines Produktes. Die Prioritätenplanung, welche die Reihung der Projekte im Projektportfolio bestimmt, wird dominiert vom Zeitpunkt des geplanten Markteintritts des neuen IT-Systems. Denn ein Markteintritt vor der Konkurrenz generiert die entscheidenden Wettbewerbsvorteile und schafft den Zeitvorsprung, um z.B. Marktzutrittsbarrieren aufzubauen. Diese strategische Vorgehensweise wird im Allgemeinen als Timing- beziehungsweise Pionier-Strategie (first to market) bezeichnet.

13.5.4
Projektvorschläge

Auslöser von komplexen Vorhaben sind vielfältiger Natur, sie können sowohl von externen Stellen als auch aus internen Bereichen des Unternehmens kommen. Einige sind z.B.:

- Änderungen der Marktbedingungen (sehr wichtig für Unternehmen, die eine aktive Projektportfolio-Strategie betreiben müssen)
- strategische Entscheidungen der Unternehmensführung
- neue Technologien
- Gesetzesvorhaben
- interne Verbesserungsvorschläge
- Vorschläge von Instanzen, z.B. Fachabteilungen, aufgrund ihrer Planung
- Ergebnisse der Analyse der Applikationslandschaft

Grundsätzlich kann man die Vorhaben unterteilen in fakultative und obligatorische Vorhaben. Obligatorische Vorhaben sind auf jeden Fall durchzuführen, eine Wahlmöglichkeit besteht nicht. So sind z.B. alle Anforderungen, die sich aufgrund von Gesetzesänderungen ergeben, obligatorisch, d.h. die betroffenen IT-Applikationen sind anzupassen bzw. es sind sogar neue Applikationen, die die Gesetzesänderungen erfüllen, zu erstellen. So musste z.B. das

Kreditgewerbe alle seine IT-Anwendungssysteme wegen der Einführung des Euro zum Fixtermin anpassen.

Für obligatorische Vorhaben ist wegen des eingeschränkten Entscheidungsspielraumes ohne weitere Prüfung ein Projektauftrag zu erstellen. Die sonstigen Phasen der Projektvorbereitung werden nicht durchlaufen. Für fakultative Vorhaben bestehen im Prinzip alle Optionen, so ist zunächst zu entscheiden, ob das Vorhaben durchgeführt werden soll oder nicht.

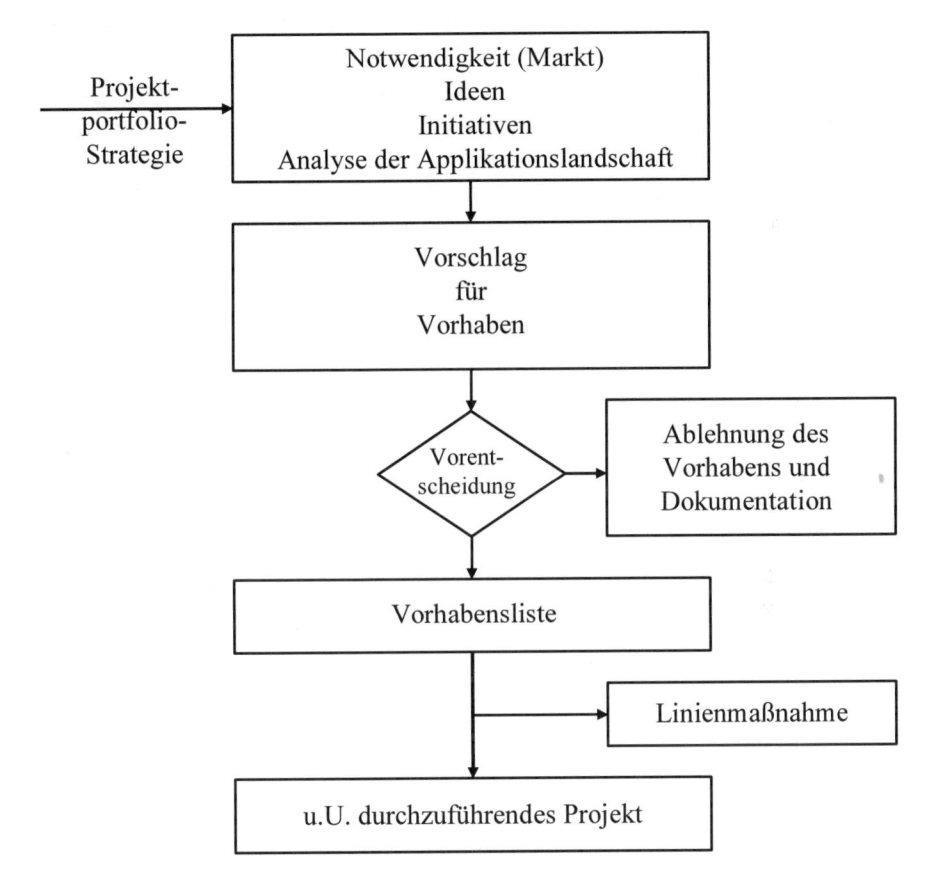

Abb. 13-6: Ablauf der Projektbegründung[171]

Aus einer Idee bzw. Notwendigkeit kann im Rahmen von Diskussionsforen und Abstimmungsprozessen ein Vorhaben entstehen. Diese „Grobfassung" eines Vorhabens ist zu begründen und die Grobziele sind zu definieren. Dies hat in schriftlicher Form zu erfolgen. Diese Aufgaben obliegen dem Vorha-

---

[171] vgl. Informatikzentrum der Sparkassenorganisation: Projektmanagement, 2001, S. 53

bensinitiator. Die Praxis zeigt, dass es nicht sinnvoll ist, für diese Aufgabe eine eigene Organisationseinheit innerhalb der Linienorganisation zu bilden. Von Nutzen ist eine Formalisierung des Vorganges dahingehend, dass die schriftliche Begründung und Zieldefinition durch einen Vordruck unterstützt wird.

Die schriftlich niedergelegte Vorhabensbegründung und -zielsetzung wird einer ersten Bewertung unterzogen. Dies ist Aufgabe einer Kontrollinstanz „Projektbewertung". Geprüft wird, ob das Vorhaben kompatibel ist mit der Unternehmensstrategie bzw. den Unternehmenszielen. Des Weiteren, ob das Vorhaben machbar ist im Rahmen der finanziellen und sonstigen Ressourcen des Unternehmens. Sprengt das Vorhaben die vorhandenen Ressourcen, scheint es aber dennoch z.B. aus Konkurrenzgründen realisierungswürdig, ist es einer höheren Instanz, i.d.R. der Geschäftsführung, zur Entscheidung vorzulegen. Das Ergebnis dieses Prüfprozesses ist ein positiver bzw. ein negativer Entscheid. Positiv bewertete Vorhaben werden in eine Vorhabensliste aufgenommen.

Ein negativer Bescheid und damit die Ablehnung eines Vorhabens sollten, auch wenn er von der höchsten Instanz getroffen wurde, wohl begründet werden. Alle Konsequenzen der Negation sollten genau überlegt und abgewogen werden.

Gleichzeitig ist zu entscheiden, ob das Vorhaben als Linienmaßnahme oder als Projekt durchgeführt werden soll. Kriterien sind insbesondere die Komplexität des Vorhabens, der Ressourcenbedarf, der Neuigkeitscharakter, die Auslastung der Kapazitäten usw.

Projekte werden in einer Projektportfolio-Liste dokumentiert. Die zunächst dezentral in den Fachabteilungen geführte Liste wird in eine zentrale Liste zusammengefasst. Diese dient als Grundlage für die weitere Unternehmensplanung.

Abgelehnte Vorhaben werden dokumentiert und thesauriert, um für einen eventuell später benötigten Zugriff bereitzustehen. Sie können z.B. in einer Datenbank abgelegt werden.

13.6
Projektpolitik im Kontext des Unternehmens

Die Projektpolitik eines Unternehmens steht nicht autark für sich. Vielmehr muss sie in dem Unternehmen verankert werden. Mit einer Projektpolitik wird u.a. das Ziel verbunden, Projekte erfolgreich durchzuführen, die die Entscheidungen der Unternehmenspolitik unterstützen. Hieraus folgt, dass eine Projektpolitik in erster Linie entsprechend den Vorgaben einer Unternehmenspolitik ausgerichtet werden muss. Darüber hinaus hat auch die Informatikstrategie eines Unternehmens direkten Einfluss auf die Bestandteile einer Projektpolitik (siehe Abb. 13-7).

13.6 Projektpolitik im Kontext des Unternehmens

Eine Projektpolitik besteht aus drei Bestandteilen. Das Projektmanagement-Leitbild muss in erster Linie entsprechend dem Unternehmensleitbild gestaltet sein. Die grundlegenden Aussagen zu der Projektpolitik des Unternehmens müssen sich an den allgemein zugänglichen unternehmenspolitischen Ziel- und Grundsatzerklärungen des Unternehmens orientieren. Das Projektmanagement-Leitbild muss die Vorgaben des Unternehmensleitbildes auf den Fokus der Projekte des Unternehmens beziehen und herunterbrechen.

Das Unternehmenskonzept setzt den Rahmen für das Projektportfolio-Konzept. Die konkreten unternehmenspolitischen Entscheidungen, die in leistungswirtschaftliche, finanzwirtschaftliche und soziale Entscheidungen unterschieden werden können, werden in Bezug auf das Projektportfolio des Unternehmens gesetzt.

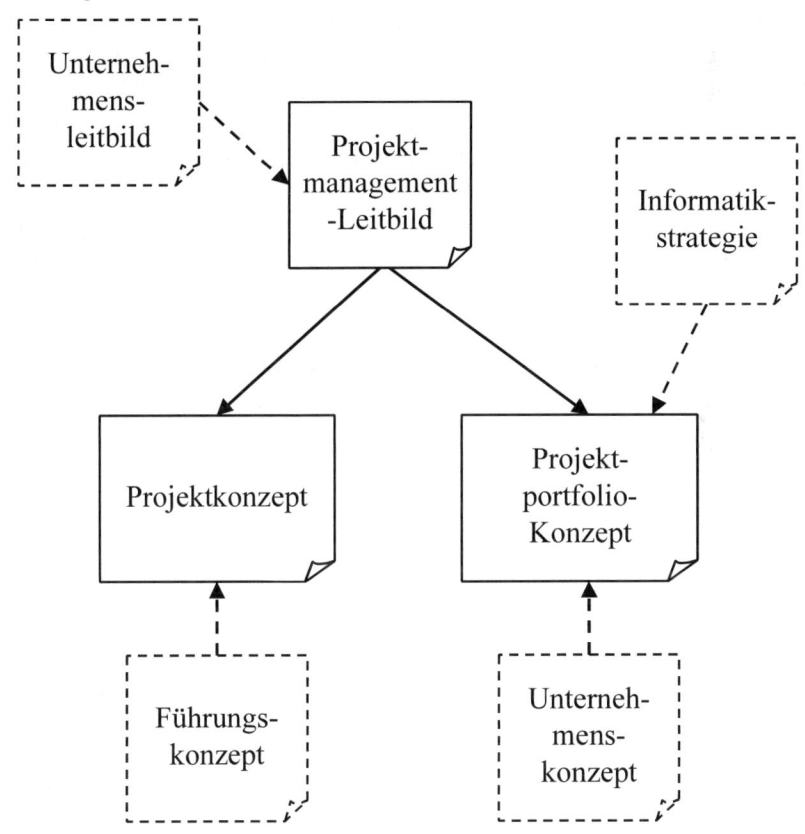

Abb. 13-7: Einflüsse auf die Projektpolitik

Das leistungswirtschaftliche Konzept konkretisiert die zu erbringenden Leistungen, das einzusetzende materielle Leistungspotenzial und die zu verwendenden Verfahren nach Art und Umfang. Das finanzwirtschaftliche Konzept bestimmt die anzustrebenden geldmäßigen Ziele, wie die Liquidität, die Rentabilität und den Gewinn des Unternehmens, und die dafür einzusetzenden Geldmittel und Strategien. Das soziale Konzept regelt die menschlichen und gesellschaftlichen Wertvorstellungen der Unternehmensleitung.

Das Projektportfolio-Konzept muss das leistungswirtschaftliche, das finanzwirtschaftliche und das soziale Konzept einbeziehen. Für das Projektportfolio-Konzept legt das finanzwirtschaftliche Konzept den finanziellen Rahmen für die durchzuführenden Projekte vor. Die Nutzen und die Aufwände, begrenzt durch die jeweiligen Budgets, der Projekte müssen sich den angestrebten geldmäßigen Zielen unterordnen. Gerade das Projektportfolio eines Unternehmens wird durch die einzusetzenden Geldmittel und diesbezüglichen Strategien finanziell gesteuert.

Weiterhin muss das Projektportfolio-Konzept die Informatikstrategie des Unternehmens beachten. Die Informatikstrategie bestimmt die Ausrichtung der Informationsinfrastruktur des Unternehmens. Ein Projektportfolio-Konzept ohne Einbeziehung der Informatikstrategie ist undenkbar. Eine Beachtung der Informatikstrategie stellt sicher, dass die Ergebnisse einzelner Projekte in Bezug auf die Informationsinfrastruktur wie Puzzleteile ineinander fassen.

Das Führungskonzept eines Unternehmens strahlt direkt auf das Projektkonzept eines Unternehmens ab. Exemplarisch seien hier Fragen bzgl. der Themen Projektorganisationsformen, Projektrollen, Vorgehensmodelle, Werkzeuge und Verfahren der Projektplanung, Aufwandschätzung etc. genannt. In Unternehmen in denen beispielsweise ein kooperativer Führungsstil gelebt wird, ist für Projekte folglich auch nur ein kooperativer Führungsstil denkbar.

13.7
Entwicklung einer Projektpolitik

Die Projektpolitik eines Unternehmens kann entsprechend Kapitel 13.2 in ein Projektmanagement-Leitbild, ein Projektkonzept und ein Projektportfolio-Konzept unterteilt werden.

Bei der Entwicklung einer Projektpolitik sind die unterschiedlichen Ausrichtungen dessen Bestandteile und die im Kapitel 13.1 aufgeführten Kriterien für eine Projektpolitik zu beachten. Das Projektmanagement-Leitbild soll Aufschluss bzgl. der generellen Charakteristik und der Zielsetzung von Projekten im Unternehmen geben. Es enthält eine Zusammenfassung aller bedeutenden projektpolitischen Entscheidungen, die ausführlich in dem Projektkonzept und dem Projektportfolio-Konzept beschrieben werden.

Bei der Entwicklung einer Projektpolitik sollte mit dem Projektmanagement-Leitbild gestartet werden, indem die generelle Charakteristik und Zielsetzung von Projekten im Unternehmen festgelegt wird. Diese ist in kurzer Form transparent zu machen. Sie stellt die Basis für das zu entwickelnde Projektkonzept und das Projektportfolio-Konzept dar.

Der Entwicklungs-Prozess kann beschleunigt werden, indem externe Projektmanagement-Beratung in Anspruch genommen wird.

13.7.1
Projektkonzept

Bei dem Projektkonzept stehen Fragen des institutionellen und des funktionellen Projektmanagement im Vordergrund. Die in Kapitel 13.4 aufgeführten Themenfelder sind zentral allgemeingültig für alle Projekte des Unternehmens zu klären. Hierbei sind spezielle projektart- und bereichsbezogene Anforderungen zu beachten (siehe Kapitel 13.4.6).

Das Projektkonzept sollte möglichst von einer zentralen Stelle des Unternehmens entwickelt werden, die direkt der oberen Führungsebene des Unternehmens unterstellt ist. Abhängig von der Größe und der Anzahl durchzuführender Projekte sind in der zentralen Stelle unterschiedlich viele Personen bzgl. der Projektpolitik beschäftigt. Im Folgenden wird die obige zentrale Stelle als Projektbüro bezeichnet. Sie nimmt insbesondere im Rahmen des Projektportfolio-Konzepts eine entscheidende Rolle ein.

Dem Kriterium der Allgemeingültigkeit projektpolitischer Entscheidungen wird Rechnung getragen, indem das Projektbüro dem Mitglied der oberen Führungsebene unterstellt wird, welches auch für die Unternehmenspolitik verantwortlich zeichnet. Häufig ist dieses der Sprecher der Geschäftsführung. Hierdurch wird sichergestellt, dass bereichsbezogene Entscheidungen der angestrebten Allgemeingültigkeit nicht widersprechen.

Bei der Erstellung eines Projektkonzepts sollte zunächst auf Erkenntnissen, so genannten Best Practice, anderer Unternehmen der gleichen Branche gegründet werden. Leider ist es nicht möglich ein Projektkonzept eines fremden Unternehmens direkt zu übernehmen, da ansonsten nicht die jeweilige Unternehmenssituation und -umwelt berücksichtigt werden kann.

Aufgabe des Projektbüros ist es zunächst, einen Entwurf für das Projektkonzept zu erstellen. Dieser Entwurf muss

- die Unternehmenssituation,
- die Unternehmensumwelt und
- das Führungskonzept des Unternehmens

einbeziehen. Weiterhin ist es erforderlich, die Erkenntnisse bisher durchgeführter Projekte in das Konzept einfließen zu lassen.

13 Projektpolitik

Voraussetzung für die Befolgung der in dem Projektkonzept konkretisierten Entscheidungen ist, dass diese in den einzelnen Bereichen des Unternehmens auf Akzeptanz stoßen. Diese wird erzeugt, indem die einzelnen Bereiche in die Entwicklung des Konzepts eingebunden werden.

Ein Konsens bzgl. der im Kapitel 13.4 aufgeführten Felder ist herbeizuführen. Aus organisatorischen und aufwandsbezogenen Gründen ist es nicht möglich, dass alle maßgeblichen Bereiche gleichermaßen bei allen Feldern mitarbeiten. Somit sind zu den einzelnen Feldern Arbeitsgruppen mit einem Vertreter des Projektbüros und repräsentativer Bereiche zu bilden. Die Federführung und die Erstellung eines ersten Entwurfes liegen hierbei jeweils bei einem Mitarbeiter des Projektbüros.

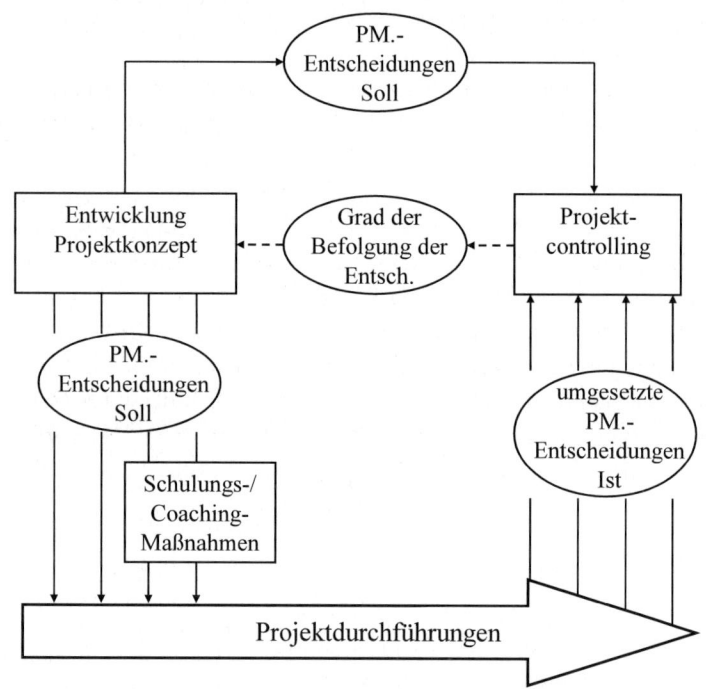

Abb. 13-8: Entwicklungszyklus des Projektkonzepts

Bevor die entwickelten Entscheidungen in Kraft treten, sind diese von den maßgeblichen Bereichen des Unternehmens abzunehmen beziehungsweise an die jeweiligen Arbeitsgruppen zur Überarbeitung zurück zu geben. In dem Fall, dass eine Konsensstellung über alle maßgeblichen Bereiche hinweg nicht möglich ist, muss letztendlich vom Projektbüro eine Entscheidung getroffen werden.

Die Entwicklung des Projektkonzepts ist kein statischer Vorgang. Vielmehr handelt es sich um einen stetigen Zyklus, der jeweils aktuelle Erkenntnisse neu abgeschlossener Projekte und sich verändernde Rahmenbedingungen beachten muss. Darüber hinaus gilt es die gefällten Entscheidungen im Unternehmen bekannt zu machen. Hierbei sind Schulungs- und Coaching-Maßnahmen zielführend (siehe Abb. 13-8).

Regelmäßig ist als Funktion des Projekt-Controllings zu prüfen, zu welchem Grad die Entscheidungen in Projekten Anwendung finden. Bei nicht beachteten Entscheidungen ist der Grund für die Nichtbefolgung zu ermitteln. Bei Akzeptanz- oder Verständnis-Schwierigkeiten können Schulungs- oder Coaching-Maßnahmen Abhilfe schaffen. Darüber hinaus sind die nichtbefolgten Entscheidungen zu überprüfen und gegebenenfalls zu korrigieren.

13.7.2
Projektportfolio-Konzept

Bei der Entwicklung des Projektportfolio-Konzeptes sind die Projektportfolio-Ziele, das Projektportfolio-Potential und die Projektportfolio-Strategie festzulegen. Hierbei sind die Vorgaben des Unternehmenskonzeptes mit seinen Einzelaspekten bezogen auf die Unternehmensziele, das Leistungspotential des Unternehmens und die Unternehmensstrategie als Grundlage für die Ausgestaltung des Projektportfolio-Konzeptes aufzufassen. Weiterhin ist die Informatikstrategie des Unternehmens zu berücksichtigen (vgl. Kapitel 13.6)

Die Auffassungen der oberen Führungsebene müssen im Projektportfolio-Konzept widergespiegelt werden. Zu klären sind die im Kapitel 13.5 aufgeworfenen Fragestellungen. Zur Unterstützung des Entwicklungsprozesses kann analog der Entwicklung des Projektkonzepts verfahren werden. Auch hier ist der Einsatz eines Projektbüros sinnvoll.

13.8
Lebenszyklusanalysen

Die Idee der Lebenszyklusanalysen orientiert sich, wie die Bezeichnung besagt, an den realen Lebensphasen der Menschen. Dieses Modell wird übertragen auf andere Bereiche, wie z.B. Produkte, Projekte usw. Das Phasenmodell der Lebenszyklusanalyse ist ein Beschreibungsmodell, indem es bestimmte Zustände betrachtet. Das Modell dient aber auch als Analyseinstrument. Das wichtige Modell des Produktlebenszyklus analysiert die einzelnen Lebensphasen eines Produktes unter Bewertung von betriebswirtschaftlichen Formalzielen, wie Umsatz und Gewinn von Unternehmen.

13.8.1
Softwarelebenszyklus

Das Konstrukt des Lebenszyklus ist aus der Betriebswirtschaftslehre, speziell aus dem Marketing[172], bekannt und wird zur Analyse von Marktsituationen häufig eingesetzt. Das Modell ist empirisch getestet.

Das hier vorgestellte Modell des Softwarelebenszyklus beschreibt einen ganz anderen Sachverhalt, nämlich den Prozess der Entwicklung eines Softwareprodukts und die ihm zuzuordnenden Aktivitäten. Ein Marktbezug wird in diesem Modell nicht hergestellt. Dieses Modell hat essentielle Bedeutung für den Prozess der Softwareentwicklung und damit das Projektmanagement. Alle weiteren Modelle basieren in ihrer Grundkonstruktion auf diesem Basismodell.

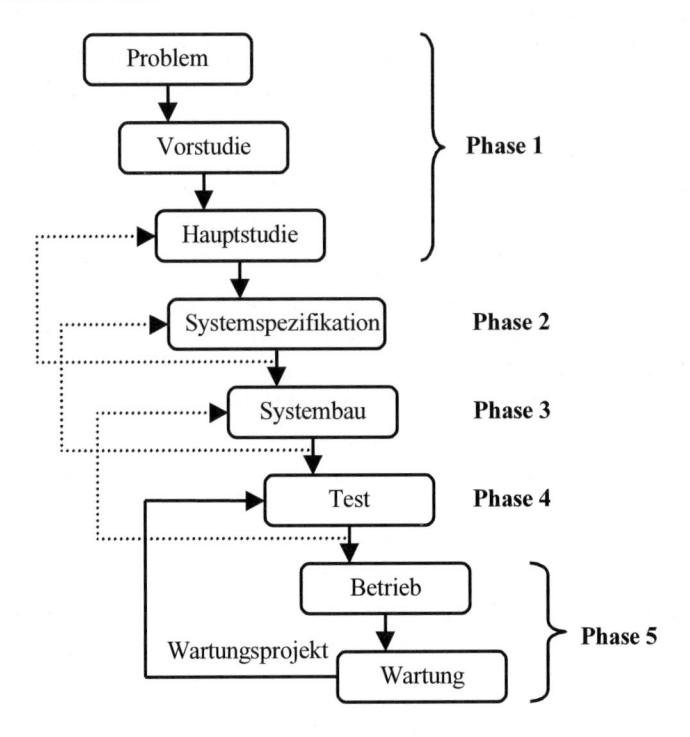

Abb. 13-9: Software-Life-Cycle-Model[173]

Wie bei dem aus dem Marketing bekannten Produktlebenszyklus unterstellt man, dass der Softwareentwicklungsprozess in unterschiedliche Phasen aufge-

---

[172] vgl. Bänsch, Axel: Einführung in die Marketing-Lehre, 1991, S. 99

[173] vgl. Jenny, Bruno: Projektmanagement in der Wirtschaft, 2001, S. 31

teilt werden kann. Den einzelnen Phasen können Aktivitäten und Ergebnisse zugeordnet werden und die Reihenfolge der Phasen ist festgelegt. Die Anzahl der Phasen ist modellspezifisch und variiert je nach Detaillierungsgrad (ca. von vier bis sechs Phasen). Hier wird ein fünfphasiges Modell der Softwareentwicklung vorgestellt:

Phase 1: Das Ziel dieser Analyse- und Planungsphase besteht im Wesentlichen darin, den Aufgabenbereich, für den eine Softwarelösung angestrebt wird, zu umreißen und zu dokumentieren. Dies erfolgt durch Erhebung des Ist-Zustandes, Abgrenzung des Problembereichs und Entwicklung eines groben Soll-Konzeptes. Eine grobe Abschätzung des Projektumfanges und ein ebenso grober Terminplan sollte das Ergebnis sein.

In einigen Fachbüchern wird gefordert, dass eine Ist-Analyse unterbleiben sollte, mit der Begründung, dass die Reflexion der Ist-Analyse auf das Soll-Konzept so hoch sei, dass demzufolge lediglich „optimierte" Ist-Konzepte entstünden. Diese Gefahr besteht in der Tat, besonders bei unerfahrenen Entwicklern. Ein erfahrener Entwickler wird das Ist-Konzept jedoch immer nur als Richtlinie für ein zu entwickelndes Soll-Konzept verstehen. Ein Verzicht auf die Ist-Aufnahmen birgt die Gefahr, dass Konzepte an der Realität vorbei entwickelt werden. Aus diesem Grund ist immer eine Ist-Analyse vorzunehmen.

Phase 2: Ziel der Systemspezifikation ist zu definieren, was das geplante Softwarepaket leisten soll und muss. Die konkreten Voraussetzungen für die Realisierung sind festzulegen.

In dieser Phase wird die Systemspezifikation erstellt, diese wird oft auch Anforderungskatalog oder Pflichtenheft genannt. Ferner sollte ein genauer Projektplan erstellt und eine Validierung der Systemspezifikation durchgeführt werden. Aufgabe der Validierung ist es, die Vollständigkeit des Konzeptes zu gewährleisten und die Anforderungen auf Schlüssigkeit zu untersuchen. Die Möglichkeit der technischen Durchführbarkeit ist zu prüfen. Dies kann in Form einer so genannten Machbarkeitsanalyse geschehen. Die ökonomische Rechtfertigung ist zu konkretisieren, sie besteht in einer Wirtschaftlichkeits- und einer Kosten-Nutzen-Analyse.

Phase 3: Zum Systembau wird hier die Phase System- und Komponentenentwurf und die Implementierung des Systems gezählt. Diese beiden Elemente der Phase Systembau werden oft auch als separate Phasen definiert. Wesentliches Ziel der Entwurfsphase ist es, die anforderungsgemäßen Systemkomponenten zu definieren. Die Synchronisation der einzelnen Systemkomponenten ist festzulegen.

Die wesentlichen Aktivitäten sind die Festlegung der Systemarchitektur, d.h. die Spezifikation der Systemkomponenten, die Spezifikation der Schnittstellen, d.h. eine detaillierte Beschreibung ihrer Datenstruktur. Das Zusammenspiel der einzelnen Systemkomponenten über die Schnittstellen ist zu definieren. Eventuell ist ein logisches Datenmodell heranzuziehen. Die algorithmische Struktur der Komponenten ist zu definieren.

Ergebnisse sind u.U. ein deskriptorisches logisches Datenmodell, die Beschreibung der Systemarchitektur und die logische und algorithmische Struktur der Systemkomponenten.

Die Realisierung des Systems beinhaltet im Wesentlichen das Umsetzen der in der Entwurfsphase gewonnenen Ergebnisse in eine Form, die vom Rechner ausgeführt werden kann. Konkret ist das die Programmierung.

Es ist strittig, wie detailliert die in der Entwurfsphase erzeugten Ergebnisse sein sollen. Das hängt wesentlich von der Erfahrung und der Kooperation der beteiligten Mitarbeiter ab. Werden Entwurf und Umsetzung von denselben Personen durchgeführt, kann der Entwurf eventuell weniger detailliert sein. Auf jeden Fall sollten die Schnittstellen ganz genau spezifiziert sein, da u.U. mit einem anderen System über diese kommuniziert wird.

Phase 4: In der Testphase werden die einzelnen Systemkomponenten zunächst separat und danach systemweit unter möglichst realistischen Bedingungen getestet. Auftretende Fehler werden analysiert, dokumentiert und korrigiert. Ziel sollte es sein, ein stabiles, nahezu fehlerfreies Softwarepaket abzuliefern.

Phase 5: Bevor das System in die Betriebsphase geht, sollte es einer Freigabeprozedur unterzogen werden. Durch die Freigabe wird dem System quasi die Produktionsreife testiert. In der Wartungsphase werden noch auftretende Fehler korrigiert und Systemänderungen und -erweiterungen durchgeführt.

Aus der Wartungsphase resultieren Aufgaben, die in den Bewertungsstatus übergehen. Das sind Anträge für so genannte Wartungsaufgaben (Maintenance), die wiederum ein Projekt begründen können. Man kann von einem Wartungszyklus sprechen.

Wartung wird zum einen durchgeführt, um Fehler des Systems zu beseitigen, zum anderen aber auch, um das System geänderten Anforderungen anzupassen. Dies wird gesteuert durch ein organisiertes Change- und Releasemanagement.

Mit der Einführung des Euro mussten viele Unternehmen ihre Software-Systeme auf die neue Währungseinheit umstellen. Das war eine typische, oft sehr umfangreiche Wartungsaufgabe. Durch diese obligatorische Aufgabe wurde die Lebensdauer der Systeme wesentlich verlängert. Durch gezielte Wartungsaufgaben kann also die technische Lebensdauer eines Systems erheblich ausgedehnt werden. Aber auch die ökonomische Lebensdauer wird erhöht, da das IT-System durch Wartungsaktivitäten oft wieder an Marktattraktivität gewinnt.

Anträge für Wartungsaufgaben müssen mit der Informationsinfrastruktur abgestimmt werden. Planerisch sind die Wartungsanträge der Durchführungsplanung bzw. Bereichsplanung zuzuordnen.

13.8.2
Produktlebenszyklus

Informationssysteme sind Produkte. Wenn diese für den Markt produziert werden, als Beispiel seien die Firmen IBM, SAP, Microsoft usw. genannt, tragen sie direkt zum Unternehmenserfolg bei. Für Microsoft ist es sicher kein Problem, z.B. den Weltumsatz seines Produktes „Betriebssystem Windows XP" zu ermitteln. Werden sie nicht über den Markt gehandelt, tragen sie indirekt zum Unternehmenserfolg bei, indem sie z.B. die unternehmensinternen Abläufe effizienter gestalten. Da sich für solche „internen" Produkte Marktzahlen nicht ermitteln lassen, sind Hilfskonstruktionen anzuwenden.

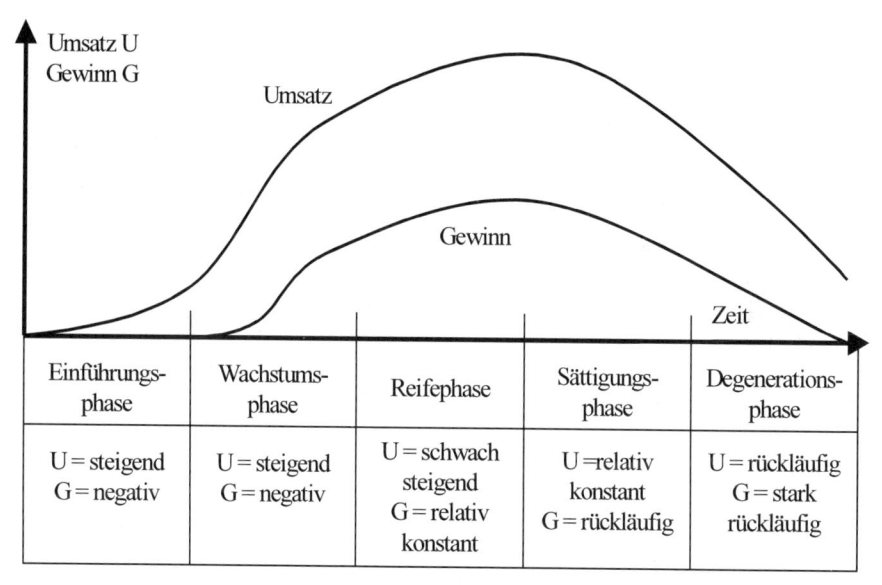

Einführungs-phase	Wachstums-phase	Reifephase	Sättigungs-phase	Degenerations-phase
U = steigend G = negativ	U = steigend G = negativ	U = schwach steigend G = relativ konstant	U = relativ konstant G = rückläufig	U = rückläufig G = stark rückläufig

Abb. 13-10: Produktlebenszyklus[174]

Die Produktlebenszyklusanalyse eignet sich zur Bewertung von Produkten, die auf dem Markt sind, denn sie zeigt den Zusammenhang zwischen[175]

---

[174] vgl. Wöhe, Günter: Einführung allgemeine Betriebswirtschaftslehre, 2002, S. 511

[175] vgl. Wöhe, Günter: Einführung allgemeine Betriebswirtschaftslehre, 2002, S. 115 ff.

- dem Lebensalter und
- der Umsatz- und Ertragsentwicklung

eines Produktes. Dies zeigt die Abb. 13-10.

Aus der Produktlebenszyklusanalyse resultieren im Besonderen Anträge für Ersatzinvestitionen.

Das Konstrukt des Produktlebenszyklus gliedert sich idealtypisch in fünf, manchmal auch vier, Phasen. Jeder dieser Phasen lassen sich spezielle Ausprägungen ökonomischer Parameter zuordnen. Aus diesen Konstellationen entstehen konkrete produktpolitische Handlungsoptionen.

Die Phasen sind folgende:

- Einführungsphase: Das Produkt ist unbekannt und kommt auf einen neuen Markt. Der Absatz steigt lediglich zögernd. Entwicklungs-, Produktions- und Markteintrittskosten, wie Werbung, übersteigen die Produkterlöse bei weitem. Gewinn und Cash Flow sind zunächst noch negativ. Käufer sind zunächst nur Innovatoren.

- Wachstumsphase: Die Akzeptanz des Produktes am Markt wächst. Das Umsatzvolumen steigt überproportional. Die Gewinnschwelle (Break Even) wird erreicht. Umsatz, Gewinn und Cash Flow steigen stark an. Der Produzent kassiert die „Rente" für die finanziellen Opfer, die er bisher, besonders in der Einführungsphase, auf sich genommen hat.

- Reifephase: Umsätze, Gewinne und Cash Flow steigen weiterhin an und streben ihrem Höhepunkt zu. Allerdings ist nicht zu übersehen, dass die Zuwachsraten von Umsatz, Gewinn und Cash Flow abnehmen. Das Produkt kommt langsam in die Jahre.

- Sättigungsphase: Zu Beginn der Sättigungsphase steigen Umsatz, Gewinn und Cash Flow absolut noch an, allerdings mit schnell sinkenden Zuwachsraten. Folglich wird schnell das Umsatzmaximum erreicht, danach gehen alle drei Werte absolut zurück. Bald ist der Punkt erreicht, an dem negative Deckungsbeiträge anfallen.

- Rückbildungsphase: Umsätze, Gewinn und Cash Flow sinken. Der Nachfragerückgang kann durch Neunachfrager nicht mehr ausgeglichen werden. Die geschaffenen Kapazitäten sind nicht mehr ausgelastet. Der Versuch, über Preisrücknahmen neue Nachfrage zu schaffen, drückt auf die Gewinne. Das Unternehmen muss darüber nachdenken, das Produkt vom Markt zu nehmen.

Das Analyseinstrument Produktlebenszyklus hat sich bei der Analyse von Marktsituationen aller Gütertypen bewährt. Es wird zur Bewertung von

Gebrauchs-, Verbrauchs- und auch Investitionsgütern, wie z.B. Anwendungssoftware, eingesetzt.

13.9 Portfolioanalyse

Die kapitalmarkttheoretische Portfoliotheorie befasst sich mit der optimalen Zusammensetzung eines Wertpapierdepots[176]. Aus diesem Ansatz sind alle anderen Formen abgeleitet. Die marktstrategische Portfolioanalyse gibt Handlungsempfehlungen zum optimalen Produkt-Mix von alten, innovativen und reifen Produkten. Statt von Produkten spricht man von strategischen Geschäftsfeldern. Für ein strategisches Geschäftsfeld kann u.a. eine eigenständige Marketingstrategie entwickelt und gefahren werden.

Das gängigste Modell der Portfolioanalyse wurde von der Boston-Consulting-Group entwickelt. Es handelt sich um eine zweidimensionale Vier-Feld-Matrix.

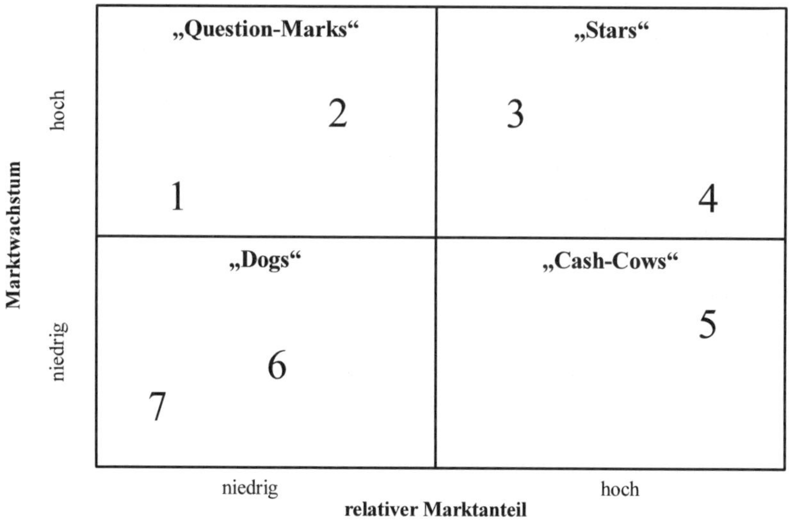

Abb. 13-11: Marktwachstums-/Marktanteilsportfolio

Auf der Ordinate wird das Marktwachstum, auf der Abszisse der relative Marktanteil abgetragen. Dieser Portfoliotyp verbindet Marktwachstum und Lebenszykluskonzept. Ein hohes Marktwachstum identifiziert ein Produkt in der Einführungs- und Wachstumsphase, ein niedriges ein solches in der Reife- und

---

[176] vgl. Wöhe, Günter: Einführung allgemeine Betriebswirtschaftslehre, 2002, S. 116 ff.

Sättigungsphase. Im Folgenden werden die Funktionsweisen dieser Analysemethode kurz erläutert[177].

Als „Question-Marks" werden Geschäftsfelder bezeichnet, deren künftige Entwicklung ungewiss ist. Zurzeit ist nicht identifizierbar, in welche Richtung sie sich entwickeln. Sowohl die günstigste Möglichkeit der Entwicklung zu „Stars", als auch das Ausbleiben des Markterfolgs, d.h. keine Erhöhung des relativen Marktanteils, ist möglich. Die innovativen Geschäftsfelder dieses Bereiches benötigen noch viel Kapital, das irgendwie zugeführt werden muss. Obwohl dieses Segment zunächst noch subventioniert werden muss, sollte es dennoch gepflegt werden, weil es die Basis für externe Mittelzuflüsse in der nächsten Zeit ist.

So ergeben sich in der konkreten Situation der Abb. 13-11 folgende Handlungsoptionen:

- Geschäftsfeld 1: Eliminierung, da trotz fortgeschrittenen Lebensalters noch kein nennenswerter Marktanteil erreicht wurde.
- Geschäftsfeld 2: Forcierung, weil das junge Produkt schon hohe Marktanteile hat. Die Wahrscheinlichkeit der Entwicklung zum „Star" ist hoch.

„Stars" sind Geschäftsfelder, die zwei dominierende Merkmale aufweisen. Einerseits wird ein hohes Marktwachstum erreicht, andererseits ist der Bedarf an Reinvestitionen aus den selbst erwirtschafteten liquiden Mitteln hoch. Auf diese Weise wird der hohe Marktanteil abgesichert.

- Geschäftsfeld 3: Sicherung des hohen Marktanteils durch vollständige Reinvestition der erwirtschafteten Überschüsse. Es fallen noch keine Nettoüberschüsse an.
- Geschäftsfeld 4: Erste Nettoüberschüsse fallen an. In nächster Zeit wird der Übergang zur Cash-Cow erwartet.

„Cash-Cows" sind die „Selbstläufer" des strategischen Marketings. Die Produkte sind in der Reifephase. Wegen des geringen Reinvestitionsbedarfs und der geringen Marketingaktivitäten (z.B. Werbung) wird ein hoher Liquiditätsüberschuss (Netto-Cash-Flow) erwirtschaftet.

- Geschäftsfeld 5: Das lukrative Geschäftsfeld 5 ist das Ergebnis eines steinigen Weges, der durch die Geschäftsfelder 2, 3 und 4 markiert wurde.

---

[177] vgl. Wöhe, Günter: Einführung allgemeine Betriebswirtschaftslehre, 2002, S. 117 ff.

13.9 Portfolioanalyse

„Dogs" sind Geschäftsfelder, die ihre strategische Bedeutung verloren haben, so sie diese je hatten. Die Produkte befinden sich in den letzten Phasen ihres Lebenszyklus, der Sättigungsphase bzw. der Rückbildungsphase. Die Nachfrage bleibt konstant oder sinkt sogar. Die Deckungsbeiträge sind gering wegen der sinkenden Preise und steigenden Kosten. Der Cash Flow ist niedrig. Die weiteren Marktchancen dieser Produkte sind gering. Über eine Eliminierung ist nachzudenken.

- Geschäftsfeld 6: Sättigungsphase
- Geschäftsfeld 7: Rückbildungsphase

Für beide Geschäftsfelder gilt das unter „Dogs" Gesagte in vollem Umfang.

Im Folgenden soll die Portfolioanalyse beispielhaft anhand zweier Parameter für die Projektbewertung durchgeführt werden. Die Vorgehensweise ähnelt der in Kap. 9.2.4 vorgestellten Nutzwertanalyse. Die Analyse soll die Durchführungsentscheidung des Projektes vorbereiten.

Dargestellt werden die Ergebnisse von Wertetabellen in einer 9-Feld-Matrix. In dieser Matrix werden jedem Feld die Ergebnisse zugeordnet. Aus der Vielzahl der möglichen Zielkriterien wurden die beiden Kriterien strategische Bedeutung und Projektpotenzial ausgewählt. Das Zielkriterium strategische Bedeutung wird aufgeteilt in die Kriteriumsklassen Chancen und Risiken. Diesen beiden Kriteriumsklassen werden die in der Abb. aufgezeigten Beurteilungskriterien zugeordnet. Diesen Kriterien werden in einem Bewertungsschritt die Ausprägungen hoch, mittel und niedrig zugeordnet. Zu beachten ist, dass auch hier die Ausprägungen lediglich ordinal skaliert sind. Die Bewertung unterliegt also subjektiven Kriterien. Nach der Ermittlung des Gesamtwertes der Chancen und des Risikos werden diese zu einer Gesamtbewertung der strategischen Bedeutung des Projektes kumuliert. Dieser Gesamtwert wird in die Bewertungsmatrix übertragen.

Analog dazu ist die Vorgehensweise beim Zielkriterium Projektpotenzial, wobei hier die Kriteriumsklassen Fähigkeit und Willigkeit bei der Projektdurchführung bewertet werden. Den ausgewählten Beurteilungskriterien werden die ordinal skalierten Ausprägungen niedrig, mittel und hoch zugeordnet. Die Gesamtbewertung des Projektpotenzials wird ebenfalls in die Bewertungsmatrix übertragen.

Anhand dieser beiden ausgewählten Zielkriterien wird ein Feld in der Projektportfolio-Matrix angesteuert. Aufgrund der Positionierung in der Matrix ergibt sich die jeweilige Entscheidung: Einführung, Einführung prüfen oder keine Einführung. Im hier vorgestellten Beispiel werden beide Kriterien als hoch eingestuft. Das Bewertungsergebnis lautet daher Einführung.

360 13 Projektpolitik

Projektportfolio

■ = Einführung

▨ = Einführung prüfen

☐ = keine Einführung

Chancen

Chancen-merkmal	Chancen-bewertung		
	1. niedrig	2. mittel	3. hoch
Steigerung des Wettbewerbspotenzials			
Verbesserung der Flexibilität			
Steigerung der Innovationsfähigkeit			
Erhöhung der Kundenbindung			
Steigerung der Arbeitsplatzattraktivität			
Kostenreduktion			
Gesamtchancen			

Risiken

Risiko-merkmal	Risiken-bewertung		
	1. niedrig	2. mittel	3. hoch
Wahrscheinlichkeit eines Misserfolgs			
Unzuverlässigkeit Zeitschätzungen			
Unsicherheit Kostenprognosen			
Personal- u. Technologieabhängigkeit			
Verfügbarkeitsproblem			
Risiko der Überorganisation			
Gesamtrisiko			

strategische Bedeutung

Fähigkeit

Fähigkeits-merkmal	Fähigkeitsbewertung		
	1. niedrig	2. mittel	3. hoch
Verfügbare finanzielle Mittel			
Personalkapazität			
Know-how			
vorhandene Standards			
vorhandene Erfahrung			
vorhandene Sachmittel			
Gesamtfähigkeit			

Willigkeit

Willigkeits-merkmal	Willigkeitsbewertung		
	1. niedrig	2. mittel	3. hoch
Änderungswunsch der Betroffenen			
Stellenwert der Projektarbeit			
Unterstützung durch Topmanagement			
Unterstützung durch Middle-Management			
Einsatzbereitschaft von Externen			
Benutzerakzeptanz			
Gesamtwilligkeit			

Projektpotenzial

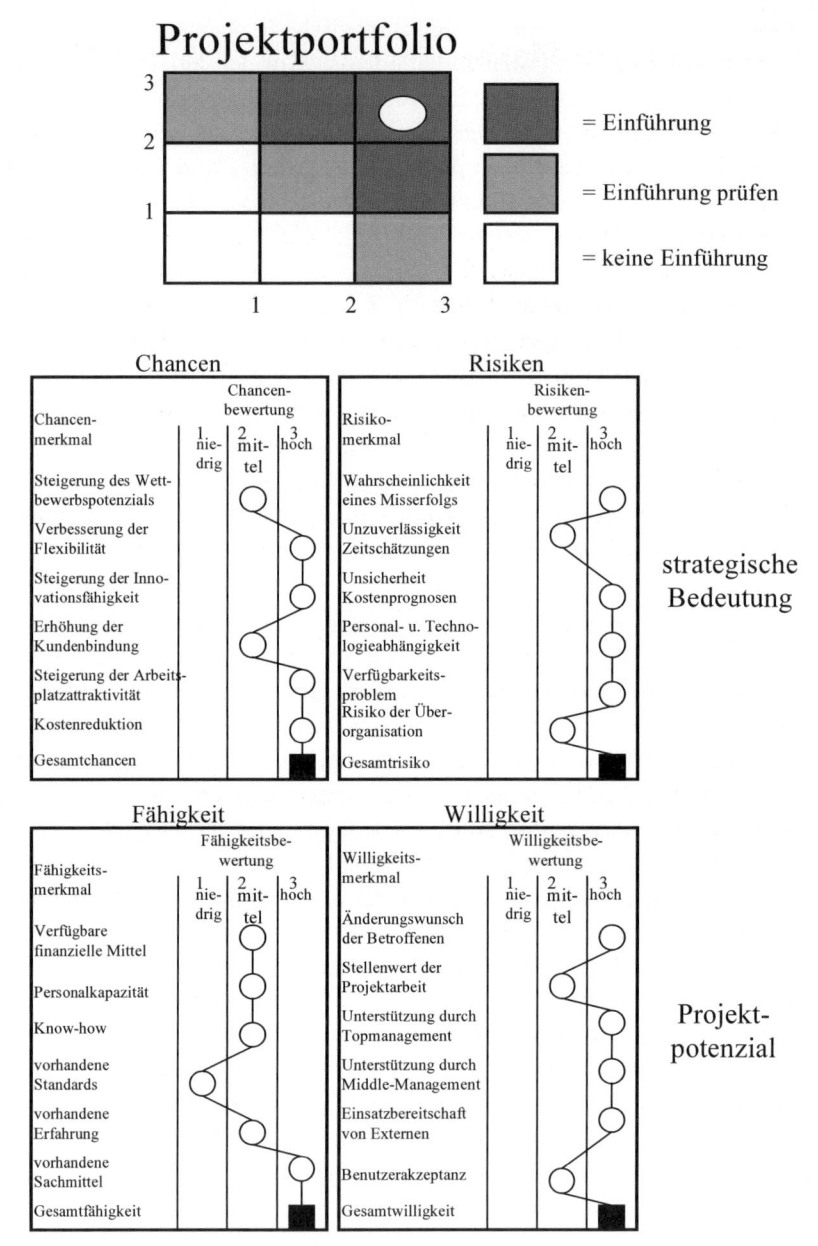

Abb. 13-12: Portfolioanalyse[178]

---

[178] vgl. Informatikzentrum der Sparkassenorganisation: Projektmanagement, 2001, S. 89

13.10
Profit Impact of Market Strategies (PIMS-Konzept)

Das PIMS-Konzept beruht auf einem Softwarepaket, das mit Methoden des Data Mining[179] aus einer Datenbasis Ähnlichkeiten und Zusammenhänge herausfiltert.

Entwickler des PIMS-Konzeptes ist General Electric, Betreiber des Konzeptes ist ein Unternehmen mit der Bezeichnung „Strategic Planning Institute"[180]. Das Konzept beruht auf realen Daten, die von einer Anzahl von ca. 250 Unternehmen zu ca. 3000 strategischen Geschäftsfeldern in eine Datenbank eingegeben wurden. Diese Datenbasis wird maschinell nach Faktoren untersucht, die mit dem Return on Investment (ROI) oder Cash Flow in irgendeiner Weise korrelieren.

So wurden ca. 30 Unternehmens- und Marktvariable gefunden, die deutliche Abhängigkeit zum ROI oder Cash Flow aufweisen. Dabei wurden folgende „Gesetzmäßigkeiten" analysiert:

- Eine hohe Investitionsintensität (Investitionen in Bezug zum Umsatz eines Geschäftsfeldes) korreliert negativ zum ROI.
- Ein hoher Marktanteil bzw. hohe Qualität der Produkte korrelieren positiv zum ROI.
- Die Beziehung zwischen Marktwachstum und ROI ist indifferent. Eine mögliche Begründung ist, dass der ROI als Relativwert keine Aussage über die absolute Gewinnhöhe zulässt.

Das Verfahren ermöglicht, den Unterschied finanzieller Ergebnisse (ROI) zweier verschiedener Geschäftsfelder zu ca. 70% zu erklären. Aufgrund dieser Erkenntnisse stellt PIMS Software bereit, mit der Unternehmen das Erfolgspotenzial ihrer Geschäftsfelder beurteilen können. Wichtiger ist, dass die Wirkungen bestimmter Strategien getestet werden können. Wie schon erwähnt ist ein strategisches Geschäftsfeld u.a. dadurch gekennzeichnet, dass ihm eigene Marktstrategien zugeordnet werden können. Die Programme ermitteln, welchen Soll-ROI ein Geschäftsfeld aufgrund seines strategischen Profils eigentlich erreichen müsste. Liefert der Soll-/Ist-Vergleich negative Abweichungen, kann auf Mängel in den Planungsstufen, vor allem der operativen Planung, geschlossen werden.

---

[179] vgl. Mertens, Peter, Wieczorrek, Hans Wilhelm: Data X Strategien, 2000, S. 211 ff.

[180] vgl. Wöhe, Günter: Einführung allgemeine Betriebswirtschaftslehre, 2002, S. 118–119

13.11
Bewertung von Applikationslandschaften

Zur Unterstützung der Projektportfolio-Strategie werden Informationen über die Anwendungslandschaft des Unternehmens benötigt. Die wichtigsten Applikationen in der Wartungsphase sollten in definierten zeitlichen Abständen analysiert und bewertet werden. Die Firma CSC Ploenzke hat dazu ein Verfahren entwickelt, das auf der schon vorgestellten Portfolioanalyse beruht. Das Verfahren wird APER (Application Portfolio Effectiveness Review) genannt und wird hier in seinen Grundzügen vorgestellt[181].

Eine systematische Bewertung der Applikationslandschaft liefert Informationen zur eventuellen Begründung eines Projektes. Dies können Anstöße für Wartungsprojekte, aber auch für Neuentwicklungen sein. Von besonderer Bedeutung ist die methodische Vorgehensweise. Sie hilft einen Überblick über die Ist-Situation des Applikationsszenarios zu gewinnen. Die Analyseergebnisse bilden eine fundierte Basis für die strategische IT-Planung, die Verbesserung der internen IT-Abläufe, die Optimierung der Geschäftsprozesse und des Managements des Applikationsportfolios.

Im Rahmen des Bewertungsprozesses sollen folgende Fragen beantwortet werden:

- Bilden die IT-Applikationen noch die Realität ab, d.h. sind sie noch kompatibel mit den Geschäftsprozessen?

- Wie gut unterstützen die IT-Lösungen die Geschäfte? Von Bedeutung ist vor allem, inwieweit die Applikationen die Kerngeschäftsprozesse abdecken. Wo sind Lücken oder Abweichungen? Wie ist das Zusammenspiel der Einzelapplikationen? Wo sind Schnittstellenprobleme? Gibt es Doppelerfassungen?

- Wie gut ist der technische Zustand der Anwendungen? Entspricht die Basisarchitektur noch aktuellen Anforderungen? Unternehmensindividuell ist dabei festzulegen, an welchem Techniknievau man sich orientieren will. Auch ältere Anwendungen sind nicht unbedingt renovierungsbedürftig, nur weil sie noch mit IMS-Datenbanken arbeiten.

- Wie ist der Status und die Entwicklung des Kostenniveaus? Im Vordergrund stehen dabei die Kosten für Betrieb und Wartung. Dabei ist es nicht notwendig und oft auch schwierig exakt die Gesamtkosten zu ermitteln. Oft reicht es aus, partielle Kosten oder Kostentendenzen zu ermitteln.

---

[181] vgl. Elting, Andreas: IT als Anlagevermögen, in: IT Fokus, 2003, 7/8, S. 42–46

13.11 Bewertung von Applikationslandschaften

Wie die Bewertungen durchgeführt werden, welche Verfahren und Methoden eingesetzt werden, soll hier nicht näher erläutert werden. Zur Datenermittlung sind aber in jedem Fall Erhebungen vonnöten. Das APER-Verfahren basiert auf einem internetbasierten, datenbankgestützten Erfassungstool. Aus der Erfassungsdatenbank werden die benötigten Reports generiert.

Die Ergebnisse der Befragungen werden in eine zweidimensionale Vierfeld-Matrix eingetragen (s. Abb. 13-13). Eine Interpretation der Ergebnisse in der Matrix ergibt folgende Konstellationen[182]:

Feld 1: Die in diesem Feld angesiedelten Applikationen sind durch einen geringen Unterstützungsgrad der Geschäftsprozesse und durch einen technischen Zustand, der nicht mehr „State of the Art" ist, gekennzeichnet. Die Bedeutung der Anwendung hat aufgrund geänderter Anforderungen abgenommen. Der technische Fortschritt der IT wurde in der Applikation nicht nachvollzogen. Die Anwendung ist obsolet. Die relativ hohen Wartungskosten entsprechen nicht mehr der geringen Bedeutung der Anwendung. Die Konsequenz ist eliminieren oder ersetzen.

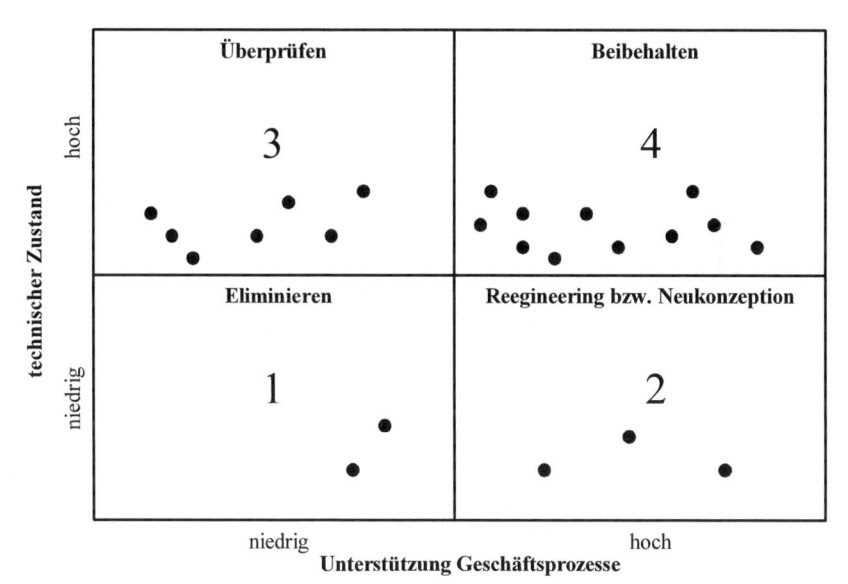

Abb. 13-13: Portfolioanalyse Applikationslandschaft[183]

Feld 2: Die Unterstützung der Geschäftsprozesse durch diese Applikationen ist hoch bei geringem IT-Reifegrad. Bei diesen Applikationen wurden die

---
[182] vgl. Elting, Andreas: IT als Anlagevermögen, in: IT Fokus, 2003, 7/8, S. 42–46

[183] vgl. Elting, Andreas: IT als Anlagevermögen, in: IT Fokus, 2003, 7/8, S. 42–46

wegen des technischen Fortschritts der IT notwendigen Anpassungsprozesse nicht oder nur unvollkommen durchgeführt. Solche Applikationen sind häufig Insellösungen mit hohen Integrationskosten. Dennoch sind sie für die Geschäftsabwicklung unverzichtbar. Über Reengineering-Aktivitäten oder Neukonzeption ist nachzudenken.

Feld 3: Applikationen in diesem Feld sind von neuester Technologie, unterstützen aber die Geschäftsprozesse unzulänglich. Applikationen mit diesen Charakteristika können aus folgenden Gründen existieren: Die Anwendung ist eine Fehlentwicklung, indem sie nicht die Geschäftprozesse abbildet, für die sie entwickelt wurde. Zum anderen können sich die Geschäftsprozesse so gravierend und schnell geändert haben, dass sich Diskrepanzen ergeben.

Feld 4: Applikationen, die sich in diesem Feld befinden, sind technisch ausgereift und unterstützen die Geschäftsprozesse optimal. Diese Applikationen befriedigen zur Zeit alle Anforderungen.

In der Praxis bilden oft mehrere Applikationen einen Geschäftsprozess vollständig ab. Daher ist es sinnvoll alle Einzelapplikationen, die einen Geschäftsprozess repräsentieren, gemeinsam zu bewerten. So können Schwachstellen, Lücken und Schnittstellenprobleme genau analysiert werden.

Die Bewertung des Ist-Zustandes ist hilfreich für die Projektportfolio-Strategie. Interessant ist zu prognostizieren, wie sich die Applikationen in einem dynamischen Umfeld darstellen. Dazu einige Beispiele[184] (s. Abb. 13-14):

- Anwendung A wird im Laufe der zu erwartenden Veränderungen des Geschäftsprozesses immer weniger zur Unterstützung der Unternehmensaufgabe beitragen. Der technische Fortschritt lässt die Applikation schnell veralten.
- Anwendung B befindet sich auf hohem technischen Niveau und wird auch künftig den Geschäftsprozess gut unterstützen.
- Anwendung C ist zwar in schlechtem technischen Zustand, aber unterstützt die fachlichen Abläufe bisher noch gut. Die Unterstützung des Geschäftsprozesses wird allerdings abnehmen. Diese Anwendung ist ein Kandidat für vorzunehmende Anpassungen.

Eine aktive Projektportfolio-Strategie erfordert eine Analyse der IT-Infrastruktur eines Unternehmens. Eine aktive Projektpolitik wird aber überwiegend von Unternehmen betrieben, die als professionelle Softwareproduzenten Applikationen für ihre Kunden erstellen. Daraus ergibt sich ein Dilemma. Projekt-

---

[184] vgl. Elting, Andreas: IT als Anlagevermögen, in: IT Fokus, 2003, 7/8, S. 42–46

politische Entscheidungen beruhen auf Kundeninformationen. Dies gelingt nur durch eine permanente Pflege der Kundenbeziehungen. Dieses Problem ändert aber nichts an der Notwendigkeit der Analyse von Applikationslandschaften und der Funktionsfähigkeit der hier vorgestellten Methodik.

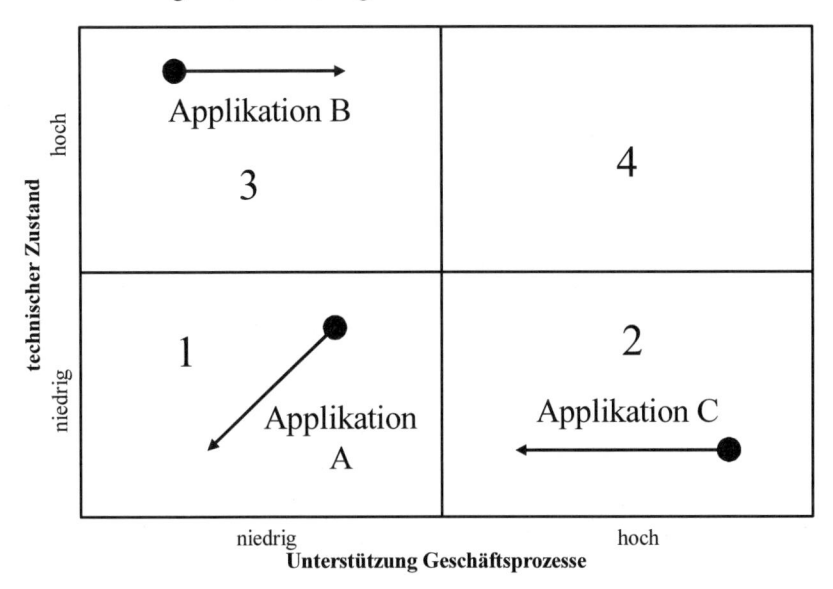

Abb. 13-14: Prognostizierte Entwicklung von Applikationen[185]

Die Ergebnisse liefern wichtige Informationen für die strategische Unternehmensplanung generell und für die IT-Planung speziell. Potenziale zur Verbesserung der Geschäftsprozesse werden aufgezeigt. Die Ergebnisse der Bewertung müssen analysiert und in ein Strategiekonzept eingebunden werden. Sie gehen in den Bewertungsprozess zur Projektbegründung ein.

13.12 Machbarkeitsanalyse

Die Bezeichnung Machbarkeit ist in diesem Fall etwas irreführend, denn es geht nicht so sehr darum zu überprüfen, ob eine Aufgabe absolut machbar ist, vielmehr werden einige weitere Parameter hinsichtlich Durchführbarkeit und ökonomischem Nutzen (Wirtschaftlichkeit) fixiert. In diesem Buch wird jedoch weiterhin der gebräuchliche Begriff Machbarkeitsanalyse bzw. Machbarkeitsstudie benutzt. Die Machbarkeitsanalyse sollte immer vorgenommen werden, sie steht ganz am Anfang eines Projektes.

---

[185] vgl. Elting, Andreas: IT als Anlagevermögen, in: IT Fokus, 2003, 7/8, S. 42–46

13 Projektpolitik

Eine vorsichtige, aber dennoch realistische Terminschätzung für den Zeitrahmen der Durchführung des Projektes und eine Umreißung des Projektrisikos sollte vorgenommen werden. Bei umfangreichen Projekten hat die Machbarkeitsanalyse oft selbst den Umfang eines kleinen Projektes. Die Praxis zeigt, dass der Aufwand für die Machbarkeitsanalyse limitiert sein sollte[186].

- Dem Analyseteam sollten maximal drei Personen angehören. Der künftige Projektleiter muss das Analyseteam führen. Ausnahmen von dieser Forderung müssen sehr gut begründet sein.
- Arbeitsaufwand maximal 4 Personenmonate
- Dauer maximal 3 Kalendermonate

In der Machbarkeitsanalyse werden die Highlights des Projektes in komprimierter Form zusammengefasst:

- Ist-Analyse (Beschreibung des Ist-Zustandes)
- Projektziele
- Lösungsmöglichkeiten
- Ökonomische Beurteilung (Wirtschaftlichkeit)
- Risikoanalyse
- Projektteam und Projektorganisation, d.h. Personaleinsatzplanung:
  Begründete Festlegung, ob externe Mitarbeiter benötigt werden. Des Weiteren, wie viele externe Mitarbeiter herangezogen und für welche Aufgaben, d.h. mit welcher fachlichen Qualifikation, sie ausgestattet sein müssen.
- Projektgesamtplan
- Untergliederung des Projektes:
  Entscheidung, ob eine Aufteilung des Gesamtprojektes in Teilprojekte mit entsprechenden Teilprojektteams und Teilprojektleiter sinnvoll ist. Die Praxis zeigt, dass es sinnvoll ist, Projekte mit einer Dauer von mehr als 2 Jahren in überschaubare Teilprojekte mit separaten Projektzielen aufzuteilen.
- Erweiterter Projektantrag

Den Verfassern des Buches erscheint es von besonderer Wichtigkeit, darauf hinzuweisen, dass der künftige Projektleiter das Analyseteam leitet und damit für die Ergebnisse verantwortlich ist. Dadurch wird eine hohe Identifikation mit dem später durchzuführenden Projekt erreicht.

---

[186] vgl. Jenny, Bruno: Projektmanagement in der Wirtschaft, 2001 S. 33

Die Risikoanalyse ist besonders wichtig für den Projekterfolg, ihr wird ein separater Abschnitt gewidmet (s. Kap. 13.13.3).

13.13 Entwicklungsplanung

Der Entwicklungsplanung und damit dem Entwicklungsplan kommt entscheidende Bedeutung für die wirtschaftliche Entwicklung des Unternehmens zu. So hat z.B. der Produktentwicklungsplan für Unternehmen der Automobilindustrie, in dem festgelegt wird, welche neuen Modelle in welcher Reihenfolge zu welchem Zeitpunkt entwickelt werden sollen, entscheidende Bedeutung für das Erreichen der strategischen Unternehmensziele sowie der Marketingziele (Marktanteils- bzw. Umsatzziele usw.).

Die Entwicklungsplanung ist Bestandteil der strategischen Unternehmensplanung und orientiert sich an den strategischen Unternehmenszielen. Der Planungshorizont beträgt ca. 3 bis 10 Jahre. Ziel der Entwicklungsplanung ist, die Realisierungs-Reihenfolge der Projekte anhand definierter Priorisierungskriterien festzulegen sowie den Mittelbedarf, wie Personal, Infrastruktur, Finanzen usw., zu bestimmen. Der Entwicklungsplan reflektiert als Zentralplan auf fast alle weiteren Unternehmenspläne, wie Personalbedarfsplanung, Finanzplanung usw. In der Entwicklungsplanung wird der Ressourcenbedarf definiert. Daraus resultiert ein praxisrelevantes Dilemma; es können nicht immer mehr innovatorische Projekte vom Management gefordert werden, während die Ressourcen und die Möglichkeiten zur Ressourcenbeschaffung verknappt werden. Ein Entwicklungsplan mit definiertem Ressourcenbedarf, der sich nicht an den vorhandenen Ressourcen orientiert bzw. nicht die Möglichkeiten lässt, fehlende Ressourcen zu beschaffen, ist Makulatur. Eventuell ist hier eine separate Instanz im Rahmen der strategischen Unternehmensplanung zu schaffen, welche die Abstimmung vornimmt (Abstimmungsplanung). Die Entwicklungsplanung sollte von einer hierarchieübergreifenden Organisationseinheit, z.B. Stabsstelle, mit den Anforderungen entsprechenden kompetenten Mitarbeitern durchgeführt werden. Unbedingt notwendig sind umfangreiche Kenntnisse der Informations- Infrastruktur.

13.13.1 Prioritätenplanung

Die Prioritätenplanung ist als Teilplanung innerhalb der Entwicklungsplanung anzusehen. Sie dient dazu die Reihenfolge der Realisierung der analysierten Projekte anhand bewerteter Priorisierungskriterien festzulegen. Oft wird

13 Projektpolitik

unterschieden in unternehmerische und betriebliche Rangfolge. Dabei ist die Unterscheidung nicht immer einfach und Überschneidungen sind möglich. Als grobes Differenzierungskriterium gilt: Betriebliche Priorisierungskriterien orientieren sich eher an den Sachzielen eines Unternehmens, während unternehmerische sich vor allem an Formalzielen orientieren. In der Regel sind die beiden Rangfolgen nicht deckungsgleich, sie müssen also in einem weiteren Bewertungsschritt homogenisiert werden. Eine mögliche Vorgehensweise wird im Folgenden konkretisiert. Die Priorisierungskriterien sind in jedem Fall unternehmensindividuell festzulegen. Sie sind nicht immer leicht zu ermitteln und zu bewerten. Im Folgenden wird ein Kriterienkatalog vorgestellt, der sich in der Praxis bewährt hat.

- operative Dringlichkeit (b)
- Ressourcenverfügbarkeit (Personal, Sachmittel usw.) (b)
- strategische Bedeutung (u)
- Synergien (u)
- Projektgestaltungs-/Problemlösungspotenzial (b, u)
- sachlogische Systemschnittstellen-Interdependenz (b)
- Wirtschaftlichkeit (u)

Legende: b = betriebliche Reihenfolge, u = unternehmerische Reihenfolge

Operative Dringlichkeit
Faktoren sind im Wesentlichen:

- Erfüllen von gesetzlichen oder administrativen Regelungen:
Oft genießen diese Vorhaben höchste Priorität, weil Termin und Umfang der Aufgaben von externer Stelle, z.B. dem Gesetzgeber, vorgeschrieben werden. In diesen Fällen sind sie so genannte Mussvorhaben.
- Notwendiger Releasewechsel:
Wenn sich eine IT-Applikation in der Wartungsphase des Softwarelebenszyklus befindet, bzw. die Marktindikatoren (Umsatz, Gewinn, Cash Flow) des Produktlebenszyklus anzeigen, dass Produkterneuerungen notwendig sind, ist oft aufgrund der mannigfachen Änderungsanforderungen eine neue, geänderte Version der Applikation nötig. Ein Releasewechsel wird häufig auch wegen des technischen Fortschrittes notwendig.

Ressourcenverfügbarkeit
Hier sind im Wesentlichen das vorhandene Humankapital, d.h. die zur Verfügung stehenden Mitarbeiter mit den geforderten Kenntnissen (Know-how)

sowie sonstige Sachmittel, wie Räume, Arbeitmaterial, Hardware, sonstige Software (z.B. Entwicklungswerkzeuge, Tools), gemeint.

Strategische Bedeutung
Im Prinzip haben fast alle Projekte strategische Bedeutung, es differiert lediglich die Ausprägung. Insofern ist dieser Faktor außerordentlich schwer zu messen. Die strategische Relevanz eines Projektes zeigt sich daran, wie viel es dazu beiträgt, die strategischen Unternehmensziele zu erreichen. Eine leichtere Quantifizierbarkeit eines Projektes gelingt u.U., indem man die Priorisierung an quantifizierbaren Unternehmenszielen, z.B. dem Umsatzziel, festmacht. Beiträge zu „weichen" Faktoren wie Flexibilität, Innovationsfähigkeit oder Reaktionsfähigkeit auf Markteinflüsse sind zwar schwieriger zu beurteilen, aber dennoch in die Beurteilung mit einzubeziehen.

Synergien
Ein häufig gebrauchter und verschieden interpretierter Begriff. Er ist in der Praxis zu einem fast inhaltsleeren Modewort degeneriert. Hier wird darunter verstanden, dass ein Projekt konkrete Auswirkungen auf andere Bereiche hat und dadurch Effekte ausgelöst werden, die über das originäre Projektergebnis ausstrahlen. Eine Unternehmensfusion soll u.a. die Kostenstruktur aller an der Fusion beteiligten Unternehmen positiv verändern.

Projektgestaltungspotenzial
Dies betrifft im Wesentlichen unternehmensinterne Faktoren. Besonders zu beurteilen sind Projektkenntnisse (Know-how), aber auch die gesamte Ressourcenproblematik, wie personelle, finanzielle Ressourcen usw.

Problemlösungspotenzial
Ausgehend vom Ist-Zustand des betrachteten Gestaltungsbereiches ist das Verbesserungspotenzial des Bereiches grob zu ermitteln. Systeme mit vielen Problemen und Schwachstellen, auch aufgrund des Alterungsprozesses, haben Priorität vor bereits optimierten Systemen.

Sachlogische Systemschnittstellen-Interdependenz
Schnittstellen bestehen innerhalb der Systeme und zwischen den Systemen. Wenn z.B. System A Daten über eine Schnittstelle an System B liefert, die in B für den Endbenutzer weiterverarbeitet und bereitgestellt werden, so ist es sinnvoll zuerst System A zu realisieren. Insofern erhält A eine höhere Priorität als B.

Wirtschaftlichkeit

Die Entwicklung eines Informationssystems ist aus betriebswirtschaftlicher Sicht eine Investition. Unter Investition wird in der Ökonomie allgemein die Verwendung finanzieller Mittel verstanden. Die Wirtschaftlichkeit einer Investition wird in der Betriebswirtschaft mit den quantitativen Methoden der Investitionsrechnung ermittelt. Die Probleme aller Methoden der Investitionsrechnung werden in allen BWL-Lehrbüchern[187] ausgiebig diskutiert und sollen hier nur kurz angerissen werden. Allgemeines Problem ist die Überführung materieller oder sogar immaterieller Variablen in messbare monetäre Größen, z.B. die Messbarkeit in Geld bzgl. des Nutzens einer Investition. Ein weiteres Problem ist, dass die Beurteilung der Wirtschaftlichkeit einer Investition auf Erwartungsgrößen beruht.

Die dargestellten Priorisierungskriterien erheben keinen Anspruch auf Vollständigkeit und Exklusivität. Sie sind in jedem Fall unternehmensindividuell festzulegen.

Die Bestimmung eines allgemeinen Effizienzkriteriums setzt zudem voraus, dass[188]

- alle Lösungsmöglichkeiten aufgrund einheitlicher Kriterien vergleichbar sind.
- ein optimaler Kriterienvergleich existiert, d.h. es gibt eine eindeutig beste Lösung.

Der Investitionserfolg wird i.d.R. durch Vergleich des Aufwands (Kosten) und des Ertrags (Nutzen) gemessen. Diese betriebswirtschaftlichen Größen werden betriebswirtschaftlichen Berechnungsverfahren zur Verfügung gestellt. Neben den so genannten statischen bzw. dynamischen Methoden der Investitionsrechnung wird ein einfaches finanzmathematisches Simultanmodell vorgestellt. Daher ergibt sich folgendes Methodentableau

- Kosten-/Gewinnvergleichsrechnung
- Rentabilitätsrechnung
- Amortisationsrechnung (Pay-off-Methode)
- Barwertverfahren
- Dean-Modell

---

[187] vgl. Wöhe, Günter: Einführung allgemeine Betriebswirtschaftslehre, 2002, S. 606 ff.

[188] vgl. Jenny, Bruno: Projektmanagement in der Wirtschaft, 2001, S. 35

Neben dem allen Verfahren immanenten Problem der Quantifizierung von betriebswirtschaftlichen Parametern – z.B. das allgegenwärtige Problem der Nutzenquantifizierung –, die zudem Erwartungsgrößen sind, kommt ein weiteres allgemeines Problem noch hinzu. Die Genauigkeit dieser Größen kann in diesem frühen Projektstadium kaum garantiert werden. Es ist von entscheidender Bedeutung, dass diese Größen in jeder Projektphase überprüft und korrigiert werden. Eine Optimierung der Ergebnisse, die dann auf einer konkreteren Basis erfolgt, ist unerlässlich. Ein weiteres nicht zu unterschätzendes Problem ist, dass die Anwendung der zum Teil mathematisch recht anspruchsvollen Verfahren eine Objektivität vorgaukelt, die nicht vorhanden ist.

Das Ergebnis des dargestellten Bewertungsprozesses ist eine prioritätsgemäße Reihung der Projekte in der Folge ihrer geplanten Realisierung. Die Praxis zeigt, dass fast immer mehr Projekte realisiert werden sollen als Entwicklungsressourcen, vor allem Anwendungsentwickler, zur Verfügung stehen. Es besteht also immer ein Nachfrageüberhang. Um Angebot und Nachfrage zur Deckung zu bringen, sind zusätzliche Ressourcen, sowohl Personal als auch Finanzmittel, zu beantragen. Zurzeit vollzieht sich dieser Anpassungsprozess allerdings anders. Das Investitionstableau wird gekürzt, d.h. notwendige Projekte werden gestrichen oder zeitlich verschoben. Die Konsequenzen sind allgegenwärtig – Investitionsstau, Veralterung der Infrastruktur, Sinken der Wettbewerbsfähigkeit usw.

In einem weiteren Abstimmungsprozess ist eine zeitliche Reihung der zu realisierenden Projekte harmonisierend mit den vorhandenen Ressourcen zu bestimmen.

Den Verfassern ist es aufgrund ihrer praktischen Erfahrung wichtig, auf Folgendes hinzuweisen. Personalressourcen sollten immer zu hundert Prozent dem Projekt zugeteilt werden. Ein Personal-Sharing, bei dem ein Mitarbeiter z.B. zu fünfzig Prozent Projektarbeit und zu fünfzig Prozent parallel seine Linientätigkeit ausüben soll, ist abzulehnen. Projektarbeit ist ein Full-Time-Job. Ein Verstoß gegen diese Regel führt zu immensen Problemen, wobei Effizienzverluste noch das geringste Problem sind. Auf diese Problematik gehen die Verfasser im Kap. Tipps und Tricks für Leiter von IT-Projekten näher ein.

Analog zur Produktpipeline, welche die Reihung der demnächst auf den Markt kommenden Produkte darstellt, wird diese Projektreihenfolge als applikatorische Projektpipeline bezeichnet. Die applikatorische Projektpipeline stellt also die prioritätsgesteuerte Darstellung der im definierten Zeitrahmen zu realisierenden Projekte dar.

13.13.2
Personal- und Finanzplan

Die Projektpipeline definiert die zu realisierenden Projekte. Projekte sind Investitionen und Investitionen benötigen Ressourcen. Damit ist die eine Seite der Ressourcenplanung, nämlich die Verwendung finanzieller Mittel definiert. Dabei stellt sich automatisch die Frage nach der Finanzierung, nämlich der Bereitstellung finanzieller Mittel. Mittelverwendung und Mittelbeschaffung sind immer im Zusammenhang zu sehen. Denn der engagierteste Investitionsplan ist ohne den korrespondierenden Finanzierungsplan sinnlos.

Die Personal- bzw. Finanzplanung ist vor allem Beschaffungsplanung und in der Realität von komplexer betriebswirtschaftlicher Problematik und als solches u.a. ein Optimierungsproblem. Probleme wie externe/interne Beschaffung, Beschaffungskosten, Eigen-/Fremdfinanzierung werden hier nicht behandelt, da sie den Rahmen dieses Buches sprengen würden. Wir unterstellen der Einfachheit halber, dass das Ziel der Beschaffung, zum gewünschten Zeitpunkt die benötigten Ressourcen in der geforderten optimalen Qualität und Quantität zu erhalten, möglich ist.

Ein Ressourcenplanungssystem kann dabei unterstützende Informationen über Projekt- und Planungszustände sowie zur Kapazitätsauslastung von Organisationseinheiten (OE) bzw. Mitarbeitern (MA) liefern. Ein computergestütztes Planungssystem, wie z.B. Maestro, unterstützt Genehmigungsverfahren für die interne Kostenrechnung und Budgetierung sowie Simulationsverfahren. Des Weiteren sollten Schnittstellen zum Vorhaben- und Auftragsmanagement vorhanden sein.

Die Ressourcenbereitstellung erstreckt sich im Besonderen auf:

- Personalressourcen:
  Dabei reicht es nicht aus, nur auf die Quantität der Mitarbeiter abzustellen, sondern im Besonderen auf ihre Qualifikation. Denn die Qualifikation der Mitarbeiter reflektiert natürlich unmittelbar auf die Qualität der Projektergebnisse. Sie hat aber auch Auswirkungen auf die Art der Durchführung eines Projektes. Denn nur mit Mitarbeitern, die den fachlichen Herausforderungen gewachsen sind, ist ein kontinuierlicher, ruhiger Projektablauf möglich. Nur so können Projektziele wie „Projekt in Time" und „Projekt in Budget" erreicht werden. Die Mitarbeiterauswahl ist demnach originäre Führungsaufgabe des Projektleiters und von ihm unbedingt persönlich wahrzunehmen. Oft reichen die unternehmensinternen Personalressourcen nicht aus. Bei Qualitätsdefiziten sind Schulungen einzuplanen. Bei weiteren Kapazitätsengpässen ist über die Rekrutierung externer Mitarbeiter zu entscheiden.

- Sach- und Betriebsmittel:
Auch hier gilt es, die erforderlichen Ressourcen zum richtigen Zeitpunkt, in richtiger Menge und Qualität bereitzustellen. Zu nennen sind hier im Besonderen die erforderlichen Büroräume, die unbedingt separat für das Projekt anzufordern sind. Für den Projektleiter ist ein separater Büroraum vorzusehen, sowie abhängig von der Anzahl der Projektmitarbeiter ein Besprechungsraum. Telefonische Erreichbarkeit sollte gewährleistet sein, u.U. kanalisiert, um unnötige Störungen der Entwickler zu verhindern. Die sonstigen Arbeitsmittel, wie PCs, Entwicklungs- und Testwerkzeuge und sonstiges Büromaterial, müssen bereitgestellt werden.

Weiterhin sollte bei Entwicklungen auf einem Großrechner für die Testphase eine eigene Testsession zur Verfügung gestellt werden.

Informationstechnische Unterstützung der Projektplanung im Sinne der Ressourcenplanung wird durch Planungstools, wie z.B. Project Workbench PMW von ABT, sichergestellt.

13.13.3
Risikoanalyse

Unter Risiko wird die Wahrscheinlichkeit des Eintretens eines unerwünschten Ereignisses zu einem bestimmten Zeitpunkt und der mit diesem Ereignis verbundene Schaden verstanden[189]. Jedes Projekt wird vor und während seiner Durchführung von einer Reihe von Risiken bedroht. Nur die allgemeinen und speziellen Risiken eines Projektes sind von Bedeutung, die so genannten allgemeinen Lebensrisiken bleiben außer Betracht. So ist es z.B. nicht angebracht sich über den eventuell auftretenden Ausfall wegen Krankheit eines wichtigen Spezialisten Gedanken zu machen. Es gibt allgemeine Risiken, d.h. Risiken, die allen Projekten anhaften. Als Beispiel seien die Risiken genannt, die sich aufgrund der Unsicherheit der Planung oder der Schätzungen ergeben. Diesen Risiken wird durch Sorgfalt und Erfahrung der Durchführenden und durch den Einsatz probater Verfahren und Methoden begegnet. Spezielle Projektrisiken ergeben sich im Wesentlichen aus der Individualität des Projektes und der damit verbundenen Aufgaben.

Eine erste Risikoanalyse wird schon bei der Erstellung eines Projektantrages durchgeführt. Die Durchführung ist Aufgabe des Projektleiters und ist für ihn ein enorm wichtiges Thema. Die Risikoanalyse verläuft parallel zum Projektablauf rollierend.

---

[189] vgl. Heinrich, Lutz J.: Management von Informatik-Projekten, 1997, S. 399

Der Projektleiter sollte nicht anstreben, alle möglichen Risiken abzudecken, denen ein Unternehmen bzw. das Projekt ausgesetzt ist. Die Risikoprävention und Absicherung hat da ihre Grenze, wo sie die Wahrnehmung der eigentlichen Aufgaben des Projektleiters erheblich behindert.

Das Ziel der Risikoanalyse ist es nicht, die Projektmitarbeiter zu verängstigen und dadurch die Kreativität und Motivation zu lähmen. Sie sind lediglich für die Projektrisiken zu sensibilisieren.

Die Risiken eines IT-Projektes sind i.d.R. erheblich und steigen überproportional mit der Komplexität und Schwierigkeit des Projektes. Die Risiken liegen nicht nur in der Durchführung, sondern auch in der Lösung selbst. Oft sind die Lösungen völlig neu, so dass auf Erfahrungen nicht zurückgegriffen werden kann. Die Risiken müssen immer wieder individuell bewertet werden.

Eine formalisierte Vorgehensweise kann u.U. als Leitlinie dienen:

- Risikofelder identifizieren:
  Alle konkreten erkennbaren Risiken des Projektes sind aufzulisten.
- Risiken einschätzen, klassifizieren und mit Prioritäten versehen:
  Zielsetzung muss es sein, die größten Risiken zu identifizieren. Das Setzen von Schwerpunkten ist enorm wichtig.
- Frühwarnsystem etablieren:
  Ein Überwachungs- und Alarmsystem installieren, welches das definierte Problem im Vorfeld anzeigen soll.
- Ursachen finden und gewichten:
  Denkbare Ursachen für das Problem müssen identifiziert und gewichtet werden.
- Gegenmaßnahmen vorsehen (planen):
  Wirksame Gegenmaßnahmen zur Behebung des Problems müssen geplant werden.
- Geplante und durchgeführte Maßnahmen verfolgen und kontrollieren:
  Abhängigkeiten und Wechselwirkungen sind bekannt.

Die Risikoanalyse ist ein enorm wichtiges Thema für den Projektleiter. Erfahrene Projektleiter kennen die Risikoschwerpunkte i.d.R. genau und können auch ausgewogen mit dem Problem umgehen.

13.14 Projektpipeline

Der allgemein gebräuchliche Begriff Produktpipeline umreißt die Produkte, die ein Unternehmen in einem definierten Zeitraum entwickeln will. So verkündigen die Automobilunternehmen in gewissen Zeitintervallen, z.B. auf Messen, welche Modelle wann neu auf den Markt kommen, welche im modernisierter Form (so genanntes Face-Lift) weiterproduziert werden und welche Modelle zu einem vorgegebenen Zeitpunkt auslaufen.

Hier wird der Begriff Pipeline in Zusammenhang mit dem Projektbegriff benutzt. Die Projektpipeline ist das Ergebnis der Entwicklungsplanung. Sie verwaltet die aus dem Unternehmen stammenden, mit der IT-Infrastruktur abgeglichenen und mit den Ressourcen abgestimmten Projekte. Die Verwaltung der Projektpipeline erfolgt nach unternehmensindividuellen, bereits erörterten Kriterien. Der Begriff Projektpipeline wurde gewählt, um die Marktbezogenheit zu betonen. Denn entscheidend für den Markterfolg eines Unternehmens ist, welche Projekte (Produkte) entwickelt und erfolgreich in den Markt eingeführt werden. Man denke nur an die Entwickler von betriebswirtschaftlicher Anwendungssoftware, wie SAP.

Zum Abschluss soll noch einmal der mögliche Inhalt der Projektpipeline aufgeführt werden[190]. Sie zeigt an:

- die durchzuführenden Projekte
- den Starttermin der möglichen Projekte
- den Endtermin der möglichen Projekte
- die Möglichkeiten der parallelen Entwicklung, u.U. ein Ressourcenproblem
- die Reihenfolge der Realisierung
- den jährlichen Realisierungsaufwand
- die zeitliche Terminierung des Investitionsbedarfs

An dieser Stelle sei noch einmal ausdrücklich darauf hingewiesen, dass viele der oben angeführten Informationen auf Schätzungen beruhen, die wegen des frühen Zeitpunkts erheblichen Abweichungen unterliegen können. Die Planwerte müssen in der laufenden Projektarbeit permanent der Realität angepasst werden.

13.15 Zusammenfassung

In diesem Kap. wird ein Ansatz für ein ganzheitliches Modell für die Projektpolitik vorgestellt. Dieses untergliedert sich in ein Projektmanagement-Leitbild, ein Projektkonzept und ein Projektportfolio-Konzept.

---

[190] vgl. Jenny, Bruno: Projektmanagement in der Wirtschaft, 2001, S. 25

13 Projektpolitik

Im Projektmanagement-Leitbild werden grundlegende Aussagen der Projektpolitik eines Unternehmens zusammengefasst.

Entscheidungen bezogen auf den gesamten Lebenszyklus von Projekten umfasst das Projektkonzept. Die zielgerichtete Abwicklung von Projekten soll sichergestellt werden. Zu regeln sind die Behandlung von Projektideen, die Einrichtung eines Projektes, dessen Umsetzung und schließlich dessen Beendigung.

Fragen bzgl. des institutionellen und des funktionellen Projektmanagements gilt es festzulegen. Ein Projektkonzept beinhaltet Aussagen bzgl. dem Projektmanagementsystem, der Projektorganisation, der Projektmethodik, der Projektführung und dem Projektpotenzial, die jeweils in einzelnen Teilkonzepten geregelt werden.

Im Fokus des Projektportfolio-Konzepts stehen die aktiven, zukünftigen und bereits beendeten Projekte des Unternehmens. Auf einem übergeordneten Abstraktionsgrad werden die gesamten Lebenszyklen aller Projekte eines Unternehmens betrachtet. Insbesondere die Phase vor der Beauftragung einzelner Projekte, in der Projektideen zur Umsetzung von Unternehmenszielen gebildet werden, wird durch das Projektportfolio-Konzept geregelt. Weiterhin werden Korrelationen bereits abgeschlossener Projekte zu Projektideen und aktuellen Projekten gemanagt. Das Projektportfolio-Konzept untergliedert sich in die drei Komponenten Projektportfolio-Ziele, Projektportfolio-Potential und Projektportfolio-Strategie.

Eine aktive Projektportfolio-Strategie wird vor allem von Unternehmen betrieben, die in ihren Projekten Produkte produzieren, die sich am Markt bewähren müssen. Eine Passive Projektportfolio-Strategie impliziert eher passives Verhalten des Unternehmens. Die im Rahmen der Projekte geschaffenen IT-Systeme dieser Unternehmen dienen im Wesentlichen der Unterstützung der internen Geschäftsprozesse.

IT-Systeme müssen bewertet werden. Diverse Verfahren wurden vorgestellt. Die dargestellte Portfolioanalyse ist eine Möglichkeit, Applikationen anhand definierter Parameter zu untersuchen. Die Portfolioanalyse wird auch beim Einsatz eines softwaregestützten Bewertungsverfahrens von Applikationslandschaften benutzt. Eine regelmäßige Bewertung zumindest der Applikationen, welche die Kernprozesse des Unternehmens abbilden, liefert wichtige Informationen für die Projektpolitik.

In der Machbarkeitsanalyse wird untersucht, welche Anforderungen die definierte Aufgabe an das Unternehmen stellt.

Die Entwicklungsplanung enthält eine Festlegung der Realisierungsprioritäten und eine grobe Abstimmung der Grundressourcen Personal und Finanzen.

Die Risikoanalyse sollte dazu beitragen, die immanenten Projektrisiken zu identifizieren und beherrschbar zu machen. Das Ergebnis dieses Teils der Projektpolitik ist die so genannte Projektpipeline mit dem definierten Inhalt.

14 Fallstudie (Erfahrungsbericht)

In diesem Kap. stellen die Verfasser dieses Buches einen Erfahrungsbericht über ein Projekt vor, dass bei einem großen IT-Service-Unternehmen des Finanzdienstleistungsbereiches durchgeführt wurde. Es handelt sich um die Jahrtausend- und Euro-Umstellung sämtlicher betroffener Applikationen dieses Unternehmens. Aus der Vielzahl der von den Autoren gemanagten Projekte wurde dieses ausgewählt, weil es in seiner Komplexität und Bedeutung einzigartig war. Betroffen waren quasi alle Bereiche des Unternehmens. Dadurch ergab sich ein enormer Steuerungs- und Koordinationsaufwand. Auch die Anforderungen an die Projektorganisation waren außerordentlich.

Da die Termine absolut fix waren, ergaben sich besondere Anforderungen an Personal- und Personaleinsatzplanung. Ein Schwerpunkt des Projektes waren Aspekte der Risikominimierung, ja Risikovermeidung. Diese Aspekte hatten gravierende Auswirkungen auf die Durchführung des Projektes.

In diesem Erfahrungsbericht wird das Projekt hauptsächlich aus der Sicht der Anwendungsentwicklung betrachtet.

14.1 Das Unternehmen

Das Unternehmen wurde 1970 gegründet mit dem Ziel, alle Aufgaben des IT-Bereiches für den Sparkassensektor durchzuführen. Ziel war es den gesamten Informatikbereich des Sparkassensektors zu zentralisieren. Aus dieser Idee ist ein Unternehmen mit zur Zeit ca. 2500 Mitarbeitern entstanden. Der Fokus des Unternehmens liegt in der Entwicklung von IT-Applikationen für den Sparkassenbereich. Abgedeckt wird das gesamte Spektrum der Systementwicklung. Des Weiteren fungiert das Unternehmen auch als Produktionsunternehmen. Die Organisation des Unternehmens orientiert sich im Prinzip an der klassischen Spartenorganisation der Kreditinstitute. Ergänzt wird diese Organisation durch die Anforderungen auf Grund der speziellen Informatikaufgaben.

14.2
Rahmenbedingungen des Projektes

Mit dem Projekt wurden zwei Ziele verfolgt. Zum einen sollten die Anwendungen die mit dem Jahrtausendwechsel verbundenen Anforderungen abdecken. Das hinlänglich beschriebene Problem bestand darin, dass in vielen Datumsfeldern das Jahrhundert nicht gespeichert wurde. Fast alle Datumsfelder mussten, je nach Speicherungsform, um mindestens eine Stelle erweitert werden. Alle aus diesen Erweiterungen sich ergebenden Abhängigkeiten mussten selbstverständlich auch gelöst werden.

Des Weiteren sollten die mit der Einführung des Euro verbundenen Anforderungen in den Applikationen gelöst werden. Alle DM-Werte mussten auch in Euro vorgehalten werden. Alle DM-Operationen mussten nun auch in Euro durchgeführt werden. Weiterhin mussten die Ergebnisse ordnungsgemäß dokumentiert werden.

Die Ziele des Projektes waren klar und eindeutig. Die Dimension der Gesamtaufgabe ermisst sich daran, dass über 10.000 Anwendungsmodule anzupassen waren. Da der Datumswechsel fix war, war ein Soforteinsatz unumgänglich. Das galt auch für die Euro-Umstellung. Das hohe Risiko dieser Einsatzverfahren in Verbindung mit dem Umfang der Änderungen schien auch durch umfangreiche Systemtests nicht hinreichend minimierbar. Im Rahmen der Qualitätssicherung wurden Simulationsläufe des Jahrtausendwechsels auf einem separaten Testrechner vorgesehen. Unter Umständen musste für die Vorbereitung und Durchführung dieser Tests ein eigenes Projekt begründet werden. Wirtschaftlichkeitsüberlegungen und Kostenaspekte traten zunächst in den Hintergrund.

14.2.1
Vorstudie

Wie schon erwähnt, wurden in der endgültigen Projektspezifikation zwei Ziele verfolgt. Insofern ist das Gesamtprojekt in zwei Problemkreise aufzuteilen, zumal auch die Einsatztermine differierten.

Dass Probleme mit dem Jahrtausendwechsel auftreten würden, war hinlänglich bekannt. Auch in den Anwendungen traten mit dem Näherkommen des Datumswechsels einige wenige Probleme auf. So führten z.B. maschinelle Prolongierungen von Darlehen, die in das Jahr 2000 hineinreichten, zu Inkonsistenzen in den Beständen. Schnelle und einfache Möglichkeiten, diese Inkonsistenzen zu vermeiden und zu beheben, existierten nicht, da es zunächst keine

14.2 Rahmenbedingungen des Projektes

Möglichkeit gab, das Jahrhundert im Datum zu speichern und zu verwalten. Diese Bestände mussten später durch Korrekturprogramme korrigiert werden.

Die Aussicht, fast alle Bestände inklusive der Datenbanken erweitern zu müssen, schreckte alle ab. Daher wurden zunächst Überlegungen angestellt, die Datumsproblematik softwaretechnisch zu lösen. Diskutiert wurde ein Ansatz einer „virtuellen" Datumsspeicherung und Datumsverwaltung. Diese Idee wurde schließlich als nicht praktikabel verworfen.

Etwa Anfang 1996 wurde die Entscheidung getroffen, dass Bestandserweiterungen unumgänglich seien.

Hinsichtlich des Euro war der Informationsstand zu dieser Zeit noch diffus. Seit 1994 lief jedoch die zweite Stufe der Wirtschafts- und Währungsunion (WWU). Mit der Einführung einer europäischen Währung war in absehbarer Zeit zu rechnen. Dies sollte bei den Bestandserweiterungen quantitativ berücksichtigt werden, um eine spätere nochmalige Bestandserweiterungsaktion zu vermeiden.

Etwa 90 Prozent der Programme waren in Assembler geschrieben. Der Rest überwiegend in C.

Versuche, die Umstellung maschinell zu bewerkstelligen, wurden nach kurzer Zeit aufgegeben. Es blieb nichts anderes übrig, als alle Programme manuell auf Datumsangaben zu durchforsten. Die Euro-Problematik sollte zunächst nur „bestandsmäßig" beachtet werden. Das war auch auf Grund des unsicheren Informationsstandes unumgänglich.

Im Vordergrund dieses Projektes stand die Forderung der Risikominimierung. Daher wurde beschlossen die Projektgesamtaufgabe zu teilen. Im ersten Teil sollten alle betroffenen Bestände anforderungsgemäß erweitert werden. Im zweiten Teil mussten die Verarbeitungsmodalitäten der Programme angepasst werden.

Es ist klar, dass nach den Bestandserweiterungen die Funktionsfähigkeit der Programme nicht mehr vorhanden war. Dieses Problem musste softwaretechnisch gelöst werden. Zielsetzung war, die Funktionsfähigkeit der Anwendungen mit den erweiterten Beständen ohne wesentliche Änderungen der betroffenen Module abzusichern. Im Prinzip lief das auf eine Bewahrung des programmtechnischen Status quo hinaus. Die Lösungsmöglichkeit war, in jedem Programm durch Integration einer Transformationsfunktion die Bestandserweiterungen virtuell wieder rückgängig zu machen. Die programminterne Verarbeitung erfolgt weiterhin auf dem alten Bestandsniveau. Die Ausgabe musste wieder im neuen erweiterten Bestandsniveau erfolgen. Die Verarbeitungslogik der Transformationsfunktion orientiert sich an dem jeweils zu verarbeitenden Bestand, d.h. für jeden betroffenen Bestand ist eine solche Transformationsfunktion zu erstellen und in das betroffene Modul zu integrieren.

14 Fallstudie (Erfahrungsbericht)

Die Aktivitätenreihenfolge sah folgendermaßen aus:

- alle betroffenen Bestände erweitern wegen Datums- und Euro-Problematik
- Integration der Transformationsfunktion in alle betroffenen Module
- Freigabe der Verfahren für die Produktion
- Umstellen der Module wegen Datums- und Euro-Problematik
- Transformationsfunktion wieder entfernen
- Freigabe der Verfahren für die Produktion

Diese Vorgehensweise erscheint sehr aufwändig, hat aber entscheidende Vorteile. Die Entkopplung der Abhängigkeit zwischen Bestandserweiterung und Modulumstellung durch Transformationsfunktion hinsichtlich der Datums- und Euro-Problematik wird so erreicht. Jedes Modul kann separat umgestellt, getestet und u.U. freigegeben werden.

Diese Vorgehensweise wurde der Geschäftsleitung vorgestellt und von dieser genehmigt. Ein Projektauftrag wurde erstellt.

14.2.2
Fixierung der Endtermine

Bei beiden Vorhaben handelte es sich um so genannte obligatorische Vorhaben. Die Datumsumstellung war notwendig, um die Funktionsfähigkeit der Informationsinfrastruktur des Unternehmens ab dem Jahr 2000 sicherzustellen.

Mit der Einführung des Euro wurde ab 1.1.2002 gerechnet. Insofern handelte es sich um nicht disponierbare Fixtermine. Die Projektplanung musste sich daran orientieren. Teilweise wurden Diskussionen geführt, dass diese Aktivitäten für das Unternehmen keinen wirklichen Innovationsschub bedeuteten. Dies änderte aber nichts an der Sachlage.

Aus den Fixterminen, dem Volumen und der Bedeutung des Projektes für das Unternehmen resultierte, dass das Projekt die höchste Priorität erhielt. Neue Vorhaben wurden als nachrangig eingestuft. Wartungsaktivitäten wurden auf das „Notwendigste" eingeschränkt.

Die Kunden des Unternehmens wurden in einer Informationsveranstaltung durch die Geschäftsführung über diese Vorgehensweise informiert. Dabei erwies es sich als vorteilhaft, dass in diesem Projekt die Vorbereitungsarbeiten zur Euro-Fähigkeit mit einbezogen wurden.

14.2.3
Projektorganisation

Aus dem Volumen der Gesamtaufgabe ergaben sich zwangsläufig spezielle Anforderungen an die Organisation des Gesamtprojektes. Es war eine zwingende Notwendigkeit, das Gesamtprojekt in diverse Teilprojekte aufzuteilen. Die Anforderungen an die Projektorganisation sind folgende:

- Projektsteuerung
- Projektmanagement
- Projektdurchführung

Dies ist die klassische hierarchische Strukturierung in der Projektarbeit. Der Lenkungssausschuss erfüllt die Steuerungsfunktion, die Projektleitung das Management und das Projektteam in Zusammenarbeit mit der Projektleitung ist für die Durchführung zuständig. Da das Projekt alle Bereiche des Unternehmens betraf, wurde die Projektorganisation strukturell und personell an die bestehenden Strukturen angegliedert.

Projektinstanzen	Projektaufgaben
Leitungskonzept	Projektsteuerung
Gesamtprojektleitung	Projektmanagement
Teilprojektleitung 1 / Teilprojektleitung 2 / Teilprojektleitung 3	
Projektteam 1 / Projektteam 2 / Projektteam 3	Projektdurchführung

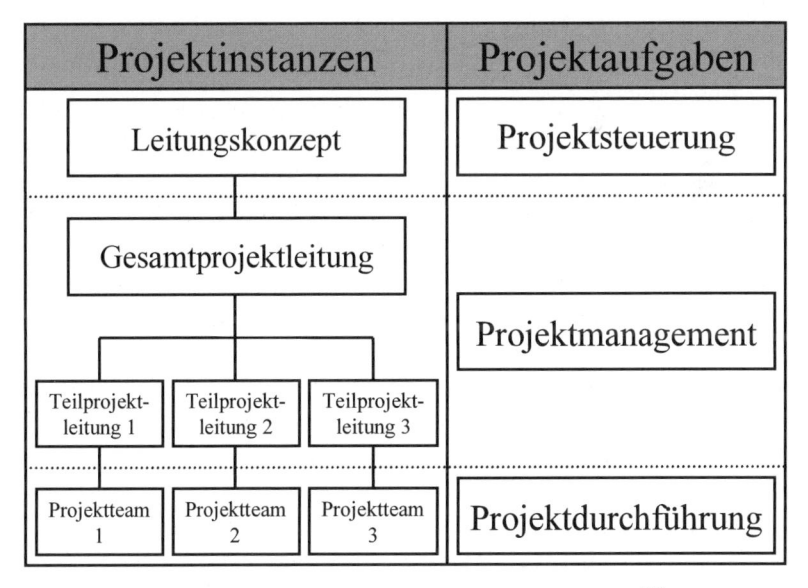

Abb. 14-1: Schema einer Projektorganisation[191]

---

[191] vgl. Etzel, Hans Joachim, Heilmann, Heidi, Richter, Reinhard: IT-Projektmanagement – Fallstricke und Erfolgsfaktoren, Heidelberg, 2000, S. 49

Das Unternehmen war in fünf Referate aufgegliedert, denen jeweils ein Geschäftsführer vorstand. Der Lenkungsausschuss wurde zunächst aus diesen fünf Geschäftsführern gebildet. Bei Bedarf wurden jeweils die Leiter der betroffenen Bereiche hinzubeordert.

Dem Projektmanagement wurde im Wesentlichen die Aufgabe des Projektcontrollings übertragen, d.h. die Aufwands- und Terminüberwachung. Dies wurde von Mitarbeitern der Revision wahrgenommen. Verstärkt wurde dieses Gremium um externe Mitarbeiter.

Das gesamte Spektrum der eigentlichen Projektarbeit war Aufgabe der jeweiligen Organisationseinheiten, wie Aktivgeschäft, Passivgeschäft usw. Im Grunde bildeten die Projekte den organisatorischen Aufbau des Unternehmens, dargestellt in den speziellen Organisationseinheiten, ab. Die jeweiligen Leiter der Organisationseinheiten übernahmen i.d.R. auch die Leitung des Projektes.

Da die Organisationseinheiten alle von erfahrenen Personen geleitet wurden und über ausreichende Autonomie verfügten, wurden in den Organisationseinheiten diverse Teilprojekte gebildet. Die Benennung der Teilprojektleiter oblag dem jeweiligen Leiter der Organisationseinheit. Schon bald zeigte sich, dass die eigenen Personalressourcen nicht ausreichten. Deshalb wurde entschieden bedarfsgerecht externe Mitarbeiter zu rekrutieren.

Die Entwicklung der Transformationsfunktionen wurde im Wesentlichen von externen Mitarbeitern durchgeführt. Den eigenen Mitarbeitern oblag die Umstellung der Anwendungssysteme.

Zur Verfügung stand eine Servicestelle, die den Organisationseinheiten Unterstützung bei systemtechnischen Problemen, speziell bei datenbanktechnischen Aufgaben, gab. Diese Servicestelle hatte auch die Aufgabe eine generelle Schnittstelle der Transformationsfunktion zum Datenbankmanagement zu entwickeln.

Weil die Gesamtaufgabe sehr umfangreich war, erwies es sich als großer Vorteil, dass ausreichend erfahrenes und projekterprobtes Personal zur Verfügung stand.

14.2.4
Multi-Projektmanagement

Die operative Dringlichkeit der Projekte stand außer Frage. Sowohl die dispositive als auch die operative Planung fand in den jeweiligen Organisationseinheiten statt. Daraus ergaben sich viele zunächst unkoordinierte Teilplanungen. Diese Teilplanungen zu koordinieren und die einzelnen Aufwände der Teilprojekte zu überwachen, war Aufgabe der Controllinginstanz.

Diese übte insofern eine Multi-Projektmanagement-Funktion aus. Diese Instanz hat u.a. die Aufgabe in regelmäßigen Abständen Berichte an die

Geschäftsleitung bzw. den Lenkungsausschuss zu verfassen. Die einzelnen Statusberichte in den Einzelprojekten, für die der Projektleiter verantwortlich war, wurden zu einem Gesamtbericht zusammengefasst.

Mit diesen Festlegungen waren die strukturellen und personellen Rahmenbedingungen für die Projekte gesteckt.

14.2.5
Projekttermine

Die Einsatztermine für beide Projekte standen fest. Für den Datumswechsel war das der 31.12.1999, für die Euro-Anpassung voraussichtlich frühestens der 31.12. 2001. Der Projektstartermin wurde auf den 1.1.1997 terminiert. In diesen Zeitrahmen musste sich die Aufwands- und Terminplanung einpassen.

14.2.6
Diversifizierung des Gesamtprojektes

Mit der Schaffung der Transformationsfunktion wurde die Abhängigkeit zwischen Datenbeständen und Programmen weitgehend entkoppelt. Diese Zielsetzung hat unter dem Aspekt Risikominimierung höchste Priorität. Die generelle Projektgesamtaufgabe wurde in verschiedene Teilaufgaben aufgeteilt. Diese Teilaufgaben waren eigene separate Großteilprojekte und mussten parallel bzw. nacheinander durchgeführt und eingesetzt werden.

Die erste Phase war die Erweiterung aller betroffenen Bestände und die Integration der Transformationsfunktion in die entsprechenden Module. Die Transformationsfunktionen mussten natürlich zuerst entwickelt werden.

Systemtechnische Abhängigkeiten mussten beachtet werden. Datenbankerweiterungen erforderten u.U. neue Teilgenerierungen des MVS-Betriebssystems. Diese erste Teilphase sollte Mitte des Jahres 1998 abgeschlossen sein.

Die zweite Teilphase umfasste die reale Datumsumstellung. Dazu mussten die Funktionalitäten der Module angepasst werden. Die Transformationsfunktionen mussten aus allen Modulen entfernt werden. Generell sollten alle Programme nach dem 31.10.1999 ohne Transformationsfunktion mit korrektem Management des Jahrtausendwechsels laufen. Die Außenwirkung zeigte sich vor allem darin, dass in allen visualisierten Darstellungen das Datum mit Jahrhundert angezeigt wurde.

Die dritte Phase umfasste die Integration der Euroumstellung mit dem voraussichtlichen Endtermin 31.12.2001.

Die Termine und Aufgaben werden noch einmal tabellarisch dargestellt.

14 Fallstudie (Erfahrungsbericht)

Phasenplan für das Gesamtprojekt:

- Phase 1: Bestandserweiterungen und Transformationsfunktion
  Start: 1.1.1997   Ende: 30.6.1998
- Phase 2: Management Jahrtausendwechsel
  Start: 1.7.1998   Ende: 31.10.1999
- Phase 3: Management der Euro-Problematik
  Start: 1.1.2000   Ende: 31.12.2001

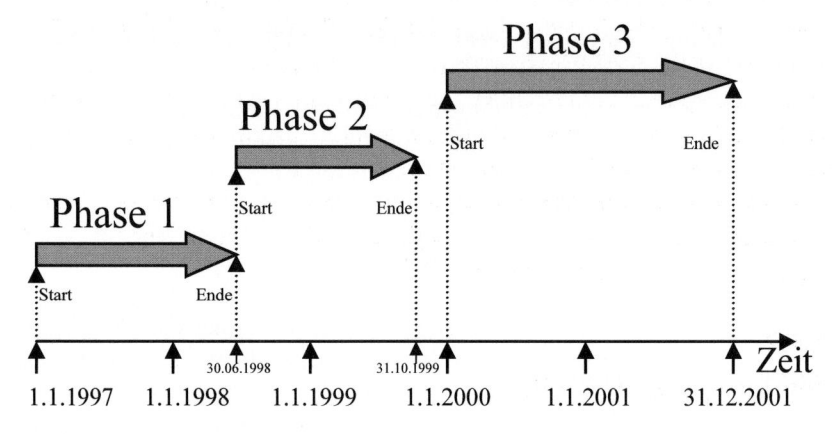

Abb. 14-2: Phasenplan für das Datum-2000- und Euro-Projekt

14.3 Projektplanung

Auf die Aufteilung des Gesamtprojektes in die drei Phasen ist die Planung abzustimmen. Die Planung in der hier dargestellten Fallstudie wird beschränkt auf den Bereich der Anwendungsentwicklung und die eigenentwickelten Anwendungssysteme. Andere ebenfalls betroffene Bereiche werden hier aus Übersichtsgründen ausgeklammert.

14.3.1 Ermittlung des Aufwands für die Phase 1

Die Phase 1 betraf lediglich die Bestandserweiterungen und die Integration der Transformationsfunktion. Zum Zeitpunkt der Bestandaufnahme befanden sich ca. 10.000 eigenentwickelte Anwendungsmodule in der Produktion. Es existierten ca. 450 IMS-Datenbanken und 60 DB2-Datenbanken.

Von den Programmen waren einige nicht mehr aktuell und konnten zur Löschung aus den Bibliotheken vorgesehen werden. Auf jeden Fall musste jedes Modul auf seine Anpassungsevidenz analysiert werden. Diese Analysephase wurde je Programm mit 1 Personentag festgelegt. Für Integration und Test der Transformationsfunktion wurde ein durchschnittlicher Aufwand von 3 Personentagen je Modul festgelegt. Diese Aufwandsschätzung beruhte auf Befragungen der verantwortlichen Mitarbeiter.

Die Entwicklung der jeweiligen Transformationsfunktionen, für die externe Mitarbeiter engagiert wurden, wurde auf 60 Personentage geschätzt.

Damit ergab sich ein Umstellungsaufwand für die Phase 1 von ca. 36.000 Personentagen (ca. 9.000 Programme je 4 Personentage).

Die Aufwände für die Erstellung der Transformationsfunktionen wurden hier nicht beachtet, da sie über externe Ressourcen abgedeckt wurden. Insofern belasteten sie nicht die Einsatzplanung des eigenen Personals.

Die Planung der Einzelaufwände wurde in den verantwortlichen Organisationseinheiten durchgeführt. Jede Organisationseinheit hatte eine eigene Planungsautonomie, die ausgerichtet war auf den Einsatztermin.

14.3.2
Abstimmungsplanung

Insbesondere mussten die Schnittstellen der Organisationseinheiten zueinander u.U. neu definiert werden. Da es sich um hoch integrierte Systeme handelt, mussten die internen Kommunikationsschnittstellen angepasst werden. Der Datenaustausch zu externen Systemen, wie z.B. SWIFT, musste anforderungsgemäß geregelt werden. Diese Schnittstellen mussten ordnungsgemäß bedient werden, um einen konsistenten Gesamtsystemtest zu ermöglichen und die weitere Funktionsfähigkeit der nachfolgenden Anwendungen zu gewährleisten.

14.3.3
Projektgremien und -mitarbeiter

Die Projektmitarbeiter rekrutierten sich im Wesentlichen aus den verantwortlichen Organisationseinheiten. Bedarfsgerecht wurden externe Mitarbeiter engagiert.

Lenkungsauschuss
Mitglieder des Lenkungsausschusses waren die Geschäftsführer der Referate. Für den Verhinderungsfall wurde eine Stellvertreterregelung getroffen. In diesem Fall waren die jeweiligen Bereichsleiter zuständig.

Projektmanagement

Dies hatte im Wesentlichen eine Controllingfunktion und wurde Mitarbeitern der Revision übertragen. Zur Verstärkung der Terminüberwachungsfunktion wurden externe Mitarbeiter herangezogen.

Als Projektleiter waren die jeweiligen Leiter der Organisationseinheit prädestiniert. Die auch von den Autoren geforderte 100-prozentige Verfügbarkeit für das Projekt war wegen der Arbeitsbelastung u.a. mit anderen operativen Aufgaben nicht konsequent einzuhalten. Dies traf auch für die übrigen Projektmitarbeiter zu. Dieser Mangel war auch durch die Ernennung von Teilprojektleitern nicht zu beheben. Weitere personelle Engpässe mussten durch externe Mitarbeiter geschlossen werden. Im Übrigen stellte dieses unternehmensweite Großprojekt hohe Anforderungen an die Personalressourcen.

14.3.4
Generelle Personaleinsatzplanung

Die personelle Zuordnung der Projektmitarbeiter ergab sich zwangsläufig aus ihren operativen Aufgaben. Da die Mitarbeiter einen definierten Aufgabenbereich im Rahmen der Betreuung und Wartung wahrnahmen, übernahmen sie für diesen auch die Umstellungsaktivitäten. Das hatte den großen Vorteil, dass vorhandene Kompetenz, insbesondere erworbenes Spezialwissen, optimal für das Projekt genutzt wurde. Diese personalpolitische Entscheidung wird im Rückblick als das größte Positivum für das Gelingen der Projekte beurteilt. Ein genereller Personaleinsatzplan wird in der Tabelle 14-1 anhand der Organisationseinheit Giroverkehr dargestellt.

Tabelle 14-1: Beispiel Personaleinsatz OE Giroverkehr

Organisationseinheit (OE)	Leitung	Mitarbeiter/in
Giroverkehr	Herr A	Herr X
		Frau Y usw.
Teilprojekt Entwicklung Transformationsfunktion	Herr A	N.N. (extern)
Teilprojekt Online-System	Frau B	Herr C
		Herr D
Teilprojekt Batch-System	Herr E	Frau F
		Herr G
Teilprojekt n ...	...	...

Diese beispielhafte Darstellung zeigt, dass alle Mitarbeiter der OE in das Projekt eingebunden waren. Die Mitarbeiteranzahl variierte während der

Projektlaufzeit. Aus dem Referat Anwendungsentwicklung waren zeitweise über 200 Mitarbeiter mit dem Projekt beschäftigt.

14.3.5
Risiko- und Qualitätsmanagement

Bildung von Risikoklassen
Das allgemeine Änderungsrisiko der Softwareobjekte war bekannt. Dennoch wurden in Bezug auf dieses Projekt spezielle Risikoklassen gebildet und jedes Element einer Klasse zugeordnet. Gewählt wurde die ordinale Einteilung geringes, mittleres und hohes Risiko. Man orientierte sich im Wesentlichen an den Auswirkungen der Änderungen auf die Kunden. Einfache Listprogramme und Programme ohne Bestandsänderung-Funktionalitäten wurden mit niedrigem Risiko, bestandsändernde Programme mit einfachen Berechnungen mit mittlerem Risiko und Programme mit umfangreichen Berechnungen, wie Zins- und Zinseszinsmodule, Währungsumrechnungsroutinen usw., die zudem noch Bestände veränderten, mit hohem Risiko versehen.

Eventuell auftretende Fehler in solchen Modulen hätten erhebliche Auswirkungen auf die Kundenbeziehungen und könnten u.U. zu Regressforderungen führen. Der Einsatz in dieser Beziehung fehlerhafter Module wäre ein gefundenes Fressen für die Medien, z.B. nach dem Motto: „Die Kreditinstitute können nicht einmal einfache Zinsen rechnen".

Der Imageverlust wäre eminent. Außerdem zögen solche Problem aufwändige Korrekturaktivitäten nach sich.

Entwickeln einer Teststrategie
Die Qualität der Umstellungsaktivitäten zeigte sich schließlich in den Ergebnissen. Die Idee, die Erstellung der Testdaten der Controlling-Instanz zu übertragen, erwies sich als nicht tragbar, da die erforderlichen Detailkenntnisse nicht vorhanden waren. Diese zu erwerben schien zu zeitaufwändig.

Zum Testen standen diverse Systeme zur Verfügung: ein selbst entwickelter Testdriver zur Simulation der Online-Verarbeitung im Batchbetrieb; ein separater Testrechner, auf dem ein komplexes Test-Online-System zur Verfügung stand. Dieses System wurde nahezu unter Produktionsbedingungen gefahren. Hier konnten z.B. optimal Dialoge getestet werden. Auch die Hard- und Software zum Test der Selbstbedienungssysteme, wie Kontoauszugsdrucker, Selbstbedienungsterminals und Geldausgabeautomaten usw., stand zur Verfügung.

„Normale" Batchprogramme konnten in separaten Test-Sessions getestet werden. Das Gleiche galt für Module, die sowohl Batch- als auch Datenbank-

14 Fallstudie (Erfahrungsbericht)

funktionen enthielten. Der Test mit Originaldaten war auf Anforderung auf allen Systemen möglich.

Das Handling und der Umgang mit diesen komfortablen, aber u.U. recht kompliziert zu handhabenden Systemen war den erfahrenen Entwicklern vertraut.

Die Teststrategie bestand aus folgenden Stufen:

- Der Funktionstest wurde für jedes Programm isoliert durchgeführt. Dazu wurde das Testequipment, wie Testdriver usw., adäquat eingesetzt. Diese Tests wurden zunächst mit einigen wenigen Testdaten durchgeführt. Dieser Test diente lediglich dazu, die weitere Funktionsfähigkeit des Moduls aufzuzeigen. Die Qualität der Änderung ließ sich dadurch noch nicht dokumentieren. Verantwortlich war der entsprechende Entwickler.
- Im umfassenden Funktionstest wurden alle geänderten Funktionen und die nicht geänderten getestet. Dazu waren umfangreiche Testdaten erforderlich. Die bestehenden Testdaten wurden zum Testen der Änderungen ergänzt. Mit diesem Test wurde dokumentiert, dass die Änderungen funktional und logisch korrekt waren und dadurch keine Reflexionen auf bestehende Funktionen, so genannte Fernwirkung, entstanden war. Die Abnahme war Aufgabe des Projektleiters.
- Im Systemtest wurden insbesondere Abhängigkeiten zwischen Modulen und anderen Systemen getestet. Überprüft wurde eine korrekte Bedienung der Schnittstellen. Dieser Systemtest wurde sowohl für Teilsysteme als auch für das Gesamtsystem durchgeführt.
- Im Simulationstest wurde das komplette System mit Originaldaten unter Produktionsbedingungen getestet.
- Der manipulierte Simulationstest diente dazu mit Originaldaten gewünschte Systemzustände zu simulieren. Simulationsobjekt war u.a. der Jahrtausendwechsel und der erste Buchungstag des neuen Jahrtausends.

Die zunächst angestrebte maschinelle Vergleichbarkeit der Testergebnisse, indem die Ergebnisse der Produktionsmodule mit denen der geänderten Module maschinell abgeglichen wurden, war wegen der Bestandserweiterungen nicht möglich.

Die Testsysteme beinhalteten umfangreiche Dokumentationsmöglichkeiten jedes einzelnen Testfalls. Jeder Testfall wurde u.a. maschinell nummeriert.

Um eine gewisse Stabilität des Testsystems zu gewährleisten und Programmabbrüche möglichst zu vermeiden, durften nur Module in die generelle Testumgebung gestellt werden, die erfolgreich einem generellen Funktionstest unterzogen worden waren.

14.3.6
Projektcontrolling

Die Controllingfunktion wurde von Mitarbeitern der Innenrevision und einigen externen Mitarbeitern wahrgenommen. Geplant und überwacht wurden die Planaufwände, Ist-Aufwände und der Restaufwand. Durchgeführt wurde außerdem eine konsequente wöchentliche Terminkontrolle. Der Sachfortschritt jedes einzelnen Moduls wurde dokumentiert. Da die Systeme hoch integriert sind, d.h. viele unterschiedliche Systeme und Komponenten auf dieselben Bestände zugreifen, musste die Freigabe koordiniert erfolgen. Eine stichtagsbezogene Freigabe war unumgänglich. Dazu wurden Programmpakete zu so genannten Freigabereleases geschnürt. Dafür war eine unternehmensweite Einsatzplanung der entsprechenden Releases notwendig.

Checkpoints und Arbeitspakete
Viele der Aktivitäten konnten parallel erledigt werden. Die Arbeitspakete wurden ganz pragmatisch gebildet. Alle Module, für die ein Entwickler die Wartungsverantwortung innehatte, wurden zu einem Arbeitspaket geschnürt. Zu dem Paket gehörten auch die u.U. umzustellenden Makros und Serviceroutinen. Checkpoints oder auch Meilensteine wurden grundsätzlich in festen zeitlichen Intervallen terminiert.

Die Aufwands- und Terminüberwachung eines jeden Arbeitspaketes wurde in einem monatlichen Rhythmus durchgeführt.

Ein Arbeitspaket bildete sich also aus einer bestimmten Anzahl von Softwareobjekten. Es beinhaltete die umzustellenden Programme, Module, Makros usw. Das Ergebnis war eine detaillierte Darstellung aller umzustellenden Softwareobjekte, zugeordnet zum verantwortlichen Mitarbeiter.

Für jede Organisationseinheit wurde so ein komplettes detailliertes Aktivitätentableau geschaffen. Jedes Element dieses Tableau konnte mit einem individuellen Fertigstellungsgrad versehen werden.

Sachfortschrittskontrolle
Der Aktivitätenfortschritt wurde wöchentlich an die Controllinginstanz gemeldet. Die Umstellung eines Moduls galt zunächst als abgeschlossen, wenn ein abgenommenes Testergebnis vorlag. Die Durchschnittswerte des geschätzten Umstellungsaufwands erwiesen sich im Grunde als korrekt. Mehraufwand bei einigen Modulen konnte i.d.R. durch Minderaufwand bei anderen kompensiert werden.

Controllingdurchführung
Die Rahmenbedingungen für das Projektcontrolling waren damit gegeben. Das Projektcontrolling beschäftigte sich im Wesentlichen mit der Terminkontrolle.

Das Controlling wurde auf der Basis der den Mitarbeitern zugeordneten Arbeitpakete durchgeführt. Jedes Arbeitspaket bestand aus einer Anzahl von n Softwareobjekten. Jedes Softwareelement wurde mit einem Bearbeitungshinweis versehen. Dieser lautete: Umstellung begonnen, im Test, Test abgeschlossen und Modul abgenommen.

Die Umstellung eines Moduls galt zunächst als abgeschlossen, wenn ein umfassender Funktionstest durchgeführt worden war. Dieser Test wurde mit repräsentativen Testdaten durchgeführt, die auch die nicht geänderten Funktionalitäten des Moduls beinhalteten. Dieser Test wurde vom Projektleiter abgenommen, d.h. es wurde getestet, dass das Modul mit den aufgeführten Testdaten korrekte Ergebnisse lieferte. Damit konnte das Modul aus der Grundtestphase ausscheiden und wurde in eine andere Bibliothek für den Systemtest, Simulationstest bzw. manipulierten Simulationstest überführt.

Die geschätzten Umstellungsaufwände waren Durchschnittswerte, d.h. es war durchaus normal, dass für ein Modul mehr Zeit beansprucht wurde. Das wurde durch Minderaufwände in anderen Modulen kompensiert. Daher waren Plan-Ist-Abweichungen auf Modulbasis nicht aussagefähig. Ein harter Prüfzeitpunkt waren daher die Soll-Ist-Vergleiche zu den monatlichen Meilensteinterminen.

Zu diesen Terminen wurde der aggregierte Ist-Aufwand mit dem Planaufwand verglichen. Der noch zu leistende Restaufwand je Arbeitsschritt wurde ermittelt.

Unterstützt wurde das Controlling und die Projektplanung durch den Einsatz von Planungstools (MAESTRO und MS Project). Diesen Tools war ein komplexes Berichtswesen angegliedert. Auf Grund der in regelmäßigen Abständen generierten Berichte wurde die Übersicht über den jeweiligen Projektstatus gewährleistet.

14.4
Projektdurchführung

Bei diesem Projekt handelte es sich um ein typisches Software-Wartungsprojekt. Deshalb konnte die Vorgehensweise standardisiert werden. Daher bot sich der Einsatz eines Vorgehensmodells an. Dieses Vorgehensmodell wurde flexibel eingesetzt, d.h. nicht benötigte Phasen wurden weggelassen und individuell benötigte Systemschritte hinzugefügt.

14.4.1
Vorgehensweise

Wie schon angesprochen, handelte es sich hier um ein Wartungsprojekt. Allerdings beinhaltete das Projekt eine umfangreiche Entwicklungsaufgabe, die Entwicklung der Transformationsfunktion. Jedes Projekt musste für seine Datenbestände eine Individualentwicklung vornehmen. Dazu wurde in jedem Projekt eine kleine Arbeitgruppe gebildet. Die Leitung hatte i.d.R. der OE- bzw. Projektleiter. Die Durchführung wurde externen Mitarbeitern übertragen.

Einige Standard-Rahmenbedingungen wurden gesetzt. Ein normierter Aufruf aller Transformationsroutinen durch das DBMS wurde von einer Servicestelle entwickelt. Festgelegt wurde, nach welchen Kriterien das Jahrhundert ermittelt werden sollte, wie die Euro-Bestandsfelder zu definieren seien usw. Es wurden eine Fülle von sinnvollen Vorgaben gemacht. Dadurch wurde die Entwicklung der Transformationsfunktion erleichtert. Der Aufruf in den jeweiligen Modulen wurde standardisiert und eine Musterlösung erarbeitet.

Diese Entwicklungstätigkeit wurde sofort gestartet, da alle Folgeaktivitäten des Projektes auf der Fertigstellung der Transformationsfunktionen beruhen. Parallel dazu wurden die anderen Projektaktivitäten initiiert.

Der Projektanfang begann mit einer Vorbereitungsphase. Ziel war es, sich zunächst über die Präliminarien des Projektes klar zu werden, d.h. es musste ermittelt werden, welche Softwareelemente in den Umstellungsprozess eingebunden werden mussten und welche nicht. Dazu wurden Auswertungen aus den existierenden Softwarebibliotheken erstellt. Im Fokus standen folgende Auswertungen:

- Module, die seit n Jahren nicht mehr benutzt worden waren und daher u.U. gelöscht werden konnten.
- Module, die keine Datumsverarbeitung enthielten, brauchten hinsichtlich des Datums nicht umgestellt zu werden.
- Module, die hinsichtlich des Euro keiner Umstellung bedurften.
- Module, die ohne Integration der Transformationsfunktion umgestellt werden konnten. Dies traf für Programme zu, in denen die Verarbeitung so trivial war, dass die Integration der Transformationsfunktion aufwändiger gewesen wäre als eine Sofortumstellung.
- Ermittlung der Datenfelder, die erweitert werden mussten.
- Ermittlung der Bestände, die physisch erweitert werden mussten.

Bestandserweiterungen sind im Prinzip kein gravierendes Problem. In diesem Fall waren sie eine unabdingbare Voraussetzung, um die beiden Folgeprojekte durchzuführen. Die Komplexität der Aufgabe und die existierenden Abhängigkeiten machten die Aufgabe schwierig.

Detailprobleme traten ebenfalls auf. Ein besonderes Problem ergab sich, wenn eine physische Erweiterung des jeweiligen Bestandes notwendig war. War z.B. die Maximallänge eines Datenbanksegmentes erreicht, mussten u.U. Folgesegmente definiert werden, um die entsprechenden Felder aufzunehmen. Es ist klar, dass dies Auswirkungen auf die Logik der Programme hatte. Zudem waren systemtechnische Anpassungen im DBMS vorzunehmen.

In der Umsetzungsphase wurden die Transformationsfunktionen entwickelt. und diese in die Programme integriert. Alle Abhängigkeiten wurden beachtet. Alle Programme wurden gemäß der Teststrategie getestet. Der Einsatz wurde auf Teilprojektbasis geplant und durchgeführt.

Mit Abschluss der Phase 1 dieses Projektes waren die Voraussetzungen für die Folgephasen 2 und 3 geschaffen. Die Ergebnisse der Phase 1 hatten zunächst keine Außenwirkung, d.h. weder an Listbildern noch Bildschirm-Layouts war zu erkennen, dass umfangreiche Anpassungen des Gesamtsystems stattgefunden hatten.

Die Aktivitäten der Phasen 2 und 3 sollen hier nur kurz umrissen werden. In der Phase 2 mussten die Transformationsfunktionen aus allen Softwareelementen wieder entfernt werden und die Verarbeitungsmodalitäten in Bezug auf den Jahrtausendwechsel mussten integriert werden. Jetzt erwies sich ein großer Vorteil der gewählten Vorgehensweise. Jedes Modul konnte autonom bearbeitet und freigegeben werden.

Als Abschlusstest war zwingend ein Simulationstest und ein manipulierter Simulationstest vorgeschrieben. Die Phase 3 lief analog der Phase 2 ab. Die Verarbeitungsmodalitäten hinsichtlich der Euro-Problematik wurden integriert.

14.4.2
Projektabschluss

Projekte, die für die Kunden zunächst keine Vorteile bzw. Verbesserungen bieten, zu rechtfertigen ist immer schwierig. Die Argumentation wird noch erschwert, wenn durch diese Projekte Ressourcen gebunden werden, die zu Terminverschiebungen anderer Projekte führen.

Die Ergebnisse der Projektphase 1 waren für die angeschlossenen Kreditinstitute nicht sichtbar. Weder in Listbildern noch in Bildschirmlayouts traten irgendwelche Änderungen auf. Die Integration der Transformationsfunktion hatte die gewünschten geringen Auswirkungen auf die Performance des Systems. Besonders die Auswirkungen auf das Antwortverhalten des Online-Systems waren gering.

Nach Abschluss der Phase 2 traten Außenwirkungen ein. Das Datum wurde auf allen Listen und Bildschirmen mit dem entsprechenden Jahrhundert visualisiert. An den Bildschirmen wurde bei Eingabe eines Datums die Erfassung des Jahrhunderts zur Pflichteingabe. Alle internen Rechenoperationen, die zur Berechnung das Datum herangezogen werden, liefen unter den erweiterten Datumsbedingungen.

Da die Phase 2 schon zum 31.10.1999 abgeschlossen wurde, blieb noch etwas Zeit, auftretende Probleme bis zum Jahresende zu lösen. So wurde für das Kontokorrentsystem turnusmäßig zum 30.11.1999 noch ein vollständiger Rechnungsabschluss gefahren. Die korrekte Durchführung dieses Anwendungsteils unter den neuen Datumskonstellationen gewährte Sicherheit für die am Jahresende durchzuführenden Arbeiten. Denn für Kreditinstitute werden zum Jahresende umfangreiche Jahresabschlussarbeiten, wie Bilanzierungen, Zinsabgrenzungen usw. durchgeführt. Diese Arbeiten unterliegen einer besonderen Verpflichtung zur Termintreue.

Die Stabilität des Systems wurde unterstützt, indem ein Änderungsverbot nach dem 31.10.1999 bis zum 31.3.2000 angeordnet wurde, d.h. in diesem Zeitraum durften keine Programme mehr geändert werden. Diese Maßnahme wurde auch für die Euro-Problematik angeordnet. Ausnahmen waren lediglich Programmfehler, die produktionsgefährdende Störungen hervorriefen.

Der Härtetest für das korrekte Systemverhalten in Bezug auf den Jahrtausendwechsel war der 1.1.2000. Die Institute waren aufgefordert worden, ihre Unterlagen intensiv zu prüfen.

Der Einsatz der Euroumstellung fand zum 31.12.2001 statt. Das war eine echte Sofortumstellung, d.h. alle Module wurden stichtagsbezogen freigegeben. Außenwirkung trat sofort auf, indem alle DM-Felder nun entweder/oder auch in Euro dargestellt wurden. Zur Absicherung des Produktionseinsatzes wurde aus allen betroffenen Organisationseinheiten Personal verfügbar gehalten. Auch der Abschluss dieses Projektes konnte als erfolgreich bezeichnet werden.

14.4.3
Evaluierung des Projekterfolges

Ein Projekterfolg liegt dann vor, wenn die gewünschten Systemresultate mit den vorgegebenen Mitteln innerhalb der vorgegebenen Zeit erreicht werden. Es steht außer Frage, dass die vorgesehenen Systemresultate vollständig erreicht wurden. Insofern ist das Projekt von der technischen Seite als Erfolg zu bezeichnen.

Ob das Projekt in Bezug auf den Ressourceneinsatz ein Erfolg war, ist objektiv nicht zu beurteilen. Da die Projekttermine absolut fix waren, wurde retrograd terminiert. Die Dominanz der Termine reflektierte auf alle Ressourcenplanungen, d.h. Ressourcenengpässe wurden durch Bereitstellung weiterer

Ressourcen beseitigt. Ein Projektbudget und die Ermittlung der Projektgesamtkosten existierten nicht. Dies war so gewollt und die Begründung dafür ist nachvollziehbar. Dieses Projekt wurde als unbedingt notwendige Pflichtaufgabe angesehen. Von der Kostenseite entzieht sich dieser Projektkomplex also einer objektiven Bewertung. Die einzelnen Projektphasen wurden zwar „in Time" durchgeführt, ob auch „in Budget" bleibt offen.

Der Nutzen der Projektphase 1 „Bestandserweiterung" bleibt nicht auf die Projekte „Jahr-2000" und „Euro-Problematik" beschränkt. Zukünftige u.U. durchzuführende Systemerweiterungen, die neue Datenfelder benötigen, profitieren von dieser Aktion. Insofern wurden die Anwendungssysteme auch ein Stück zukunftsfähig gemacht.

14.4.4
Bewertung der projektinternen Erfolgsfaktoren

Im Folgenden soll versucht werden aufzuzeigen, wie der Einsatz der so genannten „internen Erfolgsfaktoren" gesehen wird.

Top-Management-Engagement
Die personelle Besetzung des Lenkungsauschusses aus Mitgliedern der Geschäftsführung deutet auf ein hohes Engagement des Top-Managements für das Projekt hin. Die hohe Arbeitsbelastung erforderte häufig auf die Stellvertreterregelung für dieses Gremium zurückzugreifen.

Keine Probleme gab es bei der Genehmigung von zusätzlichen Ressourcen, wie z.B. externen Projektmitarbeitern.

Einsatz von Standards
Im Prinzip wurden die bewährten Standards routinemäßig eingesetzt. Der Umgang mit diesen Standards war den Mitarbeitern vertraut.

Projektmanagement-Instrumente
Auch hier wurden im Wesentlichen die erprobten Verfahren und Methoden eingesetzt. Hilfreich war die Existenz eines Projektmanagementhandbuches.

Organisation
Die Projektorganisation orientierte sich an der vorhandenen Unternehmensorganisation. Das hatte den Vorteil, dass keine großen organisatorischen Veränderungen durchgeführt werden mussten.

Die Dynamik der operativen Geschäfte des Unternehmens erforderte es, dass Projektmitarbeiter teilweise Tätigkeiten ausführen mussten, die nicht zum Projekt gehörten. Insofern konnte die kategorische Forderung, dass Projektmitarbeiter ausschließlich Projektaktivitäten ausführen sollen, nicht vollständig durchgehalten werden. Die Auswirkungen auf die Projektarbeit konnten aber beherrscht werden.

Personal
Hier liegt zweifellos der Haupterfolgsfaktor des Gesamtprojektes. Der Rückgriff auf kompetente und motivierte Mitarbeiter war der Schlüssel zum Projekterfolg. Das galt uneingeschränkt auch für die Projektleitung. Der Einsatz der externen Mitarbeiter gelang problemlos.

Kombination der Faktoren
Die einzelnen aufgeführten Erfolgsfaktoren wurden von den jeweiligen Projektleitern situationsgerecht eingesetzt. Probleme wurden rechtzeitig erkannt und für Abhilfe gesorgt.

14.5 Resümee

Alle Phasen dieses Großprojektes wurden erfolgreich abgeschlossen. Die Probleme, die nach Einsatz der Projekte auftraten, waren gering und beherrschbar. Insofern wurde die Projektgesamtaufgabe zu 100 Prozent gelöst.

Natürlich traten während der Durchführung dieses Projektes eine Vielzahl von Detailproblemen auf. Diese konnten vor allem auf Grund erfahrener Projektmitarbeiter rasch gelöst werden. Die externen Mitarbeiter, die ursprünglich lediglich zur Entwicklung der Transformationsfunktionen engagiert waren, blieben bis zum Abschluss aller Projektphasen präsent.

Kritik wurde an der aufwändigen Vorgehensweise geäußert. Besonders die Phase 1, die im Prinzip lediglich eine Vorbereitungsphase war, wurde auch wegen ihrer Dauer kritisiert. In dieser und den Folgephasen wurden fast alle Ressourcen des Unternehmens gebunden und nach Abschluss der Phase 1 traten für die Kunden noch keine positiven Effekte auf.

Literatur

Antweiler, Johannes: Wirtschaftlichkeitsanalyse von Informationssystemen und Kommunikationssystemen (IKS). Datakontext, Köln, 1995

Bänsch, Axel: Einführung in die Marketing-Lehre. 3. Aufl., Verlag Vahlen, Hamburg, 1991

Bleicher, Knut: Das Konzept integriertes Management. 7. Aufl., Campus Verlag, Frankfurt, New York, 2004

Brandt, Thomas: Projektcontrolling. Verbesserungsprojekte analysieren und bewerten. Carl Hanser Verlag, München, Wien, 2002

Breuer, Wolfgang: Investition 1: Entscheidungen bei Sicherheit. 3. Aufl., Verlag Dr. Th. Gabler, Wiesbaden, 2007

Bueschgen, Hans E.: Bankbetriebslehre. 5. Aufl., Verlag Dr. Th. Gabler, Wiesbaden, 1994

Bunse, Christian, von Knethen, Antje: Vorgehensmodelle kompakt. Spektrum Akademischer Verlag, Stuttgart, 2002

Burghardt, Manfred: Projektmanagement: Leitfaden für die Planung, Überwachung und Steuerung von Entwicklungsprojekten. 6. Aufl., Publicis-Corporate Publ., Erlangen, 2002

Computer Zeitung: Jubiläumsausgabe 1970–2000. Konradin Verlag, Leinfelden-Echterdingen, 2000

Daniel, A.: Implementierungsmanagement: Ein anwendungsorientierter Ansatz. Verlag Dr. Th. Gabler, Wiesbaden, 2001

DIN 69 901 – Deutsche Norm für Projektwirtschaft und Projektmanagement. Beuth-Verlag, Berlin, 1987

Domschke, Wolfgang, Scholl, Armin: Grundlagen der Betriebswirtschaftslehre. 3. Aufl., Springer-Verlag, Berlin, Heidelberg, New York, 2005

Duden – Die Deutsche Rechtschreibung. Meyers Lexikonverlag, Mannheim, Wien, Zürich, 1996

Elting, Andreas: IT als Anlagevermögen. In: IT Fokus, Juli/August 7/8, 2003, S. 42–46

Etzel, Hans-Joachim, Heilmann, Heidi, Richter, Reinhard (Hrsg.): IT-Projektmanagement – Fallstricke und Erfolgsfaktoren: Erfahrungsberichte aus der Praxis. dpunkt.Verlag, Heidelberg, 2000

Ferstl, O.K., Sinz, E.J.: Der Ansatz des Semantischen Objektmodells (SOM) zur Modellierung von Geschäftsprozessen. In: Wirtschaftsinformatik, Heft 3, 1995, S. 212

Ferstl, O.K., Sinz, E.J.: Grundlagen der Wirtschaftsinformatik, Verlag Oldenbourg, München, Wien, 1993

Fiedler, Rudolf: Controlling von Projekten. Projektplanung, Projektsteuerung und Risikomanagement. Vieweg Verlag, München, 2003

Frank, U.: Multiperspektivische Unternehmensmodellierung: Theoretischer Hintergrund und Entwurf einer objektorientierten Entwicklungsumgebung. Verlag Oldenbourg, München, Wien, 1994

Frankfurter Allgemeine Zeitung (FAZ): Ausgabe vom 28. Juli 2003, Nr. 172, S. 17

Gebhardt, Andreas: Rapid Prototyping. Werkzeuge für die schnelle Produktentwicklung. Carl Hanser Verlag, München, Wien, 2000

Grochla, E.: Unternehmungsorganisation. 9. Aufl., Westdt. Verlag, Opladen, 1983

Grupp, Bruno: Der professionelle IT-Projektleiter. MITP-Verlag, Bonn, 2001

Grupp, Bruno: EDV-Projekte in den Griff bekommen. Verlag TÜV Rheinland, Köln, 1987

Gutenberg, Erich: Unternehmensführung. Verlag Dr. Th. Gabler, Wiesbaden, 1962

Gutenberg, Erich: Grundlagen der Betriebswirtschaftslehre. Die Produktion. 23. Aufl., Springer-Verlag, Berlin, Heidelberg, New York, 1971

Haberfellner, Reinhard: Systems engineering: Methodik und Praxis. 11. Aufl., Verlag Industrielle Organisation, Zürich, 2002

Hagenmüller, Karl Friedrich, Diepen, Karl: Der Bankbetrieb. 14. Aufl., Verlag Dr. Th. Gabler, Wiesbaden, 1996

Hahn, Dietger, Hungenberg, Harald: PuK, Werkorientierte Controllingkonzepte. Verlag Dr. Th. Gabler, Wiesbaden, 2001

Heinen, Edmund: Industriebetriebslehre. 9. Aufl., Verlag Dr. Th. Gabler, Wiesbaden, 1991

Heinrich, Lutz J.: Management von Informatik-Projekten. Oldenbourg, München, Wien, 1997

Hungenberg, Harald: Strategisches Management im Unternehmen. 3. Aufl., Verlag Dr. Th. Gabler, Wiesbaden, 2004

Hungenberg, Harald, Wulf, Torsten: Grundlagen der Unternehmensführung. Springer-Verlag, Berlin, Heidelberg, New York, 2004

Informatikzentrum der Sparkassenorganisation: Handbuch Projektmanagement für die Sparkassen-Finanzgruppe. Deutscher Sparkassen-Verlag, Stuttgart, 2001

Jenny, Bruno: Projektmanagement in der Wirtschaftsinformatik. 5.Aufl., vdf Hochschulverlag AG, Zürich, 2001

Kargl, Herbert: Management und Controlling von IV-Projekten. Oldenbourg, München, Wien, 2000

Kess DV-Beratung GmbH: IT Service Management – Eine Einführung. 2002

Keßler, Heinrich, Winkelhofer, Georg: Projektmanagement: Leitfaden zur Steuerung und Führung von Projekten. 3. Aufl., Springer-Verlag, Berlin, Heidelberg, New York, 2002

Kieser, Alfred, Oechsler, Walter A.: Unternehmungspolitik. 2. Aufl., Schäffer-Poeschel Verlag, Stuttgart, 2004

Kneuper, Ralf, Müller-Luschnat, Günther, Oberweis, Andreas: Vorgehensmodelle für die betriebliche Anwendungsentwicklung. B.G. Teubner Verlag, Stuttgart, 1998

Knöll, Heinz D., Busse, Jürgen: Aufwandsschätzung von DV-Projekten in der Praxis. B.I. Wissenschaftsverlag, Mannheim, 1991

Kopp, Horst Michael: Grundlagen des Projektmanagements. Königswinter, 1992–94

Krcmar, Helmut: Bedeutung und Ziele von Informationssystem-Architekturen. In: Wirtschaftsinformatik, Heft 5, 1990, S. 395–402

Krcmar, Helmut: Informationsmanagement. 3. Aufl., Springer-Verlag, Berlin, Heidelberg, New York, 2003

Kummer, W.: Projektmanagement, Leitfaden zu Methode und Teamführung. Verlag Industrielle Organisation, Zürich, 1988

Lehner, Franz: Informatik Strategien. Carl Hanser Verlag, München, Wien, 1993

Leist, Susanne, Winter, Robert: Retail Banking im Informationszeitalter. Springer-Verlag, Berlin, Heidelberg, New York, 2002

Litke, Hans-D.: Projektmanagement. 3. Aufl., Carl Hanser Verlag, München Wien, 1995

Meier, Petra: Budgetermittlung: Ab wann trägt sich ein Projekt? In: Projektmagazin, Ausg. 15/01

Mertens, Peter, Wieczorrek, Hans Wilhelm: Data X Strategien. Springer-Verlag, Berlin, Heidelberg, New York, 2000

Mertens, Peter (Hrsg.): XML-Komponenten in der Praxis. Springer-Verlag, Berlin, Heidelberg, New York, 2003

Mertens, Peter: Ein ganzheitliches Modell für die Projektpolitik – IT-Projekte zielgerichtet steuern. In: IT Management, Höhenkirchen, Heft 3, 2006, S. 56–63

Mörsdorf, Maximilian: Konzeption und Aufgaben des Projektcontrolling. Deutscher Universitäts-Verlag, Stuttgart, 2000

Müller-Stewens, Günter: Unternehmenspolitik. In: Gabler Wirtschaftslexikon. 15. Aufl., Verlag Dr. Th. Gabler, Wiesbaden, 2000

Müller-Stewens, Günter, Lechner, Christoph: Strategisches Management – wie strategische Initiativen zum Wandel führen. 3. Aufl., Schäffer-Poeschel Verlag, Stuttgart, 2005

Noth, T., Kretzschmar, M.: Aufwandsschätzung von DV-Projekten. 2. Aufl., Springer-Verlag, Berlin, Heidelberg, New York, 1985

O.V.: Gabler Wirtschaftslexikon. 16. Aufl., Verlag Dr. Th. Gabler, Wiesbaden, 2004

Pohl, Michael: Management für IT-Architekturen. Internetrecherche, Business 4 Enterprise GmbH, Hamburg, 2000–2001

Pomberger, Gustav, Blaschek, Günter: Software - Engineering. Prototyping und objektorientierte Software-Entwicklung. Carl Hanser Verlag, München, Wien, 2003

Potthoff, I.: Empirische Studien zum wirtschaftlichen Erfolg der Informationsverarbeitung. In: Wirtschaftsinformatik, Heft 40, 1998, S. 54 ff.

Rechenberg, Peter, Pomberger, Gustav: Informatikhandbuch. Carl Hanser Verlag, München, Wien, 1997

Runzheimer, Bodo: Operations Research I. Lineare Planungsrechnung und Netzplantechnik. Gabler-Verlag, Wiesbaden, 1995

Rosenkranz, Friedrich: Geschäftsprozesse – Modell- und computergestützte Planung. Springer-Verlag, Berlin, Heidelberg, New York, 2002

Schach, Stephen R.: Software Engineering. Second Edition, Richard Irwin, Burr Ridge, Boston, Sydney, 1993

Scheer, August-Wilhelm: ARIS – Vom Geschäftsprozess zum Anwendungssystem. 4. Aufl., Springer-Verlag, Berlin, Heidelberg, New York, 2002

Scheer, August-Wilhelm: Wirtschaftinformatik – Referenzmodelle für industrielle Geschäftsprozesse. 7. Aufl., Springer-Verlag, Berlin, Heidelberg, New York, 1997

Schierenbeck, Henner: Grundzüge der Betriebswirtschaftslehre. 16. Aufl., Verlag Oldenbourg, München, Wien, 2003

Stahlknecht, Peter, Hasenkamp, Ulrich: Einführung in die Wirtschaftsinformatik. 10. Aufl., Springer-Verlag, Berlin, Heidelberg, New York, 2002

Standish Group International, Inc.: Chaos Chronicles v3.0. 2004

Sternberger, Dolf: Drei Wurzeln der Politik, Band II. Suhrkamp Verlag, Frankfurt, 1978

Thommen, Jean-Paul, Achleitner, Ann-Kristin: Allgemeine Betriebswirtschaftslehre – Umfassende Einführung aus managementorierntierter Sicht. 3. Aufl., Verlag Dr. Th. Gabler, Wiesbaden, 2001

Ulrich, Hans: Unternehmungspolitik. 3. Aufl., Paul Haupt Verlag, Bern, 1990

Vossen, Gottfried: Geschäftsprozessmanagement und Workflowmanagement. Thomsen Publikation, 1996

Wallmüller, Ernest: Software-Qualitätssischerung in der Praxis. Carl Hanser Verlag, München, Wien, 1990

Weiß, Cornelia: Professionell dokumentieren. Beltz, München, 2000

Wöhe, Günter: Einführung in die Allgemeine Betriebwirtschaftslehre. 21. Aufl., Verlag Vahlen, München, 2002

Abbildungen

Abb. 2-1: Aufgabenabgrenzung 8
Abb. 2-2: Magisches Dreieck des Projektmanagements 11
Abb. 2-3: Leitungs- und Organisationskonzept des Projektmanagements 12
Abb. 2-4: Entwicklung des Projektmanagements am Beispiel wichtiger Forschungs- und Entwicklungsprojekte 15
Abb. 2-5: Ein Modell des Projektmanagements 16
Abb. 2-6: Resultate der in den ersten drei Quartalen des Jahres 2004 beendeten IT-Projekte 17
Abb. 2-7: Erfolgsfaktoren des Projektmanagements 18
Abb. 3-1: Einfluss-Projektorganisation 27
Abb. 3-2: Reine Projektorganisation 28
Abb. 3-3: Matrix-Projektorganisation 30
Abb. 3-4: Projektaufbauorganisation eines Unternehmens 33
Abb. 3-5: Aspekte der Rollen einer Projektaufbauorganisation 34
Abb. 4-1: Inkrementelles Vorgehensmodell 66
Abb. 4-2: Release-Entwicklungsstufen 67
Abb. 4-3: Übersicht der Aktivitäten der Systemerstellung beim inkrementellen Vorgehensmodell 71
Abb. 4-4: Aktivitäten bei einem konzeptionellen Vorgehensmodell 72
Abb. 4-5: Konzeptionelles 5-Phasenmodell 73
Abb. 4-6: Evaluatives Phasenmodell 74
Abb. 5-1: Regelkreis des funktionellen Projektmanagements 91
Abb. 5-2: Elemente und Korrelationen einer Projektplanung 94
Abb. 5-3: Untergliederung eines Projektes in Teilaufgaben und Arbeitspakete 97
Abb. 5-4: Abhängigkeiten unter Arbeitspaketen 99
Abb. 5-5: CPM-Netzplan (Critical Path Method) ohne Zeitangaben zur Präsentation der Korrelationen von Arbeitspaketen 100
Abb. 5-6: Turnusmäßige Verdichtung der Ergebnisse der Teilprojektpläne im Projektplan 115
Abb. 5-7: Turnusmäßige Verdichtung der Ergebnisse der Phasenpläne in einem Teilprojektplan am Beispiel eines inkrementellen Vorgehensmodells 117
Abb. 5-8: Projektplanung bei einem konzeptionellen Vorgehensmodell 119
Abb. 5-9: Inkrementeller Planungskreislauf 121
Abb. 5-10: Verdichtungen und Vorgaben im Rahmen des inkrementellen Vorgehensmodells 122

Abb. 5-11: Verschiedene Sichten des Multi-Projektmanagements 125
Abb. 6-1: Diagramm der Gantt-Technik 139
Abb. 6-2: Diagramm der PLANNET-Technik 140
Abb. 6-3: Beispiel für einen gerichteten Graphen 144
Abb. 6-4: Bestandteile eines CPM-Netzplanes 148
Abb. 6-5: Beispiel eines CPM-Netzplanes zur Visualisierung von Vorgangskorrelationen 150
Abb. 6-6: Scheinvorgänge in einem CPM-Netzplan 152
Abb. 6-7: Konstruktionsregel 4 der CPM-Methodik 153
Abb. 6-8: Konstruktionsregel 5 der CPM-Methodik 154
Abb. 6-9: Konstruktionsregel 7 der CPM-Methodik 155
Abb. 6-10: Bestandteile eines MPM-Knotens 156
Abb. 6-11: Ausschnitt eines MPM-Netzplanes 157
Abb. 6-12: Ausschnitt eines PERT-Netzplanes 158
Abb. 7-1: Führungsfunktions-Prozess 163
Abb. 7-2: Funktionen der Budgetierung 178
Abb. 7-3: Budgetierung (Bottom-up) 179
Abb. 7-4: Beispiel Budgetkosten 181
Abb. 7-5: Wirkungskreislauf des Controllings 193
Abb. 8-1: Schätzgenauigkeit bei Einsatz eines 5-Phasen-Wasserfallmodells 206
Abb. 8-2: Untergliederung der Schätzmethoden 210
Abb. 9-1: Grundnutzen und Zusatznutzen am Beispiel Autokauf 229
Abb. 9-2: Nutzenbewertungsverfahren, eine Übersicht 234
Abb. 9-3: Verfahrensablauf bei der Anwendung von Scoring-Modellen 235
Abb. 9-4: Kapitalangebots- und Kapitalbedarfskurve 244
Abb. 11-1: Drei generische Einführungsstrategien 268
Abb. 11-2: Integration des Releasemanagements 269
Abb. 11-3: Regelkreis Problem-, Change- und Releasemanagement 272
Abb. 11-4: Zusammenhang zwischen Problemen und Fehler 278
Abb. 11-5: Integration des Problemmanagements 279
Abb. 11-6: Vorgang der Problembehandlung 280
Abb. 12-1: Systemtheorie und Kybernetik 288
Abb. 12-2: Beispiel für ein System mit Umsystemen 290
Abb. 12-3: Der Regelkreis des Projektmanagements 291
Abb. 12-4: Umsystem des Projektmanagements 295
Abb. 12-5: Grundschema des Systems „Industriebetrieb" 297
Abb. 12-6: Implementierungsprozess von Projektmanagement in Unternehmen 299
Abb. 12-7: Einordnung generisches Modell 301
Abb. 12-8: Sichten entsprechend einer Drei-Ebenen-Architektur 305
Abb. 12-9: Prozessmodell eines Consulting-Unternehmens 306
Abb. 12-10: Integration einer Informatikstrategie 317
Abb. 12-11: Ein Modell des Informationsmanagements 318
Abb. 12-12: Modell der Architektur der Informationsinfrastruktur 321
Abb. 12-13: ARIS – Architektur integrierter Architekturmodelle 322
Abb. 12-14: Zusammenhang zwischen Projektmanagement und Informationsmanagement 325

Abb. 13-1: Elemente einer Projektpolitik 330
Abb. 13-2: Projektpolitik im Kontext der Unternehmenspolitik 332
Abb. 13-3: Regelkreis der Projektpolitik 333
Abb. 13-4: Projektartspezifisches Projektkonzept 338
Abb. 13-5: Projekte im Fokus des Projektportfolio-Konzepts 339
Abb. 13-6: Ablauf der Projektbegründung 345
Abb. 13-7: Einflüsse auf die Projektpolitik 347
Abb. 13-8: Entwicklungszyklus des Projektkonzepts 350
Abb. 13-9: Software-Life-Cycle-Model 352
Abb. 13-10: Produktlebenszyklus 355
Abb. 13-11: Marktwachstums-/Marktanteilsportfolio 357
Abb. 13-12: Portfolioanalyse 360
Abb. 13-13: Portfolioanalyse Applikationslandschaft 363
Abb. 13-14: Prognostizierte Entwicklung von Applikationen 365
Abb. 14-1: Schema einer Projektorganisation 381
Abb. 14-2: Phasenplan für das Datum-2000- und Euro-Projekt 384

Tabellen

Tabelle 3-1: Kriterien für die Wahl der Projektorganisation	32
Tabelle 5-1: Planungsstufen bei konzeptionellen und inkrementellen Vorgehensmodellen	114
Tabelle 6-1: Exemplarische Vorgangsliste als Basis	132
Tabelle 6-2: Vorgangsliste mit Ergebnissen der Vorwärtsterminierung	133
Tabelle 6-3: Vorgangsliste mit Ergebnissen der Rückwärtsterminierung	135
Tabelle 6-4: Vorgangsliste mit Pufferzeiten	136
Tabelle 6-5: Vorgangsliste mit konkreten Zeitpunkten	137
Tabelle 7-1: Divergenz zwischen Planung und individueller Wahrnehmung von Projektphasen – begrenzt durch Schlüsselsituationen in eskalierenden Softwareprojekten	168
Tabelle 7-2: Budgetierung Personalkosten	184
Tabelle 7-3: Budgetierung Materialkosten etc.	185
Tabelle 7-4: Durchschnittskosten pro Tag und Mitarbeiter	185
Tabelle 8-1: Funktionspunkte der einzelnen Funktionskategorien	218
Tabelle 8-2: Korrelation der Anzahl der Total Function Points (TFP) und der erforderlichen Personenmonate	220
Tabelle 8-3: Bildung der Gesamtsumme S1, der Anzahl der gewichteten Funktionen	221
Tabelle 8-4: Exemplarische Berechnung der Summe S2	222
Tabelle 9-1: Durchführungs- und Folgekosten eines IT-Projektes	227
Tabelle 9-2: Nutzenkategorien	232
Tabelle 9-3: Darstellung der Beurteilungskriterien	236
Tabelle 9-4: Bewertete Beurteilungskriterien	237
Tabelle 9-5: Statische Verfahren der Investitionsrechnung	238
Tabelle 9-6: Zahlenbeispiel zur Ermittlung des optimalen Kapitalbudgets im Dean-Modell	243
Tabelle 14-1: Beispiel Personaleinsatz OE Giroverkehr	386

Index

A

Amortisationsrechnung 240
Anforderungen 55
Annuitätenmethode 241
Aufbauorganisation 33
Auftraggeber 35
  Aufgaben 35
  Kompetenzen 36
  Verantwortung 36
Aufwandsschätzung 22, 205
  algorithmische Methoden 212
  Analogiemethode 211
  Einflussfaktoren 207
  Function-Point-Verfahren 215
  Gewichtungsmethode 212
  Kennzahlenmodelle 213
  Methoden 209
  Multiplikatorenmethode 213
  Prozentsatzmethode 214
  Relationenmethode 211
  Stichprobenmethode 213
  Verfahren 214
  Vergleichsmethoden 210

B

Balkendiagrammtechnik 138
Budgetierung 177
  Kostenarten 180

C

Changemanagement 272
CPM 146
Critical Path 132, 136
Critical Path Method 146

D

Datenmodell 307
Dienstverträge 47
DIN 69 901 25, 59
Dokumentation 257

E

Einführungsstrategien 267
Entwicklungsplanung 367
Ereignisknotennetz 157
Erfahrungssicherung 85

F

Führung 161
  Funktions-Prozess 162
  Stil 163
  Verhalten 163
Führungsmittel 167
Führungsstil 164
  autoritärer 164
  kooperativer 164
  Laisser-faire 164
Function-Point-Verfahren 215
funktionelles Management 89

G

Gantt-Technik 138
generische Modelle 300
Gesamtprojektplan 61
Gesprächsführung 167, 174
Gewinnvergleichsrechnung 239
Graphentheorie 142

I

Informatikstrategie 316
Informationsinfrastruktur 320
Informationsmanagement 318
Initialisierungsphase 55
institutionelles Management 25
Investitionsrechnung
   dynamische 238
   statische 238
IT-Lenkungsausschuss 34, 44
IT-Projekt 9
   Kostenanalyse 226
   Nutzenanalyse 227
   Vorgehen 53
IT-Projektleiter 37, 164
   Ablösung 255
   Anforderungen 38
   Aufgaben 37
   Auswahl 39
   Kompetenzen 40

J

Job Enlargement 174
Job Enrichment 174
Job Rotation 174

K

Kapitalwertmethode 240
Kick-off-Veranstaltung 62
Konfliktauslöser 172
Konflikte
   externe 168
   interne 168
Konfliktmanagement 167, 168
Kontrollgremium 34
Kostenvergleichsrechnung 239
Krisenmanagement 168
kritischer Pfad 132, 136
kybernetisches System 290

L

Listentechnik 131

M

Machbarkeitsanalyse 365

Magisches Dreieck 11
Management 11
Metamodelle 300
Methode interner Zinsfuß 241
Metra Potential Method 155
Motivation 166
   extrinsische 167
   intrinsische 167
MPM 155
Multi-Projektmanagement 124

N

Netzplan 99
Netzplantechnik 140
Netzwerk 145
Nutzenanalyse 227
   Problematik 229
   Verfahren 234
Nutzenkategorien 232
Nutzenkategorisierung 233

P

PERT 157
Pflichtenheft 261
   Bewertungsrahmen 264
   Inhalt 263
   Kriterienkatalog 264
Phasenplan 114, 117
PLANNET-Technik 138
Planungsgremium 34
Planungskreislauf 121
Portfolioanalyse 357, 363
Problemlösungszyklus 75
Problemmanagement 277
Produktabnahme 83
Produktlebenszyklus 355
Profit Impact of Market Strategies 361
Program Evaluation and Review
   Technique 157
Projekt
   Abschluss 32, 54, 83
   Abschlussbeurteilung 84
   Abwicklungszyklus 91
   Antrag 58
   Arten 10
   Auflösung 86
   Begriff 7
   Beratung 45
   Definition 59

Dokumentation 257
Einstufung 10
Klassifikation 58
Planung 89
Start 32, 54
Startsitzung 63
Umsetzung 32, 54
Projektaufbauorganisation 33
  permanente 33
  temporäre 33
Projektcontrolling 186, 190
  Aufgabenträger 201
  Dimensionen 191
  Formalziele 196
  operatives 191
  Planungsziele 194
  Prüfzeitpunkte 200
  Sachziele 198
  strategisches 191
  Wirkungskreislauf 192
  Zielerreichung 195
Projektkoordination 190
Projektmanagement 12
  Entwicklung 14
  Erfolgsfaktoren 16
  funktionelles 89
  institutionelles 25
  Methodik 286
  Modell 15
  Regelkreis 90
Projektmanagementhandbuch 260
Projektmitarbeiter 41, 251, 253
  Anforderungen 42
  Aufgaben 42
  Auswahl 41
  externe 47
  Förderung 168, 173
  Kompetenzen 42
  Ressourcenplanung 102
Projektorganisation 25
  Einfluss 26, 103
  Festlegung 62
  Matrix 29, 103
  reine 28, 103
  Stab-Linien 26
Projektpipeline 374
Projektplanung
  Ablauf 92, 98
  Abwicklungsziel 95
  Budget 110
  Dokumentation 111

Einsatzmittel 100
Elemente 94
Finanzen 372
inkrementelles Vorgehensmodell 120
konzeptionelles Vorgehensmodell 118
Kosten 104
Organisationsform 103
Personalressourcen 101, 372
Sachmittel 103, 372
Struktur 96
Stufen 113
Techniken 129
Termine 107, 251, 254
Projektpolitik 327
  Projektkonzept 331
  Projektmanagement-Leitbild 330
  Projektportfolio-Konzept 339
Projektportfolio
  Konzept 339
  Potenzial 341
  Strategie 341
  Ziele 340
Projektsteuerung 186
  direkt wirksame 187
  Hauptbereiche 187
  indirekt wirksame 188
Projektvorschlag 344
Projektziele 194
Prototyp 77
  Einsatz 76
  Klassifikation 78
  Umfang 78
  Verwendungszweck 79
Prototyping
  experimentelles 81
  exploratives 81
  inkrementelles 82
Prozessmodell 308
Pufferzeit 135

Q

Qualitätslenkung 189

R

Referenzmodelle 300
Release 65
Releasemanagement 268
Rentabilitätsvergleichsrechnung 239

Request for Change 269, 272, 273, 277, 282
Ressourcenplanungssystem 372
Risikoanalyse 373
Rückwärtsterminierung 134

S

Softwarelebenszyklus 352
Steuerungsgremium 34
Strategie
   Gewinner-Gewinner 170
   Gewinner-Verlierer 170
   Verlierer-Verlierer 170
Systemeinführung 266
Systemtheorie 287

T

Teamgröße 41
Teilprojektplan 114, 116

U

Unternehmensmodell 303
Unternehmenspolitik 327
Unternehmensstrategie 311
Unternehmensziel 310

V

Vorgangsknotennetz 155
Vorgangsliste 132
Vorgangspfeilnetz 146
Vorgehensmodell
   Einsatz 64
   empirisches 75
   evaluatives 74
   inkrementelles 65, 114, 120
   konzeptionelles 72, 114, 118
Vorwärtsterminierung 133

W

Werkverträge 47
Wirtschaftlichkeitsrechnung 238

Druck: Krips bv, Meppel, Niederlande
Verarbeitung: Stürtz, Würzburg, Deutschland